日本政治思想史

［十七〜十九世紀］

渡辺 浩 著

東京大学出版会

A HISTORY OF
JAPANESE POLITICAL THOUGHT, 1600-1901
WATANABE, Hiroshi
University of Tokyo Press, 2010
ISBN 978-4-13-033100-5

目次

凡　例

（一）史料の引用において、読み易さのために、句読点を変更し、振り仮名を付し、あるいは省き、また濁点を付す等、表記を変更した場合がある。また、漢字はすべて通用の字体とした。

（二）漢文は、あるいは現代日本語に訳し、あるいは訓読して引用した。必要に応じ、原文も掲げた。一々「原漢文」などと註していない。

（三）引用文中の（　）は、特に断りの無い限り、すべて渡辺による註である。〔　〕は、引用文の補足である。引用文中の…は、中略を意味する。

（四）先行研究に依拠した場合には註を付したが、史料の引用については、原則として史料集等の名や頁は註していない。それは、この小冊にとってはあまりに煩雑となるためであり、史料を保存・収集・翻刻・校訂した方々の業績を評価しないからでは決してない。

（五）年齢はすべていわゆる数えによる。すなわち、当該年（例えば、寛文二年）が当人の経験する何年めの年であるかの表示である。

（六）各章の註の末尾に、特にその章の内容にかかわる主要参考文献で、その章の註では挙げなかったものを厳選して掲げた。なお、ある文献が他の章にもかかわることがあるのは無論である。

序章　本書への招待

一　政治への問い

　世界は、これでいいのだろうか。このような事をしていて、人類に未来があるのだろうか。自分が今、生きているこの「国」は、どうだろうか。このままでは良くないとすれば、あるいは、少なくとも良くないところがあるとすれば、どうすればいいのだろうか。どうすれば、良くなるのだろうか。

　このような問いに人類が悩み始めたのは、紀元前である。それらに最終的な解答を与えると称する教義や思想もくりかえし登場した。その実現のために、また、その実験の結果、すでに莫大な血が流れた。しかし、実のところ、未だそのようなすばらしい答えは見つかっていないようである。

　もしかすると、これらの問いには結局、答えなど無いのかもしれない。我々は無限に変化する複雑系の中で、瞬間瞬間をただ即興的に生きていくほかないのかもしれない。しかし、暗黒の虚空で舞い続けるような、不断の即興の指針無き永続など、可能なのだろうか。

世界も「国」も、結局個人の集まりであることからすれば、これらは、人はいかに生きるべきかという人生観・倫理観の問題である。また、人が集まって生きていかざるをえない以上どうしても生ずる共同の課題に取り組み、その集まりを運営していくとは、結局、政治の問題だと考えるならば、政治はいかにあるべきか、統治はいかになされるべきか、それはいかにして可能なのかという問題である（無論、そもそも「国」も政治も無い方がいいのだという考えもある）。今や緊密に結合した人類社会の中で、否応なしにある「国」の中で現に生活している以上、結局それは誰にとっても他人事ではないはずである。

以上のような問いについて考えるための一つの手立ては、これまでに案出された諸見解を吟味してみることであろう。過去の、政治にかかわる思想――それは、体系的な思索だけでなく、漠然とした思いや感情をも含む。そして人生観・倫理観のみならず、自然観・人間観・社会観等と連関している――を探り、理解することは、（その歴史的文脈の相違にかかわらず、現代の我々にも理解できる以上は）今、政治について原理的に考えるための刺戟と材料とを得る機会となるのではないだろうか。

二　「日本」・「明治維新」・歴史の楽しみ

本書は、「日本」のいわゆる徳川時代から明治時代半ばまでを扱う。後述するように（第十五章）、徳川の世において、「唐《から》」や「天竺」と並んで「日本」という人のまとまりがあることは、現在の「日本」列島の内、本州・四国・九州とその周辺諸島――つまり、徳川家とその下に参勤交替する大名等の家が統治していた範囲——に住む大多数の人々には明瞭に意識されていた。「唐人」ではない「日本人」という意識である。本書は、主としてその「日本人」の間における、広い意味での政治にかかわる考え・思い・意識・心情等とその変遷を対象とする。逆に言えば、当時多数刊行された「全国」地図には往々記載されていない「蝦夷地」の大部分や「琉球国」に生きた人々の思想は扱わない。その人々にとっては、例えば十八世紀は、そもそも「徳川時代」などではなかった。

当時の「日本人」は、先のような問いについて、どう考えていたのだろうか。そもそも「国」や「世の中」をどのようなものと思い描いていたのだろうか。また、それらはどう変化したのだろうか。

実は、この時期、比較的孤立したこの列島で展開した政治思想の歴史は、時に奇妙なまでに独特である。しかも、それは列島外の政治思想にほとんど影響を与えなかった。その意味でそれは、ガラパゴス諸島で独自に進化した奇妙な動物たちを思わせるかもしれない。しかし、正にその「奇妙さ」故に、その研究が偉大な普遍的理論の成立の重要な契機になったことを、いったい誰が知らないだろうか。

しかも、人々の考えは時の政治・社会制度や情報伝達の構造に深く規定されるが、逆に、それが政治・社会制度を変える。例えばいわゆる「明治維新」である。その進行を目撃したあるロシア人革命家が「歴史上われわれが知り得るもっとも完全かつラジカルな革命」と評した(1)、この政治・社会・経済・文化にかかわる巨大な革命は、周知のように、米国政府派遣の小艦隊の江戸湾進入（嘉永六／一八五三年）をきっかけとしている。その後、それまで二世紀半続いていた超長期軍事政権が十四年余りであっけなく崩壊し、「禁裏」が史上初めて近畿地方を離れ、江戸にまで移転するに至ったのである。何故だろうか。そしてその後、これまで「攘夷」を呼号していたはずの人々が、一転して西洋を模範とする「文明開化」を追求し始め、やがて天皇を戴き議会を持つ国家を制作したのである。何が起きたのだろうか。

そのようなことは、徳川家の支配が確立した時にも、苛酷なキリシタン禁制を実行した時にも、寛文一三年（一六七三）に通商再開を求めるイギリスの要請をすげなく拒絶した時にも、およそ予想できなかった事態であろう。そうでありながら、僅かなきっかけで瓦解と変革に突き進む諸条件が、ペリー来航以前に国内で十分に形成されていたのであろう。徳川家の治世の下で、当時人口では世界でも有数の大国において、何かが起きていたのである。政治・社会の在り方を根底から変革させ、新体制を生み出させるような何かが、知的にも、すでに起きていたのである。本書は、この世界史的大事件の知的起源とその帰結を探ることをも、課題とする。

もっとも、実は、他のいかなる意義を持たずとも、歴史の探求は、それ自体、楽しいことである。人にとって人ほど興味深いものは無い。多種多様な人が、不思議にもこの世に生を受け、そのつかの間の生涯において、思い、感じ、行ってきたこと――それらを知り、理解することは、これまで多くの人にとって深い歓びであった。これからもそうであろう。本書では、その歓びを分かち合うことをもめざしたい。

三　タイム・マシーンに乗って

昔を探っていると、「本当にタイム・マシーンがあればなあ。十五分間でいいから町の様子を見てみたい。この人と会ってみたい」などと想うことがある。しかし、実は、我々はすでに高性能のタイム・マシーンを持っている。文字である。文字を通して、我々は、例えば一〇〇〇年前の平安京の宮廷女性の物憂い恋心に共感することさえ、ある程度はできる。四〇〇年前の戦国武士の主君への屈折した心情を理解することも、ある程度はできる。そして、江戸のある屋敷の中で、丁髷を結った頭の中の優れた脳において展開された、当時の世の詳細な現状分析と政策提案を理解することも、ある程度はできる。

これから、このマシーンを利用して、時の流れを約一〇〇年から四〇〇年前に遡っていくことを試みたい。かつての美しい日本列島への遡航である。

かつて、日本列島は本当に美しかったらしい。徳川の末から明治初年に訪れた西洋人たちは、往々、人を夢見心地にさせるお伽の国に迷い込んだような印象を受けたようである。彼等は、口々にそれを語っている。例えば、明治五年（一八七二）に来日したあるフランス人は、こう書いている。

五〇日の航海の後に、これから上陸する陸地と港が現れてくるのを見た時に感ずる印象に比すべき印象は数少ない。眼下に繰り広げられる海岸線と佳景とを、どんなに貪り眺めることであろうか。

この最初の観望は期待はずれになることが多すぎる。…しかし江戸湾に入り横浜を前にして錨を投ずる旅人の場合はそうではない。旅人は一年中青々とした丘、絵のような断崖、大洋の中にまで入りこんでいる樹木の中にかくれている村々、ついでもっと近づくと、「山の手」の上に階段状に重なりあっている別荘（バンガロー）、整然とした優雅な家で覆われた岸壁、緑の山の麓にある白い都会を目にする。運よく太陽が冬の透きとおった空で輝いているときには、この場景は魂を奪うように美しくなり、日本については横浜の海岸やその近傍しか見ていないで、「シシリーの空の下のプロヴァンスの気候」に出会ったという船員や旅人の歓喜が偽りでないことを証明するのである。(2)

殖産興業・戦災・高度成長以前の東京湾の姿である。

「開港」以前、江戸は、人口ではすでに世界屈指の大都会だった。しかし、そこには一輌の馬車も無く、一台のエンジンも無かった。昼間でも、とりわけ山の手は静まり返っていたであろう。「あらゆる種類の野性の動物…が、驚くほど人馴れし」(3)、千代田城の堀ではトキが遊び、(4)時には大手門上空でツルが舞った。(5)ランプも電灯も無かった。晴れていれば江戸の夜空にさえ大きく銀河が横たわり、月星の出ない夜は街路も真の闇だった。そして人々の移動は原則として徒歩だった。旅の行程は、一日四〇キロメートルが標準だった。郊外に出て総人口の八割以上の暮らす村々へ(6)行けば、土地は勤勉な農民によって隅々まで耕されていた（但し、肥料である糞尿の臭いが往々漂った）。

しかし、生活は、今と比べればひどく貧しかった。誰もが畳敷きの屋敷に住んでいたわけではない。今日残る「伝統的」(7)な民家の多くは、特に立派なものである。土間だけの家の藁や籾殻の上で家畜のように眠る人もいた。幼児死亡率は恐ろしく高く、五人生まれてようやく二人が育つというのが普通だった。[8] つまり、親は過半数の子供と（時には「間引」くことによって）幼い内に死別したのである。栄養不足もあったのであろう、大人の身体も、現在と比べるといじらしいほどに小柄だった。[9]

しかし、その丸髷・島田・丁髷などを結った頭の中で、知性は活潑に活動していた。同時代の世界の水準からしても、識字率は極めて高かった。

日本のすべての人――最上層から最下層まであらゆる階級の男、女、子供――は、紙と筆《ペン》と墨《インク》（矢立）を携帯しているか、肌身離さずもっている。すべての人が読み書きの教育をうけている。また、下層階級の人びとでさえも書く習慣があり、手紙による意思伝達は、わが国におけるよりも広くおこなわれている。

嘉永元年（一八四八）に「密入国」し、翌年長崎から強制送還された米国人の観察である。[10] 誇張はあろうが、同様の証言は多い。[11]

しかも、すでに全国的な市場経済が成立していた。大坂では米の先物取引も行われ、各地方は特産品開発にしのぎを削っていた。イギリス初代駐日公使は、「かれらの文明は高度の物質文明であり、すべての産業技術は蒸気の力や機械の助けによらずに到達することができるかぎりの完成度を見せている」と報告している。[12] 商人たちは市場経済での成功をめざして激しく競争していた。「立身出世」は、明治の新奇な流行語ではなく、彼等が常用した言葉である。

したがって、出版業も盛んだった。小説・春本、各種の趣味の本から、字書・教科書、商売での成功のためのマニュアル、謹厳な儒学書・仏教書・史書、そして蘭学の本に至るまで、多種多様な本が刷られ、販売された。方言の分化は大きく、江戸の人が主要な街道を少し離れれば会話で誤解が生ずる状態だったが、(13)（当時の公文書の書体・文体でもある）御家流の崩し字で候文の手紙を書けば、全国どこでも通用した（漢文なら東北アジア全体に通用した）。八戸に住む医者が、京都の出版社から本を刊行するなどということもあった（安藤昌益『自然真営道』宝暦三／一七五三年）。雑誌は無かったが、書評もされ、論争もなされた。さまざまな知性のネットワークが広がり、それなりに「文芸の共和国」La république des lettres が成立していたのである。政治への直接・正式の参与はその地位にある武士身分の男性に限られていたが、それにかかわる議論は盛んだった。政治に直接間接にかかわる多様な知識の浸透と議論の展開、おそらくそれが現に権力を握っている人々の意識をも徐々に変え、あの「明治維新」をも密かに用意していったのである。

但し、この人たちの文章を卒然と読むとき、その服装・髪型が現代日本人にとってすでにエキゾチックであるように、その思考も奇怪に思えることがある。時には幼稚にさえ感じられるかもしれない。しかし、その時には、まず自分の無知と無理解を反省すべきである。この人たちも、我々と同じく分別のある大人である。一見、可笑しな議論があるとすれば、そこには現代の我々には見えていない何らかの前提条件が隠れているのである。それを視野に入れ、つまりしっかりと歴史的文脈の中に置いて見直すとき、そこに我々と同じく、この世で多数にして多様な人々と共に生きていくことにかかわる困難な諸問題について、静かに思索している人の姿が、等身大で現前してくるはずである。

(1)　レフ・イリイッチ・メーチニコフ Lev Il'ich Mechnikov『亡命ロシア人の見た明治維新』(講談社、一九八二年) 一六頁。メーチニコフは、一八七四 (明治七) 年から翌年にかけて、東京に滞在した。

(2)　ジョルジュ・ブスケ Georges Bousquet『ブスケ　日本見聞記：フランス人の見た明治初年の日本』一 (みすず書房、一九七七年) 五七—五八頁。かっこ内も原著者。

(3)　タウンゼンド・ハリス Townsend Harris『日本滞在記』下 (岩波書店、一九五四年) 三三頁。

(4)　ラザフォード・オールコック Rutherford Alcock『大君の都：幕末日本滞在記』上 (岩波書店、一九六二年) 二一三頁。

(5)　松浦静山『甲子夜話続編』三 (平凡社、一九八〇年) 九二頁。

(6)　関山直太郎『近世日本の人口構造』(吉川弘文館、一九五八年) 三一二頁。鬼頭宏『文明としての江戸システム (日本の歴史十九)』(講談社、二〇〇二年) 九六頁。

(7)　児玉幸多『近世農民生活史 (新稿版)』(吉川弘文館、一九五七年) 三、一八〇—一八二頁。また、天明八 (一七八八) 年のある旅行者は、酒田氏の城下町鶴岡の「在中十軒に八軒までは土間住居なり」と報告している。古川古松軒『東遊雑記：奥羽・松前巡見私記』(平凡社、一九六四年) 六一頁。

(8)　鬼頭宏、前掲書、八一—九五頁。

(9)　例えば、ポール・ボヌタン Paul Bonnetain「明治ジャポン一八八六」によれば、男子の平均身長は、一メートル五〇センチから五五センチである。『モンブランの日本見聞記：フランス人の幕末明治観』(新人物往来社、一九八七年) 一〇六頁。

(10)　ロナルド・マクドナルド Ronald MacDonald『日本回想記：インディアンの見た幕末の日本』(刀水書房、一九七九年) 一二四頁。かっこ内も原文による。

(11) 例えば、一八六〇年に来日したプロイセンの将校はこう書いている。「日本では、召使い女がたがいに親しい友達に手紙を書くために、余暇を利用し、ぼろをまとった肉体労働者でも、読み書きができることでわれわれを驚かす。民衆教育についてわれわれが観察したところによれば、読み書きが全然できない文盲は全体の一パーセントにすぎない。世界の他のどこの国が、自国についてこのようなことを主張できようか?」ラインホルト・ヴェルナー Reinhold Werner『エルベ号艦長幕末記』(新人物往来社、一九九〇年)九〇頁。ちなみに、一八五〇年頃、つまりすでに産業革命の進行していたヨーロッパの識字率は、最大限五〇ないし五五パーセント、ロシア帝国では五ないし一〇パーセントだったという。カルロ・M・チポラ Carlo M. Cipolla『読み書きの社会史：文盲から文明へ』(御茶の水書房、一九八三年)六一頁。

(12) 前掲ラザフォード・オールコック『大君の都』下(一九六二年)二〇一頁。

(13) 例えば、前掲古川古松軒『東遊雑記』一五、四一、八八頁参照。

第一章　「中華」の政治思想
――儒学

一　はじめに

儒学は、人類がこれまでに築いた、おそらく最強の体系的政治イデオロギーである。それは、孔子（孔丘。紀元前五五二年―四七九年）によって大成されて以後、他の諸思想潮流との抗争に徐々に勝利し、紀元前から二〇〇〇年以上の永きにわたり、ほぼ一貫して、世界屈指の大帝国の正統思想として君臨した。そして、とりわけ近代に直接先立つ時期の東アジアにおいて、圧倒的な権威を持つ倫理哲学・政治哲学となっていた。徳川日本においても、儒学は知識人による政治思想史の展開の基軸をなし、「明治維新」にも重大な役割を果たした。そこで、まず、儒学の政治思想の体系を概観する。

但し、儒学にも多くの学派があり、見解の相違がある。ここでは、特に朱子学などにおいて当然の前提となっていた最も基本的な内容を紹介する。朱熹（一一三〇年―一二〇〇年）によって大成された朱子学は、中国の宋代に成立し、その後、明国・清国と朝鮮国において正統の学とされ、そのため、徳川日本においても、その独特の儒学史の展開の前提となった大学派である。

朱子学者などの儒学者は、おおむね以下のように考える。

二 天と人

この世には天があり、地がある。その天の下、地の上で、人々が生きている。あの世などというものは無い。仏教者が言うようにこの世は所詮「虚妄」だなどということもない。確かに、間違いなく、天・地・人からなるこの世が、この世のみが、存在する（無論、これは荘子やデカルトならずとも論理的には疑いうる前提である。しかし、儒学者はこの確かな実感から出発する）。

天とは、単に空《そら》のことではない。空も含むが、現代日本語でいえば「大自然」「大宇宙」に近い（肉眼の時代である。「自然」といい、「宇宙」といっても規模に違いは無い）。晴れた夜には手が届きそうに見えるあの星や月、不断に運行する太陽、おおむね規則正しく循環する季節、時々刻々に変化する天候――これら人為を超えた一切の現象は、天の動きであり、働きである。

したがって、温暖な春を迎えて草木や穀類が芽生え、太陽と雨の恵みで成長し、やがて実るのも、天の作用である。それらを糧として動物が生き繁殖するのも、結局は天の活動の一部である。それ故、天は、地の対語ではあるものの、地を含んでも言う（地震も「天災」と、現に言う）。

しかも、実は人も、その動植物を利用しつつ、めぐる季節の中で、生まれ、生き、子をもうけ、育てている。天の大いなる働きによって、その中で人類も生かされているのである。その意味で、人もまた大いなる天の営みの一部である。我々も大自然・大宇宙の一部であり、その働きによってそこから生まれ、そこに帰っていくのである。つまり、天・地・人は区別し、対比することもできるが、同時にすべては天であるとも言える。

天は物を言うこともなく、おのずから一切を絶え間なく生成し、生かしめている。無論、時に天は残酷な災いももたらす。しかし、結局のところ、現に我々人類は生きている。多数、天の恵みによって生かしめられている。それが不動の基本的な天意である。すばらしいではないか。いったい誰が、大自然すなわち天を畏敬せずにいられようか。

こうして儒学者は、超越的人格神など無しで、欧州の急進的啓蒙哲学者のように何よりも nature に依拠して[1]、壮大な倫理と政治の哲学体系を構築しようとするのである。

人の生も、動植物同様、天の営みの一部であるとも言える。しかし、人は鳥やけだもの（「禽獣」）とは大きく違う。例えば、裸で樹上に暮らし、男女が乱交し、誰が父かも知らず家族も作らず、字も無ければ作法も無い、弱肉強食をして、親の死を悼むことも知らない――それは禽獣の有様であって、人らしいとは言えない。人はそのような生き方はしない。していない。人はやはり特別に優れた「万物の霊」である。現に『書経』（儒学の代表的経典である五経《ごきょう》の一つ）に「天地は万物の父母、惟《こ》れ人は万物の霊」とある（泰誓篇。「霊」とは「霊長類」の「霊」で、不思議なまでに秀でているという意味である）。この一節の標準的な古注は「天地の生むところ、惟だ人を貴しとなす」と述べる。天が、人を存在の大いなる序列の最上位に置くべく、生み成しているのである。

人間は、禽獣と異なり、いわば社会的・倫理的・文明的に生きる能力を持つ。正に天性として、それを持つ。その意味で人の性は善である。

こうして儒学者は、人類普遍の人らしい自然な（本性に即した）生き方があり、そこには、ある社会性・倫理性・文化性が含まれると考える。ホモ・サピエンスのみは「自然」（本質）をもたず、すべてが社会的文化的構築物だ、などという極端な人間例外論はとらない。そしてその「性善説」も、悪用を想定しなかった間抜けな制度設計を非難して「性善説に基づいているからいけないのだ」などと現代日本でいうときの、おめでたい楽観論ではない。

例えば、人は言語を使う。いかなる「未開」民族も使う。それは、火や車の使用と違い、どこかの誰かの発明が波及したのではあるまい。人である以上、言語使用の潜在能力を有するのであろう。(2) 同様に、人は社会的動物であり、それにふさわしい能力を生まれつき有する（多分、ヒト・ゲノムのプログラムによって）、と考えるのである。現に価値相対主義の流布する現代でも、異常に凶悪・残虐な犯罪者を「あいつなんか人間じゃない」と評する人がいる。それは、およそ人間である以上、ある最低限の社会性・倫理性を備えているはずだ、それを持たないのは人間らしくない、と考えるからであろう。その立場に近いのである。(3)

三　礼と道

儒学者たちは、人らしい生き方の具体的様式を礼と呼ぶ。礼は、日常の作法・儀礼・冠婚葬祭等の儀式・社会制度・政治制度等の一切を指す。作法も制度も、同じく礼であるとは、奇妙に思えるかもしれない。しかし、いずれも人間の行為の型であることでは同じである。そこに、人の社会性・倫理性が具体的に現れるわけである。そして、この礼こそが、禽獣と人とを明確に区別する。禽獣には、人と異なり、きちんと定まった礼が無いからである。人が社会的・倫理的存在であるとは、具体的には礼的存在であるということなのである。

鸚鵡は能く言《ものい》へども、飛鳥を離れず。猩猩《しょうじょう》は能く言へども禽獣を離れず。今、人にして礼なければ、能く言ふと雖も、亦た禽獣の心ならずや。夫れ惟だ禽獣は礼なし。（『礼記』曲礼上）

もっとも、個々の具体的な礼は人の定めたものである。どこかに天然にあるはずもない。その意味で、社会・文明の具体的な在り方は、すべて人の作為・制作による。しかし、礼にそってふるまうこと自体は、天性としての人らしさの主要な要素なのである。

しかも、その礼は、恣意的に制作できるものではない。時代ごとの変遷はあっても、その根底には人らしさの基本原則がある。それが道である。逆にいえば、道の歴史的条件に応じた具体化として、個々の礼があるのである。

道とは、本来、人の歩く道路を意味する。人である以上当然に常に行くべき道路である。それを離れてけもの道を行っては人らしくない。また、それは、人である以上、誰でもがたどれる、通れる道路である。特別な能力を持った人のみが通れる道は、天下の大道ではない。人ならば皆が通れるから人の道なのである（それ故、「道なき道を行く」「自分で新たな道を切り拓き、我が道を行く」とは、人の基本を踏み外すということにほかならない。当然に悪である。各個人がその独自の個性を活かし、それぞれに自分らしく生きることが、それ自体として良いことだなどとは、儒学者は考えない。「私らしく生きたい」などとは、儒学者は言わない。ヒトラーがヒトラーらしく生きたことの結果を知らない者がいるだろうか）。

この道にゴールは無い。そこをたどったからといって、天国・極楽に到着できるわけではない(4)。そのようなものは無いから。ただ、人は人である以上、そこを歩むべきであり、歩めるのである。

四　五倫と五常

道の内容は、当然、この現世での良き社会人・良き文明人としての生き方である。出家して結婚もせず子も作らないなどというのは、当然に道ではない。それでは人類は消滅してしまう。特別な荒行《あらぎょう》なども、万人のできることではないから、道ではない。邪道である。「異端」（『論語』為政）である。この現世にとどまり、幾重もの人間関係の中でまっとうに生きていく。それが人らしい生き方である。

儒学者によれば、この世における主要な人間関係は、五つある。いわゆる五倫である。父子・君臣・夫婦・長幼・朋友をいう。人は主にこれらの人間関係の中で、生まれ、生き、死んでいくべきものなのである。そして、それぞれにおいて実現すべき正しい在りようが、親・義・別・序・信である。父子には親愛、君臣には義《ただ》しさ、夫婦には区別、長幼には順序、朋友には信実である。

中でも父子が重要である。父子というが、母子も含む。親子が深く愛し合い、とりわけ子が親に敬意に満ちた深い愛情をもち、それを表現する。さらに祖父母・曾祖父母等に、そして孫・曾孫等にも及ぶ。それが人倫の基本、人間らしさの基軸だと考えるのである。

何故か。

人は、必ず誰かの子・孫・曾孫等として生まれ、生き、そして誰かの親・祖父母・曾祖父母等となるべきものだからである。つまり、人は、ただの個人として存在しはしない。何の規定性も帯びない裸の個我が先にあり、それが自己のアイデンティティを選び取っていくなどとは空論である。人は孤立した抽象的存在ではなく、必ずある親の子として生まれる。それは否認不能の絶対的な絆である。当然、それが他の一切の規定に先立つ、人の根元的中心的なアイデンティティをなす。自分が何歳になっても、親に孝を尽くすのは、当然ではないか（ファザコン・マザコンのどこが悪いのか）。――儒学者はこのように考えるのである。

したがって、親子で不仲なのは、単に不幸なのではない。人としての根元的あり方に反し、倫理的に悪なのである。（君臣・夫婦については後述する）

このように人は、親として、子として、君主として、臣下として、夫として、妻として、年長者として、年少者として、そして友人として、それぞれにふさわしく人と接するはずのものであり、接するべきである。つまり人を、相手に応じて変わるさまざまの社会的倫理的役割を有する多面体として捉えるのである。そしてこの道は、人類に普遍的に妥当する。武士道や騎士道のような身分道徳ではない。それぞれの立場・役割は、(君・臣には女性が普通想定されないことを除けば) 誰にでもありうるからである。

そして、以上五つの人倫関係が良好に営まれるには、常に五つの徳が発揮されなければならない。仁・義・礼・智・信の五常である。

(一) 特に仁が重要である。これは「愛」の字を用いて説明するのが普通である。愛こそが人間関係を貫く枢要の徳である。つまり、儒学では、倫理の根底・人間性の基軸は愛なのである(但し、これはビートルズの唱い上げる All You Need is Love.(一九六七年)とは異なる。ビートルズの love の範型は男女の性愛だが、儒学の愛の範型は、五倫論の示唆するように、親子である)。

(二) しかし、ただ愛だけ、やみくもに優しいだけでは、十分に倫理的とは言えない。相手と事の性質に応じて適切にただしく愛を発揮しなければならない。そのただしさが、義である。

(三) しかも、それは公定の適切な行為の型にそって表現されるべきである。礼である。

(四) さらに、常に智慧も伴っていなければならない。複雑なこの世において常に適切に行為するには、智慧が必要だからである。つまり、人として優れているという中には賢明さが含まれると、儒学者は、アリストテレス同様に、考える。「愚かだが心が清らかですばらしい」という人はありえない、この世はそれほど甘くない、倫理性・道徳性には智慧も必須だ——そう考えるのである(間違っているだろうか。知的エリートに好都合な厭らしい考えだろうか）。

（五）　そして、以上四つの徳がすべて着実・確実・信実であること、それが信である。

こうして、仁・義・礼・智・信の五常があいまって、五倫もうまく営まれ、人間らしく生きられるというわけである。

五　天子と天下

しかし、ここに問題がある。それは現実の人は、時々、あるいはしばしば人らしくなく、禽獣のようにさえふるまうということである。多くの人は完璧ではない。本性は善であるところの人でありながら、人の道を踏み外し、不仁・残虐なことさえ行う。それを儒学者はよく知っている。

ではどうすればよいのか。

超越者の助けは得られない。そのような者はいないから。「自治」も解決策たりえない。凡人が凡人を統治できるはずもないから。結局、誰か優れた人が、社会と倫理の擁護者・文明の保証人として、人々を導くしかない。それが統治者である。その意味で、人間らしい生活にとって、統治・支配は不可欠である。人をそのような営為が必要なものとして生み成していることからすれば、統治の存在もまた自然の意志、天意なのである（ここで、統治は必要であって、「必要悪」ではない。その意味で儒学は、自由主義ではない。まして「一切の権力の否定」など、無責任な暴論にすぎない。見事な統治によるほとんど無為の政治はありえても、政治的権威無き文明状態はありえない、と考えるのである）。

天壇

では、誰が統治者になるのか。

強者などではない。当然、最も人らしい人、倫理的に優れ、文明をよく体現した人であるべきである。五常の徳を兼ね備えた、人間としての選良である。しかも、人が人らしく生きたいのは当然だから、そのような人はおのずから人々に慕われ、推されるであろう。人々はその人にみずから従うであろう。そのような人（但し、後述する理由により原則として男性に限られる。第十六章）が、人々のための統治者として君臨すべきであるし、するであろう。

そのような統治者を天子と呼ぶ（古くは王ともいい、秦の始皇帝以後、皇帝ともいう）。人を生成し、人らしく生かしめんとする大自然、すなわち天の意志の代理人だからである。こうして天子の座自体が、いわば天からつり下げられる。その統治対象が天下である。天下には人類（人民・万民・兆民）が生きている。

しかも、具体的にある人物が人々に推されてこの重大な責任を引き受けるとき、それも単なる推薦・選挙とは考えない。

それは単なる人為ではない、それも天のしからしむるところである、天の思し召しとして、ふさわしい人に代理人指名があったのだ。そう解釈するのである。これを、天命が下ったと表現する。

そこで、中国の皇帝は真北を背にして宮城を築き、臣・民に対しては常に南面する。天の中心は、恒星の回転の示すように北極だからである。彼が北面するのは、みずから天を祭る時だけである。天子は、その特権にして聖なる義務として、彼に命を下した天を祭るのである。例えば、現在の北京の観光名所、かつてのその南郊にある天壇がその場である。

六　君・臣・民

(一)　天子の統治は天下の万民のためである。天子のために万民がいるのではなく、万民のために天子がいる（かつての「大日本帝国」では、臣民のために天皇がいたのだろうか。それとも、天皇のために臣民がいたのだろうか）。これは「人民による統治」という意味での民主主義ではないが、「人民のための統治」だという意味では断乎たる民本主義なのである。

その天子の統治は、当然、すべての人が人らしく生きられるようにしてやりたいという慈しみのそれである。人らしさの基軸である、あの仁の最大規模のもの、仁政である。政治とは、特別に優れた人が、人らしさにおいて劣る人々を、人らしさの本質である誠実な慈愛をもって助け、導くことである。現に万物を生み成し、生かしめている恵み深い天のように、そして、我が子をいつくしむ親のように。

親だから、人々を生かしめ、教え、導く。時には厳しく叱ることも、罰することもある。しかし、それもまた民自身のためである。涙の折檻、愛の鞭なのである。実際、儒学者は統治者をしばしば「民の父母」と呼ぶ。男性しか想定しないにもかかわらず、「民の父」とは言わない。一切を生む天の代理人に、母性は必須だからである。天子はその役割において両性具有 androgynous なのである。

このパターナリズム兼マターナリズムは、カントなどから見れば、ご親切そうであるだけに一層悪質な、自律的人格をとろかす最悪の専制かもしれない。しかし、儒学者は、現実の人間はカントが前提するほどに立派ではないと考えるのである。

（二）天子がいかに優れた人であるとしても、一人で天下は治められない。補助者が必要である。それを臣という。天子は臣と義《ただ》しい君臣の関係を結び、共に民を統治する。

では、誰が臣となるべきなのか。当然、天子ほどではないとしても、人として優れた人である。文明を体得することの深い、徳のある人である。テクノクラシー technocracy ではなく、いわば道徳官僚制 ethicocracy の構想である。したがって、臣の選抜が理想的にいけば、民として残るのは相対的に愚人・小人《しょうじん》ばかりということになる。「有道の世は、人みな徳を修め、しかうして位は必ず其の徳の大小に称《かな》ふ」（朱熹『孟子集注』離婁上）というわけである。

そして君は臣を信頼し、臣は君に忠であるべきである。忠とは真心を尽くすことをいう。それは、個人への隷従ではない。万一、君が間違っていれば、諫めるべきである。民のための、義に拠る関係だからである。くりかえし諫めてもその言が容れられなければ、君臣関係を返上すべきである（「人臣の礼として、顕はには諫めず。三たび諫めて聴かれざるときは則ちこれを逃《さ》る」『礼記』曲礼下）。

（三）一方、民の君への忠誠義務は、普通説かれない。民は相対的に愚かで十分に道徳的でないから民なのである。そしてその民を教導するのが君なのである。したがって統治とは教育である。それ故、民が治まらず世が乱れるならば、それは君の責任である。児童教育不振の責任を誰が児童に問うだろうか。

それ故、ある王朝が倒れるのを民が対岸の火事のように眺めていても、それは道徳的に非難されない。つまり、福沢諭吉の言うような「ネーション」の観念（『文明論之概略』。第二十一章で説明する）が、ここには無いのである。

その意味で、日本では往々誤解されているが、儒学は民に教え込んで「忠君愛国」を勧めるような教えではない。統治する側こそが学び、信ずべき教えであり、おそらくそれ故に強力だったのである。

七　礼楽・学校・科挙

以上のような統治は、如何にしてなされるのであろうか。

第一に、礼楽による感化である。

儒学者は、暴力こそが政治の本質だ、などとは考えない。法を定め、違反者は権力をもって罰するというのも、本筋ではない（残念ながら、実際にはそれも必要だが）。統治は、まず、人の模範である天子の徳の感化（「徳治」）としてなされるべきである。[5] 児童にとってのすばらしい先生と同じである。具体的には、礼を定め、それに率先してしたがい、正しく美しくふるまえばよい。民も人である。自己の野蛮さに気付けば、己れを恥じずにはいられまい。文明を思慕し、正しい秩序に向けて興起するであろう。

また、楽、すなわち音楽も重要である。美しく正しい宮廷音楽とその学習は、人を内面から陶治し、善き生に導く（これは、説得力の無い奇妙な主張と聞こえるかもしれない。しかし、音楽と精神の在り方とには、何か並行関係がないだろうか。日頃「淫楽」に浸っていて、高邁な人格になれるだろうか。怨むような歌や怒号するような歌が流行るのは、世の中に何か問題があるのではないだろうか。儒学者は、古代ギリシャ人同様、そう疑うのである）。

第二に、教育の制度化によってである。つまり、統治の一環としての学校である。政治が教育であるなら、端的に国家が学校を設立し、教育すればよいというわけである。朱熹によれば、古えの理想的な世には、至るところに「小学」があり、八歳になれば誰でも（但し、またしても実は男性だけである）そこで学んだ、そして十五歳になると天子の息子、位の高い人の嫡出男子、そして民の優秀な男子は、「大学」に進んだという（『大学章句』序。その名称の示すように、「明治維新」後の教育制度は、西洋の模倣であると同時に、この儒学の理想の遅ればせの実現である）。

そして第三に、徳の有る人の臣への登用によってである。

その主要な方法は二つある。地方から人望のある人を推薦させるのが一つである。「郷挙里選」という。もう一つは、公開の筆記試験、科挙である。人らしさをよく体得した、有徳の人を選抜するには、道を記した書物（四書五経）等について論文を書かせ、それで選考すればよいという着想である（科挙は、中国では、すでに六世紀には実施された。そして、十世紀、宋の時代には、官僚選抜の方法として完全に確立した。日本では、平安貴族の時代である。欧州ではまだ中世である。その頃に、生まれにかかわらず個人を筆記試験で選抜し、その後の働きで、最高官にまで昇進させるという仕組みが確立したのである。そしてそれが、二十世紀初め、毛沢東が子供だった頃まで続けられた。儒学は単なる紙上の建前などではなかった）。

八　修己治人

では、その徳の有る人はどのようにして出現するのだろうか。

歴史上には生まれながらに完璧な人格者（これを聖人と呼ぶ）だった人もいるという。四書の一つ、『中庸』によれば、「生まれながらにしてこれ（道）を知り」「安らかにこれを行う」人である。例えば、孔子である。

一方、我々のように、人格的にははなはだ不十分、その意味で人になりきれていない人もいる。しかし、それでも人であり、本性は善なのだから、努力によって真に人らしい人になることは可能である。『中庸』の表現によれば、「学んでこれを知り」「利としてこれを行」えばよい、あるいは「困《くる》しんでこれを知り」「勉強してこれを行」えばよい（無論、現代日本語の「勉強」の語源はこれである）。

あなたも人である以上、聖人になれる、努力次第である、というわけである。そして、この聖人になるための努力を修身と呼ぶ。そして、人でありながら、「いやいや、私など到底無理です」と諦めてしまうことを、「自暴自棄」という（『孟子』離婁上）。

修身が進めば、その効果は広く及ぶ。まずは、家族関係がすばらしくうまくいくであろう。やがては、国が治まり、天下が平らかになるであろう。「修身・斉家《せいか》・治国・平天下」（『大学』）である。これは、別に、山中の一軒家で「家」が「斉《ととの》」えば、その感化が世界に及ぶだろうなどという甘い夢想ではない。具体的には、修身が進めばやがて統治に関与することが想定されている。己れの身を修めた人格者が統治者になるという「修己治人」が当然の経過だからである。

但し、修身は統治のための手段ではない。人が人らしくあるのは当然だから、それ自体、目標である。しかし、「治人」のためには「修己」が必須であり、「修己」をなし得た人は統治にかかわるはずなのである。

九 三代と革命

儒学者によれば、完璧な人格者、聖人が天下を治めた理想の世が、かつて実在した。この世の考えられる最善の状態が、ユートピアという遠い島ではなく、「進歩」の果ての遠い未来にでもなく、過去に実在したというのである。

それが、特に堯（陶唐氏）・舜（有虞氏）・禹という三人の聖人の統治した世であり、禹から始まる夏王朝、やはり聖人であった湯王から始まる殷（商）王朝、文王・武王・周公という三聖人から始まる周王朝という、連続する三つの王朝の時代である。堯舜三代・唐虞三代などと呼ぶ。

堯から舜へ、舜から禹への政権交代は、禅譲によった。王位を、それまで臣であった別の聖人に譲ったのである。この世の最高の人格者に天命が下るはずであるならば、それが当然であろう。

ところが、禹以後は世襲になって王朝が始まった。おかしくないだろうか。既述の政治観からすれば、当然の疑問である。四書の一つ、『孟子』に、これに関する孟子と万章という人との問答がある（万章上篇）。

まず孟子は、天の意思は天下の民の動向に示されると言う。そこで万章が問う。

万章「禹になったら徳が衰えて、賢人に譲らずに子に伝えたのだという説がありますが、そうですか。」

孟子「いや、そうではない。天が賢人に与えれば賢人に与え、天が子に与えれば子に与えるのだ。……禹が亡くなり、三年の喪が明けると、（賢人である）益という人は禹の子に遠慮して箕山の陰に隠れた。参勤する者、訴訟する者は、益ではなく（禹の子である）啓のもとへ行き、『吾が君の子だ』と言った。謳歌する者も、益を謳歌せず、啓を謳歌し、『吾が君の子だ』と言った。」

儒学の天とは、まことにしたたかな概念である。こうして、世襲制もまた、現に人民が従っているという事実を天の意志の表現と解することによって正統化され、皇帝は人格者とみなされるに至るのである。後世には、皇帝を聖人と敬称することも多い。

しかし、世襲となれば、実際には暴君も出現するかもしれないではないか。その時はどうすればよいのか。儒学の政治理論はどう答えるのか。

ここで、儒学は、見事な首尾一貫性を示す。そこには再び天が登場する。

第一に、「天人相関」である。すなわち、天命を受けた天子による天下統治の善し悪しは、天の活動と無関係ではありえないというのである。天子がその地位にふさわしくよい統治をすれば、天の運行も順調で、めでたい奇瑞も次々に出現する。逆であれば、洪水・ひでり・地震などが起きる。このような天災が次々に起きるようであれば、それは、天子に問題があるのであり、天が警告を発しているのである。天譴であり、天罰である。その意味で天災も人災であり、政治の問題なのであり、天子の徳の問題なのである。

第二は、放伐による革命である。

天の警告をも畏れずに暴政を続ける天子が出現したならば、当然、臣は諫めるはずである。しかし、それでも聴かないとしたら？ そうなれば、心ある臣はみな退去するであろう。やがて天下の民心も離れるであろう。それは、天命が解除されたということにほかならない。そして、民心は他の誰かにおもむき、その人によって再び天下に秩序がもたらされるであろう。新しい天子の誕生である。今や天命が改まったのである。これを、革命という（天命が革新されたからである。無論、現代日本語・韓国語・中国語の「革命」は、これを revolution の訳語に当てたのである）。

新天子は、かつての臣であってもよい。いや、そうであることが多かろう。そして、そうであっても旧天子がなおその地位にしがみついているならば、追放し征伐するのも可である。禅譲による革命の対極をなす、放伐による革命である（暴力による王朝交代も、こうして正当化される。王朝が代われば王家の姓が換わることになるので、易姓革命とも呼ぶ）。

あの雄弁な孟子は、これについても問答している。相手は、戦国時代のある王である（梁恵王下篇）。

王「湯は（夏王朝の最後の王で暴君だった）桀を追放し、武王は（殷王朝の最後の王で暴君だった）紂を征伐したという。それは事実であろうか。」

孟子「伝えにそうあります。」

王「臣がその君を弑《しい》していいものかね。」

孟子「仁をそこなう者を賊といいます。義をそこなう者を残（残虐の残である）といいます。残賊の人を一夫（孤立した男）といいます。一夫である紂という男を誅伐したという話は聞いたことがございます。しかし、君を弑したという話は聞いたことがございません。」

暴君殺害の断乎たる肯定である。中国でも、これはいくらなんでも言い過ぎだとして、反撥もあった。しかし、儒学の基本信条からして、この論理を否定することは難しい。朱子学の大成者、朱熹も、極めて厳しい条件を付しながらも、放伐による革命を原理的には認めている。湯王・武王は主君殺しの犯罪者として糾弾されはしない。聖人として尊敬されるのである。

十　華夷

天は一つである。道、すなわち人の人らしい生き方も根本的には一つである。したがって、天命を受けて人々を導く天子も一人のはずである。つまり、文明の中心は全人類にとって一つであり、天子は全人類の指導者であるはずである（カトリック信者にとっての教皇のように）。しかし、実際上、天子の感化にも限度がある。周辺には、多少人らしさに欠け、つまりは禽獣に近い生活を続ける人々が残ることになる。彼等が、中華に対する夷狄である。

これが、いわゆる華夷思想である。それは、現実の多様性を、人類に普遍妥当の生活様式があるという信念を維持しつつ、説明しようという企てである（それは、米国的生活様式の普遍妥当性の信念と文化相対主義とを併存させようとする試みと比べ、より露骨ないし率直である）。それ故、それは、基本的には人種主義でない。礼を身につけて道に従って生きるならば、夷狄も中華の人たりうる。現に、いわば中華的生活様式の拡大浸透が、現在の（話す言語・風貌・身長等の大きな地域的差異にかかわらず互いに同一「民族」だと固く信じている）「漢民族」形成の一因であろう。しかも、周辺の朝鮮半島や日本列島に住む人々も、文字・服飾・政治制度を含む多くの礼を、往々強制されること無しに自ら学びとったのである。中華の王朝は人の正しい生き方を導く全人類の中心だという説明には、長期にわたり、強い説得力があったであろう（現在の米国がそうであるという主張以上に）。

天子は夷狄をどう扱うのか。暴力を以て征服し、強制的に文明化させるのは、仁とは言い難い。そこで、夷狄は夷狄の長が彼等なりに支配することを認めてやることになる。時には、その長の使者が、天子を慕い、貢ぎ物を持って表敬訪問して来る場合もある。それが、朝貢である。そのような長には、天子はそのいじらしい気持ちを愛で、遠方の臣として、それなりの支配の正統性を承認してやることになる。その場合に授与する称号が、例えば「国王」である。朝鮮国王・越南国王・琉球国王、そして委奴国王・倭王・日本国王等である。このように、ある夷狄集団の長の支配を承認して、ふさわしい称号を授与することを、冊封《さくほう》という（勿論、実際の「朝貢」と「冊封」は、双方のさまざまな意図でなされた。ただ、天子の側は、公式にはそのように解釈するのである）。

冊封に際し、天子は、暦（当然、元号を含む）を与える。彼が公定した、天の運行に基づく時間の正しい区切り方である。冊封された側は、今後、それに従うこと、すなわち「正朔を奉ずる」ことが期待される。逆に言えば、天子の元号と暦を用いることは、天子の権威を承認したことを意味する（それ故、福沢諭吉は、「今、日本国中にて明治の年号を奉ずる者は、今の政府に従ふ可しと条約を結びたる人民なり」と主張したことがある。『学問のすゝめ』二編）。

こうして天子は、空間的に、そして時間的に、人類文明の第一人者として、世界を整序する。あの大いなる天の代理人として。

以上のような、見事に体系的な思想を、誇り高い武士身分が統治し、天子と称する人が江戸ではなく京にいる徳川日本において、一部の知識人が真剣に学ぶに至ったのである。当然、それは、物議をかもさずにはいなかった。実際、それは、体制にとって一種の危険思想でさえ、あった。

（1）　Nature と自然とでは、現代語でも意味にずれがある。しかし、ここでは意味の重複部分に立って論じている。

（2）スティーブン・ピンカー Steven Pinker『言語を生みだす本能』上下（日本放送出版協会、一九九五年、一九九六年）。

（3）ちなみに、世界人権宣言（国際連合総会一九四八年一二月一〇日決議）第一条も、「人間は、理性と良心とを授けられており、互いに同胞の精神をもって行動しなければならない」と述べている。馬鹿げた考えだろうか。

（4）ちなみに、シャリーア（イスラーム法）の原義は、「水場に至る道」であるという。大塚和夫ほか編『岩波イスラーム辞典』（岩波書店、二〇〇二年）四六六頁。

（5）現在の日本でも、政治家や組織の責任者が陳謝するときに、「私の不徳の致すところ」と述べるのは、この徳治の観念の遠い残響である。捕らえられた自転車泥棒などが「私の不徳の致すところ」と言えば可笑しいのも、そのためである。

参考文献

島田虔次『中国思想史の研究』（京都大学学術出版会、二〇〇二年）
戸川芳郎・蜂屋邦夫・溝口雄三『儒教史（世界宗教史叢書一〇）』（山川出版社、一九八七年）
小島毅『中国近世における礼の言説』（東京大学出版会、一九九六年）

第二章　武士たちの悩み

一　はじめに

一四六七年に始まった応仁の乱以降、日本列島では、既存の多くの制度が融解し、多次元的な戦争状態（「戦国の世」）が断続的に続いた。戦争の形態は残虐と陰険を極めた（詳述しない）。しかし、この戦争状態は、トマス・ホッブズが考えたような（『レヴァイアサン』一六五一年）人々の相互契約によってではなく、最強者の支配が徐々に事実として確立することによって終焉した。しかも、ホッブズを含む同時代の欧州人が夢想もできなかったような国内外の平和（「泰平の世」）が、二世紀以上継続するに至ったのである。何故であろうか。

また、欧州近世の絶対王政を支えたのは、常備軍と官僚制であったと言われることがある。ところが、徳川日本では、常備軍が官僚制であり、官僚制が常備軍だった。つまり、武士という職業軍人たちの組織がそのまま統治組織だった。そして、そうであるままに、一つの身分として基本的に世襲を続けたのである。しかし、二世紀以上、戦争経験無しに世襲している軍事組織とは、いったい何だろうか。

さらに、近代においても、「武士」「サムライ」は、「日本人」男性の自画像として、また外からの「日本人」像として、人々の想像力を刺戟すると共に呪縛してきた。本当のところ、彼等はどのような人々だったのだろうか。

これらの問いに答えるためには、まず、「戦国の世」に遡り、その嵐の中で形成された彼等の意識と組織を窺う必要があろう。

二　「戦国」の中で

(一)　「武者」

武士は、その名の通り、何よりも「武」をその自己規定の核とする。武者であり、軍人であり、兵隊である。つまり、戦さにおける暴行・傷害・殺人を本来の役割とする特殊な職業人である。しかも、その戦闘は、遙か遠方から精密機器を操作するようなものではない。一人一人が弓・鉄砲・槍・刀などを持って、顔の見える敵と対峙し、その生身の手応えを感じ、返り血を浴びつつ遂行するものである。個々人の勇猛と武芸とが意味を持ち、個々人の戦闘業績が評価されうる。そこで、自分の業績を証拠立てるため、殺した敵の頭部を切断して本陣に持参し、記帳してもらう慣行が武士にはあった。後日、ずらりと並べた首を大将が検分した（「首実検」）。当時の記録は、「頸数二千七百余討ち捕る」「翌日頸御実検候ひしなり。頸数三千余あり」（太田牛一『信長公記』）などと伝えている（どんな臭気が漂っていたのだろうか)。

さらに、戦闘は、しばしば農作物の意図的蹂躙・放火・略奪(「分捕り」)、そしておそらく強姦を伴った。(1) それは、ひた隠しにされた職業上の秘密などではなかった。「切り取り強盗武士の習ひ」とは徳川の世の末まで慣用句である。彼等にとって、「調儀」「調略」「謀略」「武略」を駆使して敵を陥れるのも当然だった。「フェアプレイ」で敗れても、救済措置は無かった。

過去の(?)戦争とは概ねそういうものであるのかもしれない。そうであるならば、軍人を卑しめる文化があっても当然であろう。例えば、中国には「よい人は兵にはならない。よい鉄は釘にはならない。」(「好人不当兵。好鉄不打釘。」)という諺がある。所詮ならず者たちである暴力専従者を儒学的教養人が率い、必要に迫られた時に限りやむを得ず戦わせるというのが、中国・朝鮮での主流の考えであった。しかし、日本では「花は桜木、人は武士」である。武士が、公家や寺社の権威と権力を徐々に簒奪し、戦国の世を経て一円的支配を確立し、揺るぎない統治身分に成り上がったからである。それ故、公家でも僧侶でも町人でも百姓でも、そして学者でもなく、武士であることに、彼等は誇りを持ちえた。

誇り、すなわち「名」の意識は、武士たちの志気と組織を支えるのにも有効だった。命を賭けて戦う者には、富や地位の約束だけでは足りない。死んでしまえば、それらに意味はないから。そこで、この世を超越する何かを信じ、「聖戦」に従事していると思えれば、命も賭けられよう。しかし、それらへの回路を独占している寺社の権威こそ、武士の宿敵だった(「一向一揆」鎮圧にひるんでいては、他の武士集団につけこまれる)。また、十九世紀以来の「国民国家」の軍人のように、永遠(であるはず)

の「国民」との昂揚した一体感を持てれば、自己犠牲に意義を見つけられたかもしれない。しかし、統治者をも含む一体としての「国民」意識など、未だ無かった。

そこで、矢や銃弾が降り注ぎ、槍ぶすまが待ちかまえる戦場で武士たちを支えたのは、何よりも個々人の名誉心であり、恥の意識だった。積極的には、「高名」を挙げて勇猛な武士として賞賛を浴びたいという功名心であり、消極的には、「武士の風上にも置けぬ」などと嘲笑されたくないという羞恥心である。武士として野心的であることは、はしたないことではない。「名を上げたい」という競争心は当然であった。それが彼等を前進させる。そして、「武士のくせに」などと同僚たちから蔑まれたくない、そのような恥をかくくらいなら死んだ方がましだという鋭敏な羞恥心が、彼等を後退させない。「恥を知る」とは、武士への典型的な賛辞であった。

それは、倒錯した利己心とも見える。名誉という幻影のために死をも恐れぬとは、人として不合理ではないだろうか。しかし、「恥を知る」武士の集団は、「命あっての物種」と思っている集団よりも、他の条件が同じなら勝利の確率が高いであろう。そのような集団の勝ち抜き競争が長期間行われれば、命より「名」を本当に重んずる人々が、結果としては生き残るのではないだろうか。その意味で、近代の軍人の胸を華々しく飾る勲章も示唆するように、名誉意識は戦闘者集団にとって、おそらく職業的合理性があるのである。

しかも、戦場で勇猛、武芸に達者というだけでは足りなかった。常に武士らしく行動することが、「武士の道」「武者道」「武辺道」「武士道」、そして「男道《おとこどう》」等と呼ばれ、尊ばれた（武士を辞めることは「男をやめる」とも表現された。欧州の「騎士道」と違い、宗教の護持者と称さず、女性崇拝でなく露骨に女性蔑視であるのが、「武士道」の特色である)。それは、第一に、戦時だけ武士らしくするというわけにはいかなかったからである。裏切り・不意打ち・騙し討ちに備える警戒心と冷静さは不断に必要だった。「不覚」はとれない。それは命にかかわる。日頃へらへらしていて、危機管理はできない。第二に、「名」を重んじて競い合い張り合う同僚たちの間では、互いに少しでも「武士らしさ」を疑われるような素振りを見せるわけにはいかないからである。それに従者たちも、彼の様子を窺っている。「臆病者」と疑われては、武士としての自己保存も危うい。小さな侮辱を甘受すれば、大きな屈辱が待ち受けている。常に、「武士らしさ」を顕示し、「一分が廃《すた》」らないようにする必要があるのである。

このような態度は、己れの姿への他者の視線を意識するという意味で、一種の美意識である。当然、それは浮薄なダンディズムでもありうる。しかし、その視線が内面化されることもある。たとえ誰も見ていなくても、いついかなる時でも、武士として恥ずかしいことはしないという、緊張感に満ち、自尊心に裏打ちされた自律的「良心」ともなりうるのである。泰平の世になっても、「人を杖につき、深く頼むは悪しし。武士は独立する心あるべし」とある武士は教えている（著者不明『武士としては』）。

（二）「主君」と「奉公人」

ある戦国武将が、こう語ったという。

少身の人、大身中身をたのみて、命をつなぐをば奉公人と申す、さて又少身の人をあつめ、恩をあたへて命をつながする、大身中身の其仁をさして主君と申して、これ大将なり。この主君より、少身の人知行を得て、かしこまるをば、主を持つといふ。主持ちては、恩の替りに必ず仕るわざを奉公といふ。（『甲陽軍鑑』品第二十七）

ホッブズは、「自然状態」における殺害能力の基本的平等を想定したが（『レヴァイアサン』第十三章）、多分それは幻想である。実際には、体力だけでなく、陰謀能力・組織化能力等、さまざまな原因によって殺害能力には大差がある。弱者は、そのままでは強者に滅ぼされる。しかし、服従と保護とを交換するという手がある。強者は弱者に土地や禄を与え（あるいは元来の占有を承認してやって「恩」を売り）、その代わりに弱者の奉仕を求める、かくして「主君」と「奉公人」という関係が成立する（そして強者はますます強くなる）、というのである。

実際、武士は、「御恩」と「奉公」という二つの絆で結合した主従関係の中で、通常生きる。主従関係の連鎖とその束が、武士の組織をなす。それは、権限の配分によって構成された官僚制の一種である近代の軍隊とは異質である。具体的な人と人との人間関係である。主従とは、時には、屈強な敵との一時的休戦状態の美称にすぎない。時には、攻守同盟に近い。大将と、やや遠慮のある客分との関係でもありうる。そして、ある時は、濃密な親分子分関係にも至る。

また、武士としての実力を頼みに次々と主君を変える「渡り奉公人」もいた。一方、「（代々仕える）御普代の衆は、よくてもあしくても、御家の犬」（『三河物語』）、「普代衆といへる者…は、君の良くても悪しくても、その主人の家を離れぬ臣なり」（『清水物語』）という観念もあった。実態は多様であり、状況によって変化した。

天正七年（一五七九）に来日したカトリック神父によれば、「この国民の第二の悪い点は、その主君に対して、ほとんど忠誠心を欠いていることである。主君の敵方と結託して、都合の良い機会に主君に対して反逆し、自らが主君となる。反転して再びその味方となるかと思うと、さらにまた新たな状況に応じて謀叛するという始末であるが、これによって彼等は名誉を失いはしない。」（アレシャンドゥロ・ヴァリニャーノ『日本巡察記』[2]）

徳川の世に入っても、次のような指摘がある。

> 日本近代の侍は、義理を知らざるに依りて、つかいやう大事なり。寵愛過ぐるときは驕り、おこたる時は主を殺す。また情けなくして恨みふかけれども其家を去られざる者は、折を得て謀反す。是れ主人壱人の心にあり。（『本佐録』）

誇りで自分を支えている人たちである。主君に侮辱されれば反逆することもある。忠誠たらんとして諫言してかえって疎まれ、絶望して出奔することもある。無論、単なる功名心で謀反に走る人もいる。主君にあなどられた屈辱故に、かえって目に物見せようと勇猛に戦う人もいる。

主君の側もそれらを承知の上で、細心の心理操作によってその地位を保ち、他の大将との競り合いに勝ち抜かなければならなかった。それ故、大将の「人つかひ」の巧拙がしきりに論じられた。「いかなる利根の中にも、得手不得手は有ものにて候。それぞれに随ひ、似合ひ似合ひに召仕候へば、諸事打任せ主人の辛労ゆかざるものにて候事」（『朝倉宗滴話記』）といった、家来一人一人の個性を活かし適材適所を図るべきことも、しばしば説かれた（個人主義に基づく個性尊重ではなく、組織の有効性のための個性活用論である）。

そして、戦国状態において有利だったのは、結局、有能狡猾な、「器量」（能力・力量。イタリアの戦国状態に生きたマキァヴェリのいうvirtùに近い概念である。『君主論』）のある主君の下、濃密な親分子分関係を確乎たる機軸として有する軍団だった。

主君は、そのような関係の培養に努めた。例えば、あの高慢な織田信長も、「おどり」の会を開いて家来たちに舞わせ、自分も舞い、家来たちに「一々御詞懸けられ…御茶を給べ候へと下され」たりもしたという。「忝なき次第、炎天の辛労を忘れ、有り難く、皆感涙をながし」たという（『信長公記』）。徳川家康の祖父、松平清康も、ある三河武士によって、こう慕わしげに描かれている。

御年十三ニシテ御代ヲ請取セ給ヒシヨリ、御内之衆ニ御哀ミ・御情申シ尽シガタシ。…御武辺タケク渡セ給フ上、一シホ御慈悲ヲナサレ、御哀ミ・御情ヲ懸サセ給ヒテ、人一人ニモ不足ヲ持タセ給ハズ。御面目ヲウシナワセ給ハズ。況哉、追払・御成敗ト申ス事モ無ク、人ヲ惜シマセ給ヒケリ。是ト申スモ、御代々久シキ者ナレバ、イタヅラニ人ヲ失ハンヨリ、我馬ノ先ニテ打死ヲサセ、御用ニ立テサセラレント思シ召シ入リタリ。（大久保忠教『三河物語』）

こうして、「この人の指揮には従おう」、さらには「この人のためなら死ねる」「この人の目の前で勇ましく死んで見せたい」と思わせることができれば、成功である。「卒（兵卒をいう）を視ること愛子の如し、故にこれとともに死すべし」（『孫子』地形篇）、「士は己れを知る者のために死し、女は己をよろこぶ者のために容《かたち》づくる」（司馬遷『史記』巻八六、刺客列伝）とは、古代中国以来の経験智である。自分を愛する男のために女性が美しくありたいと望むように、目をかけてくれる主人のためには男は死地にも赴く、というのである。

そこまで思い詰めた戦国武士が実際どれだけいたのかは、無論、不明である。しかし、そのような主従関係が望ましいと広く見なされたのはおそらく事実である。それは別に非合理に献身的であるわけではない（そう決めつけて賛美したり、嫌悪したりする必要はない）。信頼篤い主従関係によって軍団が高い志気を保てば、当時の戦闘形態からいって、勝利と生き残りの確率が、結果的には高まったであろうから。

大将の操作がうまくいけば、戦場では勇猛心と功名心と忠誠心が一つになって燃える。主君の賞賛を求め、自分の誇りをかけ、武士たちは互いに競う。それが、戦後の論功行賞とからむ。(3) 出し抜いた快感もあり、妬みもあり、恨みもあったであろう。それは、「大勢の妾が寵を争って、女ぶりを競うといふことに、よほど似てい」（三田村鳶魚「武士道の話」(4)）た。それは、頑健な肉体に宿った、一切の感傷を侮蔑する不屈の精神と、矛盾しなかった。

三　「御静謐」の中で

（一）　倦怠・擬装・虚栄

織田信長の覇権も、豊臣家の統治も、あっけなく終わった。それ故、大坂の陣が終わり、徳川氏の全国支配が確立した時にも、これが「戦国の世」の最終決着だとは容易に判定できなかった。その後、五年経ち、一〇年経っても、これは単に「戦国の世」の一時的休止なのかもしれなかった。それ故、大坂の陣直後に発布された武家諸法度も、第一条で「文武弓馬之道、専可相嗜事《もっぱらあいたしなむべきこと》」と指示し、「治不忘乱《ちにらんをわすれず》、何不励修錬乎《なんぞしゅうれんにはげまざらんや》」と警告している。臨戦体制を解くわけにはいかなかったのである。しかも、軍事政権の存立は、戦争勃発の可能性に依拠する。「もはやどこにも敵はいない、天下泰平だから武士は要らない」ということになっては、統治組織全体が弛緩し、崩壊してしまう。いつか起こるであろう「自然の時」（いざという時をいう）のために待機の姿勢をとり続けるほかはなかった。

個々の武士としても、武人としての自己規定を変えるわけにはいかなかった。そのことに誇りを持つことで、彼等の志気も組織の規律も保たれるのである。彼等は、次の戦さを待ち続けた。待ち続けて、世代交代を続け、たまたま二世紀以上経ってしまったのである。

例えば、寛政七年（一七九五）になっても、ある旗本はこう記している。

> 今大名御旗本御家人迄夥敷《おびただしき》武士を立置《たておか》るるは何故ぞや、万一御大事あらん時の御備への為斗《ばかり》に平日若干の知行を賜る事…只々人をおしのけてもまつさきにすべき事は、戦場の一番乗と一番槍斗也、
> （羽太正養《はぶとまさやす》『家訓』[5]）

このような意識を全ての武士が持ち続けたというわけではない。しかし、この建前を正面から否認することは難しかったろう。

しかし、待てども待てども、次の戦さは起きなかった。幼時から武士としての誇りを持ち（持たされ）、武芸を稽古し続け、腰に双刀を帯びていながら、「御静謐の世」は続いた。「口惜しや、畳の上のたれ死に、目出た過ぎたる御世に生まれて」という辞世の歌を残した武士もいたという（三輪執斎『執斎先生雑著』）。武士たちは、集団として、いわば慢性的なアイデンティティ・クライシスに陥ったのである。

当然、すさんでしまう人々もいた。瑣事をきっかけに抜刀し、あっけなく世を去っていく武士も少なくなかった。「いらぬ所に武辺だてをし、私事にて身を滅ぼす事」（江島為信『身の鏡』万治二／一六五九年刊）、「自然の時のために知行をあたへ置かれし主命を忘れ、時の喧嘩、口論、自分の事に一命を捨つる」（井原西鶴『武家義理物語』貞享五／一六八八年序）ことへの非難はあったが、それが少しの侮辱も甘受せず、命を賭けて「一分を立て」ようとする武士らしさの表現であることも否定できなかった。「奉公人の武道をたしなめと申せば、喧嘩数寄になる。いかにも人よくせよと申せば、武士道無心懸になる」（『甲陽軍鑑』）からである。

異様な服装・言葉遣いをし、恐ろしげな名称の集団を作って街をのし歩き、喧嘩を売り、乱暴狼藉を働く者もいた。人を斬ってみたくて、辻斬りをする者さえいた。特に十七世紀後半までは多かった現象である。しかし、誰でも一生すさんでいることは難しい。結婚して子供もできれば、平穏に家を保ちたいという気持ちも湧くであろう。命より「名」を惜しむという建前の下で、実際には小心翼々と生きていかざるをえないことにもなろう。主君としても、家来の武勇は望ましいが、やたらに乱暴なのも困る

『児童教訓　伊呂波歌絵抄』（下河辺拾水画，天保七／一八三六年）より．二本の刀をさして威張る武士の姿を描き，このような「長き物」には自分に「理」があっても従えと教えている．

であろう。他の大名家などとの間で悶着が起きれば、「御家の大事」になりかねない。

そこで、「恥を知る」勇猛な武士の外観と平穏な秩序とを両立させる種々の行動様式が、次第に形成されていった。いわば擬装としての武士道である。

武士同士の「左様でござるか」式の堅苦しい言葉遣いと勿体ぶった礼儀作法の背後には、相互に恥をかかせることへの恐怖がある。軽い身分の武士であっても、理由の無い屈辱を与えれば死に物狂いで刀を抜いて反撃してくる可能性がある（そうしないと、後で当人が苛酷に処罰されうる）。そのようないさかいは避けたいのが今や多くの武士の気持ちだったろう。そこで、誇り高いはずの武士であるからこそ、言葉は慎重、行動は細心にならざるをえないのである。

ある大名は、こう家来に命じている。

喧嘩争闘は、武士の辱《はじ》を受て不得已《やむをえず》相果し、身を潔《いさぎよ》くするの儀ありといへ共、義を以てする者稀れに、非義の死は多し。…士道に無害事《がいなきこと》は令堪忍《かんにんせしめ》ば、争闘は有之間敷《これあるまじき》也。

仇討之者助太刀願ひ候共、頼《たのま》れ間敷事。

しかし、臆病者・卑怯者と見えてもまずい。例えば、人に追われて屋敷に逃げ込んだ者をかくまわないのは武士として卑怯である。しかし、堂々とかくまえば他家との間で騒動が起きかねない。どうすればよいのか。この大名の指示は、走り込まれて追走者から問われたならば、たとえ確かに見られていてもあくまで「左様之者は不参候《まゐらず》」と答えよ、あくまで言い張られたら自分たちで屋敷内を捜索すると返答し、しばらくして「何方へ抜出候哉《ぬけだしさうらふや》、又御見違に候哉、屋敷内には不罷有《まかりあらざる》由」を言え、というものだった。では、浪人などが何か訴えてきたらどうするか。「他出仕候、家老共に他出仕候」と返答せよ、つまり、居留守を使えというのである（以上『酒井家教令』元禄十二／一六九九年）。

抜刀して走って来る者に道で行き会ったらどうすべきか。傍観してやりすごせば、後で臆したかと言われかねない。しかし、こちらも抜けば何が起きるか解らない。そこで、通しておいて、後から「其分にては置がたし」と言って追いかけてみせよというのが一つの説だった（『葉隠』十一[6]）。道の「一方を堅め」、他方に逃げるのは関知しないという態度をとれという説もあった（『武士としては』）。

こうして「武士道」は、ほとんど武士らしさを擬装する演技と化した。それは武士身分全体が陥った奇妙な体制的ディレンマに由来する、空虚で、しかも止めるわけにはいかない真剣な演技だった。

また、このように「武者」の実質は空疎になったとしても、武士はその「家柄」に誇りを持つことはできた。ほとんどの武士は今や武士の「家」に生まれたからである。勿論、生まれや「家柄」への誇りは、当人の「器量」や「武辺」と無関係な虚栄である。しかし、同時に、それは人為では埋められない、町人・百姓との絶対的な距離の誇示でもある。武士の名誉感は、擬装の武士道に対応した「家柄」の虚栄と結合していったのである。

しかし、それで武士の身分的アイデンティティ・クライシスがすっかり解決するはずもなかった。そこで、儒学者たちが、「あなたたちは単に武者なのではありません。文を学んで民を治める高貴な責任の担い手なのですよ」と語りかけ始めたのである。

(二)　恋と「押込め」

いつまでも「自然の時」が到来しない内に、多くの武士は「譜代」(あの「御家の犬」である)となり、主従関係も変質していった。

生まれによって大名になった主君の下にたまたま生まれ、共に戦う興奮も感激も無いままに生きているのである。形式上の「御恩」は積もりに積もったが、真剣な「忠義」の心など持ち得ず、けだるい保身の人生で終わった武士も多かったことであろう。

しかし、ちょうど逆に、静まりかえった「御静謐」の中で戦時を想い、華々しく戦って「殿の御馬前で討死」する最期を夢見る人々もいた。例えば、寛文三年(一六六三)に全国的な禁令が出るまで、追腹、つまり殉死としての切腹が止めどなく流行した。戦国の世では、病死した主君のために何人もが後を追ったりはしない（そんなことはしていられない）。しかし、「泰平」になったが故に、特に恩顧を受けた（と感じた）家来が、積年の思いを遂げるように殉死することが流行ったのである。それは、他の家来を出し抜く「高名」としての後追い心中である。しかし同時に、それは、泰平の武士という矛盾の生に対する抗議自殺のようでもあった。

また、ある武士は、主君を惑わす側近の悪人がいたら、それを殺して直ちに自殺することを勧めた。そうすれば「乱心者の沙汰」となって事は済み、御家の騒動ともならず、「殉死には百双倍もまさり、忠義勇の三ツに相叶ひ、末代の武士の手本共罷成《まかりなり》、大忠節」だからである（大道寺友山『武道初心集』）。いわば忠義のマゾヒズムの夢想である。

さらに、「君臣の間と恋の心と一致成事《なること》」を広言し、「無理無体に奉公に好き、無二無三に主人を大切におもへば、夫《それ》にて済むこと也」と述べた武士もいる。「武士道と云は、死ぬ事と見付たり」の語で有名な山本常朝である（『葉隠』）。彼によれば、「恋の部の至極は忍恋《しのぶこひ》（和歌集の「春・夏・秋・冬・恋」などという部立ての「恋」の部における歌の題の一つ）」である。「命のうちにそれとしらざるは深き恋にあらずや」、そう彼は述べる。

分別もなく、無芸・無勇にて、何の御用にも不立《たたず》、田舎のはてにて一生朽果る者が、我は殿の一人被官也、御懇《おねんごろ》にあらふも、御情なくあらふも、御存じ被成《なられ》まひと、夫《それ》には曽《かつ》て不構《かまはず》、常住御恩の忝《かたじけな》き事を骨髄に徹し、涙を流して大切に奉《ぞんじたてまつる》存分也

「大切」とはかつてキリシタンが amor（愛）の訳語として用いた語である。(7) 「あの人は、私が誰より

もあの人を愛していることを知らない。それでも私はあの人を深く愛し続ける。そして、いつかきっと、私はあの人のためにむごたらしく死ぬ。その時、あの人もついに私の愛に気付く。いつかきっと…」——例えば、そのような気持ちを持ち続けよと、彼は勧めているのである。それは、マゾヒズムとナルシシズムの融合したホモセクシュアルな恋の夢である。

無論、ここまで想いを募らせる人は例外であったろう。しかし、赤穂浪士にも、そのような面はなかったであろうか。また赤穂浪士の行為に感動した人々にも、そのような気持ちへの共感がなかったであろうか。おそらく武士の主従関係は、このような「夢」を育む性質を元来一面で有し、それが今、木の下闇の奇妙な隠花植物のようにひっそりと育ったのである。

多くの武士の主従意識は、また別の、一見対極的な性質を強く帯びていった。それは、主人個人ではなく、「御家」の当主という地位への、さらには「御家」自体への忠誠心への変質である。実際、大名家の「御家中」でも主君の顔を見る機会さえ無い人も多い。主君への想いを募らせようにも、実感は持ちにくい。また、主人・家来双方が世代交代をくりかえしている。主従関係が、個と個の人間関係ではなく、「家」同士の関係になっているのである。「君は一代、家は末代」という大名個人にはやや不愉快な（池田定常『思ひ出草』）諺もあった。美濃部達吉の国家における天皇のように、「君」はいわば法人である「御家」の機関なのである。

このような在り方をよく示唆するのが、「御家」を危うくするような主君を強制的に押し込め、隠居させる、頻々と起きた事件である。例えば、御乱行を繰り返し、諫言しても聞き入れない主人を放置していれば、やがて江戸の政府から処罰され、ついには「御家」自体が取りつぶしになるかもしれない。その時、あくまで主人個人に忠実であり続けるべきか、それとも、主人個人の意向に反して、その息子や親戚に「御家」を嗣いでもらうべきか。正解は明らかだった。現に、五代目当主を押し込めた、美濃国加納の大名家の家老等は、「不及是非《ぜひにおよばず》、全家に難易《かへがたく》、右之通奉押込《おしこめたてまつり》候」と説明し、釈放して騒動になれば、「奉対御家《おいえにたいしたてまつり》、忠義立ち不申《もうさず》」と述べたという[8]。「御家」に対する「忠義」——正確な表現である。それは、叛逆ではなかった。諫言を容れない「放蕩」の大名の隠居を「家の疵」になるとして刺殺した上で自殺した家老を、「忠臣」と評した例さえある（喜多村信節『き丶のまにまに』）。それは、儒学にいう民のための「放伐」ではない。民のためでなく、「主家」のための、究極の忠誠なのである。

それは、主人からすれば、「主家」の害になると有力な家来たちに判定されれば、我が地位も危ないということである。主人は、改革にも慎重でなければならなかった。「人心折合」は、主人たちの不断の懸念だった。こうして、武士たちは、相互に縛り合い続けた。

「忍恋」と「押込め」、この一見対極的な二つは、いずれも、「御静謐」の中で生き続け、生き続けざるをえなかった武士たちの悩みの具現である。後述するように（第十九章）、武士たちは、結局その体制のあっけない崩壊によってのみ、その閉塞状況から解放されたのである。

（1）参照、藤木久志『雑兵たちの戦場：中世の傭兵と奴隷狩り』（朝日新聞社、一九九五年）。
（2）ちなみに、この国民の「第一の悪」は、「色欲上の罪に耽ること」であるという。アレシャンドゥロ・ヴァリニャーノ Alessandro Valignano『日本巡察記』松田毅一ほか訳（平凡社、一九七三年）一六－一七頁。
（3）南部信直は「上ニテハ小者をも主ニ奉公よくなし候へハ、則ひきあげ、侍ニせられ候、それを見し者共、我おとらしと奉公仕候而、其をさせるへきからくりニ候」と述べたという。藤井譲治『幕藩領主の権力構造』（岩波書店、二〇〇二年）三四頁。
（4）三田村鳶魚『武家の生活（鳶魚江戸文庫一一）』（中央公論社、一九九七年）二〇二頁。
（5）近藤斉『近世以降武家家訓の研究』（風間書房、一九七五年）二二〇－二二一頁。
（6）『葉隠』の教えにこのような泰平の処世術としての面のあることについては、山本博文『『葉隠』の武士道：誤解された「死狂ひ」の思想』（PHP研究所、二〇〇一年）に的確な指摘がある。
（7）ちなみに、現在の日本の標準的な手話においても、「愛する」と「大切」は同一の仕草である。確かに、「あの人は私の大切な人だ」とは、「私はあの人を愛する」と、結局、同じことであろう。
（8）笠谷和比古『主君「押込」の構造：近世大名と家臣団』（平凡社、一九八八年）五六－五七頁。

参考文献

氏家幹人『江戸藩邸物語：戦場から街角へ』（中央公論社、一九八八年）
笠谷和比古『近世武家社会の政治構造』（吉川弘文館、一九九三年）
磯田道史『近世大名家臣団の社会構造』（東京大学出版会、二〇〇三年）

第三章　「御威光」の構造
——徳川政治体制

一　権力と宗教

十六世紀、十七世紀の欧州は凄惨な宗教戦争の時代である。それは、キリスト教徒同士の殺し合いである。ジョン・ロックの『寛容についての書簡』（一六八九／元禄二年刊）でさえ、カトリックと無神論者は「寛容」の限界外に置いている。国内に存在を許さないのである。政治社会の存立が「正しい信仰」にかかっていると考えるからである。それ故、当時の欧州では、遠方の国王の支援によって訪れた宣教師たちが「異教」の布教を盛んに国内で行うことなど、考えられない。ところが、同時期の日本では、仏教の諸派が共存していたばかりか、一時、カトリック（「キリシタン」）の布教も大いに行われ、多くの信徒を獲得していた。

別に戦国大名が「寛容」だったわけではない。ただ、彼等の権力は、特定の「宗門」との結合に依って成立してはいなかったからである。信者組織と政治社会は、別個である。武士は「武運長久」のために特定の神仏に帰依することはあっても、正統な「宗旨」を守るために戦ったりはしない。武士の主従の絆は、同一の「宗門」であることを要しない。そのため、（キリスト教と同時に西洋人がもたらした）鉄砲を含む貿易の利益などのために、戦国大名はカトリックの布教も、案外容易に認めたのである。

しかし、彼等による領域的支配の深化と拡大にとって「宗門」の結合が脅威となり、障碍となると信じたとき、彼等はその「無害」化のために、凄まじい暴力を用いることも躊躇しなかった。比叡山焼討ちや、「一向一揆」弾圧はその例である。徳川家康も二〇歳代において、三河の「一向一揆」と死闘をくりかえしている。彼の家来にも、一向宗（浄土真宗）の信者が少なくなかったため、事は深刻だった。中には、「主人と申すはわずかに現世ばかりの事也、仏祖如来は未来永劫を頼む所の一大事の本尊也」（『参州一向宗乱記』）と、譜代の主人である彼を裏切った家来もいたという。

そして彼は、全国の覇者となると、やがてカトリックの信仰自体を禁止し、徹底した弾圧を始めた。無論それは「正しい信仰」の擁護のためではなかった。広言していたように「神国」（と言っても、神道と仏教との習合が前提である）を侵略から守るためばかりでもなかった。おそらく、彼等の支配にとってキリスト教の教義が政治的に危険だと考えたからである。

カトリックの宣教師は、例えば次のように説いていた。

御主《あるじ》ぜすきりしとは我等が真の御親、真の主君にてましますす（『病者を扶くる心得』）

御主を御大切に敬ひ随ひ仕へ奉らずしては叶はずと弁えよ（『ぎやどぺかどる』）

すでに命を汝に与へ給ふ御方の御恩を忘却いたすことなかれ（『御パションの観念』）

御主でうすの御官軍となり奉る汝、この君に対し奉りて一命を捨つべき事、更に大忠と申すべきにはあらずや、殊更、この君は早先に駈け給ひ、我等が為に命を捨て給ひたるに、軍兵の身として後陣に控へ、一命を惜まん事は生涯の恥辱…（『サントスの御作業』）

この世の主君を超える真の主君の「御恩」に対し、「御大切」（amor）を捧げ「御奉公」しないでよいのか、この「大主君」はすでにお前のために命を棄てられたのだぞ、恥を知らないのか――そう、迫っているのである。武士的な意識を持つ人々は、時に、魂を揺さぶられたであろう。そして、武士でない人々には、時に、地上の武士より貴い、デウスの忠臣になれるという誇りと励ましを与えたであろう。

しかし、このような教義を、「一向一揆」を体験した地上の「大主君」とその配下が危険と感じるのも、無理はなかった。残酷な拷問による棄教の強制がなされ、それを拒否して殉教した多数のクリスチャンがいた。少なくとも彼等の一部にとって、それは「真の主君」のための殉死であった。そして、殉教者が増えるほど、キリシタンの危険性はさらに実証されたことになり、禁制はさらに厳格となった。「きりしたん宗門御制禁」の札が全国の町村に建てられ、民はその信者でないことを寺によって保証してもらうよう義務付けられた。後に「鎖国」と呼ばれるようになった極度に制限的な出入国と貿易の管理も、キリシタンの排除が主な理由である。その意味で、徳川体制はキリシタンの西洋を忘れることができなかった。それを常に意識し、それと対峙し続けていたのである。その結果、明治に至るまで、「切支丹」は暗黒の恐怖と猟奇的な関心をもって想起され続けた。

徳川日本には、「国教」も「国教会」も無かった。そして、この世を超えるものへの強い信仰は危険だという意識が、少なくとも統治者側にはあった。「殊に臣たる身の、仏道を信仰し後世を祈るは、かの婦女が密夫に淫するが如く、主君へ対して甚だ不忠なり」（武陽隠士『世事見聞録』）とは、例外的な感覚ではなかったであろう。実際、日本の統治者たちは（西洋人の言う）「宗教」なるものを信じてこなかった、というのが明治初期の常識だった。一方、欧州ではちょうど逆に、この世を超える者への強い信仰の無い者は危険だというのが通念だった（どちらが正しいのだろうか）。十六世紀に共に内乱を経験した欧州と日本は、かくして「宗教」の政治的位置づけにおいて対照的な路を歩み始めたのである。

二　暴力と平和

強者と弱者の入り交じる戦争状態は、結局、最強者の下に他のすべてが服従する形で決着した。当然、そこでは勝ち馬に乗って生き残りを図ろうとする智慧も働いた。かつて豊臣家に臣従した大大名たちも、どかどかと徳川の旗の下に割り込んでいった。その結果、全大名に徳川家当主が土地を宛行《あてが》い、地方統治をさせるという形式が成立した。しかし、無論、大名のすべてが徳川家当主に真誠の忠義心を持ったはずもなかった。

しかも、徳川家は、この世を超越する者を危険視した以上、逆にこの世を超越する者によって自らの支配を正統化することもできなかった。教皇による神聖な戴冠式など、彼等はなし得ない。また、「天命」を受けたと称して「天子」となることもできない。伝統的に「天子」と呼ばれていた京都の「禁裏」を抹殺することの政治的コストは大きすぎたであろう。江戸に「天壇」は築かれず、徳川家当主は「祭天」の儀式など行わなかった。

では、どうしたのか。

強者が支配するのが当然だと思われているならば、ただ強者として支配すればいいのである。「勝ち馬」と思われ続ければいいのである。それを恥じる必要も、弁明する必要もない。後世の一部の歴史家と違い、「この統治の正統性原理は何なのか」という詮索など、当時の人々はしない。徳川の世を通じて儒学者たちが嘆き続けたように、徳川家と限らず、「馬上に居て」天下を得た武家たちは、次の戦さに待機しているという建前の下、漢の高祖とは異なり（『史記』陸賈伝）、基本的にはただ「馬上で治め」続けたのである。「武家はその武力を以て天下を取得たるものなれば、ひたすらに武威を張り耀やかし、下民をおどし、推しつけへしつけ帰服させて、国家を治むるにも、只もの威光と格式との両つを恃みとして政をした」（堀景山『不尽言』）のである。「御武威」「御威勢」「御威光」に恐れ入らせること、すなわち圧倒的な暴力への畏怖の喚起が、服従を保証したのである。この時代、「仕置」は統治・取締・処罰を同時に意味し、「政道《せいとう》」は禁止・取調べ・処罰をも意味した。

しかし、「只むきに武威ばかりを恃みとし、無理やりに推つけ、人を勢を以て服させたるは、なるほど一旦は人の服するものなれども、少にてもその威光が落れば、そのまゝに人心はなれ、天下が乱るゝはず」（同）ではないのか。その通りである。それ故、武家は、常にその「御武威」「御威光」が照り輝くよう細心の注意を払った。その結果、例えば「葵の御紋」を見るだけで、多くの人は粛然とし、思わず土下座もした。その「御威光」はその配下にも照り映え、役人たちはそれぞれの地位に応じた「御役威」を帯びた。この軍事兼統治組織は、全体が「御威光」を笠に着て、厳めしく輝いたのである。徳川の世の終わり近く、ある藩士は、「三百年来、天下列藩只管《ひたすら》御威光の二字に恐縮致居《いたしおり》、此癖徹頭徹尾充分染込居《しみこみおり》候」と、語っている（村田巳三郎書簡）。実感であったろう。しかし、その「列藩」においても、大名とその家来たちは、同様に、それぞれの「御武威」「御威光」をもって民に臨み、民を平伏させていたのである。

但し、ここには奇妙な矛盾があった。「御武威」をもって弱者の服従が完璧に調達できるとき、その「武」を発揮して本当に強者であることを証明する機会が無くなるという矛盾である。「天下泰平」の中、どうすれば強者であることを示せるのだろうか。それは、外観しかない。戦って強さを証明することができない以上、強く見せることだけが課題となる。強さによる支配は、強さのイメージによる支配へと変わるほかない。

強さのイメージとは、福沢諭吉のいう「虚威」（『文明論之概略』）である。しかし、「虚威」も「虚威」と気付かれなければ「実威」と同じである。そして、気付かれないために、福沢のいう「位階、服飾、文書、言語、悉皆上下の定式」（同）が大いに機能した。前引の「威光と格式との両つを恃みと」したとは、その意味である。人と人の接触する際の一切の儀式・儀礼・作法が、上下の身分の差を象徴し、強調し、相互に確認する機会となっていた。

とりわけ徳川家にとっては、「上ニ禁廷アリ。下ニ列国アリ。列国ノ中ニハ、国初迄ハ公儀（徳川政府をいう）ト同列ノ家モアリ、御敵ヲナシタル族《やから》モアリ」という状態だった。それだからこそ、公儀は、「（京都の）高貴ノ人々ヲ御威光ヲ以テ挫《くじ》」き、さらに「万事ニ付テ尊厳威重ニ」（広瀬淡窓『迂言』）するよう努めた。

この企ては、見事に図に当たった。蒸気機関を持った軍艦という産業革命後の最新技術にさらされて王様が裸であることが露顕するまで、確かに「御威光」は厳めしく輝き続けたのである。

徳川時代の著作には、往々、「天下泰平」「御静謐」「治まれる世」を寿ぎ、為政者に感謝する文言が記されている。それはおそらく単に卑屈なお追従ではない。「日のもとの君のめぐみのありがたく、しちく扶桑の果てし迄、なびきしたがふときなれば…」（『日下開山　名人そろへ』）、「高枕これも日光細工なり」（東照宮すなわち徳川家康のおかげという意味）（松浦静山『甲子夜話三篇』巻七）、「武士の身に取っては本意ぢゃなけれど、実に今は極楽世界」（曲山人『仮名文章娘節用』）等の句に、いくらかの実感はこもっていたのであろう。そして、この、恐ろしい「戦国の世」の再来を現に阻止し、平和と治安を維持しているという事実こそが、徳川氏の支配、そして武家の支配全体を正統なものと感じさせた最大の根拠だったであろう。「現に治まっているではないか。有難く思え。そして従え。お前はこれを乱そうとするのか。それは結局内乱を導く犯罪だぞ」、この（現代でも抑圧的権威主義体制が用いている）「論理」は、「虚威」に密かな反撥を覚えた人も否定し難かったであろう。

しかし、このような事実の規範化は、事実の崩壊によって直ちに雲散霧消する。あれほど盤石に見えた徳川の世が、同じく西洋の圧力に直面した清国や朝鮮国の政府（それは儒学によって理論的に自己武装していた）と異なり、あっけなく瓦解した一因は、そこにあったであろう。

三　「御威光」の諸相

「御威光」は、しかし、剝き出しの威嚇に尽きるものではない。「武威」を基礎としつつも、徳川家当主について言えば、それは次のような種々の側面を持ち、それによって、他の何者も及び得ない威圧的な光を放っていた。

（一）　天下様

まず、徳川家当主には、「天下様」「天下殿」、そして「天下」としての威信があった。それは、彼が織田信長・豊臣秀吉から受け継いだ、戦国の覇者としての呼称である。本来、「天子」の統治対象を指す語が、現実の全国統治者の呼称に転化していたのである（「天下」が恐ろしい支配者の呼び名であるとは奇妙なようだが、今でも「かかあ天下」という）。他の大名は、決してそのようには呼ばれない。それは、仰げば畏敬を、自ら戴けば昂然たる誇りを引き起こす、すさまじい威厳を感じさせた。例えば「世間もおそれず、天下の町人なればこそ」（井原西鶴『好色二代男』）とは、「天下様」のお膝元の町人だからこそ、という表現である。(1)また、ロシアに漂着し、サンクトペテルブルクも訪れたある漁民は、皇帝エカテリーナを「ゑぞの天下様」と呼んだ（大黒屋光太夫（述）『北槎聞略』）。彼にしてみれば、専制君主を呼ぶのに最もふさわしい日本語だったのであろう。

（二）「家」

その「天下様」は、代々、「徳川家○」という名を持っていた。それは、彼が徳川家康の後継者であることを疑問の余地なく標示する（豊臣秀吉から一字をもらった秀忠は例外である。綱吉・吉宗・慶喜は、世継となる前にそれぞれ、将軍家綱・綱吉・家慶から一字を受けており、結局は同じである）。「井伊直○」が大老たりうる家の当主であることを、「水野忠○」が中堅の譜代大名であることを示唆したように、それらの武家の頂点にあることを、その名自体が標示しているのである。彼は、そうして「東照大権現」（「東照宮」「神祖」「神君」等とも書かれる）の光背を負う。

彼は頻繁に千代田城内の東照宮に参詣した。時には多数の大名を供として引き連れて、自ら「日光御社参」を行った。日光東照宮への参詣である。膨大な数の人馬が日光街道を粛々と進み、「神祖」と一体化したその後継者の威厳を、確認し、見せつけたのである。

しかも、東照大権現は、天照大神・八幡菩薩等と、漠然と融合して思い浮かべられることもあった。徳川家当主は、神仏習合の実態を持つ「神国」兼「仏国」の上に、そうして君臨したのである。

（三）　公方様

天下様は、旗本等からは、「上《かみ》」「上様《うえさま》」、そして「公方様《くぼうさま》」と呼ばれた。そして、江戸にあった政府は、普通、「御公儀」と呼ばれた。正式の書類でこの語が用いられたことからすれば、それが政府の名称だった。「儀」は、難儀・大儀の儀と同じく、「こと」の意味である。やや気取って「公辺」等ともいう。大名家をその家来などが「公儀」と呼ぶこともあるが、その場合、江戸の政府は区別して「大《おお》公儀」という。そして、公儀の直轄地を「公料」「御料」といい、大名に宛行った領地を「私領」という。

これらの「公」とは、（西洋語の翻訳としての）「公共」を示すものではない（例えば、英英辞典を引けば明らかなように、public とは、ある地域の people 全体にかかわることという意味である）。欧州の諸語では、res publica（公共の物事）を国家の意味で使うが、それとは異なる。決して「公権力」と称したなどと解してはならない。それは、西洋語の public、漢字の「公」、日本語の「おほやけ」という、一部で重なるが本来大きく異なる三つの語の意味[2]を乱暴に混同した誤解である。「公儀」とは、人々の共通の問題を解決するための公共機関だなどという建前など無かった。「公事《くじ》」も「お上」に持ち出して裁いてもらうことであって、res publica の意味ではない。この「公」は public ではなく、「おほやけ」に、本来また別の意味を持つ漢字を当てたにすぎない。そして、「おほやけ」（大きな家）とは、内なるものに対してそれを包括する外なるもの、小なるものに対してそれを包摂する大なるもの、そして、内輪・内証に対する晴れを、意味する（少なくとも徳川期の日本語の「おほやけ」の定義に people が登場することはありえない）。それ故、最小の「わたくし」が個人の謙称となるのである。それは、単なる丁寧語ではなく、相手を「おほやけ」と持ち上げた謙譲語である。そして、武士の家という小さな箱にとって、大名の「御家」はそれを含む大きな箱であるから「おほやけ」である。しかし、その「おほやけ」も、江戸の「御公儀」に対しては「わたくし」である。こうした、相対的な「わたくし」と「おほやけ」の巨大な入れ子の頂点に、江戸の「公方様」がいたのである。彼からすれば、大大名の「国」も所詮「私領」である。その卓越した威勢は、このような称呼にも体現され、誇示されていたのである。

「御公儀」が特に十九世紀に入ってから徐々に（天皇によって任命された将軍の政府であることを強調して）「幕府」と呼ばれ、ついには「公儀御役人様」が「幕吏」などと呼ばれるようになったことは、その威信の低下の徴表であった。

（四） 征夷大将軍

江戸の「公儀」に対して、京都の「天子」の宮廷は「禁裏」「禁中」と普通呼ばれた。「天子」は、「禁裏（様）」「禁中（様）」「内裏様」等と呼ばれた。「〇〇天皇」という諡号は、天保一一年（一八四〇）に「光格天皇」について復活するまで、永らく用いられていない。「桃園院」といった院号のみである。当時の人は、「てんのうさま」と聞けば、まずは「四天王寺」や「牛頭天王」の「天王様」を思い浮かべたであろう。

この「禁裏様」を、「天下様」は「主上」と呼んだ。しかし、両者の関係は、当時日本を訪れた外国人が解釈に苦しんだように、甚だ曖昧である。例えば、「天下様」は、一方で「天子御芸能之事、第一御学問也」（禁中並公家諸法度）などと、禁裏の責務を規定していた。さらに、「武家之官位者《は》、可為公家《くげとうかんの》当官之外事《ほかたるべきこと》」とも定めていた。つとに武家の名誉称号と化していた（「正四位下左近衛権少将兼加賀守」といった）律令制上の官位を、実際上江戸で思いのままに授与できるよう確認したのである。形式上は禁裏の「官」と「位」である。しかも、形式上は自分より上位の公家たちをも規制し、時には処罰したのである（これはいかなる臣下なのだろうか）。この官位とは、単に武家内部での格付けの装置であった。

やはり形式上は禁裏が授与した「征夷大将軍」「内大臣」という官名や、「正二位」という位も、同じである。それは、武家の第一人者にはふさわしかった。彼の威勢は、それによって確認され、確定された。特に、大阪城には、関白の子であり、すでに正二位権大納言豊臣秀頼がまだいた慶長八年（一六〇三）二月に、家康が（足利氏以来久しぶりの）「従一位右大臣征夷大将軍」になったことは、その二ヶ月後に秀頼が対抗するように「内大臣」になったことを割り引いても、諸大名への示威効果はあったであろう。それ故、禁裏を「主上」としてかつぐ政治的価値はあったろう。しかし、それによって何か権限を付与されたわけではない。「大政委任」がそれによってなされたなどというのは、当時の人々の理解ではない。その後の徳川家当主が「将軍宣下」を受けたのも同様である。それは、浅野「内匠頭」が禁裏の内装工事にかかわるわけではなく、大岡「越前守」が越前国の統治権を持たないのと同じである。御公儀の命令は禁裏の命令なのだから従えなどという論法も無い。「委任」されたことのない「大政」

を、一五人目の「征夷大将軍」が恭しく「奉還」するに至ったのは、後述するその後徐々に進行した体制解釈の深刻な変革の結果なのである。

「征夷大将軍」は、全国に一人である。それは、他の一切の武家から隔絶した格を徳川家当主に付す。せいぜい五位や四位の大名たちからすれば、正二位、従一位という彼の位は、目のくらむように高い。しかし、古代以来の制度を利用したこの由緒ある格付け装置には、問題もあった。それは、形式上、徳川家当主も諸大名も、共に禁裏から官位を受けている以上、両者は主従関係にあるのではなく、禁裏の臣下同士とも見えるという問題である。実際、次のような指摘もあった。

天下ノ諸大名皆々御家来ナレドモ、官位ハ上方ヨリ綸旨・位記ヲ下サルル事ナル故ニ、下心ニハ禁裏ヲ誠ノ君ト存ズル輩モ可《シ》レ有《ル》。当分唯御威勢ニ恐テ御家来分ニ成タルト云迄ノコトナドトノ不《レ》レ失《ハ》二心根《ヲ》一バ、世ノ末ニ成タラントキ安心難《キ》レ成《リ》筋モ有也。（荻生徂徠『政談』）

封禄は勿論、官位も関東の御下知にして、皇都よりは口宣を賜はるのみなれば、全く公方家の臣なり。…しかるを国持大名の蕩士など、「我等が君は客大名にて皇朝の臣なり。譜代の大名とは格段也」と心得たるものありときく。憎むべきの事なり。（池田定常『思ひ出草』）

諸侯ノ内ニモ二位・三位アリ。御公儀一位・二位ニアラセ玉ヘバ、一等カ二等ノ差別ナリ。其他小諸侯迄モ五位ニ任ズレバ、心得違ニテハ同ク禁廷ノ臣ノ様ニ思フ。（広瀬淡窓『迂言』）

これは、徳川体制崩壊期に公然たる事実となった。

(五) 日本国大君

徳川家当主は、その御殿に、代替り毎に朝鮮国王と琉球国王の使節を受け入れ、毎春「阿蘭陀カピタン」(オランダ東インド会社長崎商館長)を迎えた。いずれの行列も多数の見物人を集める大行事だった。このような「外交」の独占は、強弱の相対的な差に見えかねない相違を、質的な隔絶と思わせるうまい仕掛けである。

朝鮮国王からの書簡(無論、漢文で書かれている)は、「日本国大君」宛てだった。その意味で、徳川家当主は「日本国大君」でもあった。「天下様」「公方様」では漢文としての体をなさない。かといって「将軍」では全国支配者としての実質を表現しない。曖昧ではあるが「大君」は両国共に許容しうる肩書だったのであろう。

「大君」は、朝鮮国王とは対等の書式で書状を交換するものの、自分の使節はソウルに送らなかった。朝鮮側は、秀吉の侵略の経験もあり、危険な日本人は首都に入れてやらないのだと解したが、日本国内では朝鮮から一方的に拝賀に来るようにも見えた。また、島津氏が支配する琉球国(明国・清国への朝貢国でもあった)は、普通「属国」「属邦」と見なされた。江戸城に登った阿蘭陀カピタンに至っては、公方様はただ「御覧」になるのであり、オランダ国王との通信は無かった。そして、明国・清国については、商人を長崎に受け入れるものの、外交関係は持たなかった。明国・清国中心の「華夷」秩序に編入され、「朝貢国」と見なされることを回避したわけである。

そこで、日本列島の「天下様」は、自らは使節を派遣せず、特に認めた諸国の使節の恭しい来訪を受けるのみであるかのような外観を呈した。海外にまで「御武威」を輝かしているように見えないこともなかった。「阿蘭陀も花に来にけり馬に鞍」「かぴたんもつくばはせけり君が春」等の俳句（松尾芭蕉）には、そのような「君」への賛嘆と、そのような「君」を戴くことへの得意な気分とが込められているのであろう。国内の他のいかなる「君」も及びえない、徳川家当主の「御威光」であった。

但し、後に明らかになったように、それは、対外的な「御武威」「御威勢」の失墜が直ちにその支配を動揺させうることをも意味した。

四 「御威光」の装置

多分あらゆる政治社会は、何ほどか劇場としての性質を帯びている。そして、あらゆる政治には演劇・演技の要素がある。政治は、「公共的な事柄」についての「理性的な議論」や「熟議」だけではなされない。言語以外の、目に見え体感される物が、制度を体現し状況を定義するのに利用される。大統領府や王宮の多くが立派な威厳のある建物であるのは、偶然ではない。議会が、場末の貸しビルで開かれているといったら奇妙であるのも、実用に適しないからではない。それらの位置と形式が、政治社会の中心を示し、そこで行われる行為の重要性を象徴するからである。また、例えば災害に際して、為政者が作業服姿で「現地視察」をしたりするのも、「視察」が主目的ではない（現場の作業にとってはかえって邪魔かもしれない）。姿を見せることが、政府が関心を持ち、救助や復旧に努力していることを象徴するのである。人は必ずしも言葉のみでは説得されない。そして、万人が現場にいてすべてを知ることは不可能である以上、多くの人は外見で物事を判断する（判断せざるをえない）。演劇的舞台装置と儀式的演技は、政治社会から消えることはない。

しかし、とりわけ徳川政治体制では、それらが異常なまでに発達していた。しかもその演劇は、ほぼ常に「御威光」と「格式」の確認が主題だった。自由民権論者、植木枝盛は、徳川の世を回顧して、こう説明している。

夫れ幕府の如き者は其の依拠する所、元来天下の正理にあらず、実は甚だ大なる無理仕掛を以つて存在するものなれば…一は兵力を以つて人民を脅迫し、一は詐術を以つて人民を欺罔し…百方至らざることなし。而して其の殊に主とする所は、最も力を極めて出来る丈け政府を荘厳にし、人民をして之を仰げば弥《いよいよ》高しと思はしめ、之を望めば実に逮《およ》ぶべくもあらずと感ぜしめ、政府と云ふものは仲々ゑらいものだ、高大無辺なものだと一途に感歎し肝冷へ魂落ちしめんとするに在りて…之を称して神秘政略とは謂ふ也。（「老人論」）

確かに、そのような「神秘政略」は至る所で巧まれていた。

先ず、江戸という政治的首都自体がそうだった。それは、現代日本の都市と異なり、周到な都市計画によって建設されていた。中心は疑う余地なく広大な千代田城だった。それは幾重もの堀と石垣に囲まれ、窺い知れぬ奥深さを印象付けた。そしてそれを、大名・旗本・御家人の屋敷が、それぞれの格に応じた位置と面積を持って囲繞した。武家屋敷の厳めしい門は、その形式と大きさでそれぞれの格を表示しつつ、前を通る人々を無言で威嚇した。さらに、彼等の御用に応じるための「町」がそれらの隙間と

「泥絵　琉球使節江戸城西の丸登城図」 江戸東京博物館蔵．琉球使節の江戸城西の丸への登城の光景．現在の皇居二重橋前．江戸土産に売られた肉筆画である．

外周に置かれた。大きな寺社は、特別な由緒のあるもののみ内部に、あとは郊外に置かれた。

これは、publicに開かれた広場を中心として家々が並ぶ欧州の伝統的都市や、それと対抗するように王宮を中心として放射線状に道路を広げたヴェルサイユ型の都市と同様に、世の中全体の比喩であり、そのイメージの具体的縮図であった。そして、それぞれの大名の城下町は、そのまた縮図だった。本来、軍事的目的と格式への適合性等の配慮から築かれた都市の構造と建築の一切が、結果として「御威光」の支配、福沢諭吉のいう「虚威」のための装置として機能したのである。

この江戸に向かって、全国から大名行列が、物々しく武装して進行した（「参勤交替」）。大名行列はふぬけたページェントではない。行軍であり、武装した統治身分の示威行進である。その進行は、周囲に緊張感を与え、街道では土下座が命じられた。そして、その江戸の中心の千代田城、そしてその中心の本丸御殿に向けて、年に十数回、諸大名の江戸屋敷から行列が進んだ。総登城である。

御殿では、その格と将軍との関係に応じた位置が与えられ、それらに応じた形式で、「御目見《おめみえ》」が行われた。はるか下座で平伏するだけでありながら、緊張と畏れで身のすくむような経験だったようである。

しかも、この大名に対し、その家来は平伏し、その家来に対し、町人百姓は平伏した。平伏される者とする者との長大な連鎖が、全国を貫いていた。一体誰が、これを転覆可能な人工的連鎖だと明晰に意識できたろうか。

「天下様」「公方様」「正二位内大臣兼征夷大将軍」「日本国大君」、「東照大権現」のまぎれもない子孫、「徳川家○」が、この「神秘政略」の頂点に居た。この「政略」は成功だった。当時世界的に見ても大規模な政治社会において、十九世紀後半までの内外の安定が、危うさを孕みつつも、ともかく実現したのである。同時期の世界の激動を思えば、それはほとんど奇跡のようであった。

（1） 中村幸彦「天下の町人考」（『中村幸彦著述集』第三巻、中央公論社、一九八三年）。

（2） 詳しくは、拙稿「「おほやけ」「わたくし」の語義：「公」「私」"public""private"との比較において」（佐々木毅ほか編『公と私の思想史（公共哲学一）』（東京大学出版会、二〇〇一年）。

参考文献

高木昭作『日本近世国家史の研究』（岩波書店、一九九〇年）
ロナルド・トビ Ronald Toby（速水融ほか訳）『近世日本の国家形成と外交』（創文社、一九九〇年）
野村玄『日本近世国家の確立と天皇』（清文堂出版、二〇〇六年）

第四章　「家職国家」と「立身出世」

一　イエ

明治四年（一八七一）、廃藩置県断行後、今後の政策の指針を求めて米欧回覧の旅に出た政府の大使節団（「岩倉使節団」）に随行した久米邦武は、その報告書『特命全権大使米欧回覧実記』（「欧羅巴洲政俗総論」）に、こう書いている。

欧洲ノ政治ヲ総ベテ之ヲ論ズルニ、全ク東洋ノ政治ト別種ナリ。欧洲人ノ性稟ニハ、尽ク会社団結ノ気風ヲ具有ス。是レ全ク東洋人種ニナキ所タリ。故ニ欧洲ノ政俗ハ、細ニ分析スルニ、大ハ一国ノ政体ヨリ、州ト分レ、県ト分レ、郡ト分レテ、小ハ村邑ノ分割ニ帰スルマデ、尽ク会社ノ性質ニテ結晶ス。之ヲ推究スレバ、一家族ノ産ヲ立ルモ、マタ会社ノ性質ヲ帯ビザルハナシ。会社ノ連結ハ、欧洲人徹頭徹尾ノ風気ニテ、主長ヲ公挙スルヨリ共和治ヲ生ジ、之ヲ世襲ニスルヨリ君主治ヲ立ル。其ノ体面ハ大ニ異ナルモ、会社ノ性質ト大同小異ニスギズ。

ここでいう「東洋」は、日本を指す。日本では、商工業が「会社」によって行われず、したがって町村も県も「会社」の性質を持たない。したがって、国全体も、（形式上の共和政・君主政の相違を超えた）民自身が自ら結成した「会社」の性質を持たない、というのである。ここでいう「会社」は、現代日本語よりはるかに意味が広い。人々が意図的に結成した団体をいう。

では、徳川日本では、産業は「会社」ではない何が担い、町村や国の「政体」は何が支えていたのだろうか。

それは、「家」である（中国の「家」と区別するため、以下ではイエと表記する）。

当時、職業は、個人のものではない。「私の職業」ではなく、「私のイエの職業」である。「家職」「家業」という。大名であることも武士であることも実際に「家業」と言う。その他、米屋・酒屋・両替屋・呉服屋等すべて家業であり、農林漁業は「百姓」身分のイエの家業である（但し、実際には、「百姓」身分であっても、繊維衣料産業・酒造業・商業等が主な家業になっている人もいる）。あるイエに属する人は、直接・間接にそのイエの職業に従事する。仮にある百姓の家族に不幸が続いて若い娘ただ一人が残ったとしても、もとの田畑を耕していれば、従前のイエで家業に従事していると観念される。

つまり、原則として、人は必ずいずれか一つのイエに属し、そのことによって家業・家職に従事して生きたのである。したがって、イエが円満で家業が繁栄することは、まことに喜ばしいことだった（「家内安全、商売繁盛」）。しかも、イエは現在の構成員個々人の利益のための便宜的団体ではない。先祖から受け渡されて来たものであり、子孫へ受け渡すべきものである。世代を超えて永続すべきものである。したがって、ある代のイエの当主も「吾は即ち先祖の手代なりと思ふべ」きであり（伴蒿蹊『主従心得書』）、つまりイエのために生きるべきなのである。当主以外も同じである。

このイエの観念は、近世以前には一部の身分の人々のみが持っていたらしい。しかし、多くの百姓が自らの小さなイエに生きるようになった十七世紀中には、ほぼ世の中全体に浸透したようである。

村も町も、そして武士の統治組織（「家中」「公儀」）も、また禁裏も、イエを構成単位とするイエの集合体だった。つまり、さまざまの家業・家職を持つイエという箱が幾重にも積み上げられ、それが入れ子になり、各個人がそのイエのために生きることによって全体が成立し、存続する――全国がそのような姿をとるに至ったのである。実態は後述するようにより流動的だったが、当時の人は、そのような図柄で世の中を思い描いたと思われる。これを「家職国家」[1]「家業国家」と呼んでもよいであろう。

無論、（「出家」した僧侶以外にも）どのイエにも所属していない人もいた。しかし、彼等も、それが当時の世において不正規であることは自覚していたであろう。

イエは、一種の機構、あるいは法人である。それは、機構としての社会的機能を持っている。「家業」「家職」である。そして、それに関連して、それぞれにある社会的地位と名誉を持つ。「家柄」「家格」、そして「家名」である。そして、それ自体としての財産を持つ。「家産」「家財」である。それは、イエの成員の財産の合計ではないし、現行日本民法（第二編第三章第三節）にいう共有とも違う。イエ自体の財産である。

家財は先祖より子孫栄久のために貯へ置かれし物なれば、我身一分の栄花に費し失ふは大なる罪人なり。おのれ全ふして又我子に譲りあたふるは、先祖よりの預り物を、又先祖にかへす道理あり。

（西川如見『町人囊』）

これが、当時の通念であったろう。

イエには、その代表者が一名いる。「当主」である。それは「家督」を譲られて就任する一種の地位であり、それに就くと、「家を嗣いだ」と表現される。また、その地位は生前に譲ることもできる。「隠居」である。

また、イエは、それ自体の名称を持つ。姓（苗字）や屋号である。ある姓が個人に付着し、その姓を共有する人たちがイエを構成する、というのではない。あるイエに属するから、人がその苗字で呼ばれるのである。現に、苗字の公称が普通許されていない町人・百姓身分のイエでは、屋号が代わりとなる。その当主は、須原屋茂兵衛・岡田屋嘉七などと名乗る。正に機構の名が苗字代わりとなるのである。ちなみに、この「須原屋」「岡田屋」はいずれも江戸の有名な出版社である。その当主は代々「茂兵衛」「嘉七」を名乗る（「通り名」）。「家を嗣ぐ」と同時に「襲名」するわけである。

しかも、イエはそれ自体のシンボル・マークを往々持つ。「家紋」である。儀式の際など、特に当主はそのシンボル・マークを幾つも染め出した着物を着ることがある（「紋付き」）。

イエの当主は、父親から息子に継承されるのが原則である。では、娘しかいなかったらどうするのか。娘に聟《むこ》をとればよい。「聟養子」である。「聟」になると同時にイエの養子になるのである。それが元来は赤の他人であってもよい。では、息子も娘もいなかったらどうするのか。親戚や他人から養子を入れ、彼に嫁を迎えればよい。逆の順でもよい。「夫婦養子」である。それで立派にイエは続いていく。

養子はイエを嗣ぐために入るのだから、能力が重要である。実子がいても「家業」継続がおぼつかないようであれば「器量」ある養子をとるように、と定めている例もある。それでは他人にイエを乗っ取られることになるではないか、などとは考えない（それ故、「養子」に行くことは「器量」や野心のある男にとって出世の手段ともなった）。

養子は、例外的な事象ではない。旗本約五〇〇〇名の相続人調査で約二三％が養子であるという(2)。また、大名、南部家の家中では、十七世紀で約一三％、十八世紀で約二三％、そして、加賀の前田家では、それぞれ約二八％、約三六％にのぼるという(3)。

さらに「絶家再興」ということさえある。それは、例えば武士のイエで家系が絶え、位牌と墓だけが残っているという場合、大名がそのイエを「再興」させるよう命じたときなどに起きる。誰かが（例えば家中のどれかのイエの次男が）そのイエの苗字に改め、その家職に就き、その位牌と墓を守れば、彼はかつて絶えたイエの子孫とみなされ、そのイエの人として生きていくことになるのである。

つまり、イエにおいては何らかの「血縁」の連続が望ましいこととはされているが、突き詰めれば、「血縁」ではなく、家業・家職とその苗字（屋号）の継承こそがイエをイエたらしめるのである(4)。

明治初年、洋行帰りの森有礼は、こう記している。

血統ヲ正スルハ欧米諸州ノ通習ニシテ、倫理ノ因テ以テ立ツ所ナリ。亜細亜諸邦ニ於テハ必シモ然ラズ。殊ニ我ガ国ノ如キ、血統ヲ軽ズル、其ノ最モ甚キ者ナリ。…従来我邦ノ習俗、家系ヲ一種ノ株ト看做シ、若シ子孫ノ之ヲ継グ可キモノ無キハ、他族ノ者ト雖ドモ迎ヘテ之ヲ嗣ガシムルアリ。之ヲ名ケテ養子制度ト云フ。又若シ女子アレバ、之ニ男子ヲ迎ヘテ配偶セシメ、其ノ家系ヲ継ガシムルアリ。之ヲ婿養子制度ト云フ。（「妻妾論ノ二」、『明六雑誌』第十一号）

俗説に反し、実は「血統」を重んずるのは欧米人の方だった。そしてイエとは、正に「一種ノ株」だった。それは、「御静謐」故に安定し固定した世における、世襲を仮装した「職分」と既得権の強固な単位である。その「株」の中で、その「株」に依って、そして、その「株」のために、多くの人々は生きたのである。

二　「宗族」

以上のような徳川時代の日本のイエの性質は、現在の日本人にとっても、それほど奇異ではないかもしれない。歌舞伎役者のイエや芸事の「家元」等を思えば、容易に納得がいくかもしれない。しかし、実はこのイエは、欧米のそれと異なるだけでなく、中国の同時代の「家」とも（また、それと類似する朝鮮のチバンとも）全く違う、独特のものである。現に、中国には、例えば「家職」「家格」「家産」「家督」「当主」「隠居」、そして「家を嗣ぐ」といった観念が、そもそも存在しない。以下、主に滋賀秀三『中国家族法の原理』（創文社、一九六七年）に拠って述べる。

中国で「家」と呼ばれるものは、その最大の意味では、専ら男性の系統をたどって同一の先祖を有すると観念された人々全体をいう。「宗」「宗族」「同族」等ともいう。この人々には先祖から受け継いだ同じ「気」（この概念については第六章で説明する）が流れていると観念する。生物学的にいえば、父親から受け継いだのはゲノムの半分だけであり、祖父からは四分の一であり、十代遡れば一〇二四分の一にすぎない。にもかかわらず、これを一〇〇%同一の「気」が流れてきて今の自分があると観念し、母親の系統は一切無視するのである（ある作物をその作物たらしめるのは種《たね》であって畑ではない、などと説明される）。「一祖分派、同気連枝」等という。個々人は、この「気」の流れの一結節にすぎない。この「気」の悠久の流れの一部として、上流にいる先祖を祭り、いずれ下流に生まれる子孫に祭られることを期待しつつ、人は生きるのである（妻は、夫と一体とされる）。

「宗族」は「同姓」であることによって表示される。「姓」とは、父から受け継いだ、その人の根源的アイデンティティを示すものである。当然、男女とも一生変わりえない。「改姓」は、自己と先祖を否認する恥ずべき行為である。したがって、「養子」は同一宗族の（しかも、できれば息子の世代にあたる）男性を入れるものである。「異姓養子」は、当人にとって恥であり、しかも「気」が異なる以上、無意味なのである（「異姓不養」）。また、同一宗族内では結婚も許されない（「同姓不婚」）。同じ「気」では、（ゲノムで考えれば何千分の一の連続にすぎなくても）近親相姦になるからである。

ある「宗族」の現在員は、何万人（そしてそれ以上）にも及びうる。したがって、同居の単位ではありえない（特に南中国では、ある地域に宗族が集住して地域集団を兼ねることが多く、したがって種々の事業を協力して営む企業グループのような性質さえ帯びることはあるが）。実際には、ある宗族の細かい分枝が、一つの家族として生活を共にする。この単位が狭い意味での「家」である。この「家」も、イエとは全く違う性質を持つ。

「家」とは、「家計をともにする生活共同体」（滋賀、前掲書五二頁）である。「家」の個々人の働きによる収入は共通の家計に入れ、共に消費する。「同居共財」等と表現する。両親と、職業を異にする三人の既婚の息子が同居していても同じである。そこで父親が世を去っても、直ちに「相続」の問題が起きたりはしない。そのまま「同居共財」でいくと決めれば、同じ一つの財布で生活を続けるだけのことである。それを何代も続ければ、そのまま大家族になっていく。そこでは最長老に最大の発言権があるだろうが、別に「当主」という地位にいるわけではない。したがって、「隠居」もない。

しかし、父の死後、兄弟で「家」を分割することもできる（イエ自体の財産としての「家産」ではないから、当然である）。「分家」「分業」「分財」「析居」等という。家計を分け、生活を分かつのである。その際には、兄弟均分が大原則である（女子は預からない）。したがって、兄弟の誰か一人が「家を嗣いだ」と観念したりはしない。「宗族」の枝分かれが進み、「気」が分流しただけのことである。当然、家職の意識もありえず、家格も無い。ある「宗族」のある枝としての「家」が、例えば連続して科挙合格者を出して目覚ましい富貴を得ることはあろうが、それがまた枝分かれして沈淪することもある。特定の機能を持った堅い箱のようなイエが、その地位を保ったまま時代を超えて筒状に延びていくという像は描きえないのである。そこでは、「一つの泉から幾条もの水が分れ流れるように、また一つの幹から千枝万葉が生い茂るように」、「一個の祖先の生命の延長拡大」としての「宗族」が、他の「宗族」と女性を嫁として交換しつつ、延び続けていく。「人間世界は、それぞれに一個の無形の生命ともいうべき多数の宗族が併存し消長する世界であった」（同書三七頁）。

それは、次のような嘆きを生んだ家職国家とは大きく異なっていた。

天下と申す大なる箱、諸侯と申す小なる箱、士と申す内のしきり、活物世界を死物にて治め候世の中（渡辺崋山「退役願書之稿」）

日本国中、幾千万の人類は各幾千万個の箱の中に閉され、又幾千万個の墻壁《しょうへき》に隔てらるゝが如くにして、寸分も動くを得ず。士農工商、其の身分を別にするは勿論、士族の中には禄を世にし官を世にし、甚しきは儒官医師の如きも其の家に定ありて代々職を改めるを得ず。農にも家柄あり、商工にも株式ありて、其の隔壁の堅固なること鉄の如く、何等の力を用るも之を破る可らず…（福沢諭吉『文明論之概略』）

三　「家業道徳」

遅くとも十七世紀半ば以降の徳川日本では、身分を問わず、また僧侶・神主・儒者であろうと、おそらくほとんどの人が当然と考えていた共通の徳目がある。「親に孝行」「主人に忠義」「家業に精を出す」「分を守る」等である。それは、内容において上述の「家職国家」の構造に正確に対応している。それ故、統治者には都合のよい徳目であり、同時に、当時の秩序を前提にする限り、個々のイエにとって好都合な徳目だった。そして、それ故に強い通用力を持っていた。

すなわち第一に、「親に孝行」とは、単に親に愛と尊敬を尽くすことではない。代々の親もそうしてきたように、所属するイエに忠誠を尽くすことである。つまり家業に努めて、イエを存続させ、盛り立てることである。

家業は先祖粉骨砕身の功績、且つ陰徳の余慶なり。親よく守り得て我に譲る。我よく守りて子に譲るは孝なり、誉《ほまれ》なり。（常盤潭北『民家童蒙解』）

家財は先祖より子孫栄久のために貯へおくものなれば、我身一分の栄華に費し失ふは、大きなる罪人なり。おのれ全うして、又我子に譲りあたふるは、先祖よりの預り物を又先祖にかへす道理なり。是れ孝行の第一也。（江島其碩『商人家職訓』）

ところで、イエの親は必ずしも実の親ではない。聟養子や嫁にとっては、両者は異なる。その場合、当然、現在属するイエの親への「孝」が優先する。「元来養子といふものは、大切の家督を相続し、かの御取次の道を勤むべき為ばかりに成る身分なれば、養父の家の大切さは実家よりも百倍也」（羽太正養『家訓』、筆者は旗本である）、「先方の親を産みの親と心得て孝行いたし、家相続（存続）の工夫のみをいたすが、すなはち養子の役目」（『商家見聞集』）、「先の親を真実の我親とし、故郷の親は親類のあしらひをすべし。後の親を親とするが天下の掟なれば、此の心得に違ひて実の親を深切にし、今の親を麁末《そまつ》にする行ひあれば、養父母も水臭く思ひてつひに不縁と成るは、これ養子や聟の誤りといふべし」（『我身のため』）というわけである。

「石門心学」という庶民的修養運動の創始者、石田梅岩（貞享二／一六八五年―延享元／一七四四年）が、弟子に、もしも実父が養父を殺したら、養子としてはどうすればよいか、問われたことがある。その答えは、「養父ノ敵《かたき》ヲ討チ、其ノ首ヲ廟前ニ手向《たむ》クベク候」であった（『石田先生語録』）。心情的にはつらくても、善き社会人としては親殺しをすべきだというのである。右に引いた「天下の掟」の論理的帰結である。

第二に、譜代の武士ならば、主家に「忠義」を尽くすことが「家業」であり、つまりはそれがイエのためだった。

君に仕ふるも家のため。孝信も家のためにするなり。身のためにすとは思はず。人間の道を思へ。成長しては妻をむかへ子をもうけ、家の業を無難にゆづりて子孫に伝ふるこそ、道ならずや。

ある武士の残した家訓である（岡田士聞『岡氏家訓』）。「忠」がつまりは「孝」であり、しかもそのいずれもがイエのためなのである。これが、その身分的アイデンティティ・クライシスにもかかわらず、武士組織の極端な腐敗を阻止した一因であろう。

第三に、町人・百姓においても、その家業は世のため人のためであり、ひいてはお上への御奉公になることと観念された。それは、武士が自分たちを人民のための奉仕者とは称さず、逆に町人・百姓が彼等に奉仕すべき者と考えていたことと対応している。

例えば、南部立庵（陸沈軒）（元禄元／一六八八年没）は、「…農は四時（「四季」の意味）に、それぞれの土地を見はからひ、耕耘事を情に入（「精を出す」の意味）、工は家の細工の上手なるやうにと工夫しおこたらず、商は、売買のみちをよく覚へ、父母を養ひ、妻子をはごくみ、外にしては上の法度を守り、年貢諸役を懈怠なく、分際相応の家をおさむるを、庶人の忠と云へり。…天地もそれぞれの役あり。鳥獣も、分々の道をつとむ。然るを人として、ひとりその役をのがれんや。その役といふは、さしあたれる家職なり」と説いた（『倭忠経』）。勤労自体が「庶人の忠」なのである。

石田梅岩も、「士農工商は天下の治る相（たすけ）となる。四民かけては助け無かるべし。四民を治め玉ふは君の職なり。君を相るは四民の職分なり。士は元来位ある臣なり。農人は草莽の臣なり。商工は市井の臣なり」（『都鄙問答』）という。

上記の諸徳目の中核は、「家業に精出す」ことである。家職・家業に精励すれば、イエへの孝となり、忠ともなる。儒学にも職分論的なものがないわけではない（例えば『顔氏家訓』勉学第八）。しかし、その業さえ勤めれば、忠にも孝にもなるなどとはいわない。しかし、徳川日本においては、おそらくそれこそが常識的だった。端的に『家業道徳論』という本を著した人もいる（河田正矩。元文五年刊）。

> 欽《つつしん》で世人家職の大道を油断なく勤め守りて、異端の邪路に陥る事なかれ。
>
> 家業を専らとするは儒仏の極意
>
> 世人よくよく此の理を会得し、道と云ふものの家業に離れざる事を悟り、仮にも我所作の外なる異端外道に走る事なかれ。

人の道は、家業精励にすべて含まれるのである。「家業は人道第一のつとめ」（『商家見聞集』）であった。

したがって、「油断なく稼ぐ其の身は神仏の守らせ給ふ、家は繁昌」（塚田兵右衛門『覚書』）である。松尾芭蕉の弟子、森川許六は、「たゞ士農工商の家業の外。さらさら別に大道なし」と断言している（『風俗文選』宝永三／一七〇六年序）。「わが預た職分をして身を全ふするが神道」という語もある（『当世穴さがし』明和六／一七六九年刊）。

したがって逆に、神仏信仰に凝って家業をおろそかにしては、本末転倒だというのが常識である。信心も良いが、「過ぎ候へば、其の身の家業おこたり、おのずと異形の人の様に罷り成り候」（三井高平『宗竺遺書』）といった警告も頻繁になされた。

しかも、「家業道徳」は、身分を問わない。

凡そ天が下に生れ、人民それぞれに天より受け得たる業あり。故、恐れながらも天子・将軍様は万機の政事を以て業と遊ばされ天下を治給ふ。諸侯は一国の政事を以て業とし給ひ、公卿・大夫は其の官職・諸役を以て業とし給ふ。夫より以下、巫医・楽師・農工・商賈・百行の人、何によらず、其の業なさでかなはぬものなり。（中川有恆『米恩録』）

朝は日の光さし、烏のなくを相図におきて、手水をつかひ、髪をゆひ、身ごしらへして、面々のつとむべき家業天職をつとむべし。王公より下庶人にいたるまで、似合相応の職分あり。上に立ちたまふ方ほど職分おもきなり。（徽堂『渡世肝要記』）

それ人は先ず、其の家々の職第一に勤むべし。是れ則ち庶人の忠也。天の道と心得べし。（寒河正親『子孫鑑』）

貴賤共に各々職分御座候ひて、其の職に背き難き儀御座候。（「御心得之ヶ条」。老中松平定信が当時十六歳の将軍家斉に与えたもの）

分を守って各人がそのイエの職にいそしめば、そのことによって誰もがそれぞれに道徳的たりえ、かつ、世の中はうまくいく、そう主張しているのである。「家職国家」の構造に正確に対応した道徳観であり、人生観であった。それは、政治的・社会的不平等を前提しつつ、多くの人に一種の道徳的平等を認めた。そして、個々人をイエに閉じこめつつ、その勤労意欲と生活規律を支えた。

これは、「国民国家」ではない。しかし、権威主義的でありながら一体的であり、保守的でありながら活動的なイエの連合体であった。無論、近代日本はこの意識の基盤の上に成立したのである。

四　市場道徳

イエには、家格の意識が伴う。同一の家業を営んでいても、家柄の上下がありうる。そうである以上、「家業道徳」には、あわよくば家格を上昇させようという競争心が潜んでいる。羨望と嫉妬は、武士にも町人にも百姓にもある。「家職国家」だからこそ我がイエの位置を少しでも上げようという衝動が、不断に湧出してくるのである。

とりわけ、かなり高度に発達した市場経済すなわち競争経済の担い手である町人の間では、「立身出世」をめざすべきことが公然と説かれた。「貧家は富まん事をねがひて日用のつとめをおこたらず、富める家は久しく財宝を持《たも》たんとして家業を勤めて懈らず、相たがひに望みあるはり合にて世間は立たる

徳川末期の豊かな町人の姿．オランダ人のアルバムに保存されていた．（小西四郎ほか監修『甦る幕末：オランダで保存されていた800枚の写真から』朝日新聞社，1986年，116頁．）

もの也。」（西川如見『町人嚢』元禄五／一六九二年序）という指摘もあった。この世は、経済競争で成り立っているというのである。

したがって、そこで勝利するための指南書も多数出版された。それらは、『渡世商《あきない》軍談』、『立身始末鑑《かがみ》』、『開運出世伝授』、『出《しゅっ》世礎《せのいしずえ》』、さらには『金持重宝記』『商人黄金袋』『生財弁』『富貴自在集』『財宝速蓄《はやもうけ》伝』『珍宝山、金のなる木』といった率直な書名を持って読者を誘った。そして、「人は常に立身出世を心がくべし」（『米穀売買出世車』）、「人として立身はいやなり、出世するもいやなり、馬鹿者になりて、諸人に笑はれたいの、憎まれたいのと思ふ者、誰か一人もあるべからず。みなみな身を立て出世し、諸人に誉められ可愛がられんとの心ざしは、生まれながらに自然の望みなり」（『商家見聞集』）、「すゐずゐの立身出世的にして、やたけ心にはげめ商ひ」（『現銀大安売』）、「開運や、出世の伝授銀《かね》まうけ、外《ほか》にはあらぬ忠義孝行」（『かねもうかるの伝授』）などと、出世欲を煽った。立身出世主義は明治日本の新しい風潮ではない。それは、イエの意識と市場経済故に、徳川の世において、すでに少なくとも一部ではふつふつと沸き上がっていたのである。

ところで、「立身出世」のためには、どのように商売すればいいのだろうか。その答えは、広く一致していた。勤勉・才覚・倹約・丁寧、そして正直である。何故、正直でないといけないのか。汚い商売は続かず、結局儲からないからである。「あしき物にはそれ相応の値段、よき代物にはそれ相応に、高下の値段をたて丶、其の物の出くる所を尋ねきはめて、其のあたひの安き所にて買ひ求め、其の物の少なき所に出して、其の値段の高き所にて売る、これ商の道」である（『米穀売買出世車』）。「古書にも、大賈（大商人）は詐《いつは》らずと云ふて、諸国手広うする賈人《あきんど》は、極て取るべき利口銭（利潤）の外、得意を偽《だま》し詐《いつは》り飾つて、追従軽薄の拭へばはげるやうな詐《うそ》はいはぬものなり」「急に高利を取らんと思ふ者に、大に出世する商人はなし」「どかまうけする商売は年中つゞかぬ」「利を多く取らうと意得《こころえ》ず、売買と得意とを多くとらんと意入《こころいれ》肝要」なのである（『富貴の地基《じかため》』）。「直《ね》をやすく品を改め仕入れして、高利をとらぬ商ひをせよ」という歌を、子孫のために作った下野国真岡の商人もいた（塚田兵右衛門『覚書』）。

これは、「家業道徳」であると同時に、いわば市場道徳である。長期的安定的な利潤獲得のためには、客も満足させなければならない。信用が大事である。勤勉・智慧・節約・礼譲が商売の秘訣であるとともに、正直は最良の策 Honesty is the best policy. なのである。つまり、イエと自分の利益追求は道徳と一致する。その道徳を守れない者は、政府の介入も神仏の冥罰も無しに、ただ市場によって確実に罰せられ、いずれ破滅する。成功を続ける商人は賢いだけでなく倫理的である、つまり市場が人を道徳化する——これは、話がうますぎるだろうか。要するに功利道徳であり、低級な信念だろうか。しかし、何故、倫理が自己利益と一致してはいけないのか。むしろ、それこそすばらしいことではないか。おそらく当時の多くの堅気の商人は、例えば同時代のベンジャミン・フランクリン等と同様に(5)、そう考えたことであろう。

(1) 石井紫郎『日本人の国家生活』(東京大学出版会、一九八六年)二二〇頁。
(2) Kozo Yamamura, *A Study of Samurai Income and Entrepreneurship: Quantitative Analyses of Economic and Social Aspects of the Samurai in Tokugawa and Meiji Japan*, Harvard University Press, 1974. 新保博ほか監訳『日本経済史の新しい方法:徳川・明治初期の数量分析』(ミネルヴァ書房、一九七六年)七四頁。ここでいう「養子」は、弟・孫・甥・伯父・叔父を除いている。
(3) 坪内玲子『継承の人口社会学:誰が「家」を継いだか』(ミネルヴァ書房、二〇〇一年)二〇、一二四頁。南部家については、坪内氏作成の表の「婿養子」「妹(姉)婿」「孫娘婿」「養子(同姓)」「養子(異姓)」を加えた数字、前田家については、「婿養子」「妹婿」「養女婿」「養子」を加えた数字である。兄弟・孫・甥・叔父・従兄弟を含まない。
(4) 言うまでもなく、「血縁」というのも比喩にすぎない。親子を繋ぐのは遺伝子情報だけである。母と胎児でも血管は繋がっていない。それ故、母子でも血液型が違いうるわけである。しかし、「血縁」の比喩は西洋だけでなく、徳川時代の日本でも用いられる。
(5) 例えば、Benjamin Franklin, *The Way to Wealth*(『富への道』)(一七五七/宝暦七年)を参照。賢明な

自己利益の原理が米国で広く受け入れられていることについては、トクヴィルも指摘している。Cf. Alexis de Tocqueville, *De la Démocratie en Amérique* (1840), Deuxième Partie, Chapitre VIII Comment les Américains combattent l'individualisme par la doctrine de l'intérêt bien entendu.「アメリカ人は利益の正しい理解の説によって個人主義とどのように闘うか」(松本礼二訳『アメリカのデモクラシー』第二巻上、岩波文庫、二〇〇八年)

参考文献

中田薫『徳川時代の文学に見えたる私法』(岩波書店、一九八四年)

中野卓『商家同族団の研究(第二版):暖簾をめぐる家と家連合の研究』(上下)(未來社、一九七八・八一年)

速水融・宮本又郎『経済社会の成立　一七―一八世紀(日本経済史一)』(岩波書店、一九八八年)

第五章　魅力的な危険思想
──儒学の摂取と軋轢

一　動機

儒学思想が、これまでの三章で紹介したような体制において、大陸との政治・社会・家族・文化の大きな差異にかかわらず、特に十七世紀半ば以降ある程度摂取された。儒学教授を業とする儒者という一群の人々が出現し、実行においてはともかく（実際、「礼」の実践・実施は稀である）、政治や道徳に関する議論の仕方には大きな影響を及ぼすに至ったのである。何故だろうか。

（一）　武士

徳川初期には、武士が書物に親しむこと自体、奇異だった。ましてそれが漢字だけで書かれた儒学書であれば、僧侶が御経を誦む姿にも似る。周囲は往々「武士のくせに」と、あざけったようである。ところが、儒学を学ぶ武士という、戦国風の常識からすれば奇異な人が、十七世紀の間でもちらほら現れ、さらに徐々に増えていった。

それは第一に、「泰平」下での武士たちのあの身分的アイデンティティ・クライシスを救うという面があったからであろう。実態と遊離した戦闘者としての名誉意識を、儒学的な「士」としての誇りが補うのである。

第二に、武士の組織の維持に役立つ面があったからであろう。戦闘集団の物資補給のために町人・百姓がいるという戦国的な意識を全面的には否定しないものの、「民を治めて、泰平を維持するために、殿は苦労されている。その殿をお助けするために、我々はいるのだ」という、やや民本主義的な説明は、「泰平」における「家中」の士気と規律の維持にとっては、好都合である。さらにそれは、町人・百姓に向かっての説明ともなり、その服従の確保に好都合である。既述の「泰平」の持続自体による統治の正統化と組み合わさって、「仁政」論的な言説がこうして出現してきたのである（但し、それは、「仁政」を統治者の存在理由とする儒学的な統治観に転換したということではない。それでは武士の自己否定となってしまう）。

第三に、儒学には、統治のための手引きという面もあった。戦国以来の経験智・『平家物語』や『太平記』を題材とした兵学・軍学の講釈・（当時最大の知識人集団である）僧侶の説法等に加え、儒学書の講義を聴き、さらには読むことが大名や役人たちに役立つ、と感じられることもあったのである。例えば、京都所司代や老中を務めた板倉重矩（元和三／一六一七年―延宝元／一六七三年）は、息子に、「人の主たる身の、学文なくば、政道なりがたし。四書五経七書類、文字は不見知とも、よませて聞き、其理を具にすべし」と説いた（『板倉重矩遺書』）。「七書」（中国の兵学書）と並べて、「四書五経」を挙げたのである。さらに彼は、「諸之奉行人、其外有司下司、倶ニ如是道理ヲ得心イタシ其本来ヲ正シ、其軽重ヲ量リ、仁愛忠孝ノ心ヲ本トシ智恵正直ノ理ヲ務メバ、下安ク民苦ムヘカラザル也」とも書いている（『自心受用集』）。

無論、昔の異国の教えなど役に立つものかという反撥もあった。例えば、敏腕老中、松平信綱（慶長元／一五九六年―寛文二／一六六二年）は、「信玄の兵法を習ハんより、権現様の御武略の事を聞、四書五経をきかんより御代々の御家の御法度を知たる人に聞給ハ、差当りて身の徳と成へし…」（『信綱記』）と主張した。しかし、儒学の体系性・多面性と「中華」の文字の力は、「御代々の御家の御法度を知たる人」の口伝以上の魅力を、往々有したようである。

こうして、あの武士の間でさえ、十七世紀中に徐々に儒学への関心は高まっていった。その中には、少数ながら大名もいた。尾張の徳川義直（慶長五／一六〇〇年―慶安三／一六五〇年）、岡山の池田光政（慶長一四／一六〇九年―天和二／一六八二年）、会津の保科正之（慶長一六／一六一一年―寛文一二／一六七二年）、水戸の徳川光圀（寛永五／一六二八年―元禄一三／一七〇〇年）等である。彼等がいずれも徳川本家に近い大名であるのは、多分偶然ではない。すさまじい「御威光」に輝く権現様、徳川家康の影響があろう。家康は、第一に、当時他にはほとんど存在しなかった朱子学者、林羅山（天正一一／一五八三年―明暦三／一六五七年）を側近の一人とし、その子孫もやや特別なイエとして将軍家に仕えた。第二に、慶長四

閑谷学校．岡山の大名，池田光政の命令で建設された，儒学を教える学校．元禄 14（1701）年，完成．現在の岡山県備前市に在る．

年（一五九九）以来、家康は、『易』『孔子家語』『貞観政要』『群書治要』、また兵学の『三略』『六韜』等の刊行事業も行った（武家諸法度において「文武弓馬之道」と続けていうあの感覚から、戦さと統治にすぐ役に立ちそうなものを選んだのだろう）。第三に、その没後、儒学書を含む家康旧蔵書が、御三家などに配布された（「駿河御譲本」）。戦国大名の中では例外的に「文」に関心のあった家康のこのような行為が、儒学に権威を与えた。実際、後には、家康が儒学を振興すべきだと考えていたという伝説が確立するのである（『徳川実紀』東照宮御実紀附録巻二二）。

さらに、五代将軍、徳川綱吉（正保三／一六四六年—宝永六／一七〇九年）が、儒学好きだったことの影響は大きかったようである。彼が世を継いで間もなく、直轄領を治める代官たちに仰せ渡した七箇条の第一は、「民は国之本也、御代官之面々常に民之辛苦を能《よく》察し、飢寒等之愁無之様ニ可被申付事《もうしつけらるべきこと》」である（延宝八／一六八〇年）。その二年後に、諸国に立てた「民」向けの高札の冒頭は、「忠孝をはげまし。夫婦兄弟。諸親戚にむつび。奴婢等までも仁恕を加ふべし。もし不忠不孝のものあらば重罪たるべし」である。同年、ある川越の商人は、綱吉を「日本之聖人」と讃え、さらに、綱吉の歌として、「世にあれば民のあわれをおもひしれ　そのいにしへは我も民なり」「時しらぬあわれうき世にながらへて　きへさるまへに民をすくわん」という（明らかに偽作の）二首を引いている（『榎本弥左衛門覚書』）。公儀の姿勢の変化が目覚ましく思えたのであろう。

さらに、その翌年、綱吉はそれまでの武家諸法度を改訂して、第一条を「文武忠孝を励し、可正礼義事《れいぎをただしくすべきこと》」と改める。元禄四年（一六九一）には、それまで坊主頭で、法印という僧侶としての位を与えられていた林家の当主に、髪を伸ばさせ、大学頭《だいがくのかみ》という律令制上の官名を（公儀に「大学」など無いのだが）認める。さらに、林家に孔子廟を作らせる（湯島聖堂）。

こうした綱吉の画期性を、新井白石も指摘している（『本佐録考』）。

> 中も恐ある事に候へども、某ひそかに憲廟（綱吉の意味）の御事吾道に於て功ありし御事と存候は、此御代よりして儒といふ道も世の中にその一筋のある事とはほとりの国のいやしきが類も心得候事にはなり来り候。

その後、若干の波動を示しつつも、儒学の知識が武士の間にすら、ある程度広がっていく。しかも、十八世紀末頃からは、家来に主に儒学を学ばせる藩学・藩校さえ、大名が次々に作るようになっていく。それは、徳川の世の初期からすれば、まことに大きな変化だった。

（二）遊芸

特に十七世紀末頃以降、比較的豊かな町人・百姓が子供を寺子屋や塾に通わせ、崩し字の読み書きと算盤とを学ばせることが増えていった。役所関係のすべての文書も、一般の契約書も、そして書簡も、崩し字の候文で書かれたからである。しかし、さらに進んで漢文で書かれた儒学書を学ぶというのは例外である。通常、それは「家業」に不要である。しかし、豊かな町人・百姓が、漢詩文に親しみ、さらに儒学書を学ぶことも無いわけではなかった。それらが「遊芸」の一つとしての性格を有していたからである。

遊芸とは、当時、師匠について学ぶ楽しみとしての稽古事を言う。素人がそれ自体を楽しみとして玄人に学び、玄人はその授業料で収入を得る。茶の湯、立花、書道、香道、謡い、琵琶・琴・笛・鼓・三味線等の楽器の演奏、和歌・俳句、碁・将棋・和算等々である。つまり、現在の日本で伝統文化とされるものの多くは、遊芸として存在したのである。これらの盛行の背景には、十七世紀の経済成長による余裕の成立、都市化と分厚い町人層の形成があった。さらに、遊芸のステイタス・シンボル化と（それが当然引き起こす）スノビズム、遊芸のための自発的結社（「社中」「連中」等）の（往々身分を超える）ネットワーク形成の効用等があった。科挙受験の効用は無いにもかかわらず、遊芸の一つとして、武士だけでなく、治められる側の民がみずから儒学を学ぶということがありえたのである。

明治七年（一八七四）、かつて自分も儒者だった西周《にしあまね》は、「所謂学術ナル者七八年前マテ四書五経ノ範囲ニ出ズ。而テ其四子六経スラ唯玩具、之ヲ卑ウシテハ茶ノ湯生花ト肩ヲ並べ、之ヲ高ウシテ弓馬剱槍ト相伯仲シタル耳《のみ》」と書いている（「非学者職分論」、『明六雑誌』第二号）。儒学は低くて遊芸並み、高くて武芸並みというわけである。儒学を道徳と統治の普遍的教えと考えれば、それは不当な扱いであろう。しかし、遊芸・武芸並みだったからこそ普及したという面が徳川日本の儒学にはある。そして、そこから出発して本気になる人も出てきたのである。

二　「儒者」たちの出現

儒学の師匠が儒者である（他の遊芸と異なり、ほぼすべて男性である）。「明経道」の公家でもなく、（漢文には親しんでいる）僧侶でもない俗人が儒学を講ずるのは、十七世紀初頭に生じた新現象である。その数は、元来、極めて少ない。熊沢蕃山（元和五／一六一九年―元禄四／一六九一年）は、晩年の『集義外書』で、「いま日本国中をかぞへてわづか数十人に過ざる儒者の道を行ふ人」、「百人にもたらざる儒者」と書いている。例えば仏教の寺と僧の数・その全国をおおう本山末寺の組織と比べれば、儒者はまことに弱小勢力だった。

儒者は、時には軍学者・兵学者を兼ねていた。講釈師との境界が曖昧な場合もあった(1)。医者を兼ねることも多かった（「儒医」という）。医者も、（いわゆる漢方医であるから）漢文能力が必要であり、類似した特殊な職業だったからである。

彼等が出現したことによって、儒学に関心を持つようになった人もいたであろう。供給が需要を喚起し、その需要に供給が応えるという循環が、徐々に拡大したのである。

儒者の先駆は、藤原惺窩（永禄四／一五六一年―元和五／一六一九年）である。その弟子・孫弟子等が、十七世紀の著名な儒者には多い。彼は公家の出身だが、幼くして臨済宗の寺にやられ、僧侶となった。その内、（元来思想的にも禅仏教と交渉のあった）朱子学などに関心を持つようになり、明国に渡って儒学を勉強しようと決意する。「鎖国」の遙か以前である。慶長元年（一五九六）、三六歳の時に実際に薩摩まで行き、山川港から船に乗って大陸に向かう。しかし嵐に遭って船が漂流し、結局、諦めて京都に戻る。だが二年後、秀吉の朝鮮出兵の捕虜、両班・朱子学者の姜沆（一五六七年―一六一八年）と知り合う。そして、姜沆が帰国するまでの一年半、筆談によって学ぶ。姜沆は、後に、日本にも漢字と物の理を知っている者もいないわけではないとして、惺窩の名を挙げ（『看羊録』）、惺窩文集には彼の文も収められている。この接触で、惺窩は一層朱子学に傾倒していく。皮肉にも、秀吉の侵略によって、陶工等だけでなく儒学者まで拉致したことが、日本における儒学の普及に重大な意義を持ったのである。惺窩はやがて徳川家康を含む大名たちに呼ばれて、講釈するようにもなった。林羅山は、彼の弟子である。新井白石の師、木下順庵は惺窩の孫弟子である。

儒者は、惺窩のような僧侶だけでなく、浪人、医者、そして遊芸好きが高じた豊かな町人の息子などから転じた人が多い。そして、儒者になると、元の身分はほとんど問題にならない。武士が町人儒者を師とすることもあり、儒者同士の書簡でも出身身分の配慮は見られない。遊芸の世界とその点も似ている。

儒学教授を職業として生きる儒者は、大きく分けて二種類の社会的存在形態をとる。「町儒者」と「御儒者」である。医者の町医者と御典医という類型と同じである。町儒者は、町で（大抵は自宅である）塾を開き、授業料で生活する。宝永三年（一七〇六）に江戸の芝で塾を開いたある儒者は、数十人の弟子で「衣食粗ぼ足」りたという（梁田蛻巌「答桂彩巌」、『蛻巌集後編』巻七）。しかし、「医者寒からず、儒者寒し」という諺のように、生活は苦しいのが相場である。

町儒者で食べていけるほどの弟子も取れず、旅をして町や村を廻り、余裕のありそうな家を訪れて、講釈などをさせてもらうという厳しい生活を送る人もいた。辻講釈師に近い暮らしである。天明八年（一七八八）、伊勢国を旅していた司馬江漢は、紹介状を持って立ち寄ろうとした家の入り口に、「儒者・学者、虚名の者、並に物もらい不可入《いるべからず》」と書いてあるのを見たという。「それ故よらず」と彼は書いている（『江漢西遊日記』）。

一方、将軍や大名に仕えて、禄や扶持を受けると「御儒者」と呼ばれる。受ける禄や扶持は、十八世紀になると大体の相場ができ、「大概十人扶持より、高二百石の禄を峠」とするという（常盤潭北『野総茗話』、享保一八／一七三三年序）。一人扶持とは、一日に五合の割合の玄米を支給されるというものである。一年で一石八斗分の現金収入があることになる。そして、十人扶持すなわち実収入一八石とは、知行五〇石（その約三割五分が実収入となる）にあたる。大名の家来でいえば、下の上ぐらいであろう。知行二〇〇石は、上の下である。誇り高い太宰春台（延宝八／一六八〇年―延享四／一七四七年）は、「必ず予をして仕へしむれば、則ち二百石以上にして後、可なり」と称していた（「報平田公信書」、『春台先生紫芝園後稿』巻十二)。そして、仕える先が見つからなかった。

但し、将軍や大名に仕えたとしても「御儒者」である限りは、主流の武士ではない。殿の「学問」の相手をし、時に「御家」の記録の編纂・書物の調査などを命じられるという生活である。しかし、御儒者も殿様が真剣に儒学を信奉すれば影響力を持ちうる。格は低くても殿様と直接話ができるため、殿様が統治の相談を持ちかけるならば、政治顧問ということになる。新井白石がその最も顕著な例である(第八章参照)。

しかし、儒者風情が統治に口を出せば、本流の武士からは反撥が出る。「儒者料簡」という語がある。儒者にありがちな、理屈は通っているようだが実行すれば有害な思いつきというほどの意味である。日本の儒者は、そのような視線が向けられていることを意識せざるをえなかったのである。

このような儒者の社会的在り方は、知識人の社会的存在形態として、世界史的に珍しい。これは、多くは都市に住む、不安定で特殊な職業としての、世俗的な知識人である。官僚でも地主でもない点で、明・清の士大夫や朝鮮の両班と異なる。その存在を支える組織がない点で、欧州の大学教師とも異なる。一方、貴族の庇護の元に秘書・顧問として生きる以外に、町で塾を開き、その授業料で生きることも可能だった点で、欧州近世の知識人とも違う。

儒者には、読者・聴衆が保証されていなかった。檀家もなく、資格を授与する家元制もなかった。そもそもお上の法度も世の風俗も、その現実は儒学の教えとは大違いである。敵意・警戒・軽蔑・冷笑の眼をも意識しつつ、「修己治人の道」を説明し、説得しなければならなかった。一方、科挙の標準学説を教える必要がない点で、彼等は自由だった。朱子学によろうが、陽明学をとろうが、その双方を批判しようが、あまり問題はない（第七章の伊藤仁斎の例を参照）。御公儀も諸大名も、経書解釈としてどれが正しいのかなどということには、基本的に関心がないからである。この自由の裏面は、権力からの疎外である。「道」をいくら修めても、それを「上」から実行できる保証はない。政策提案もできるが、多くは机上の空論に終わる。

こうして不安定な少数派の立場にあり、信じる教えと徳川日本の現実との落差を感じ、権力との結合を求めながらもその難しさを知った儒学者たちは、まことに独特の思想的場に置かれていた。時には死に物狂いの思想営為をすることになった。その結果、特に徳川の世の前半、儒学は百花繚乱の思想的展開をすることになったのである。

三　「士」と「君臣」

儒学は、それを学んで「徳」を身に付けた人が統治の任につくべきだと主張する。そうであれば、徳川の世にも科挙制度の導入が望ましい（小瀬甫庵（永禄七／一五六四年―寛永一七／一六四〇年）『童蒙先習』）ということにもなる。しかし、本格的な科挙制度導入は、身分社会の転覆、家職国家の破壊を意味する。逆に言えば、科挙制度導入の可能性も無いのに儒学が広まるのは、実は危険なのである。世襲にして無学な武人の統治自体が、問題化するからである。

そこで、現にいる武士を変えようとする儒者もいた。（後に徐々に実現する）武士に儒学を教える学校を設立せよという主張もあった。せめて優れた人を抜擢して登用すべきだという議論もあった。（中国的・儒教的宗族意識からはそもそも認めがたい）聟養子制度をまず廃止せよ（そうすれば潰れたイエの跡に優れた人を抜擢できる）という巧妙な議論もあった（荻生徂徠『政談』等）。

それが不可能だとしても、儒者たちは武士に儒学的「士」の在り方を説いた。親への「孝」を示す「礼」として、儒教的な葬儀・儒教的な墓・そして（『論語』にもある）三年の服喪などの実行は困難だとしても、せめて、五倫五常の実行を心掛けるよう説いたのである。

しかし、「武威」の支配の下である。当然、強い反撥もあった。福岡の大名に仕えていた貝原益軒（寛永七／一六三〇年―正徳四／一七一四年）の『武訓』（享保元／一七一六年刊）は、次のような迫力に満ちた異論を紹介している。

夫《それ》兵は功を立つるにあり。もろこしにては魏の曹操のごとく、日本にては足利尊氏のごとき人は、仁義にそむきて人の国をうばひたれども、武将の本意なり。もろこしの諸葛孔明のごとく、日本の楠正成のごときは、忠義あれども功は立つることならず。是、武将の本意にあらず。兵は詭道なり。時の勢によりては、わが身方に対しても、いつはりて表裏を行ひ、人の功をうばひ、或は国をみだして、逆にしてとるも、兵術においては害なし。是、日本の武道なり。もろこしの道を以ては、日本の武道は行ひがたし。日本は武国なれば、もろこしの正直にして手ぬるき風俗にては、功を成しがたくして、日本の風俗にあはず。ひすかしくすゝどくて（心ねじけ、抜け目がないこと）、人のなしたる功名をもうばひてわが功名とし、人の取りたる首をもうばひてわが勇とするが、日本の武道なり。

これこそ戦国の武士以来、根強く残る本音であったろう。これに全面対決すれば、孤立し、敗北するのはおそらく儒者の方だった。

現に、儒学好きの武士として孤立を味わった経験のある、中江藤樹（慶長一三／一六〇八年—慶安元／一六四八年）は、「本来非もなき世間を非にみて、おやのする事も兄弟のする事も、主君のあてがひも朋友のなすわざも、皆わけもなき妄作也と得心するによつて、右を見るも左を見るも、皆おのれが心にかなはぬ事ばかりなる故に、世けんの交をいとひ、ひとり居ることをこのむ」ことになるのは、「にせの学問」をするためだ、と考えるようになった。

儒書にのする所の礼義作法をすこしもちがへず、残所なく取おこなふを、儒道をおこなふとおもへるは大なるあやまりなり。たとひ儒書にのする所の礼法をすこしもちがはず、皆とりおこなふといふとも、其おこなふ所、時と処と位とに相応適当恰好の道理なくば、儒道をおこなふにはあらず、異端なり。（『翁問答』）

儒学の教えを普遍的部分と相対的部分とに分け、後者は「時と処と位とに」対応して柔軟に変えてよい、というのである。

その弟子、熊沢蕃山（元和五／一六一九年—元禄四／一六九一年）も、「道は大路のごとしといへり。衆の共によるべきところ也。…礼はこれをかざり、これを助たるもの也。時処位をはかりて衆と共に行べし」（『集義外書』）、「大道とは大同なり。俗と共に進むべし。独抜ずべからず。衆と共に行ふべし。独異なるべからず」(『集義和書』) という。「衆と共に行ふ」ことが大事なのである。

しかし、このような態度は、結局「道」それ自体の相対化になるのではないか。藤樹学に対して、「一箇ノ円熟ノ人トナリテ人ノ心ニ合ヲ宗ト」するものであり、「郷愿ノ人」(偽善者) を作る (佐善雪渓 (明暦二/一六五六年—延享二/一七四五年)『下谷集』) という批判が現れたのも当然であろう。

一方、「世間」に合わせて意識的に儒学を変えてしまう試みもなされた。例えば、兵学者でもあった山鹿素行 (元和八/一六二二年—貞享二/一六八五年) である。彼は、朱子学も学び、さらに老荘や禅仏教まで学んだが、「実は世間と学問とは別のこと」、学問が「世間とは不合、皆事物別に成」っていることに悩んだ (『配所残筆』)。そして、結局、「武士之作法」「武将武士日用之業」を修めて「功」を「立」てることが、真の学問、「聖学」だ、と考えるに至った。武士として、武士らしく、必要な軍学・兵学を学べば、それで「聖学」を学んだことになるというのである。

しかし、それは儒学なのか。この疑問に対し、素行は、日本は実は世界の中心であり、当然儒学でいう「道」の精髄も元来あったのだと応答した (『中朝事実』寛文九/一六六九年刊。「中朝」とは日本を指す)。中国の儒学経典の教えそのままでなくても、日本は日本なりにやってよく、しかもそれでいて中国にひけはとらないのである。

しかし、この武士を変えないでよいのか。「武威」を誇って無為に暮らす「武士」の支配が「道」に適うのか。儒者からは、次のような激烈な批判も出現した。

…何れにもせよあてもなき兵乱をあてにして其時の用に立ものゆへに今日の衣食を唯取にする事は、

仮令ば津波のうつ時に此一村の人を舟にて救ふべしといふて山林に養はれて居る船頭の如くなるもの成るべし。さあらば津波の打んときに出来りて救ふべきか。津波の気も見へざるに空腕をいひて今日の衣食を費す事は、先祖の事は先祖の事にして、今日の所第一は不義なるべし。（皆川淇園（享保一九／一七三四年―文化四／一八〇七年）『淇園答要』）

儒学を学んで道徳の模範とならないなら、武士はその存在自体が「不義」だというのである。

舶来の普遍的だとされる思想・制度を確かに普遍的だと認め、日本の現実をそれに向けて変えていこうとするのか、それとも、逆に、「それは普遍的でなく外国的なのだ。日本は日本のやり方でやっていればそれでいいのだ」と居直るのか、という問題状況であった（近代には欧米との関係でこれが再現した）。

しかも、儒学によって武士を変えるのか、武士に合わせて儒学を変えるのか、改革か保守か、その境界は微妙である。より具体的に、五倫の一つ、「君臣」を例にとって見てみよう。

当時、君臣といえば、まずは武士の主従関係である。四書五経の君臣に関する教えを、武士の主従関係に適用するのである。例えば「忠」（まごころ）を以て仕え、「君」が「道」に反していたら「諫め」なければならないというわけである。そこまでは受入れ易いであろう。しかし、既述のように『礼記』曲礼下は「三たび諫めて聴かれざれば、則ちこれを逃《さ》る」と説く。朝鮮国の両班、明・清の科挙官僚なら、諫めて聴かれなければ、辞職して故郷の地主として暮らすことも不可能ではない。しかし、武士に土地はない。仕えを辞するとは、ほとんど先祖伝来のイエを潰すことに等しい。

武士はそうすべきなのか。儒者はそれを武士たちに勧めるべきなのか。そもそも、譜代の家来の主人との関係が、三度諫めて聴かれなければ断ち切っていいようなものなのか。「君」への「忠」とは、そういうものなのか。

この問題群への一つの典型的回答は、浅見絅斎（承応元／一六五二年―正徳元／一七一一年。名は安正）という、自分では正統的な朱子学者だと堅く信じていた人のものである。彼は、もと医者で、山崎闇斎に学び、京都に住んで町儒者を営んでいた。

彼によれば、多くの日本の武士は、「武士ノ名ヲ以テ身ヲ立テ、意気ヅクニテ、平生義ノ吟味セヌ誤、真実君臣ノ大義ヲ知ラ」ない（『請献遺言講義』）。問題は、「根本ノ大忠義」である（同）。その中核は、「仁」であり、したがって「愛」である。では、「愛」とは何か。

愛ト云ハ、何デモアレ、物ノイトシヒノ、シタシヒノ、ウルワシヒノ、恵ムノ、大切ナノト云様ナ、情ノ忍ビラレヌ事ノ分ハ、皆愛ト云物也。（「仁之弁」）

カウ生抜テ、ホヤホヤトシタ、ニツトリトシタ、シミジミナリノ生抜ノ仁ガ、直ニ親ニ向テ親イトシヒトモナリ、君ニ向テ君大切トモナル。（「絅斎先生仁義礼智筆記」）

そして絅斎は、歌を引く（『拘幽操師説』）。

我ヲ思フ人ヲ思ハヌムクイニヤ　我ガ思フ人ハ我ヲ思ハヌ

恋の歌である。つまり、彼は、朱子学の真髄として、『葉隠』のような主従関係を讃えているのである。

この浅見絅斎が五一歳の時、いわゆる赤穂事件が起きる。彼は、大いに感激した。「是タゞ我主ノ相手ヲ、主ノ討ント欲スル存念ノ通リニ討タルマデニテ、…我君タリ親タルモノノ敵ヲ、上ヨリユルシヲカルヽホドニト云テ、上ニ憚リ討ザルト云大義無之」と彼はいう。ただ、主人の思いに同一化すればいいのであり、そのために政府高官を暗殺してもいいのである。

しかも、浅見絅斎は、彼の考える意味での「君臣の大義」を絶対化する。「天子」についても、「何トヤウナ人形ニモセヨ、天子ト名ガ附クカラハカヘラレヌ。其レガ名分ノキビシウヲカサレヌハコレゾ」(『拘幽操附録師説』)という。「天子」に徳があろうがなかろうが、「天子」であるならば無条件の忠誠を尽くせと、いうのである。

例えば、『日本書紀』の記述によれば極めて暴虐だった武烈天皇に対しても、同じである。

日本デモ武烈天皇ハ御活潑過ギサセ給ヒタレドモソノ時経テハ、マタ賢君出デ、一統ノ御位ゾ。スレバ活潑デヤト云ウテカヘヤウガナク、其ノ時忍ベバドコ迄モ立ツゾ。コレガ君臣ノ義ト云フモノ。

(同)

それ故、絅斎によれば、源頼朝は「次第ニ天子ノ権ヲ窃ミ、天下ヲ不覚不知天下ノ権ヲ窃ムヤウニシタル」「乱臣賊子」である。その家来も、本当は、「天子」の臣である。したがって北条氏は、頼朝という簒奪者の簒奪者、「乱臣賊子ノ又乱臣賊子」である。

然バ天子ヨリ見レバ頼朝ハ天子ノ権ヲ窃ミタルモノナレバ、天下ノ諸士天子ノ為ニ罰スベキモノナ

リ、頼朝ヨリ見レバ北条ハ別シテ頼朝ガ家ヲ絶シタルモノナレバ、頼朝ヲ主人ト思フ者ハ猶以罰スベキ者也、

そうなると、「然ラバ今日ノ事体又如何」という疑問が当然出てくる。絅斎の答えは、現在は、「朝廷ヲ敬ヒ正統ヲ重ンジ、天下ノ権ヲ御名代トシテアヅカリ分ニテサバキ下知セラルレバ、君臣ノ名固ヨリ正シクシテ、僭乱背逆ノ体トハ雲泥ノカワリアリ、…サアル故諸国ノ君ニ仕ル者モ、皆天下正統ノ陪臣タル合点ナレバ、仕ヘテ義ヲ害フコトナシ、是ヨリ上ノ義ハ非敢所可言《あえていうべきところにあらず》」というものだった。将軍は「天子」の「御名代」（代理人）として統治しているのであり（当時、斬新な新解釈である）、大名はその指揮下にある「天子」の「臣」、その家来たちは「天子」の「陪臣」だというのである。

しかも、「それ以上は、言えない」と彼は言う。彼は、別の機会にも、「是ヨリサキハ今日猶敢テ云フ所ニ非ズ、学者各自察シテ自吟味シ得テ可也」と附言している（以上『箚録』）。禁裏のある京都で、そう述べたのである。

彼は君臣関係を『葉隠』的に絶対化した。それでいて、儒者らしくそれを普遍的な「道」とした。その結果、一種の尊王論が生まれ、早くも、徳川家の支配、さらには武家の支配それ自体の正統性に疑問を投げかけるという事態が生じたのである。

絅斎の主著『靖献遺言』（中国の忠臣の伝記集）について、ある儒者は、こう評している（『文会雑記』）。

浅見安正ハ関東ノ地ヲフマズ諸侯ニ仕ヘズト誓ヘリ。モシ時ヲ得バ義兵ヲアゲテ王室ヲ佐クベシト

云テ『靖献遺言』ヲ作リシナリ。

浅見絅斎は、正徳元年（一七一一）に没した。徳川体制が成立して約一〇〇年、儒学がようやく地位を得てきた頃であった。

四　「仁政」

『不亡抄』（著者不明、寛文三年（一六六三）以前成）は、こう述べている。

君は人を労するの官にあらず、人の為に労するの官なり。是天の道なり。……君尊を挟《さしはさみ》て民をあなどるは、只人に利劔を得て、則其人に向て劔をとりひしいで、汝我に敵する事不能といふに等し。其不義罪しても余りあり。民と我ともと独夫なり。民来て我に労を求む。労せん事を約す。是を以て民拝して我を君とす。我《われ》君となつて民のために労するは、約を行ふなり。

「約」という（社会契約ならぬ）支配服従契約的な説明はやや珍しい。(2) しかし、儒学の統治論からすれば、こういうことにもなる。

一方、「武士ニハ武士ノ道アリ。是国土相応ノ道也。異国聖人ノ道ハ、国土ノ風俗別ナルユヘ、吾国ニ用ヒガタシ。只其用ニ立コトノミヲ取用ヒテ、此方ノ助ケトスルマデノコトナリ。強《あな》ガチニ尽ク学ブニハ及バザルコトナリ」と心得る者も多い。荻生徂徠はそう享保年間に指摘している（『太平策』）。実際、「徳治」に対して、「武治」の公然たる主張もあった（津軽耕道『武治提要』。正徳・享保の頃に壮年だった兵学者である）。

耕道は、「外国」は「文徳」で、「本朝」は「武徳」で治まるという。「水土の形気」が違うからである。

武徳の外に発する処の跡は、畏と服との二なり。これを呼で武威と云。武威の著きと云は、人服して畏れ、畏て而も服す。

一方、「外国往古の民政」は「仁に過」ぎている。

民を治の道仁に過るときは、其弊彼必ず奢侈をなし、法を蔑如す。故に武門民政の大意は、能詳に事物の節制を立て、姑息の恩を下さず、豊年には菜色（飢えて顔色の悪いこと）なく、凶年には餓莩なき、これ仁愛の至れるものなり。四海の民をして、戸々豊に富て、悉く貧苦なからしめんことを説ものは、俗儒の空論にして、民政の実務とすべからず。

軍事政権としては、民を厳然と威圧し、飢えぬよう余らぬように治めればよいという主張である。

「中華」と御公儀公認の権威を持つ舶来の「仁政」論・「徳治」論と、武士の実感に添う土着の「武治」論――統治者たちは、この両極の間で揺れ動いた。そして次第に、前者を顧慮した議論が増えていった。時には実践にも結びついた。

例えば徳川光圀の主導で、水戸徳川家は『救民妙薬』という本を刊行した（元禄六／一六九三年）。医者に依らない治療法の紹介である。(3) 綱吉の「生類憐れみの令」も、仏教的な「慈悲」の実践でもあり、彼なりの「仁政」だったのかもしれない。吉宗も、目安箱を設け、サツマイモ栽培を奨励し、小石川養生所を作った。小規模だが、貧民のための病院を武士の政府が作ったのである（戦国の世にはありえない）。さらに彼は、その養生所の医者などに三六〇〇もの処方集、『普救類方』を編集させ、刊行した（享保一四／一七二九年）。同年、『東医宝鑑』という医学書も刊行した。「民の父母」たらんとしたのかもしれない。

もっとも、「民」を憐れみ人口が増えれば、年貢も増える。その意味で「仁政」も、形を変えた狡猾な「武治」とも言える。

実際、例えば、宝永八年（一七一一）、大名松平乗邑は、家中にこう説いた（『亀山訓』）。

百姓町人に対し、聊《いささかも》非義いたすべからざる事、士の役は農工商のあだをなす者をしづめて、農工商を安居さする役なれば、農人の作米穀をむりに取りて食ひ、工人に家を作らせて其あたへも遣さずして住み、商人のうるものをたゞ取るは盗人なればなり。其盗人を打て三民をやすんずる役人が、百姓町人に対して非義をいたす儀は無之筈なり。非義あれば則盗人なり。四民各職ありて国家を保つ事なり。

「家職国家」観を背景に、民を安んずること（ただし、主に治安の維持）を「士の役」だと明言したのである。しかし、その彼が、その後、将軍吉宗の下、勝手掛老中となって年貢の大増徴を実行する（その徴収の余りの苛酷さに反撥が起こり、突如失脚し、蟄居を命ぜられるに至る）。

「名君」とされる米沢の大名、上杉治憲（号は鷹山）の「伝国の詞」も微妙である。天明五年（一七八五）に、彼が隠居した際に跡継ぎに伝え、以後、上杉家では代々家督相続の際に伝えた三箇条の心得である。

一、国家は先祖より子孫へ伝候国家にして、我私すべき物には無之候。
一、人民は国家に属したる人民にして、我私すべき物には無之候。
一、国家人民の為に立たる君にして、君の為に立たる国家人民には無之候。

これを、単純に儒学的民本主義の宣言と解することはできない（むしろ「絶対君主」フリードリヒ大王の「国家第一の下僕」という自称に近い）。「人民の為」でなく、「国家人民の為に立たる君」なのである。「国家」とは、御家・御家中、いわゆる藩の政府を指す。すなわち、これは、上杉家を当主個人のものと思わず、この御家とそれに附属する人民を統治するために当主がいるのだという、イエ意識に基づく職分の確認なのである。

「安民」も「人民の為」も、実は「国家」のため、先祖から受け継いだ御家のためでもある。一般に、そうであるなら、そしてそこまでなら、武士の政府も、儒学的言辞を受入れ可能だったのであろう。

五　「革命」

徳川家康は、儒学的「放伐」論に好意を持ったようである（林羅山「対幕府問」、『羅山先生文集』巻三一）。彼は、秀吉亡き後の豊臣家を裏切って滅ぼしたのだから、自分を周の武王などに類比できれば、悪い気はしなかったであろう。

しかし、「泰平」下では放伐論は、不穏にして不逞な考えに見える。実際、十七世紀に例外的に儒学を好んだとされる大名も、否定的だった（保科正之について横田俊益『土津霊神言行録』、徳川光圀について『西山公随筆』、徳川綱吉について堀田正俊『颺言録』を参照）。「御家」のための主君押込めならともかく、「民」のための放伐は、彼等には納得しにくかったのであろう。しかも、譜代の家来の心情からは、「民」のための主君殺しは直感的に不穏当だった。「民」への「仁」が「君」への「忠」に優先するとは、彼等には到底思えないのである。

そこで、既述の浅見絅斎のような議論もあった。一方、あくまで暴君放伐を肯定する儒者もいた。実際に、儒学の論理を応用し、民のための徳川政権打倒を主張した人もいた。山県大弐（享保一〇／一七二五年－明和四／一七六七年）である（第十章参照）。

さらに、放伐のために本当に決起した人さえいた。大塩平八郎（号は中斎、寛政五／一七九三年－天保八／一八三七年）である。大坂町奉行所の与力として勤めつつ、儒学を修め、家で儒学を教え、著書もあった彼は、三八歳で家を息子に譲って隠居生活をしていた。しかし、夏の長雨が続いて（エル・ニーニョ現象が起きていたのであろうか）数年前から全国的飢饉が続いていた天保八年二月（一八三七年三月）、自宅から、かねて用意していた大砲四挺を引き出し、鉄砲を放ち、町に放火しつつ、門人たちと共に大坂の町を進行するに至ったのである。結局、彼は約一ヶ月後、潜伏先で自殺する（四五歳）。

彼が配布したいわゆる檄文（摂津・河内・和泉・播磨の村人たちの結集を呼びかけた文書）は、その蜂起の趣旨を明快に明かしている。それによれば、引き続く災害は、（単なる太平洋高気圧の強弱の問題などではなく）失政に対する「天災天罰」である（例の「天人相関」である）。しかし、「大坂の奉行幷諸役人」「大坂の金持共」には何の反省もない。そこで、自分に「湯（王）武（王）の勢」や「孔孟の徳」はないが、やむをえず「天下のため」に「諸役人」を「誅伐」し、「金持の町人共」を「誅戮」し、紂王の穀物倉を武王が開いて民に配ったように、彼等の「金米等」を分ける。「湯、武、漢高祖、明太祖」が「民を弔《あはれ》」んで「君を誅し、天討を執行」った「誠心」と同じである。

そして、檄文は、「天命を奉じ、天討を致し候」と結ばれている。「革命」のための「放伐」を実行し、徳川氏を倒し、新王朝（おそらくは大塩王朝）を建てて「天下」の「民」を救おうという宣言である。大坂での「天討」は、その手始めのはずだった。(4)

実際、彼は、「救民」と書いた旗と、「湯武両聖王」「天照皇太神宮」「東照大権現」と三行に書いた旗を押し立てていた。「天照皇太神宮」は、彼が天照大御神を、堯・舜同様の聖人王と考えていたためである。「東照大権現」家康は、周の武王（であるはずの大塩）にとって、殷の湯王に当たるからである。

八月、大坂町奉行は、塩詰めにして保存してあった大塩の死骸を、市中引き回しの上で磔にした。後に、高松芳孫は、孟子をその実名の「軻」と呼び捨てて、こう書いている（『正学指要』嘉永五／一八五二年序）。

去ル天保八年ノ頃、浪華表ニ賊起リシコトアリ。畏ルヽニ足ラザルコトナガラ、彼賊モ全ク軻ガ説ヲ深ク信ゼシ所ヨリ、右等ノ乱暴ヲナセシ者ナリ。

正確な認識というべきである。

確かに、儒学は、当時さまざまな意味で魅力的であり、しかも危険だった。納得がいくようでいて、不都合だった。少なくとも真摯な儒者たちは、直輸入の儒学を漫然と祖述しているわけにはいかなかったのである。

（1）軍学・兵学と町講釈・辻講釈との交錯については、兵藤裕己『太平記〈よみ〉の可能性：歴史という物語』（一九九五年、講談社学術文庫、二〇〇五年、一六八－一七六頁）を参照。

（2）ただし、太宰春台も、国の基本法は、「民と相約」して「約法」として定めるべきだと述べており、「約」と言う言い方も、そう突出しているわけではない（『経済録』巻八）。

（3）塚本学『生きることの近世史：人命環境の歴史から』（平凡社、二〇〇一年）、一四八頁。

（4）大塩は蜂起直前に、江戸の老中宛てに彼等の金銭的な不正行為などを指摘する書簡を送った。その故もあって、大塩の目的は、単に老中等に反省を促し、不正な役人を排除することだったという解釈がよくなされる。しかし、現に檄文で、「天下国家を簒盗いたし候慾念」ではないとし、「湯、武、漢高祖、明太祖」に自らをなぞらえているのである。「慾念」ではなく、堂々たる「放伐」として王朝交替を目指すのだという宣言として読むほかはない。書簡は、老中たちにその「小人」ぶりを自覚させ、恥じ入らせるというつもりだったのではあるまいか。

参考文献

黒住眞『近世日本社会と儒教』（ぺりかん社、二〇〇三年）

朴鴻圭『山崎闇斎の政治理念』（東京大学出版会、二〇〇二年）
前田勉『近世日本の儒学と兵学』（ぺりかん社、一九九六年）

第六章　隣国の正統
――朱子学の体系

一　はじめに

本章では、南宋の朱熹（一一三〇年―一二〇〇年）によって大成された儒学の一学派、朱子学の内容を紹介する。徳川日本の傑出した思想家の理解には、儒学一般に加えて、特に朱子学の理解が必須だからである。しかも、寛政二年（一七九〇）には、公儀が、林羅山以来仕えていた林家に、「正学」である朱子学のみを門人に教えるよう命じたことさえあったからである（「寛政異学の禁」。もっとも、その著『花月草紙』も示すように、それを命じた老中、松平定信自身、朱子学信奉者とは言い難い。当時も、「越中様は御一躰徂徠学ニ御ざ候へ共、当時ハわざわざ朱子学ニ表向をなされ候よし。全躰ハ徂徠学じや」とさえ噂されている。『よしの冊子』寛政二年八月の条）。

朱子学は、その主要な先駆者、程顥《ていこう》（号は明道。一〇三二年―一〇八五年）と程頤《ていい》（号は伊川。一〇三三年

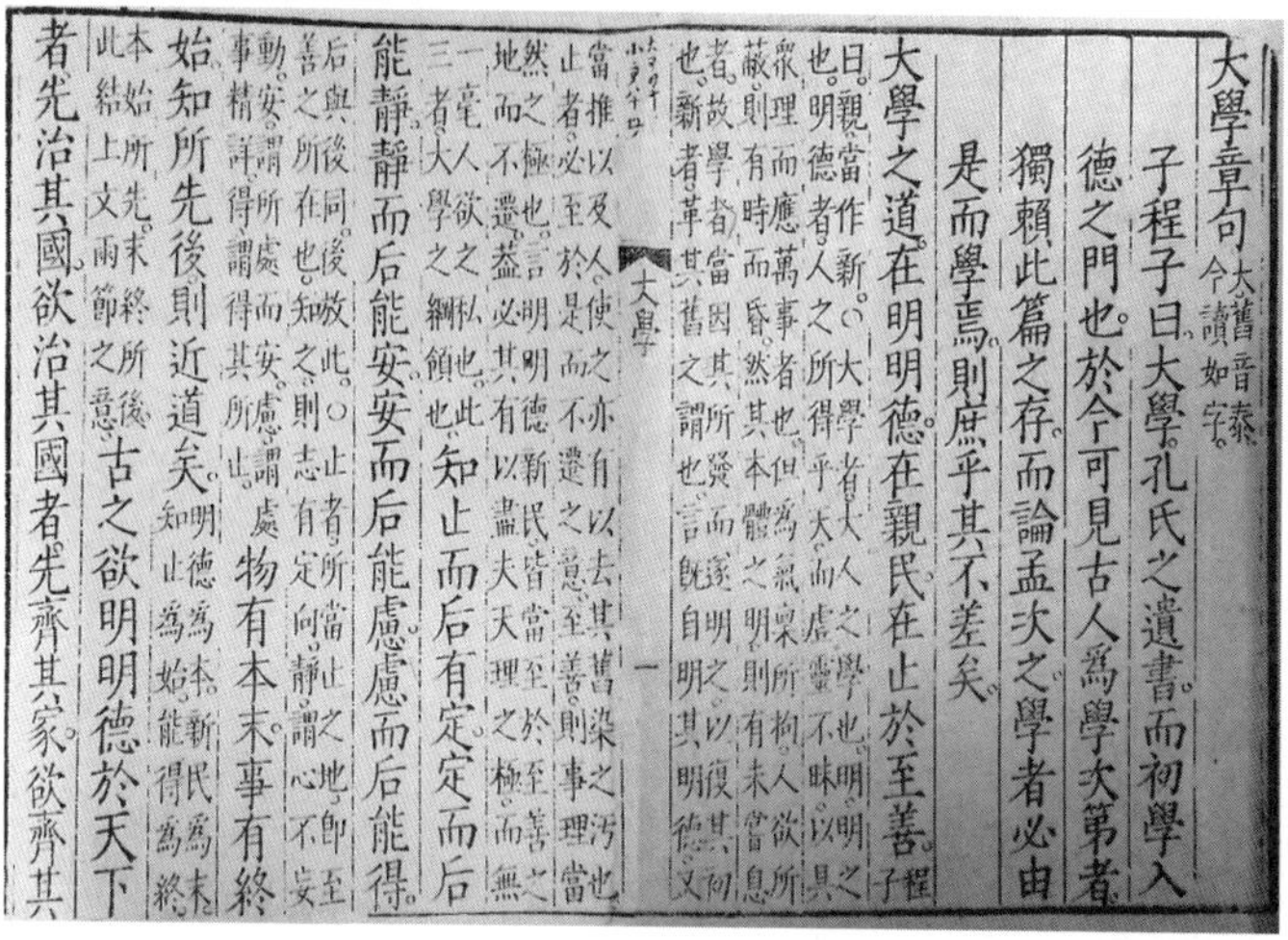

大學章句 大舊音泰今讀如字

子程子曰大學孔氏之遺書而初學入德之門也於今可見古人爲學次第者獨賴此篇之存而論孟次之學者必由是而學焉則庶乎其不差矣

大學之道在明明德在親民在止於至善 程子曰親當作新○大學者大人之學也明明之也明德者人之所得乎天而虛靈不昧以具衆理而應萬事者也但爲氣稟所拘人欲所蔽則有時而昏然其本體之明則有未嘗息者故學者當因其所發而遂明之以復其初也新者革其舊之謂也言既自明其明德又當推以及人使之亦有以去其舊染之污也止者必至於是而不遷之意至善則事理當然之極也言明明德新民皆當至於至善之地而不遷蓋必其有以盡夫天理之極而無一毫人欲之私也此三者大學之綱領也

大學　一

知止而后有定定而后能靜靜而后能安安而后能慮慮而后能得 后與後同後放此○止者所當止之地即至善之所在也知之則志有定向靜謂心不妄動安謂所處而安慮謂處事精詳得謂得其所止

物有本末事有終始知所先後則近道矣 明德爲本新民爲末知止爲始能得爲終本始所先末終所後此結上文兩節之意

古之欲明明德於天下者先治其國欲治其國者先齊其家欲齊其

『大学章句』の冒頭部分．清代の端正な字体の刊本である（呉志忠刊）　東京大学東洋文化研究所蔵．

一一〇七年）の兄弟の思想と一体視して、程朱の学ともいう。また、道学・理学・性理学ともいう。また、宋代に確立したため、近縁の諸学派も含めて、後世、宋学とも呼ぶ。

朱子学は、当初は、その昂揚した原理主義的性格を疎まれ、「偽学」として政府に弾圧もされた。しかし、次第に「学問」をもって自己を支える士大夫たちの信奉を得、特に明国・清国では、王朝自身が、科挙への解答は、朱子学の立場で行うべきこととした。その意味で、王朝の正統哲学に指定したのである。かくして、この筆記試験に合格して官僚となり、人民を導きたい（あるいは出世したい）男たちは、こぞって朱子学を学ばざるをえなくなった。朝鮮国でも同様である。つまり、武士の支配する徳川日本は、一方でキリスト教の西洋と対峙し、他方で、朱子学という高度な哲学体系で理論武装した政府と向かい合っていたのである。

朱子学は、経書の解釈学の形式をとっている。特に四書（『大学』『論語』『孟子』『中庸』）を重んずる。朱熹によるそれらの注釈書を、『大学章句』『論語集注《しっちゅう》』『孟子集注《しっちゅう》』『中庸章句』、あわせて『四書集注《しっちゅう》』という。これらの経書の伝える古えの聖人賢人の言行に真理は示されており、それを正確に理解すればいいのだ、というわけである。

朱熹には膨大な詩文集もある（『朱文公文集』、全一二一巻）。さらに、門人たちのノートから後に主題別に分類し編纂した問答集、『朱子語類』がある（全一四〇巻）。十二世紀の福建省でなされた、先生と門人たちのやりとりの詳細な記録である。

以下、これらの著作から読みとれる朱熹の思想体系の骨格を論理的に再構成して紹介する。中国の他の思想・他の儒学と共通する部分も多いが、その体系は独特である。その用語や論法は、精緻であるものの、今日では奇妙にも聞こえるかもしれない。しかし、注意すれば十分理解可能である。しかも、部分的には現代日本にも案外つながっているのである。

二　存在論

（一）　気

儒学者のいう天・地・人、それは、何によってできているのであろうか。朱熹の答えは「気」である。彼は、空気も水も、土や岩も金属も、そして植物・動物・人間も、すべて「気」でできていると考える。つまり、多様な万物も、実は一つの気、一気である。

気の基本的なイメージは空気である。現に呼吸や風で感じられる、なめらかな、至る所に充ち、みずから動いている連続する流体である。この気が濃縮し、凝固し、さまざまに混合して万物になる。「万物の構成要素は小さな粒子であり、その隙間は真空である」などとは考えない。真空など無い。一切は、何の空隙もなく連続している。したがって、我々人間も、本来、天地と一体であり、その一部なのである。

この気の、相対的により明るく、暖かく、強く、動的積極的な部分を「陽」と形容し、逆を「陰」と形容する。その意味で、気は根本的には一つだが、陰と陽の二気があるとも言える。また、気が濃縮し凝固して形あるものとなると、これを「質」という。質になると、気は五つの性質に分かれてくる。木《もく》・火《か》・土《ど》・金《こん》・水《すい》の「五行《ごぎょう》」である。木的な成分、火的な成分等である。この陰陽五行がさまざまに混合し、融合してこの世の一切の物を生成し、構成しているのである。

気はみずから動く。おかしいだろうか。物が自分で動くはずはない、だろうか。しかし、現に季節も日月も、空気も生物も、おのずから動いているではないか。現におのずから生じているではないか。「自らは動きえぬ物質が動いているからには、背後に何か動かすものがあるはずだ。少なくとも第一原因が必要だ」などという問いは、「気」の存在論からはそもそも設定されえないのである。

また、動物や人も気によって成っている以上、当然、感覚・知覚・感情・思考等も気の働きである。つまり、気は、気象の気であり（現代日本にもその名を冠した官庁がある）、病気の気であり、さらに、気質・気持ち・強気・弱気の気なのである。

人は天地から気を受けて生まれ、それを飲食等によって補いつつ生きる。生まれ得た気を「元気」という。現代日本人も、互いの「元気」の状態を不断に挨拶として問い合わせている（「お元気ですか」）。「元気」は、心の問題であり、身の問題である。朱熹は、「心とは、身の主とする所」（『大学章句』）というが、この心身の関係は、キリスト教的な霊魂と肉体という、主体としての精神と物質・道具・機械としての身体との関係とは違う。心による身の統御は、つまり気の自己統御なのである。

そして、元気が尽きれば、人は死に、その気は散じる。我々はそうして、天地に、一気の大海に、いずれは回帰する。あの世などは無い。

（二）理

朱熹の存在論には、もう一つの面がある。理である。

理とは、この世のあらゆる物事それぞれの、在るべき在り方・在るはずの在りようのことである（「おほよそ理といへるは、かくあるはず、かくするはずといふ事ぞかし」、雨森芳州『たはれ草』）。万物は気によって成っているが、そこには明らかに秩序がある。天は高く、しかも地を包んでめぐる。春は暖かく、草木が芽生えて育つ。鳶は空を飛び、魚は淵に躍る。人は禽獣と対照的に、立って歩く。それぞれに、それぞれのあるべき様があり、基本的にそのあるべき様に現に万物はある。そして、その「かくあるはず」に照応して人がそれに対して「かくするはず」という「はず」がある。その二つの「はず」が一体となったものが理だ――そう考えるのである。

例えば、桃の樹には桃の理がある。春に桃の花が咲き、やがて桃の実がなる。だから、桃なのである。もしもスモモの花が咲き、スモモの実がなったりすれば、それは桃ではない。したがって、桃が桃である以上、そこには桃のあるべき在り方、理が内在している。同様に、椅子には椅子の理がある。脚があり、上が座れるようになっている。だから、椅子である。脚もなく座れないなら、それは椅子ではない。したがって、椅子が椅子である以上、そこには椅子の理がある。内在している。それは、人が座るはずの物としてある。

このように、物があればそこに必ずその理がある。

おかしいだろうか。しかし、椅子は人が座るべき物として確かにそこに存在するのではないか。そのようにできているのではないか。それは思い込みでも、主観に存在する当為でもなく、その椅子というもの自身に内在する道理ではないだろうか。そして同様に、人は桃に対しては桃として対応すべきではないだろうか。

そして同様に（と朱熹は考える）、気の連続によって一体である親子という「物」は、相互に深い愛によって接すべき「物」としてある。それが親子の理である。この「物」は、明らかに疎外され虐待されるべく存在してはいない。深い愛によって結合すべきものとしてある。それが、相互にとっての「物」である親と子のあるはずの在り方である。

このように、「物」のあるはずの在り方（いわば物理）は、人がそれにどう接すべきかということ（いわば道理）と表裏をなして捉えられる。それは、一切を、人と無関係に存在する疎遠な他者としてではなく、人が接し、対応すべき対象として捉えるということである。

確かに、この世の一切の物は人にとってしか存在しない。つまり人が人以外の立場から物を見、物に接することはできない。人が何らかの意味で対応すべき対象としてのみ、物は存在する。朱熹は暗黙の内にそのことを前提し、この世の一切の物を、（直接的に、あるいは潜在的に）人が適切に対処すべき対象として把握するのである。

それ故、彼は、「物とはなお事のごときなり」（『大学章句』）という。一見奇妙だが、それは、「物」とは、単なる物体ではなく、人がこの世で生きていく際に眼前に現れる一切の対象であり、したがって、それは人がその性質に応じて正しく対処すべき事柄としてあるということに他ならない。それは、一切の事物において、「かくあるはず」と「かくするはず」とが表裏一体をなしているということの言い換えである。

この理自体は見えず、触ることもできない。しかし、理は、気とは違う意味でだが、こうして確かに対象において在る。しかも、人を含む万物は天のおのずからなる営みのなかで生み成されているのだから、天が万物にその理を賦与しているとも言える。その意味で、すべての理は「天理」である。大自然の理である――朱熹はさらにそう考える。

そして、あらゆる物事の個別の理も、根底においては実は一つだと彼はいう。これを「理一分殊（理は一にして、分は殊なる）」という。万物の個々の理も、在るべき在り方・在るはずの在り様という意味では、本質的に同一だからである。一気が万物となるのと対応して、根底において一つである理が個物において具体的な形をとるのである。

三　人間論

（一）　性

人も一つの事物である。したがって、人には人の理がある。人は生まれつき、人の理を心に内在している。それが、第一章で見た人らしさという意味での「善」なる本性である。そして当然、人は人の理にしたがって生きるべきであり、人の理にしたがって扱われるべきである。

こう言えば、疑問もあるかもしれない。例えば、「人には社会的動物としてのある種の資質が備わっているとしても、実際にそのように生きるべきだとは言えない。「である」という客観的な事実命題と「べきである」という主観的な価値命題とは、別だ。」――こういう疑問である。

しかし、例えば、患者を懇切に診て治療成績も高い医者を良い医者と呼ぶのは、主観的・個人的価値判断だろうか。彼女は客観的に良い医者ではないのか。何故なら、医者はその本性上そうであるはず（理！）だから。同様に、子を良く育み教える親は、客観的に善い親であり、親に孝を尽くす子は客観的に善い子である。つまり、「親は親らしくあれ、子は子らしくあれ。それは当然ではないか」という論法である。しかも、一般に儒学では、人を、第一章で既述のように、親・子・君・臣・夫・妻・友人等の、種々の社会的役割の多面体とみなす。そこで、それらの諸役割を総合して「人である以上、人は人らしくあるべきだ、それが自然であり当然だ」と考える。朱熹は、それを「天理」と呼ぶのである。朱熹によれば、『中庸』の冒頭の「天の命ずる、これを性と謂ふ。性に率ふ、これを道と謂ふ」という一節は、それを述べたものである。「命とは猶ほ令のごとき也。性とは即ち理也。天は陰陽五行を以て万物を化生し、気以て形を成し、理も亦た賦す。猶ほ命令のごとき也。」というのが彼の注である(『中庸章句』)。人の本性とは理であり、それは天によって天子の勅令のように賦与されている。この理にしたがって行為すれば、天命に従い、人の道に循っていることになる。こうして、『中庸』の天・性・道が「理」によって連結されるのである。

ところで、人は皆、理に完璧にしたがって、真に人間らしく生きているわけではない。孔子などと違い、我々凡人は往々人の道から逸れ、時々まるで禽獣のようにさえ行為してしまう。何故だろうか。人である以上、本性としての理は全く同一のはずである。だとすれば、気の方に問題があるのである。生まれ持ち、保持してきた気の品質が悪いのである。それは、コンピュータの作動の差に似ている。同じオペレーション・ソフトを搭載しているのに、動きに問題があるとすれば、ハードウェアに欠陥があるのである。理の完全な平等が気の不平等によって発現を妨げられ、悪が生じているのである。

無論、朱熹自身はコンピュータの比喩は使わない。彼は、人の気に包まれた理を、水中の宝珠に喩える。水が清らかに澄んでいれば、宝珠の光が水面に現れ出る。しかし、我々凡人の気質はやや濁っており、その歪みとそこから生ずる物欲で理の光の発現を妨げているのである。

また朱熹は、「本然《ほんぜん》の性《せい》」と「気質《きしつ》の性」という用語でも説明している。本然の性とは、万人の生まれ持つ理そのもの、人としての本来性である。この理は、現実には一人一人の気質に覆われ、包まれて存在し、個々人の差ができている。後者の意味での人の性質を、気質の性という。

但し、我々凡人でも、瞑目して静坐し、心の外から何の刺戟も影響も受けずに無念無想でいれば、心は本然の性に即して何の偏倚も無い（＝「未発の中《ちゅう》」という）。ところが「外物」に接して「情《じょう》」（感情ではなく、心の外への現れをいう）を発し、言行に表す時が、問題である。その際、理に正確に即して行為できればよい（＝「已発」の「和」という）。人の本性たる理と、対象である「物」の理とに応じて、「心」から「情」を発して行為すればよい。しかし、凡人はそれが正しくできず、その言行には過と不及とが生じ（＝「過ぎたるは猶ほ及ばざるがごとし」『論語』先進）、悪も生じてしまうのである。

以上のような、人間の有様を、朱熹は官僚に喩えている。彼自身も彼のその後の信奉者の多くもそうだった官僚が、人一般の比喩である。

「天の命ずる、これを性と謂ふ」という「命」は、（皇帝の下す）辞令の類である。「性」は為すべき職務である。…「心」は官吏である。「気質」は官吏の性癖で、寛大だったり厳格だったりする。「情」は役所で事を処断することである。（『朱子語類』巻四）

理性と感情の対置はここにはない。心が正しくこの世で発現する時、それは「情」でありつつ「理」に適っているのである。

人の「かくするはず」としての理はいかなる内容を持つのだろうか（なお、朱熹は常に「人」という。したがって論理的には女性も含まれる。しかし、女性をも意識して議論していたかは大いに疑わしい）。それは五常、すなわち仁・義・礼・智・信である。特に皇帝の官僚としての人間イメージにも対応して、仁がその中心とされる。

（二）仁

では、仁とは何か。「愛の理、心の徳」である（『論語集注』）。仁とは「人を愛す」だとは孔子の説である（『論語』顔淵）。しかし、朱熹によれば、「愛」は「情」の次元のことであり、それ自体が「性」に内在するものではない。内在するのはその「愛」の「理」である。しかも、この「仁」が義・礼・智・信の基礎でもあり、その意味で「心」の有する枢要の「徳」である。つまり、万人に共通する人としての本性の基軸は、「仁」なのである。

何故、人の本性は何よりも「仁」なのだろうか。それは、天の基本的在りようを受けているからである。天は万物を不断に生み成している。「天地は物を生ずるを以て心となす」（『孟子集注』）。その天・天地の基本的在りようが、正に天理であり、人もまた、物を生み、生かしめ、慈しむことを、その在りようの本質としているのである。人間性は、天地の在りようと対応しており、それは愛の道理だ、それが一切の倫理を貫いているのだ――そう考えるのである。かくして我々の課題は、その人間性を十全に発現し、真に人間らしく生きることだ、ということになる。

四　修養論

(一)　立志

我々のような凡人の気質は悪い。それ故に往々禽獣のように振る舞ってしまう。しかし、我々でも人である以上、その生まれ持った「天理」は完璧である。孔子とも共通である。それ故、孔子のような完全な人格者、「聖人」に、我々でもなれる。「聖人学んで至るべし」、あなたも聖人になれる、朱熹はそう語りかける。

ただ決意し、努力を始めればよいのである。それを「立志」という。立志とは、明治日本で「立志伝中の人物」などという際の（それは、中村正直訳『西国立志編』とそれを真似た諸本に影響された用法であろう）大いに出世しようと決意することではない。「人として生まれた以上、真に人らしくなるぞ」と決意することである。

そして、その真に人らしくなるための努力を、「修養」といい、「学問」という。信仰のみによってというのでもなく、黙して啓示を待てというのでもなく、ひたすらなる実践というのでもない。知的・理性的な努力によって、禽獣とは異なる、本当に人間らしい人間に、我々は成れるのである。

(二)　居敬

では、そのためには具体的にはどうすればよいのか。車の両輪のように並行して行うべき二つの方法がある。「居敬」と「格物致知」である。

居敬とは、心がいつも天理に沿っているように、不断に天理、すなわち我が内なる本性に心を集中し、ひきしめていることである。少しの間断もなく敬《つつし》むことである。

これを朱熹は、先学の語句を引いてこう説明する。まず、「主一無適」。心を専一にし、ふらふらさせないことである。「整斉厳粛」、きちんと整った粛然とした態度を保つ。「常惺惺法」、我を忘れて陶酔したり熱狂したりしない。「其心収斂不容一物」、心をぎゅっと引き締め、外物がどかどかと入ってきて心が無秩序に波立つようなことを無くす。

これは、内面だけ、心だけの自己規律ではない。身体の自己規律も含む。外面が「整斉厳粛」でなければ、内面も「惺惺」たりえない。服装も整え、机の上も整頓し、人と接する時も常に穏和で謹厳な態度を保つ。そして同時に、一瞬のとぎれもなく、引き締まった平静な心を保つのである（思想的実験として試みていただきたい。直ちに解るが、これは容易なことではない）。そうして、自分の時々の心の動きに注意し、それが理に適っているか否かを不断に自己点検しなければならない。

また、「静坐」も良い方法である。瞑目して静坐し、ゆったりと澄明に心を落ち着け、心を「涵養」し「存養」するのである。

(三)　格物致知

「格物致知」は『大学』にある語である。『大学』の「修身・斉家・治国・平天下」という句の前には、

「格物・致知・誠意・正心」とある。つまり、治国平天下の前提となる修身のためには心を正し、意を誠にしなければならず、さらにそのためには「格物致知」をしなければならないというのである。

朱熹は、まず「格物」を、「物に格《いた》る」と解する。「物に格る」とは、一つ一つの物事の窮極の所にまで到達するという意味であり、それは、当然一つ一つの物事の理をきわめることだ、つまり『易経』にいう「窮理」（理を窮める）だ、と解する。つまり、修養・学問の根幹は、物事の理を窮め、解明し尽くすことである。彼の存在論・人間論の論理的帰結である。

「致知」とは「知を致す」ことである。自分の内なる知を発揮し尽くすことである。しかも、自分の生来有しているこの知を発揮し尽くすことは、すなわち事事物物の理を完全に明らかにするということなのだ――朱熹はそう解する。

どういう意味か。人の心には理が元来ある。その理は既述のように根底的には物事の理と同一である（「物我一理」という）。そこで、個々の対象において理を窮め、明らかにすれば、ちょうどそれだけ自分の内面の理も明らかになる、自己の内なる理が顕現してくる、というのである。つまり、対象を認識することと、自己の本来の知を発現せしめることとは、一事の両面なのである。対象認識とは、外なる情報を白紙の内面に取り込むことではない。生来有する知を思い出すこと、すなわち自覚なのである（明らかにこの説は、認識とは人が生前に見たイデアを想起することだというプラトンの説（『パイドロス』）に類似している。「理」は、プラトンのイデアよりは、アリストテレスのエイドスに似ているが、あるものをそれとして認識できるためには、認識する側もタブラ・ラサではありえないはずだという前提[1]においては、プラトンと朱熹は一致しているのである）。

格物致知は、具体的にはどのように行うのであろうか。朱熹は「一木一草の理」をも窮めるという。実際、彼は天文・気象等についてもさまざまに理解を試みている（それ故、徳川日本の蘭学者も、西洋科学を「窮理」の一種だと理解し、そう呼んだ。現代日本語でも「物理学」「生理学」「理学部」「理科系」等というのは、そのためである）。しかし、中心となるのは、そのような物体と向き合うことではない。四書五経等を読むことである。それらは理を完全に顕現した人格者、聖人たちの言行の記録であり、あるいはその編纂書だからである。そして直接に「修己治人」のためになるからである。また、歴史書を読んで人物の是非を論じるのもよい。さらに、現実に行為しつつその当否を自ら吟味することも重要である。そして、友人と「講習討論」（『大学章句』）することも有益である。

あらゆる物事に理があるということは、あらゆる物事には正しい対処法があるということである。しかも、それは必ず一つだということである（アリストテレスなどと異なり、ヌース reason による絶対的な認識と、フロネーシス prudence による実践的な適切さの判断との区別など、朱熹は認めない）。読書し議論し行為しつつ、一つ一つ理を発見し、同時に想起していけばよいのである。

（四）　貫通

しかし、ここには疑問がありうる。この世に物事は無数にある、いくら格物をしていってもきりがないではないか、という疑問である。周到なる朱熹には、これにも答えがある。

力を用いるの久しき、一旦、豁然として貫通するに至れば、則ち、衆物の表裏精粗、到らざる無し。而して吾が心の全体大用も、明らかならざる無し。（『大学章句』）

永く努力を続ければ、ある時、からりと開けるように「貫通」する、要するにこれが理だと根底から悟れる、そうなれば、万物のあらゆる面が解り、同時に自分の心の一切が明らかになる、というのである。そうなれば、あなたは聖人である。したい事がすべき事、すべき事がしたい事となり、一々思慮せずに、正に天地のようにおのずから一切の事を正しく行えるのである。これは、次のような比喩で説明できるかもしれない。(2) 人の心には本来、人の道が備わっている。人である以上、その複雑な道筋もよく知っている。ただ、一時その街（例えば北京）を離れ、道に迷ってしまった。知らない街のようだった。そこで、その仄暗い街の一本一本の道筋について、探索し調べていった。するとある時、はっと気付いた、「これは、あの私の故郷、北京だ！」と。そうなれば、もう道に迷うことはない。どこへも迷うことなく歩いて行けるのである。

以上のような修養論には、特に興味深いことが三つある。第一は、本当に道理が解ればそれを実践できると想定されていることである。逆に言えば、実践できないようなら、本当に解っているとは言えないのである。窮理とは単なる情報の取得ではなく、自己の本来性への復帰、この世に生きる真の人になる過程だからである。この復帰を「復初」とも呼ぶ。それは時間的な「初め」ではなく、人間の存在構造上の本質への帰還である。

第二は、この復初が最高の自己実現であることである。それは万人共通の人らしさへの回帰であることにおいて、真の自己の実現であり、展開なのである。既存の社会道徳に個性を押し込む自己疎外の極致などではない。朱子学者は、同じ人間である他人との微細な差異を誇らしげに強調して、「私は私だ、私は私らしく生きたい」などとは言わない。(3)「自分らしく」生きるより、「人らしく」生きることこそが大事ではないか。そう考えるのである。

第三は、人としての完成は、さまざまな選択肢の中から慎慮によって正しい判断ができるという状態ではない、ということである。思慮しているようでは、なお未熟である。天地の運行と同様に、あれこれ考えず、迷わず、一切をすらすらと無心になしえてこそ、人生の達人なのである。その時、人は本当に天地と一体である。「天人合一」という最高の、そして本来の状態である。あなたもそれを目指すべきなのである。何しろ、あなたも人なのだから。

五　統治論

(一)　公と義

本当に万人が道に従って生きられれば、すばらしい。そのためには聖人が他の人々を導くのが望ましい。しかし、聖人はなかなか現れない。そこで、聖人とは言えないがそれに近い人、修養をしてかなり道を知っている人が、教育し統治すればよい、ということになる。そうして皆が「天理」を悟り、真に人らしくなれば、人と人との衝突は無くなり、この世の問題はすべて解決する。

何故か。道すなわち天理とは「公」なるものだからである。普遍的で、公正公平で、万人の共存を可能にするものだからである。この「公」は日本語の「おほやけ」とも、英語の public とも意味が異なる。お上のことではなく、人民すべてに関わるということでもない。自分の、自分だけの、そして自分さえよければ、というのではないことである（現代中国語でも「公用」といえば誰でも使える、誰もが使うという意味である。お上のみが使うものであって一般人が手を出してはならないという意味ではない）。「天理という公、無我という公」に対比して「人欲という私、為我という私」という。「私」とは、自分だけがよければよいという「自私自利」の欲望をいう。したがって、飲食し、性交するのは人として当然であるから、否定すべき「人欲」「物欲」ではない。ただ、人の共存を不可能にする私利私欲は、本当の意味で人らしくないのである。

そこで、公なる統治者が、私に陥りがちな人民を、救い導くのである。仁政、すなわち愛の統治である。しかも、統治は教育と一体である。それ故、朱子学者は、所詮愚かな人民をだましてでも幸福にしてやればいいだろう、などとは考えない。また、いくら教えても現実の人間は自分が一番可愛いのだから、それを前提にして制度を組立てて何とか共存を可能にすればいいではないか、などとも考えない。制度いじりより人づくりこそが基本だ、一人一人が善くならなければこの世は善くならない、とあくまで考えるのである。

朱子学では、「公」「私」と並び、「義」と「利」の弁別を重視する。人として正しいことを正しいという理由だけでするのが、義である。ためにする所があってするのが利である。利であってはならない。あの世での賞罰を意識して善をなすのも利である。立派な人だと思われたいというのも利である。人である以上、人らしく生きていくのは当然であり、何らかの褒美欲しさに生きるということ自体、「万物の霊」としての尊厳の否定だからである。(4)

したがって、朱子学者は、現状が正しいと考えれば極度に保守的にもなるが、現状が不正であると考えれば、個人的利害とかかわりなく、孤立を恐れぬ断乎たる反対者ともなる。「無駄な抵抗」などという考え方自体を拒否するのである。朱子学者といえば保守的・伝統主義的だというのは誤解である。

（二）　太平

朱熹によれば、聖人が天子の位に就き、統治している状態は本当にすばらしい。何しろ天地と人間の結節点である天子が、天地と完全に合一しているのである。天地の営みも当然に何の狂いもなく、天災もなく飢饉もない。天子の徳の感化は天下に及び、万民みなその所を得て、太平を謳歌する。聖人の統治に関する「中・和を致せば、天地位し、万物育す」（『中庸』）という句に、朱熹はこう注している。

けだし天地万物は、本と吾と一体なり。吾の心正しければ、即ち天地の心も亦正し。吾の気順なれば、則ち天地の気も亦順なり。故に其の効験かくの如きに至る。此れ学問の極功、聖人の能事…

しかも、我々も聖人になれるのであり、なるべきなのである。我々の小さな心も、あの天地と直結している。この心を正しくし、身を修めれば、国は治まり、天下は平らかになり、天地の運行も整う。人たるもの、それをめざすべきなのである。現代日本でも朱熹の語として知られるのは、「精神一到、何事かならざらん」と、「少年老いやすく、学成りがたし。一寸の光陰軽んずべからず」の二つであろう。いずれも努力の勧めである。その弟子によれば、朱熹が死の床で最期に弟子に述べた「教」も、「堅苦」（刻苦して一途に努力しなさい）だったという（黄榦「朱先生行状」）。

朱子学は、こうして、この世を超える超越者も、いかなるあの世も信ずることなしに、専らこの世に内在しつつ、存在・人間・修養・統治のすべてにわたる見事に一貫した体系を構築し、実践を迫った。徳川日本において儒学に関心を持った人々は、この巨大にして謹厳で、隣国において圧倒的な権威をもつ思想に直面したのである。

（1）　これは奇妙な前提のようだが、それなりに根拠があるかもしれない。例えば、数学の真理は発見されたものだろうか。発明されたものだろうか。発見だとしても、事物の観察から発見されるわけではない。一体どこから発見するのだろうか。それとも、思考上の人工物、観念上の発明品にすぎないのだろうか。しかし、そうだとすれば、何故それが自然や宇宙の認識の道具たりうるのだろうか。ガリレオの「自然は数学の言葉で書かれている」という言葉は未だに裏切られていない。だとすれば、数学とは、実は想起すなわち脳の内部に潜在的に存在するものの思い出しであって、同時に、脳の外部に存在するものの認識なのかもしれない。主体と客体とを峻別し、前者すなわち脳細胞の機能はもともと白紙だ、と決めてかかるわけにもいくまい。

（2）　参照、馮友蘭『新理学』（一九三八年）（『三松堂全集』第四巻、河南人民出版社、一九八六年）二〇三頁。

（3）　朱子学者からすれば、「私は、これまで出合った誰とも似ていない」というジャン＝ジャック・ルソーの『告白』冒頭の句は、彼が「小人」であることの自己告白だということになろう。「個性」ではなく、人類共通の人間性の実現こそが重要だと考えるからである。

（4）　ルソー（『エミール』第四編「サヴォアの助任司祭の信仰告白」）やカント（『実践理性批判』）は、この世では往々悪人が栄え、善人が苦しんでいる、そうである以上、あの世（での賞罰）があるはずだ、あらねばならぬ、と考えた。朱熹からすればそれは倒錯した思考である。

参考文献

島田虔次『朱子学と陽明学』（岩波書店、一九六七年）
山井湧『明清思想史の研究』（東京大学出版会、一九八〇年）
土田健次郎『道学の形成』（創文社、二〇〇二年）

第七章 「愛」の逆説
——伊藤仁斎（東涯）の思想

一 人と著作(1)

朱子学を厳しく批判し、独自の新しい儒学体系を構築し、後世、伊藤仁斎という名で広く知られるようになった人物は、寛永四年（一六二七）、京都の町人のイエに、長男として生まれた。幼名を源七という。母の実家は、有名な連歌師、里村紹巴の一族であり、彼女の母は角倉《すみのくら》家の出だった。角倉家は、いわゆる角倉船をもって朱印船貿易に携わった豪商である。当時は経済も出版も、中心はなお京坂であり、江戸はまだ殺伐とした新興政治都市にすぎない。この人は、当時の日本列島の文化的洗練の頂点に生まれ、育ったのである。実際、その家柄にふさわしく、彼は、幼い頃から和歌や漢詩などを学んだ。高級な遊芸である。

ところが、源七少年は、やがて家業の傍らにそれらをも嗜むという域を超え、儒者になりたいと言い始めた。科挙制度のない、武家の支配する徳川日本で、富商の長男が専門の儒者になりたいとは、とりわけその初期では、まことに非常識な話である。当時の周囲の反応を、後年、彼はこう回顧している。

私はかつて十五、六歳の頃、学問を好み、儒学の道に志すようになった。しかし、親戚友人は儒ではやっていけないとして、みな医者になればよいと言った。しかし、私は聞こえないふりをして応じなかった。諫めは止まず、非難は衰えず、親が年老いて家が貧しくなり、自分は年をくったが思い通りに行かないということになったらどうするのだなどと、人としての務めを引き合いに出し、礼を根拠にし、将来の親の世話を考えないとして、ますます私を責めた。その理に屈し、言葉も無くなり、偽って承知したことも一度ではなかった。…我を愛することいよいよ深き者は、我を攻むることいよいよ力《つと》めり（愛我愈深者攻我愈力）。…我を愛すること深き者は、すなはち我が讎《かたき》なりき（愛我深者則我讎也）。（「送片岡宗純還柳川序」）

この哀切な思いをした源七少年が志した儒学は、無論、隣国から直輸入の朱子学だった。彼は自室に朱熹の文を掲げ、「敬斎」と称した。「居敬」の敬である。さらに、二九歳からは一人住まいをして「学問」に専心し、それから約八年間、引きこもり状態になる。俗世間と断絶したのである。その間、彼は、悩みに悩み、時には陽明学にも近付き、さらには仏教にも一時惹かれ、一切が「空」と見えた時もあったという。しかし、寛文二年（一六六二）、ようやく実家に帰還する。もう、三六歳だった。

ただし、彼は家業を継ぐことはなく、そこに小さな塾を開いた。その頃、熊沢蕃山も京都に居た。近所では、山崎闇斎が朱子学を教えていた。ようやく儒学への関心が高まってきた時代である。その中で、彼は、徐々に朱子学を抜け出し、その独自の思想を形成していった。とりわけ朱熹の『集注』に代えて、『論語』『孟子』に自分なりの注釈を付けるという形で、思索を進めた。その結果が、『論語古義』『孟子古義』（「古義」とは、本来の意味という意味）という大胆な名の体系的な注釈書である。

その号も敬斎から、やがて仁斎と改めた。そして、この朱子学からの緩やかな離脱と同時に、彼は世間に帰還して行った。第一に、父母と和解し、孝行に努めた。母は臨終に際し、かつては彼女の心配の種だった彼に手を合わせたという（「おおきに」と言いたかったのであろう）。第二に、結婚した。妻は、尾形光琳・乾山兄弟の従姉だった。本阿弥光悦は、この妻の曾祖父の兄弟にあたる。ここに名の出た彼等が現代日本で国宝・重要文化財などとして貴ばれる美術を多数生み出していることは周知の通りである。第三に、京都の町人・医者・公家などに交友関係が拡大した。詩会・歌会・茶会に出席し、公家の屋敷に招かれて講義をし、郊外にピクニックにも行った。彼は、今や京都上流社交界の一員であった。伊藤家は儒学を家業とするイエに変わったのである。

同時に、彼は経書に真に自分に納得のいく注釈を付すべく努力を続け、宝永二年（一七〇五）、七九歳で、安らかにこの世を去った。息子や弟子達が彼におくった諡《おくりな》は「古学先生」である。

長男の伊藤東涯（寛文一〇／一六七〇年―元文元／一七三六年）はそのイエを継ぎ、父の残した稿本をもとにその著作を完成し、次々と出版し、「古学」解説書等を多数刊行した。諡を「紹述先生」という。継承して祖述した先生という意味である。東涯自身、いわゆる仁斎学を「家学」と呼ぶ。その子孫は、代々、仁斎学を教えて明治にまで至った（仁斎の玄孫の輶斎は、若き公家、西園寺公望を教えた）。

仁斎の名による正式の出版は、すべてその没後であり、特に東涯の手が入っている。したがって、それらは、厳密には仁斎・東涯の共著である。しかし、それらこそが、当時の人々にとっての「仁斎学」「古学」であった。また、東涯の作業は、仁斎の思索の進行方向を保って一貫させ、表現を整えたのが主である。そこで、ここでは、刊行されたいわゆる仁斎の著作と東涯の著作とに基づき、いわゆる仁斎学の内容を紹介する。正確には、それは「伊藤仁斎（＋東涯）の思想」である。

二　道

仁斎は、始めもなく終わりもなく、永久に続く天地、それが間違いなくあることをとりわけ強調する。一時、この世が「空」と見えてしまった人だけに、それが切実なのである。さらに彼は、この天地を超えて、あるいは天地の内奥に、あるいは天地より以前に、何かがあるという考えを峻拒する。「天道」も、天候や季節が陰陽交替しつつ休み無く変化しているという事実をそう呼ぶにすぎない。それを超えた天の道理など無い。朱熹が、大自然の在り方が「性」として人に内在しているとし、両者を「理」で連結させているのに対し、仁斎は、その天の「理」を始めから認めないのである。かくして天道と人道、存在論と人間論の直接的連関は否定される。したがって、「天人合一」という理想もない。仁斎によれば、『中庸』の「中・和を致せば、天地位し、万物育す」という部分は錯簡であり、本来の経書の語ではない。高遠なる天とは切断された、この世の「人の道」を、仁斎は専ら追求するのである。

しかも仁斎は、「道」を朱熹のように人間の内奥の本性にも基礎付けない。我が内なる道理を信じて、それを顕現せしめようと努力するなどとは、見当違いである。「道」を、物事に内在する「理」と同一だとし、「窮理」によって明らかにしうるなどとも言わない。そのような「理」は存在しない。

「道」は人の本性でもなく、物事に内在もしない。では、それはどのように存在するのか。答えは、あっけないほど簡単である。

畢竟道と云ものは、人身をはなれてみるべきものに非ず、又人心に具足して、目にもみえず、耳にもきこえざるの理にもあらず、今日人人の行事、平生人に付合ふしかたの名なり、（東涯『学問関鍵』）

つまり、「道」は、具体的な人間関係の在り方、「人に付合ふしかた」として、おのずから在る。親子・君臣・夫婦などとして互いに接する際のその役割に応じた行為のしかたとして、実在する。

もっとも、「道」自体は見えない。しかし、人がいて行動すればそこにありありと見える。それは、音楽における「人の声」と「音律の十二調子」の関係に似ている（東涯『訓幼字義』）。音程は、人が歌わなくても在る。人が歌えばそれが聞こえる。同様に、「道」は在る。それに従って人が行動すれば、ありありと見えるのである。

しかも、仁斎は、こう述べる。

道とは、人有ると人無きとを待たず、本来おのずから有るのもの、天地に満ち、人倫に徹し、時として然らずといふことなく、処として在らずといふことなし。（『童子問』）

つまり、人は、いわばその音程・旋律をいつでもどこでも歌っている。人がいれば、古今東西、五倫・五常の尊ばれない所はない。正に目に見える事実として、人はいつでもどこでもこのような人間関係を結んで生きている。それにあなたも従えばいいのである。この単純明快な事実を超えた難解な思弁は、すべてまやかしである。高遠な境地をめざした孤独な修行など、当然に誤りである。

世の中に、親子・君臣・夫婦・友人などの関係のないところがあるだろうか。人類はそれらをいつでもどこでも取り結んでいるではないか。そうである以上、その根拠など論ずる必要もない。ただそれらをあなたも行えばよい。仁斎はそう説いているのである。

三 人情・風俗

仁斎・東涯によれば、この「道」は、現実の「人情」に即している。

人情は、天下古今の同じく然るところ、五常百行、みなこれよりして出づ。あに人情を外にして別にいはゆる天理なるもの有らんや。…人情を外にし恩愛を離れて道を求むるは、実に異端の尚《とうと》ぶところ、天下の達道（普遍的な道）にあらず。（『論語古義』）

例えば、幼子が井戸に落ちそうだったら、誰でも「あっ危ない、可哀想」という気持ちが起きる。いかに空腹でも食物を投げ与えられたら、誰でもむっとする。人とはそういうものだ。人の現実の生まれつき（「性」）から来る自然な情として、そうである。したがって、「人情の至りは、即ち道なり」（同）とさえ言える。

しかし、現に非情な悪人もいるではないか。そのような疑問が当然出そうである。しかし、東涯はこう説明する（『訓幼字義』）。

たとへは父母の長命ならん事をおもひ、子孫の聡明ならん事を願ひ、人の仕合をきゝて悦ひ、人の難儀を見ては笑止（可哀想という意味）におもふは情なり。又心といふてもくるしからす。或は父子公事をたくみ、兄弟財をあらそひ、人のあしきことを悦ひ、人のよきことをそねむの類は、是も心より出たることなれは、心にあらすとはいはれす。然れとも是を情とはいひかたし。皆損し弊りたるものにて、生付のまゝのこゝろにあらす。孟子に此豈人之情哉と云。後世のこと葉にも、非人情《にんじょうにあらず》不近人情《にんじょうにちかからず》といふの類皆是なり。これにて情の善なることしるへし。情といふは、人心の上に就て、思慮安排にわたらず、生れ付たるまゝにて、いつはりかざることなきところをいふ。

「親は、子供のことをいつも心配するものだ、子供も親が元気で長生きなのは嬉しいのが当然だ。勿論、世の中には親子で裁判沙汰になることもある。兄弟で相続争いになることもある。しかし、それには誰でも眉をひそめる。不人情なことだ。親子兄弟、お互いを思うというのが、自然な人情だ。人のなさけとはそういうものだ。」――そう説いているのである。それ故、「人情」は「恩愛」（特に家族間の愛情を指す）に意味が近い。朱熹の言う「情」ではなく、日本語の「なさけ」であり、「人の道」はそれに即しているのである。

これは、いわば「情」善説である。

甘い人間観だろうか。確かに、マキアヴェリやトマス・ホッブズはこれを嘲笑するであろう。しかし、第一に、sympathy こそが道徳の基礎だと考えたヒュームやアダム・スミスは賛成するかもしれない。また第二に、当時、同じ上方で活躍していた近松門左衛門（承応二／一六五三年—享保九／一七二四年）の浄瑠璃が、親子・男女の恩愛と情けを「ことわり」として謳いあげるとき、それに我々も共感できないだろうか。ちなみに、仁斎は、「里巷の歌謡を聆《き》き、市上の戯場（町の芝居小屋）を観る」ことも学問の助けだったとみずから回顧している（「送浮屠道香師序」）。さらに、近松の演劇論として有名な「虚実皮膜《にく》論」を紹介した『難波土産』（元文三／一七三八年刊）の筆者、穂積以貫（元禄五／一六九二年—明和六／一七六九年）は、『論語古義国字解』という著書もある、伊藤東涯の弟子である。彼は近松と親しく、その息子は浄瑠璃作者になって、近松半二（?—天明七／一七八七年）の名で知られる。近松の世界と仁斎学の世界は、人脈においても近接しているのである。

しかも第三に、東涯によれば、いにしえの聖賢は、普通の人に「世間通称の語言」で説明したのであり、独自の意味を創造して秘儀的な伝授をしたりはしない（『古学指要』）。道とは、日本語の「人に付き合ふしかた」であり、性とは「うまれつき」であり、そして情とは「なさけ」だとは、便宜的言い換えでない。普通の言葉こそが普遍的なのである（東涯『秉燭譚』）。

伊藤仁斎・東涯は、あくまで整った古典中国語で儒学を説く。しかも、経書の「古義」を再発見したと主張する（朱子学に明らかな禅仏教の影響などをすべて排除して解釈するために、実際、往々「古義」の再発見のようにも見える）。しかし、その内容は当時の日常日本語に還元・変換して読んだ方が分かり易く、かつそうしてかまわないのである。

彼らの議論は、「格物致知」「居敬窮理」などという大陸からの直輸入の議論と異なり、当時の日本の多くの聴衆と読者の心にしっくりとなじんだことであろう。これによって、初めて「聖人の教え」に納得した人も少なくなかったのではあるまいか。

そして道は現実の「風俗」にも即している、と仁斎・東涯は主張する。現実の「俗」「風俗」は、避けるべきもの、憎むべきものではない。逆に、「私は正しい、間違っているのは世の中の方だ」などと称して孤立するのは、そのこと自体がすでに道徳的に疑わしい。

それ、事いやしくも義に害無ければ、すなはち俗即ち是れ道、俗を外にして更にいはゆる道なるもの無し。（『論語古義』）

ここで、一応、「義に害無ければ」という条件は付されているものの、その姿勢は明らかである。実際、仁斎・東涯は「義」についてはあまり語らない。現にある事実を超越したものは何も無い以上、基本的に、その時その時の多数者の行いの集積、「俗」がすなわち「道」なのである。

それ故、世間からの孤立は主観的な虚妄の証拠である。孤立していながら、なお自分こそが正しいと称するならば、知的道徳的傲慢である。

耳目を駭《おどろ》かさず、世俗に怫《もと》らず、従容和易、善を楽しみて倦まず。学問の道はかくのごとくのみ。（『仁斎日札』）

人は、この人々の生きる、この世に寄り添って生きなければならないのである。

四　仁

道徳の中心は、無論、「仁斎」の「仁」である。それは、朱子学にいう「愛の理」などではない。問題は、「理」を窮め、「理」に拠って生きることなどではない。「理」で割り切ろうとすれば人を責めるようになり、残酷になりがちである。しかも理屈では、人も心服しない。理屈で言い込められても、人は心から納得はしない。それ故、仁斎は、こう述べる。

慈愛の徳、中に充実して、一毫の残忍刻薄の心無し。その利沢恩恵、遠く天下後世に被る。しかして後、これを仁といふ。(『論語古義』)

日常日本語でいえば、こうである。

人たるもの、常々いんきんにして、物こと大切にかけ、人に対して如在なければ仁にかなふ。(『訓幼字義』)

丁寧に愛想よく、人に配慮する、それが「仁」の態度である。

この「仁」の態度を実現するためには、『論語』の「忠信を主とす」という教えに依ればよい。「居敬」でも、「静坐」でも、「窮理」でもない。そのような修養は不要である。

心のまことをつくすを忠と云、物こと相違なきを信と云、…をしまはしていへば、今の人のいはゆる律義というかことく、朴実にかたきことをいふ、(『訓幼字義』)

つまり、誠実に、律儀に、着実に人に接することである。

また、「恕」も重要である。『論語』が「己の欲せざるところは、人に施すことなかれ」と説明している態度である。朱熹は、それを自分の心を正しくした上でそれを他に及ぼすことだと解する。しかし、東涯はこう述べる。

己所不欲勿施於人といふは、人の心ををしはかりて、あしくあたらさることなり。かくのことくすれは、人に対して如在なく、人も恵みをかふむるによりて、仁といふべし（同）

恕といふは、人の心ををしはかりて宥免する事なり。（同）

人ををしはかりて宥免するときは、さきも苦みなやむことを免れて利益をかふむる、こゝをさして仁といふ。（同）

つまり、思いやりである。相手の事情を思いやって、優しくしてあげればいいのである。

結局、仁斎学における人の理想像は、「誠実で思いやりがあって優しい人」である。

これは、「理想の結婚相手は？」などという質問への回答を思わせないだろうか。それも当然である。そのような質問に答える時、人は、普通、「正義の実現に励む人」、「この世を悪から救済するために奮闘する人」等とは言わない。もっぱら自分との人間関係を考えて答えるからである。仁斎も同じである。彼は、具体的な「付き合い」を、よい対人関係を築き保つことを、考えるのである。そして、「みんな優しくなろうよ。お互い人間だもの。意地悪せず、冷たくせず、人の過ちをあまり厳しく責めず、お互いに思いやりをもって生きようよ、それが一番大事だよ」、こう呼びかけているのである。

それでこの世が成り立つのだろうか。彼の答えは明快である。そうであってこそ、この世はうまくいくのである。人（男性）は、一家の主として、父として、夫として、兄として、弟として、それぞれの立場で、人を「愛」すればよい。

我能く人を愛すれば、人もまた我を愛す。相親しみ相愛すること、父母の親しきがごとく、兄弟の睦まじきがごとし。（『童子問』）

暖かく、優しい、思いやりにみちた態度で相手に接する。そうすれば、きっと相手も同様の態度で自分を「愛」してくれる。つまり良好な人間関係が成り立つ。したがって、何をしても事はうまく運ぶ。「行ひて得ずといふことなく、事として成らずといふことなし」（同）。

こうして、道・情・俗・仁・愛が連結し、この世を成り立たしめるのである。

これは、おめでたい楽天主義だろうか。泰平呆けの単に柔和な処世術だろうか。しかし、多分、仁斎の側は、こう反論するであろう。「確かに私のいうことは、高邁でも深遠でもないかもしれません。しかし、あなたは、いわゆる高邁にして深遠なる理念・理想を求めて、自分を愛する人を讎《かたき》と思うほどに悩んで八年間引きこもり、苦しんだ経験がおありですか。抽象的な正義・真理とやらを信じて、それを人に強いることが、どれほど残酷な結果を生むか御存知ですか。それを御存知なら、私の言い分を簡単に軽蔑することはできないはずです。人生は理屈ですか。一人一人が、勝手に正義や道義とかいう理屈を振り回すから、世界はひどい状態になるのではありませんか。考えを切り換えましょう。人生にとって大事なことは、まず身近な人々との間での、暖かい、慈愛に満ちた人間関係の中で生きることです。

そしてそのような関係を拡げていくことです。それ以上に高邁・深遠なことが、この世にあるでしょうか。この世の普通の人々は、いつでもどこでも、正にそれを何よりも願っているのではありませんか。あなたは、それをあざ笑うことができるのですか」。

これは、一つの強力な道徳哲学である。

五　王道

しかも、仁斎は政治をも論ずる。くりかえし「王道」論こそが学問のかなめであると主張し、実際に「王道」、すなわち統治者はいかにあるべきかを論ずる。

その基本は、統治者は「民の父母」だということである。自ら修身の模範となることではなく、巧みな制度を敷くことでもない。己が「智」をふるうことでもない。ただ、優しい親になることである。

父母は子の心をもって心とす。故に進退賞罰、必ず国人の心によりてこれを行ふ。…一己の好悪に任せずして、能く天下の好悪に従へば、すなはちもって民の父母たるべし。（『孟子古義』）

そうなれば民も応じる。

けだし、子の父母における、声無きに聴き、形無きに視、東西南北ただその命ずるところにして、敢へて離反せず。いやしくも仁政を行へば、すなはち民の上に親しむこと、またかくのごとし。（同）

親子は、互いを思いやり、「上下一体」（同）、「君民一体」（同）となる。逆に、民の心を心とすることができなければ、統治者の資格はない。

いやしくも人の君となりて、民と楽しみをともにせざれば、天の責任に違ひて、みずからその職を廃するなり。あに得て能くその位を保たんや。（同）

こうして、統治者が民を煩わさず、民の好悪に忠実に従った統治をすれば、民は統治者を慕い、従う。つまりあの「我能く人を愛すれば、人もまた我を愛す」である。王と民との間の「道」とは、あの「平生人に付合ふしかた」の最大のものなのである。それができなければ、「天の責任」に反しており、君はその位を保てない。

具体的には、例えば、政府の費用の節約と、その余剰の弱者への給付が望ましい。逆に、「もし上《かみ》聚斂を好めば、すなはち民は必ず怨む。怨みて已まざれば、すなはち怒る。怒ればすなはち離る。離るればすなはち叛す」（『童子問』）ということになる。また、刑罰は軽くすべきである。武威で縮みあがらせるのでなく、罰より賞に重きを置くべきである。それが、民の望むところだからである。仁斎は、「文、その武に勝てば、すなはち国祚修まる。武、文に勝てば、すなはち国脈ちぢむ」（『童子問』）とさえ断言している。

以上の「王道」論は、ありふれた儒学的民本主義論とは異なる。さらに進んだ、民の意向に従った統治をせよとの主張である。仁斎・東涯は、京の地から、当時の武威を誇る統治者に対して、静かに抗議し、訴えていたのであろう。

仁斎によれば、民の意向に沿った善い統治が行われるとき、世の有様は、あたかも毎日毎日がお正月のようだという。

先王の世は、家ごとに給し、財《ゆた》かに、民安く俗醇《あつ》し。晨より夕に至るまで、春より冬に至るまで、民心の和洽すること、なほ正月の吉、服を被ひ儀を具し觶《さかずき》を挙げて壽をたてまつり、各々万歳を祝して、一家熙熙、頓に窮歳の労を忘るるがごとし。（『童子問』）

これは、旧暦の京の正月である。あの光琳の描いたような梅の花が綻ぶ光の春、家族親戚が晴れ着を着て和気藹々とゆったりと団欒する、そういう正月である。仁斎が講義で理想の世をこのように描き出したとき、聴衆の目は輝いたのではあるまいか。

六　革命

暴君の放伐を仁斎・東涯は、断乎として肯定する。仁政を行わない、民と心を一つにしない暴君は、追放し征伐してかまわないのである。

例えば、第一章で紹介した「一夫である紂を誅伐したという話は聞いたことがございます。しかし、君を弑したという話は聞いたことがございません」という孟子の語への、仁斎の注釈は、強い気迫を感じさせる。

道なるものは天下の公共、人心の同じく然るところ。衆心の帰するところは、道の存するところなり。…それ天下は一湯武にあらざるなり。さきに桀紂をしてみずからその悪を悛《あらた》めしめば、すなは

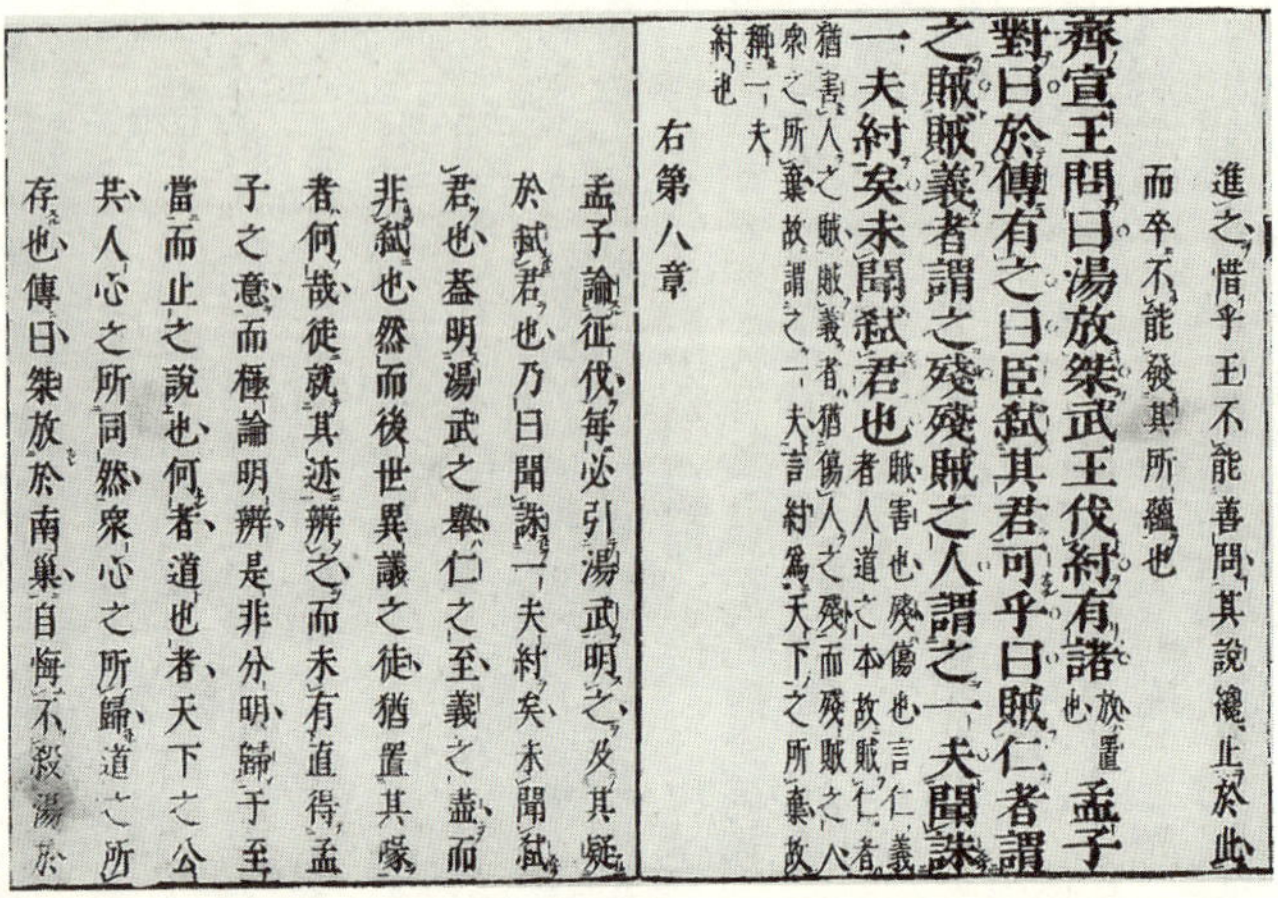
進之惜乎王不能善問其説纔止於此
而卒不能發其所蘊也
齊宣王問曰湯放桀武王伐紂有諸 放置
孟子對曰於傳有之曰臣弑其君可乎曰賊仁者謂之賊賊義者謂之殘殘賊之人謂之一夫聞誅一夫紂矣未聞弑君也 賊害也殘傷也言仁義者人道之本故賊仁者猶害人之賊賊義者猶傷人之殘而殘賊之人衆之所棄故謂之一夫言紂爲天下之所棄故稱一夫紂也
右第八章
孟子論征伐毎必引湯武明之及其疑於弑君也乃曰聞誅一夫紂矣未聞弑君也蓋明湯武之擧仁之至義之盡而非弑也然而後世異議之徒猶置其喙者何哉徒就其迹辨之而未有直得孟子之意而極論明辨是非分明歸于至當而止之説也何者道也者天下之公共人心之所同然衆心之所歸道之所存也傳曰桀放於南巣自悔不殺湯於

『孟子古義』（文泉堂，享保 5／1720 年）の一節．大字は『孟子』の本文，小字は仁斎による．

ち湯武必ずしも征誅せざらん。もしその悪もとの如ければ、すなはち天下皆な湯武とならん。彼に在らざればすなはち此に在り、此に在らざれば必ず彼に在らん。たとひ彼能く（決戦の行われた）南巣牧野の前に湯武を殺すことを得とも、然れどもその悪を改めずんば、すなはち天下必ず復た湯武のごとき者出でてこれを誅し、十殺百戮すといへども、つひに益なからん。故に湯武の放伐は天下これを放伐するなり。湯武これを放伐するにあらざるなり。天下の公共にして人心の同じく然るところ、是において見るべし。（『孟子古義』）

暴君が暴君であるのは、天下の人々の心に従わないからである。したがって、その暴君は、天下が放伐する。そして、統治者は特別な道徳的人格であることを要せず、ともかく天下の人心に従う人ならばいい。したがって誰でもが湯・武たりうる。それ故、反撃してそのような人を一〇人殺そうが、一〇〇人殺そうが、無益である。天下に無数の湯・武が出現する。こちらで殺してもあちらにいる。あちらで殺してもこちらにいる。天下は、決して暴君に負けない。

既述の「それ、事いやしくも義に害無ければ、すなはち俗即ち是れ道、俗を外にして更にいはゆる道なるもの無し。」（『論語古義』）という文も、次のように続けられている。

故に堯舜の授禅（禅譲）は衆心に従ふなり。湯武の放伐は衆心に順ふなり。衆心の帰するところ、俗の成るところなり。故に惟だその義に合ふと否とを見れば可なり。何ぞ必ずしも俗を外にして道を求めんや。かの俗を外にして道を求むる者のごときは、実に異端の流にして聖人の道にあらざるなり。

「衆心」が放伐を望めば、それがその時の「俗」であり「道」である。それに逆らってはならないのである。

仁斎は、首尾一貫している。善い人は孤立しない。常に天下と共にあり、「人心の同じく然るところ」に従う。したがって、天下を非難して自分から変革しようなどとはしない。しかし、それは、いかなる暴政をも堪え忍ぶということではない。統治もまた「人心の同じく然るところ」に従ってなされるべきであり、それ故、天下の人心が統治者から離反するならば、天下の人が湯王・武王となって、放伐してかまわず、そうすべきなのである。仁斎が「俗」に従えというのは、いかなる時でも柔和に従順であれということではないのである。

勿論、当時、仁斎・東涯は、徳川家・大名家を打倒すべきだなどと考えてはいなかったであろう。しかし、正に現実を根拠とするという、その根本的な立場からして、もしも現実に天下の人心が離れたならば、武装反乱が次々に起きて、ついにはこの政府を打倒することがありうる、それはそれで良いのだ――そのことは、明確に述べたのである。静かな、しかし断乎たる警告であった。

十七世紀、日本列島の文化的先端が朱子学と深く切り結んだとき、そこにこのような独特の魅力と迫力を持つ儒学体系が、朱子学に正面から対決する体系的解釈学の形式をとって、忽然と出現した。それは、儒学に関心を持つ人々に重い衝撃を与えた。

（1）以下の伝記的事実は、主に石田一良『伊藤仁斎』（吉川弘文館、一九六〇年）による。

参考文献

加藤仁平『伊藤仁齋の学問と教育：古義堂即ち堀川塾の教育史的研究』（第一書房、再刊、一九七九年）
吉川幸次郎『仁齋・徂徠・宣長』（岩波書店、一九七五年）
浅山佳郎・厳明『伊藤仁齋（日本漢詩人選集四）』（研文出版、二〇〇〇年）

第八章　「日本国王」のために
——新井白石の思想と政策

一　人と著作(1)

伊藤仁斎の没後四年、五代将軍綱吉が世を去る（宝永六／一七〇九年）。跡を継いだのは、彼の甥、家宣（もと綱豊）（寛文三／一六六三年—正徳二／一七一二年）である。この時を、密かに待望していた儒者がいた。新井白石（明暦三／一六五七年—享保一〇／一七二五年）である。彼は、かねて家宣の信頼する学問相手だったことにより、その後、公儀の統治全般にわたって直接に影響を及ぼすに至る。徳川日本において、儒者としては空前絶後であった。しかも彼は、「世の中の事、なに事にもあれ、見聞かむほどの事、たゞにはうち過べからず。よくよく其事の由を詳にすべき事也。これまた古えのいはゆる格物の一事なるべし」（『折たく柴の記』）と信じる朱子学者であった。

彼の理解では、家宣の治世の開始は「天」のよみするところだった。例えば、「犬公方」綱吉の末年、元禄一六年一一月二三日（西暦一七〇三年の大晦日）、江戸を含む南関東に大地震が起き、激甚な災害がもたらされていた（一九二三年の関東大震災と同じメカニズムで起きた巨大地震である）。ついで宝永四年（一七〇七）には、富士山が噴火した（富士山噴火の最近の例である）。周辺地域は甚大な被害を受け、江戸にも砂が積もった。さらに翌年、正月元日「大雨よのつねならず」、三月「地上白毛を生ず」という異様な事態になっていった（『折たく柴の記』）。白石は、この回想録で綱吉の政治の記事を交えつつ、「此余天変地妖の事どもやむ時なくして、此年も暮しかど、まのあたり見しにもあらぬ事共は、こゝにはしるさず」と記している（彼の日記には、さらにさまざまな異変が記されている）。

そして追い打ちをかけるように、同年一〇月二〇日（一七〇八年一二月一日）から二ヶ月以上、江戸には雨が降らなかった。ほとんどが木造家屋の当時の江戸において、それは大火発生の危険が日増しに高まっていくことを意味した。緊張感の高まる中、年が明け、宝永六年一月一〇日（一七〇九年二月一九日）、綱吉が死去した。白石は、『折たく柴の記』にこう記している。

此日夜に入て雨降りぬ。これ去年十月廿日ののちはじめて降りし所也。

異常乾燥の冬が続いて二ヶ月と一九日目、正に干天の慈雨であった。この待望の雨は、他の記録にもあり、事実である。しかし、白石にとってそれは単なる事実ではなかった（ちなみに、明国で、暴君だった武宗（正徳帝）が死去した時について、清朝が編纂した正史は「時に京久しく旱せしも、遂に大いに雨ふる」（『明史』巻三〇七）と記している）。天の道理の支配を信じる朱子学者からすれば、自然現象も偶然ばかりでは起きない。「天人はもと一気にして、相感じ相応ず…されば人気中に和ぐ時は天地の気もおのづから上下に相和らぎ、人気和せざれば天地の気もおのづから相やはらがず」（『祭祀考』）、「天」と「人」は相関する。天変地異は綱吉（彼は「異国ノ桀紂」以上とさえ言われた。作者不明『文廟外記』）の暴政の故であり、家宣（そして白石）の登場を「天」は明らかに言祝いだのである。

新井白石肖像画　個人蔵．その高い官位にふさわしい烏帽子に布衣（狩衣？）の堂々たる礼服の姿である．

新井白石は、小大名、土屋家に仕える武士の子として生まれた。名は君美（きんみ）、「白石」は学者としての号である。もっとも儒学は、一七歳でたまたま中江藤樹の『翁問答』を見かけて興味を持ち、医者に少し学んだという程度だった。そのままなら、単なる小大名の有能な家来として、彼の人生も終わっていたであろう。しかし、彼が二一歳の時、内紛で父子ともに土屋家を追われる。そこで人生が大きく変わっていく。食べていくため、できれば再仕官するために、儒学の学習に励む（京都の富商の息子、伊藤仁斎とは対照的な状況である）。一方で俳句の修業もしたようである（儒者と俳諧師は、共に遊芸の師匠である。その頃、浪人松尾芭蕉も江戸にいた。白石より四歳年長の近松門左衛門も父親が小大名に仕えていたが、当人が十代の時に浪人となって人生が変わった。三人の人生経路は類似している)。

その後一旦仕官するが、三五歳でまた浪人となる。その間に木下順庵(元和七/一六二一年—元禄一一/一六九八年)に学ぶ。京に生まれ、藤原惺窩の弟子、松永尺五に学んだ儒者である。彼は加賀の前田家に仕え、その後、綱吉に仕えていた。儒学が京都から江戸へと拡がっていった流れを象徴する人物である。白石は、この順庵の推薦で、元禄六年(一六九三)、徳川綱豊に儒者として仕える。そして朱熹の『四書集注』『資治通鑑綱目』等の経書・史書等を頻繁に進講する。このような深い主従関係ができているところで、息子の得られなかった将軍綱吉が、この綱豊を世継ぎと定める。そして、この綱豊が将軍家宣となったのである。

そこで白石は、旗本の身分となった。石高は一千石に至る。正徳元年(一七一一)には、従五位下筑後守という官位を受ける。徳川日本において官位を得た儒者は、林家当主とその跡継ぎ(従五位下、大学頭・図書頭)以外には彼だけであろう。しかし、側用人・奉行等の役は与えられない。あくまで家宣との個人的関係によって、一介の旗本でありながら、通常の老中などの到底及ばない、大きな政治的影響力を振るうに至ったのである。家宣の将軍時代を回顧して、白石は「天下大小の政事御顧問の候事は申に及ばず、某が存寄候ほどの事申上候はぬ事もなし…十にして七八までは大かたならず某が申旨をもとり用られ候御事も有之候き」(「與建部内匠頭書」)と述べている。提案の七、八割が実行されたとは、現代のいかなる「ブレイン」も嫉妬する高率であろう。

将軍在任四年余りで病死した家宣の跡を継いだのは、息子、家継である(当時満で三歳一〇ヶ月)。

白石の影響力の源泉は、家宣の個人的信頼だから政治的にも痛手だった。しかし家宣の側近集団はそのまま維持されたため、完全に無力化したわけではない。しかし、三年後、家継も病死する。

その跡を継いだのが、紀伊徳川家から入った吉宗である。白石は、おのずから単なる無役の旗本となった（六〇歳）。そして、剛腕吉宗の統治下、享保一〇年（一七二五）、江戸で没する。六九歳だった。

白石には、独自の経書解釈書などはない。家宣にも『四書集注』を講義したように、経学は朱熹の解釈に依拠したのであろう。したがって、仁斎学のような意味での「白石学」は無い。彼の特色は、朱子学の基本的立場から現実に全国統治に接して考え、政策を立案し、しかも、かなりそれが実行に移されたことにある。

二　安民

家宣が将軍になった翌々年、年号が宝永から正徳に代わる。当時の年号は、形式的には禁裏が、実際には公儀が決めていた。そして、家宣の時代には、このような重大にして、学識を要することは、無論、白石の意見に依った。「正徳」は白石が選んだ年号である。

改元は、このころ、三代将軍家光・四代将軍家綱の死去の翌年、綱吉死去の翌々年になされている。家継の死去の二ヶ月後にも行われている。みずから改元にかかわった林鵞峰（林家二代目当主）は、家光の死去に触れて、「此ニ由テ明年ノ秋改元アツテ承応ト号ス」（『改元物語』）と述べている。この頃まで将軍代替わりと改元とは連動していたのである。その意味で、天皇の年号ではなく将軍の年号であった。そして、家宣の治世を象徴する年号が定められた時、それは、「正徳」、つまり「正しい徳」「徳を正す」だった。正徳の前後の年号は、延宝・天和・貞享・元禄・宝永・享保・元文・寛保・延享・寛延・宝暦等である。「禄」や「宝」は本来天子の位の意味だが、将軍の位を指すのかもしれない。ほぼすべて、ただ御代の安穏な継続を願う年号である。その間で異彩を放つ「正徳」という年号（中国では、明代にある）は、朱子学者、新井白石が日本歴史に残した象徴的な痕跡である。

ついで武家諸法度が全面改正される。家宣将軍着任の翌年、それまで代々概ね踏襲されてきたにもかかわらず、白石によって全面改正されたのである。綱吉代のそれと同内容の条項も、表現は変わる。新規の条項もある。しかも、白石は、みずからこの新しい武家諸法度の解説書を書いて出版した。徳川の世に類例の無い、起草者による法令の逐条解説書である（『新令句解』（宝永七／一七一〇年））。

武家諸法度は、初め大坂の陣直後の元和元年（一六一五）に公布され、元来、戦国的な色彩が濃い。例えば「於隣国企新儀結徒党者有之者《りんごくにおいてしんぎをくわだてととうをむすぶものこれあらば》、早可致言上事《はやばやごんじょういたすべきこと》」とある。隣国で怪しい動きがあり、大名同士が密かに結託しているようであれば、直ちに江戸に通報せよという命令である。これは、綱吉代まで少し形を変えながら引き継がれている。また、秀忠・家光・家綱代の第一条は「文武弓馬之道、専可相嗜事《もっぱらあいたしなむべきこと》」である（これは、綱吉代には、既述のように儒教の色彩が加わり、「文武忠孝を励《はげま》し、可正礼義事《れいぎをただすべきこと》」と変わる）。

白石は、まず文体を全面的に改めた。従来の条文はほとんどが漢字で書かれているが、漢文つまり古典中国語ではない。白石はこれを整った和文にしたのである。しかも、日本の慣用語を避け、一般の漢語を使った。語順を変えれば概ねそのまま古典中国語に変換できるようにしたのである。それは、「世の人これらの文字をも解すべき時に至りて、そのかな文字刪除《けずりのぞき》て、なお其文をなすべき所を心得て、草すべし」と命ぜられたためであった（『折たく柴の記』）。「文をなす」とは、古典漢文として成り立つという意味である。一国の基本法が世界に通用しない土着的な文体ではみっともないと感じたのであろう。

内容も変えた。第一条は「文武之道を修め、人倫を明にし、風俗を正しくすべき事。」である。「人倫を明にし」とは、「父子親あり。君臣義有。夫婦別あり。長幼序あり。朋友信あり。此人倫の五つの教を講し、明かにするをいふなり」、「風俗を正しくす」るとは、「上の化する所を風といひ、下の習ふ所を俗といふ。上のひきゆる所正しくして下の習ふところも正しければ、風俗おのづから正しかるべし」という意味である（『新令句解』）。大名の主任務を明確に儒教的に規定したのである。第二条は、「国郡家中の政務、各其心力を尽し、士民の怨苦を致すべからざる事。」である。さらに諸役人が公正・公平に「公務」に「精勤」すべきことも、新規に規定した（第六条、第七条）。一方、「徒党」の禁は第一六条と末に回り、しかも、「殉死の禁更に厳制を加ふる所也。或徒党を植て、或誓約を結ぶのごとき、妄りに非義を行ひて、敢て憲法を犯すの類、一切に厳禁すべき事」と変わった（「憲法」は、御法度・法令の意味）。「非義」一般の禁止へと理由付けを変えたのである。

ここで、武家諸法度は、大名・旗本をひきいて万民を道徳的たらしめるべき最高統治者による、地方長官たちへの公正な行政の訓示に変質した（例えば、あの『葉隠』の山本常朝は、白石とほぼ同世代である。彼の精神世界から何と遠いことだろうか）。徳川政権が、みずから権力の性格規定を変更したとみることもできる。画期的であった。後に、儒学者が中心になって執筆した、御公儀の正式の年代記『徳川実紀』は、この武家諸法度を「旧章に遵ひ新典をまじへ。討論潤色よくとゝのひ。その文鄙陋ならで。よく道理にかなひし事は。貞永の式目よりこのかた。武家の法令いまだかゝるものをみず」と評している（「文昭院殿御実紀」附録巻上）。

この武家諸法度がその後受け継がれたならば、実際的な影響もあったであろう。しかし吉宗はこれをすべて綱吉の代のものに戻し、その後はほとんど変更が無い。その意味で、徳川氏の権力は、その自己規定の朱子学者による読み替えを、公式には拒絶したのである。

家宣の時代、公儀はさらにくりかえし儒学的な統治観を表明した。

例えば第一に、将軍が代替わり後の全国巡検の結果を受けた「被仰出《おおせいだされ》」がある（正徳元年）。「諸道巡検使言上之趣」については「大抵風俗衰へ、政事煩しく、四民一つに困窮におよふ由被聞召《きこしめされ》、御憂慮尤《もっとも》浅からさる所」である。それ故、「自今以後、御料の御役人、国郡の諸領主凡大小の政事自ら僻《おこた》る所なく、四民（「士農工商」をいう）各其生を遂しむへし」という。明らかに白石の文章である。風俗を正し、民に其生を遂げしめる、それが役人・領主の任務だ、と将軍がみずから説いた形である。

第二に、正徳二年九月、評定所構成員宛に、長文の「被仰出」が出される。白石起草の裁判に関する具体的な注意である。その末尾は、「諸奉行所の事におひては、天下御政事の出る所に候上は、万事の理非は此所に相定《あいさだまる》事ともに候、然るに只今迄のことくに有之候ては、其奉行之越度《おちど》と申はかりニては無之、則御政事の明らかならすして人民の不安所《やすんぜざるところ》に候間、各其心得を以、沙汰の次第可有之由被仰出者也《これあるべきよしおおせいださるるものなり》」という。正確に「理非」を定め、「人民」を「安」んぜよというのである。

第三に、諸大名に読み聞かされた家宣の遺書である。それは「世のため人の為」に励まなければ「天下人民の不幸たるべし」と説いている。さらに、諸役人への遺書は、「諸国及び民屋末々迄困究《ママ》せざらん事を心にかけ。難儀に及ばざるやうに政事を執行へ。これ鍋松（家継のこと）が為にあらず。天下の四民安かるべき事を思ふのみなり。…天下万民楽しく安心する事を求めよ」という。儒教的な天子の台詞である。

以上のような宣言だけではない。それに加え、白石はさまざまな政策分野で、具体的な案件にも関与した。例えば、財政問題である。彼は、敏腕の勘定奉行荻原重秀を弾劾して、免職に追い込む。彼によれば、「重秀天下の財賦を掌れるより此かた、祖宗の良法ことごとにやぶれて、士民の怨苦しきりに生ぜし事共は、世の人あまねくしれる所」（『折たく柴の記』）だったからである。武家諸法度第二条にいうあの「士民の怨苦」である。

さらに白石は、重秀の行った元禄の貨幣改鋳を逆転する正徳の貨幣改鋳へと進む。まず重秀罷免の翌月、貨幣改鋳についての詳細な「被仰出」がある。元禄の改鋳で「我国通用の金銀」は「数を倍し」たが、質は落ち物価が上がり、「公私貴賤の難儀には至りぬ」。そこで「金銀の品もとのことくに、諸物の価も平らかに、いかにもして天下の煩を除《のぞか》るへき御本意」だが、急な変革には弊害もある。「天下の宝ハ天下と共に宝とすべき御事に候上ハ、思召にまかせて御決定あそはされ難き御事」である。そこで、「工商の類」がどう考えるかを見るため、「天下の人と共に其時を御待合せ可有之候」という。そして二年後、高品位に戻した正徳金銀が発行される。天下様が、みずから天下万民に政策の説明をし、共に時節を待ったのである。これも空前絶後であった。

これらの政策の現実の効果はともあれ、このように「安民」は宣言だけではなかった。引退後の「前代二期之間、身命を不惜《おしまず》、天下の人の事を、なにとぞ、太平の人になしたて度候心《たくそうろうこころ》、片時も忘れ候事なし」（室鳩巣宛て書簡）との白石の述懐は、実感であったろう。

三　礼楽

白石は、儒学者として「先王天下国家ヲ治メラレシニ必ラズ礼楽ニヨリ玉ヒシ…」（『武家官位装束考』）と信じる。しかも、彼によれば、「神祖」家康には礼の制定の意図が、実際にあった（『藩翰譜』第五）。しかし、充分果たさないままに死去してしまった（『武家官位装束考』）。そこで、国初から「百年の今、礼楽興るべき期」である、と彼は信じた（『藩翰譜』第五）。

それは徳川家の存続のためでもあった。あの天人相関である。人民のために暴君を放伐して新王朝を始めた湯王・武王にも優るお方が始めた御代でありながら、家綱・綱吉に世継ぎがいなかった。それは、

「今礼楽いまだ修らずして天地の気和ざる所あれば鬼神その他をたすくべきところなくして生育の理或は達せざる」のではないか（『祭祀考』）。やはり成長した息子の無かった家宣に向けた強力な提言だった。

そこで、実際に次々と「礼」制定の努力がなされた。

第一に即位と元服の儀式である。まず宝永六年の将軍宣下の儀式（禁裏の使いが江戸に来て、征夷大将軍などに任命する儀式）を、白石は間近で見学する。「すべて此等の御事は、もし其礼を議し申すべき事あらむには聞召さるべき御ため」である（『折たく柴の記』）。翌年には、京都に出張し、中御門院（当時一一歳）の即位礼を見学する。当時の即位礼は唐朝の儀式を採り入れ、服装も龍の文様など、「唐の装束」であった（湯浅常山『文会雑記』）。つまり「中華」の古礼が残っていたのである。さらに宝永八年の中御門院の元服の儀式も見学した。実際、家継の元服の儀式は、白石の考案通りに実行された。禁裏のそれと似ていたという。

第二に、孔子廟参拝の礼も、白石が定め、その通りに実行される。湯島聖堂への家宣の参拝時の服装・所作である。無論、諸大名もお供をし、江戸城から湯島聖堂まで行列を作って赴き、拝礼した。拝礼の際、柏手を打つのが、むしろ中華古え風であるとして、柏手を打ったという。湯島聖堂に響いた柏手の音は、いかにも奇妙でも、白石の考えでは公方様が正しく儒教的な君主であることの証明だった。

第三に、大名・旗本の礼服の制も、改められる。身分毎に袴の色が決められ、形も新たに指定された（『徳川実紀』）。

第四に、儒教において重要な、親を始めとする親族への服喪の規定である。白石は、命ぜられて和漢古今の喪の制度を調査し、その結果を答申した（ただし、これは、実行に移されない内に、家宣が没し、実現しない）。

第五に、外交儀礼も大きく変わる。何よりも朝鮮通信使への応接・待遇の大改革である。さらに琉球国からの江戸上りの使いがもたらす琉球国王の和文の書簡を、漢文に改めさせる。国際的な外交として体をなさないと考えたのであろう。

第六に、江戸に正門を建設する（芝口御門）。東海道が江戸中心部に入る場所である（明治五年、鉄道開通時の新橋駅の付近でもある）。ソウルにも南大門がある。外国の使節をも迎えるのに、政治的首都としての正門が無いわけにはいくまい。さらに江戸城本丸御殿前に壮麗な門を建てる（これは、吉宗の代になると直ちに破壊される）。

第七に「正名」（『論語』）、名称を正しくする努力もなされる。例えば、正徳六年のお触れである。それによれば、例えば山陰道・山陽道は、「センヲンダウ」「センヤウダウ」と（呉音で揃えて）読まなければならない。「海なき国」を通る道を「海道と申事のあるべき事にもなく候へは」「日光海道」「甲州海道」ではなく、「日光道中」「甲州道中」と呼ばなくてはならない。天下の主要な道路の呼称は、理に適うべきだったのである。また、寛永寺や増上寺にある将軍の墓は、「御廟」から「御宝塔」に、「御仏殿」「御堂」は「御霊屋」に変更される。後に『徳川実紀』は、これらを指して「すべて名の正しからぬをきらはせたまひ。物ごとに典故を正し給ひしかば、当代に改革ありしことの。今に至り旧章として伝はる事ども少からずとぞ」と評している（「文昭院殿御実紀」附録巻上）。

さらに、音楽である。既述のように（第一章）、正しい雅やかな音楽が人々を内面から陶冶すると儒学者は信じる。とりわけ朝廷における儀式での音楽が、その模範・基準となるはずであった。ところが、公儀の儀式では能すなわち猿楽が演じられていた（千代田城本丸御殿、大広間前には能舞台がある）。しかし、白石の耳にはそれは俗悪な夷狄の音楽でしかなかった。家康が元和元年に二条城で催した例に倣い（『武家官位装束考』）、雅楽によるべきであった。そこで、正徳元年に朝鮮通信使を迎えた際には、能に替えて、本丸御殿内で雅楽を演奏させ、舞わせた。白石は通信使たちに、かの「三代礼楽」を思わせるものだと誇った（『坐間筆語』）。

今日、享保・寛政・天保の改革などとはいう。しかし、武家諸法度の全面改正などにもかかわらず、「正徳の改革」とはいわない（反新井白石だった吉宗と、その孫、松平定信等の偏見の残存であろう）。しかし、以上の「礼楽」の改革は儒学的な統治の主軸をほぼ網羅している。すべてが象徴的な意味を持ち、教育的政治的な重要性を持っている。さらに、外国使節に対する名誉と尊厳にかかわる。白石は、確かに儒学者・朱子学者としてなすべき大改革をなしたのである。

四　日本国王と「共主」

白石による中世政治史、『読史余論』は、将軍家宣に御進講をした際の講義ノートである（正徳二／一七一二年）。平安の世の文徳帝から始まり、豊臣秀吉までを対象とする。それは、統治のために心得ておくべき政治史上の成功・失敗の実例であり、そこから得られる教訓の提示である。

例えば、世継ぎの重要性である。世襲制であれば、権力の継承問題はお世継ぎ問題である。そして最も重要な教訓は、幼い子供を跡継ぎにすることの危険であった。例えば、「王家の衰し始は、文徳、幼子をもてよつぎとなされしによ」り、北条時頼も、「長子をすてゝ幼子をもてよつぎとなし、死してのちその家みだれし」という。御進講の時、家宣には育った息子はいなかった。生々しい、深刻な問題だった。

さらに、白石は、「天の報応」を歴史の道理として強調する。「天の報応」という枠組みで、歴史を読み解くのである。白石の考えでは、悪が長期にわたって栄えることはない。悪はその報いを受け、善はその報酬を得る。例えば天武天皇は、天智天皇の息子「大友天皇」から天下を奪った（壬申の乱）。そのために天武の血統は僅か七代で絶えた。その後を継いだのは奇しくも天智天皇の子孫だった。「天の有道にくみし給ふ所あきらけし」ということになる。

天皇と公家の世から武家の世への転換も、天のしからしむるところである。単なる事実上の変化ではなく、倫理的必然なのである。「故もなく皇威の衰へ、武備の勝ちにけると思へるは過《あやまち》也」、「中世よりこのかた、喪乱之際、節に臨み義を思ひ、力を竭し死を致すは、たゞ武人のみなり。…されば天道は、天に代りて功を立る人にむくい給ふ理なれば、其後武家世を知り給ふ事、其故ある事とぞ覚え侍る。」とりわけ後醍醐の失政が決定的だった。「尊氏の天下の権を恣にせられし事も、後醍醐中興の政正しからず、天下の武士、武家の代をしたひしによれる也。尊氏より下は、朝家はたゞ虚器を擁せられしまゝにて、天下はまつたく武家の代とはなりたる也」。後醍醐の改革は、「按ずるに、中興の初政、ことごとく議するにたらず」、結局、彼の「御不徳」のために「天」が見放したのである。

織田信長から豊臣秀吉へ、そして家康へという天下殿の交代も同様である。秀吉は、武力と謀略のみで天下をとり、「世の害」をなしたから「天報に因つて、其家も二世にだに伝へ」られなかった。そして、関ヶ原の合戦で天命が改まった。それが白石の解釈である。彼の『藩翰譜』「凡例」は「関が原の戦終て後天命一たび改りて」と明言している。湯王・武王のように、徳川家康が豊臣家という暴君を放伐し、天命を受けて新王朝を始めたというのである。朝鮮通信使来訪の際の家宣名の正式の書簡も、「及勝国壬辰之変、兵釁一開、両国失驩、積有歳年、天厭喪乱、眷顧有道、我神祖受命、奄有万国」（「奉命教諭朝鮮使客」）と述べている。白石自身の和訳によれば、「上天もその喪乱に厭給ひて、有道の人ありやとかへりみ給ひて、我神祖天命をうけ給ひて、つゐに東方の国をたもち給ひ」という意味である。つまりこの時、徳川家当主は、「天命」を受けて統治の任についている、その意味での「天子」とは自分である――そう公式に宣言したのである。

では、「天皇」とは、何者なのか。

彼が『日本書紀』『古事記』などを相互に照らし合わせ、「たゞいづれの書に出し所なりとも、其事実に違ふる所なく其理義におゐて長ぜりと見ゆる説にしたが」って古代史を描きだそうとした『古史通』および『古史通或問』は、それを明快に説明している。

彼によれば、それらに現れた「神」とは超自然的なものではない。そのような者はいない。「神とは人也、我国の俗、凡其尊ぶ所の人を称して加美といふ、古今の語相同じ」。例えば「国常立尊《くにのとこたちのみこと》」とあるのは、「常国《とこくに》」に立った尊い人という意味であり、「常国」とは「常陸国」である。「高天原」も上空にあるはずもない。では、その「天《あま》」は何か。無文字時代の言葉である。後から宛てた漢字にとらわれてはならない。「あま」は海である。したがって高天原とは、常陸国多珂郡の海に接した地という意味である。したがって天香具山とは付近の筑波山に違いない。また、イザナギとイザナミが「みとのまぐはひ」をして、島々を生んだとは、両者が率いる二つの水軍を統合した事実を、そう表現したのであろう。

白石は記紀のいわゆる神話をすべて、このように古代の小領主たちの争いなどの「歴史的事実」に還元してしまう。したがって「天孫降臨」も今の茨城県の豪族がその孫を船で派遣したというだけの話でしかない。天上の太陽神から永遠に「国家統治ノ大権ハ朕カ之ヲ祖宗ニ承ケテ之ヲ子孫ニ伝フル所ナリ」(大日本帝国憲法前文)などという議論の根底を、彼は粉砕してしまうのである。(2)

では、今なお京都にいる禁裏様とは何なのか。

『読史余論』は、「源尊氏光明を立て共主となしてより、天下ながく武家の代となる」「建武三年十二月に、後醍醐吉野へ、奔り給ひき。是より吉野殿を南朝といひ、武家の共主を北朝と申せしなり」「北朝はただ足利殿の君にそむきまゐらせて、臣として天下をあらそひ給ふ事を、さすが心の中におそれ給ひ、かつその戦に毎度利なかりしによりて、勧申す者ども有しかば、やがて光明院を君として、南北両帝の御争のごとくには取計られしなり。…さらば北朝は、全く足利殿みづからのためにたておきまゐらせし所にて、正しき皇統とも申しがたければ、或は偽主偽朝なども其代にはいひしとぞ見えたる」等と述べている。

現在の天皇家まで続く北朝は、後醍醐への対抗上、足利尊氏が擁立した「武家の共主」なのである。「共主」は、司馬遷の『史記』（巻四〇）では戦国時代末期の周王朝を指す。諸侯に翻弄されながらも一応彼等に戴かれて細々と続いていた周王朝の形容である。ちなみに、後に、安井息軒（寛政一一／一七九九年―明治九／一八七六年）は、アメリカ合衆国について、「君長」がいなかったのでワシントンを「共主」とし、四年交替としたと述べている（「與某生論共和政事書」）。[3] 下から擁立して共通の主として戴いているという意味で、北朝の天子はアメリカ大統領に類するのである。

それ故、「北朝はもとこれ武家のためにたてられぬれば、武家の代の栄をも衰をも、ともにせさせ給ふべき御事」（『折たく柴の記』）である。そこで、白石は禁裏支援策・共存共栄策を推進した。第一に、閑院宮家の設立である。禁裏の繁栄なしに「当家神祖の御末は、常磐堅磐に栄えおはしまさむ事を望む」ことはできない。東宮（つまり皇太子）以外の皇子・皇女を出家させる習慣を緩和し、宮家を増やすよう提言し、実現したのである。第二に将軍家継と天皇の娘の婚約である。その時、家継は数え七歳、フィアンセ（霊元院の娘、八十宮吉子）は二歳だった。当人の意志とは無関係に、共存共栄の象徴としてこれほどのものはなかった（ただし家継はこの翌年に他界し、吉子は数え三歳で文字通りの行かず後家となる。そして四五歳まで生きて死去する）。

白石は、右の二点について、「これらの事ども、我此国に生れて、皇恩に報ひまゐらせし所の一事也」（『折たく柴の記』）と述べている。彼なりの真摯な尊王の行為であった。

ところで、「共主」を擁立し推戴している君主の正しい名称は何であろうか。「武家天下をしろしめして、天子を立て世の共主となされしより、其名人臣なりといへども其実のある所は、其名に反せり」という状態である。形式上「王官」を受けていても、その実はない。足利義満の時点で何とかすべきであった（『読史余論』）。では、どうすればよいのか。答えは、『読史余論』進講の前年に、白石が朝鮮通信使に要求したことから明らかである。彼は、徳川家当主を「日本国王」としたかったのである。

白石は、通信使がもたらす朝鮮国王の書簡の宛先を「日本国大君」から「日本国王」宛てに改めさせた。「公家の御事には係るに天を以てして日本天皇と称じまいらせ、武家の御事には係るに国を以てして日本国王と称じまいらする事は、おのづから天と地と其位易ふべからざる所あるがごとく、また共に日本を以て称じまゐらする事も、周王・周公、君臣ともに周を以てし給ふ事のごとくなる事」だからである（『折たく柴の記』）。

「天命」は直接に「日本国王」に下り、全国の士民はその統治下にある。そして彼がみずからのために「共主」として「日本天皇」を擁立している。これは実態であり、それに正確に対応した名称である（「正名」！）。不徳と失政によって断絶したかつての王朝に代わって武家によって武家のために擁立された北朝天皇と、徳川の王家とは、こうして共存共栄していく――それが、白石の考えであった。本来儒学の予定していない変則的な当時の政治体制に正しい名を与えようとして行き着いた、朱子学者の結論であった。(4)

五　西洋との邂逅

宝永五年（一七〇八）八月、大隅国屋久島に奇妙な人物が出現した。カトリックの宣教師、シドッチ神父 Giovanni Battista Sidotti（一六六八／寛文八年―一七一四／正徳四年）である。シチリアに生まれローマで修行し、一七〇三年に教皇の命を受け、マニラでの準備を経て、ひとり屋久島の海岸に降り立ったのである。禁教を解くよう日本の統治者を説得するためであった。そして、到着の翌年、江戸で新井白石の尋問を受けるに至る。島原以後七十年、潜入宣教師と当代有数の知識人とが対話することになったのである。稀有の偶然であった。

しかも、白石はその記録を残した（『西洋紀聞』。残念ながら、シドッチによる記録は無い）。

この『西洋紀聞』によれば、白石は、キリスト教の教理には心を動かされず、シドッチの「天文地理」の知識には驚嘆したという。しかし、（往々誤解されているが）当時の西洋科学の「先進性」を理解したという話ではない。「天文」については、シドッチが「頭をめぐらして、日のある所を見て、地上にありしおのが影を見て、其指を屈してかぞふる事ありて、我国の法にしては、某年某月某日の某時の某刻にて候といひき」という。白石は、「これらは其勾股の法（ピタゴラスの定理）にして、たやすき事と見えしかど、かくたやすくいひ出しぬべしともおもはれず」と感銘を受ける。しかし、太陽の位置と自分の影の長さを見て、指折り数えて何月何日何時何分かが分かるはずはない。しかも、「我国の法にしては」と言っており、それが正確か否かを確かめる術はなかったはずである。また、「地理」については、シドッチが、西洋製の世界地図のローマ等の位置を地図の端からコンパスでたどって行って、ぴたりと指したとして、白石は驚嘆する。しかし、シチリアに生まれローマで長年学んだ人が、世界地図でローマの位置を示すのに、何故コンパスでたどる必要があるのだろうか。

いずれも、日本政府の高官の尊敬を獲得するための必死の演技だったのであろう。(5)

しかし、白石が、シドッチ尋問をきっかけとして西洋人の地理の知識に関心を持つようになったのは事実である。彼は、シドッチやオランダ人に聞き、さらに明国刊行の西洋人による世界地理書などを参照して、『采覧異言』を著す。それは、西洋人の目から見た世界地理の紹介であり、それ故「アジア」の巻では日本も扱われている。この本はかなり流布し、後に蘭学者山村才助(明和七/一七七〇年―文化四/一八〇七年)が増補し、徳川の世の(「日本」を「アジア」に定位することも含め)その後の日本人の世界理解の重要な源泉になった。

一方、キリスト教については、マテオ・リッチ Matteo Ricci(利瑪竇、一五五二年―一六一〇年)の『天主実義』などをも参照し、内容に踏み込んだ批判を白石はしている。例えば第一に、「大凡、物自ら成る事あたはず、必これを造るものを待得て成る」、それ故「天地万物」にはその作り手がいるはずだという説については、その作り手の作り手は何者か、「デウス」だけは「自ら生れ」たというなら、天地もおのずから「成」ってもおかしくはない、と白石はいう。林羅山『排耶蘇』にもあるように、単なる自然神学的なデウスの存在証明には、儒者は納得し難いのである(むしろ「デウスは時間の流れの外に存在する永遠なるものなのだ」などと言えば、それを「道」あるいは「天道」と解して納得する可能性があろう。実際、中村正直など明治初期の儒学的教養人のキリスト教理解にはそれがある)。第二に、「其天戒を破りしもの、罪大にして、自贖《みずからあがな》ふべからず、デウスこれをあはれむがために、自ら誓ひて、三千年の後に、エイズスと生れ、それに代りて、其罪を贖へりといふ説」については、自分の定めた掟に反した者を救うのになぜそのようなことをするのかと、白石は問う。「仁」ではないと感じられるのである。そして白石は、キリスト教全体をインドから仏教が西方に伝わり、「浅陋」に変形したものだと理解する。

では、仏教と同様に、キリスト教も日本で広まってもいいのか。白石はそう考えない。キリスト教の教えは、「天主」を以て、天地万物を生ずる「大君大父」とするからである。

もし我君の外につかふべき所の大君あり、我父の外につかふべきの大父ありて、其尊きこと、我君父のおよぶところにあらずとせば、家におゐての二尊、国におゐての二君ありといふのみにあらず、君をなみし、父をなみす、これより大きなるものなかるべし。たとひ其教とする所、父をなみし、君をなみするの事に至らずとも、其流弊の甚だしき、必らず其君を弑し、其父を弑するに至るとも、相かへり見る所あるべからず。

白石によれば、教えそれ自体が君や父をないがしろにせよとは言わないとしても、この世の主君や父親を超越した「大君大父」を信じる者は危険である。つまり、一向一揆・不受不施派の弾圧、そして、かつてのキリシタン弾圧と同じ論理である。白石は、西洋諸国はまずキリスト教を広めて日本国内に味方を作り、その上で侵略しようとしているのだという間接侵略論には与しない。しかし、(彼自身を支えた）「天」以外の超越者への忠誠は、認めることを拒絶したのである。

新井白石は、確かに彼なりに、徳川王朝と「士民」のために、朱子学者としてなしうることをなしたのである。

（1）以下の伝記的事実は、主に宮崎道生『新井白石』（吉川弘文館、一九八九年）による。

（2）白石は、「其事を神にして（神秘化して）これを秘するは天統を尊ぶ義也」という説を、「其民を愚にして自ら尊大にするは、秦の二世にして滅びし所也」と一蹴している（『古史通』）。

（3）馬鹿げた呼称のようだが、ジョン・アダムスは、合衆国を“a monarchical republic”と呼んだという。Gordon S. Wood, *Revolutionary Characters: What Made the Founders Different*, Penguin Books, 2006, p. 198.「共主」とは、いわば republican monarch であるかもしれない。

（4）将軍の「国王」化は、公儀の権威上昇のための陰謀だという理解が、当時から現代まである。しかし、それでは閑院宮家設立などの説明がつかない。白石は、朱子学者らしく、真摯に実態に正しく対応した名称を求め、真摯に共存共栄を願ったとみるべきである。

（5）芳賀徹編『文明としての徳川日本』（中央公論社、一九九三年、四〇頁）にも指摘がある。

参考文献

宮崎道生『新井白石の研究（増訂版）』（吉川弘文館、一九六九年）

中田喜万「新井白石における「史学」・「武家」・「礼楽」」（『国家学会雑誌』第一一〇巻第一一・一二号、一九九七年）
ケイト・W・ナカイ Kate W. Nakai『新井白石の政治戦略：儒学と史論』（東京大学出版会、二〇〇一年）

第九章　反「近代」の構想
――荻生徂徠の思想

一　人と著作(1)

徳川日本においておそらく最も頻繁に論じられ、思想的影響力の大きかった儒学者、それは荻生徂徠である。徳川儒学史は、彼の出現によって様相を一変する。彼以降は、朱子学者たちも徂徠学を意識している。いわゆる国学も、それに触発されている。その影響は深く、大きい。

彼の名は茂卿、通称は惣右衛門、「徂徠」は学者としての号である。寛文六年（一六六六）に江戸で生まれた。父は、将軍家綱の弟、綱吉に仕える医者であった。しかし、延宝七年（一六七九）、綱吉の不興を買って江戸を追われ、家族で当時は辺鄙だった房総半島に移住する。そこで一〇年以上「難儀」し、その後、江戸に戻る。多感な時期を江戸から引き離されて暮らしたのである。それ故に「御城下」の変貌にも気付き、思考も深まったという（『政談』）。

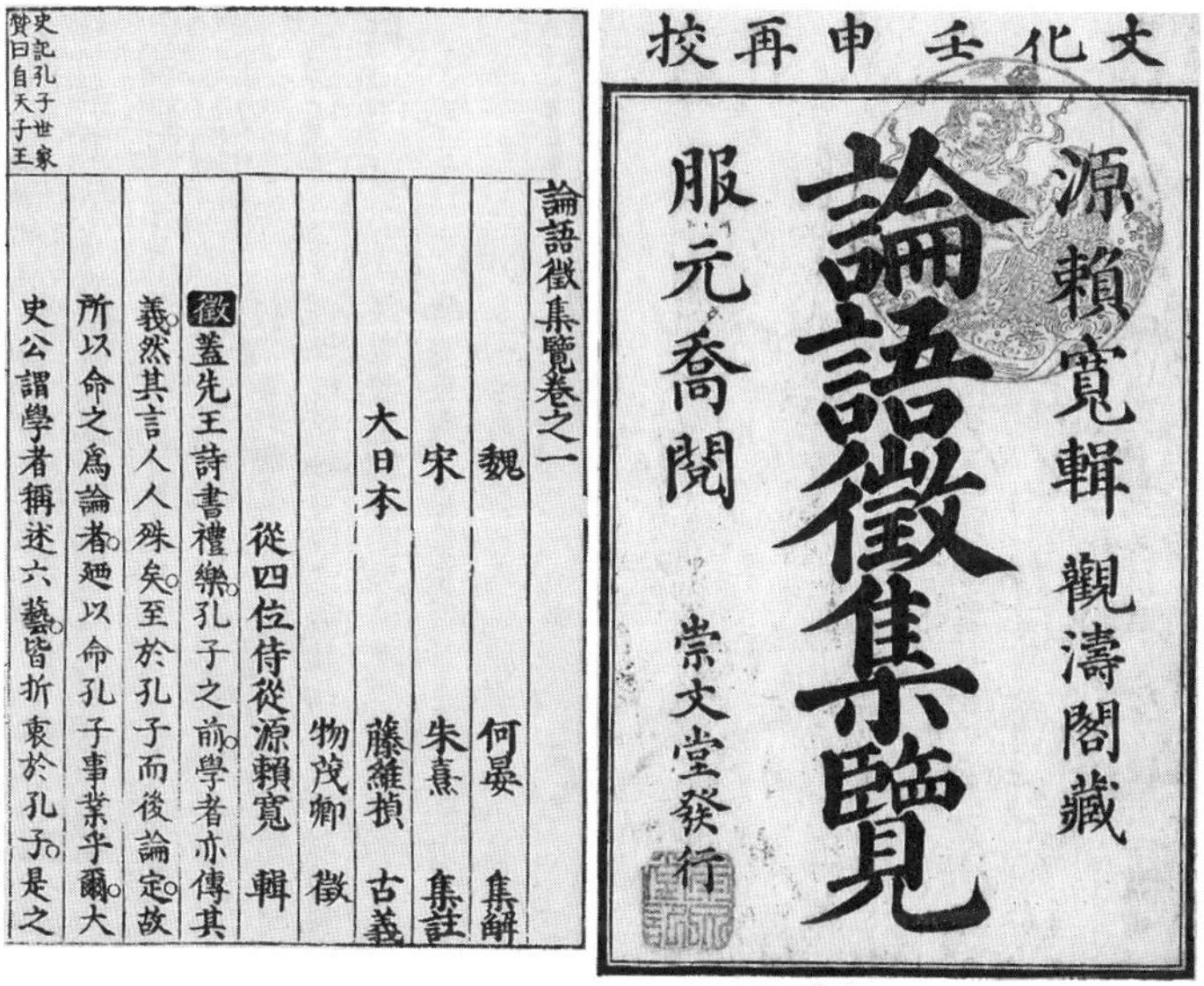
文化壬申再校
源頼寛輯　観濤閣蔵
論語徴集覧
服元喬閲
崇文堂発行

史記孔子世家賛曰自天子王
論語徴集覧巻之一
魏　何晏　集解
宋　朱熹　集註
大日本　藤維禎　古義
物茂卿　徴
従四位侍従源頼寛　輯
徴 蓋先王詩書禮樂孔子之前學者亦傳其義然其言人人殊矣至於孔子而後論定故所以命之爲論者廼以命孔子事業乎爾大史公謂學者稱述六藝皆折衷於孔子是之

徂徠学信奉者だった大名，松平頼寛の援助で刊行された『論語』注釈集（宝暦10年初版）．『論語』本文の後に，何晏，朱熹，伊藤仁斎の注を引き，最後に徂徠『論語徴』（元文2年刊）の注を大字で掲げている．

元禄九年（一六九六）、当時はすでに将軍になっていた綱吉に父親が再び召し出される。一方、彼は、綱吉の側近、柳沢保明《やすあきら》（後の吉保）に、儒者として仕えることになる。儒学愛好の綱吉は柳沢の屋敷をたびたび訪れ、そこで経書の講釈をしたり、聞いたりもした。柳沢も身辺に儒者が必要だったのであろう。徂徠も綱吉の講義を拝聴させられている。綱吉に顔も知られたであろう（しかし、白石と異なり、政治的影響力は無い）。そのような生活が一三年続き、宝永六年（一七〇九。徂徠四四歳）、綱吉が死去して家宣に代わる。新井白石の時代が始まったのである。まだおおむね朱子学の立場をとっていた徂徠は、白石の改革に種々考えさせられたはずである。

正徳六年（一七一六。徂徠五一歳）、あの

幼い将軍家継が死去し、吉宗が継ぐ。そして年号を直ちに享保と変え、白石の改革を次々に反転し始める。朱子学者による改革の挫折は明らかだった。そして、正にこの時から、徂徠は堰を切ったように、その独特の思想体系（徂徠学）を短期間に形成し、確立し、次々と作品化した。『弁道』『弁名』『学則』、そして『論語』の体系的注釈書『論語徴』等である（徂徠学も朱子学・仁斎学と同じく経書の解釈学の形式をとる）。また、徂徠には『孫子』の注釈もあり、『鈐録《けんろく》』という大部の兵学書もある（仁斎などでは考えられないことである）。

享保六年（一七二一）、将軍吉宗が側近を介して依頼したらしく、徂徠はその主張の精髄を和文で提出する（『太平策』。公刊はされない）。翌年、吉宗は異例にも陪臣である彼を江戸城御殿に招き、褒美を与える。しかも、「御隠密御用」のため、側近の屋敷を毎月三度訪れるよう命ずる。そして、おそらく享保一一年（一七二六）、今度は、当時の社会と政治の現状分析と政策論を展開した大部の著述を提出させる（『政談』）。吉宗はこれを読んだであろう。しかし、その政策を実施することはなかった。そして徂徠は、徳川の世の将来を憂慮しつつ、享保一三年（一七二八）、死去する。六三歳だった。

彼は、朱子学を批判して独自の儒学体系を築いた点で、伊藤仁斎に似る。しかし、江戸に居て将軍に近接し、政策提言もした点では、新井白石に準ずる。しかも、彼は仁斎の経書解釈を厳しく批判し、白石流の改革を強く否定したのである。

二　方法

荻生徂徠によれば、「世は言を載せて以て遷り、言は道を載せて以て遷る」（『学則』）。時代と共に言語は変遷する。そして「道」はその変遷する言語によって表現される。しかも、その言語は異国のそれである。この時間と空間との二重の距離を自覚し、乗り越えない限り、古えの中華の「聖人」の教えは会得できない。つまり、徂徠は漢文を時空を超越した普遍言語の世界と見なすような幻想は持たない（仁斎・東涯の日常語還元論とは対照的である）。韓愈以降のいわゆる「古文」も真の古文ではない。経書も、古代の歴史的文脈の中で成立したものである。そこで、まず現代中国語を学び、次に歴史を学んで古代と今の相違も知り、さらに古代の書を広く読んでその言語を会得し、その上で、経書に心を潜め、自分の「心アワヒ」と「智恵ノハタラキ」（『太平策』）を変化させなければならない。無論、漢文は訓読せず、そのまま縦に読む。みずから「古」風の詩文も作る。擬古文・擬古詩である。「文字を会得仕候事は、古之人の書を作り候ときの心持に成不申候得《なりもうさずそうらえ》ば、済不申儀《すみもうさざるぎ》」（『答問書』）だからである。

現代の古典学者や歴史家を恥じ入らせるような徹底した方法論である。そして徂徠は「宋儒古文辞を識らず」と言い切る。[2] 衝撃的であり、さしもの朱子学の権威も一挙に色褪せるように感じられたようである。しかも、広く読書して中華の古えに浸り、さらに現在の日本を古えの中華に見立て、なぞらえて、みずから文章化・詩化することは、それ自体、面白い知的遊戯である。それも徂徠学の魅力の一面だった。信奉者はみるみる増えていった。

三　道

（一）聖人

徂徠は、「聖人」を模範的人格者としてではなく、何よりも傑出した統治者として捉える。堯・舜・禹、そして湯王・文王・武王等の「聖人」は天子だった。それ故、「聖人の道」とは「天下国家ヲ治ムル道」（『太平策』）である。「居敬」し、「窮理」することによって見出さるべき、心の内なる、人としての本来性などではない。そうした内面の修養論は、仏教・老荘の影響による、経書の誤読の結果である。しかも——

　道は事物當行之理にても無之、天地自然之道にても無之、聖人之建立被成《なられ》たる道にて、国天下を治候仕様を道といふ。（『答問書』）

すなわち徂徠によれば、「道」とは、「聡明睿智」なる「聖人」たちが「建立」し「制作」した、統治のための社会制度・政治制度なのである。

具体的には、第一に、衣食住などの技術である。これらも「聖人」が考案し、それが全世界に拡がったのである。文化人類学者のいう「文化英雄」culture hero だというわけである。

第二に、「五倫」である。その内、親子関係は天然にあるが、男女の関係も太古には「只畜類之如く」だった（『答問書』）。その意味で、「聖人」は、倫理・道徳の設立者でもある。「聖人甚深広大の智を以て、人の生れつき相応に建立し玉ひて、是にて人間界といふ物は立候事故《たちそうろうことゆえ》、道を学ばぬ人も、今程五倫はたれたれも大体は存知候事に罷成《まかりなり》候所より見候へば、生《うまれ》つきたる物之様に候」（『答問書』）という。

そして第三に、古えの「礼楽刑政」の一切である。無論、「礼楽刑政」の諸制度は「聖人」の制作であるとは、古来、儒学の通念である。朱熹も『中庸章句』冒頭で、「聖人」が「天下に法」とした「教」とは、すなわち「礼楽刑政の属」だと述べている。ただ朱熹は、「人物のまさに行ふべきところ」、すなわち「理」がおのずから存在し、「聖人」がそれに「因」って「品節」したのが「礼楽刑政」だと考える。いわば、自然法とその具体化としての実定法との二段構えである。これに対し徂徠の「聖人」たちには、彼等を超越する規範はない。彼等の制定した実定法がすなわち「道」なのである。

（二）　性・人情・気質

「聖人」が「道」を作った。しかし、人間性をねじ曲げて、無理な体系に押し込めたわけではない。

第一に、それは人間の根本的な社会性を前提している。

> 相ひ親しみ、相ひ愛し、相ひ生じ、相ひ成し、相ひ輔け、相ひ養ひ、相ひ匡し、相ひ救くるもの、人の性然りとなす。（『弁道』）

人は社会的動物である。集団生活をして助け合って生きていくほかはない。それ故に統治が必要であり、かつ可能なのである。

第二に、人は社会生活のさまざまな局面において、共通した感じ方・考え方・行動の仕方をする。これを、「人情」と呼び、その不変性に着目して「人情の常《つね》」とも呼ぶ（朱子学の「情」とも、仁斎学の

「人情」とも、大きく異なる)。

具体的には、例えば、「人情ハ見ナレタル事ニヤスンズル物」であり、「皆仕馴タルコトハヒイキスルハ人情ノ癖」である(それ故、習慣の操作こそが重要である)。また、「位高ク下ト隔リタレバ、下ノ情ニ疎ク、家来ニ誉ソヤサレテ育タル故、…自ラ我儘ニシテ、下ヲ虫ケラノ如ク思フ。是又人情」である(つまり上下の身分の安定は「上」なる者の堕落と退化を招く)。一方、「下タル者ノ浅マシサハ、御威光ニ押ヘラレテ、何程ソダテレテモ云兼ルハ下ノ人情」である。そして「下タル者ノ情、上ト隔タレバ仲間組合フコト事、人情ノ常」である(つまり、上下は疎隔しやすい)(以上、『政談』)。

この厄介な「人情」は根本的には不変である。統治のための「先王の道」は、これを見抜き、踏まえて構築されている。

　総ジテ人情ニハ時代ノ替リ無テ古今同ジコト也。往古ノ聖人能ク人情ヲ知テ、人情相応ニ、人タル者ノ勝手能ク、亦人情ニテ悪キ方ヘ流タガル所ヲ知テ、夫《それ》ヲ押ヘ玉ヘル筋モ、兎角古ヲ鑑ミレバ明ニ知ル、コト事也。(『政談』)

第三に、人には各々生まれつきの「気質」がある。そして「米は米にて用に立ち、豆は豆にて用に立」つ。したがって「只気質を養ひ候て、其生れ得たる通りを成就いたし候が学問」である(『答問書』)。完璧な人格としての「聖人」になることなど、目標たりえない。「学問」によって各人が「気質」を活かして持ち前を伸ばす。それを統治者はうまく組み合わせて使う。既述の戦国武将の適材適所論が「聖人の道」の一環として、より洗練されて再登場したのである。

一方、被治者には、下手に学問などさせない方がよい。

民間ノ輩ニハ、孝悌忠信ヲ知ラシムルヨリ外ノ事ハ不入《いらざる》（＝不要」の意味）ナリ。孝経・列女伝（模範女性たちの伝記）・三綱行実（親への孝・主人への忠・夫婦の在り方という最も基本的な道徳を説く）ノ類ヲ出ヅベカラズ。其外ノ学問ハ、人ノ邪智ヲマシ、散々ノコトナリ。民ニ邪智盛ナレバ、治メガタキ者ナリ。（『太平策』）

人民は基本的徳目さえ心得ていれば十分なのである。ここには、『論語』さえ挙げられていない。統治者たらんとして挫折した孔子が「聖人の道」の枢要を弟子に明かした『論語』など、人民には不要なのである。それ故――

安民ト云ハ、世俗ノ所謂慈悲ト云ヤウナルコトニハ非ズ、民ヲ安穏ナラシムルコトナリ。安穏ナラシムルト云ハ、飢寒盗賊ノ患モナク、隣里ノ間モ頼モシク、其国ソノ世界ニハ住ヨク覚ヘテ、其家業ヲ楽ミテ、民ノ一生ヲクラスヤウニナスコトナリ。（『太平策』）

人民にこれ以上を期待すべきではなく、人民もこれ以上を願うべきではない。安全・安心の一生が保障されて、いったい何の不服があろうか。

仁ト云バトテ、朱子学ノ儒者ナドノ言フ様ニ、下ヲ憐ミ、慈悲ヲスルト言様ナルコト計《ばかり》ニ非ズ。又信ヲ以テ下ヲ会釈《アヒシラ》ヒ、或ハ理ノ儘ニ取捌ト言様ナル事ニモ非ズ。父母ノ子ヲ会釈フハ、敲キモスル、折檻モスル、ダマシモスル。唯面倒ヲヨク見テ、苦ニシ世話ニシ、兎角下ノ成リ立ツヤフニスル事也。去バ治ノ筋ハ、上ヘモ外ヘモ見ヘヌ者也。年月ヲ経テ後、其治ノ善ト言コト知ラル、コト也。

（『政談』）

(三)　わざと陰謀

民の「安穏」を実現するのは、言語による説得ではない。人格による感化でもない。それはいずれも不可能である。そこで、「物」による（朱子学の「物」とは意味が異なる）。

> 蓋し先王の教は、物を以てして理を以てせず。教うるに物を以てする者は、必ず事を事とする（実践に集中する）ことあり。…物は衆理の聚るところなり。而して必ずこれに従事すること久しくして、乃ち心に実にこれを知る。何ぞ言を假らんや。（『弁道』）

徂徠によれば、六経とは、「物」すなわち古の諸制度の記録であり、『礼記』『論語』はその「義」（意味・意図）の説明である。この「物」は「わざ」とも言い換えられる（つまり、朱熹と同じく、物は事なのだが、その意味が異なるのである）。

> 理の六借事《むづかしき》は愚なる人は会得成不申事故《えとくなりもうさざることゆえ》、古聖人の道も教も皆わざにもたせ置候事にて、其わざさへ行候得ば、理は不知候ても、自然と風俗移候所より、人の心も直り候て、国天下も治り、又一人の上にても、風儀の移る所より自然と知見各別にひらけ行て才徳を成就する事に候。是聖人の道聖人の教法の妙用に候。（『答問書』）

「わざ」とは、しわざ・しかたである。具体的な行為の型である。それに沿って行動することによって、「心」が変えられていく。「聖人の道を大道術と申候。…俗人の思ひかけぬ所より仕懸けを致し候て、覚えず知らず自然と直り候様に仕《つかまつる》」(『答問書』)のである。

「わざ」「物」の仕掛けによる統治は、個々の統治者の能力によって左右されることが少ない。たとえばかつて「大八洲のよく治まりつるは、淡海公の制度の徳なりとしるべし。…賢愚は代々にことなれ共、制度の力にて、仁倹の徳をうしなはず、古法をよく守れるにて、おだやかにおさまれるなり」(『南留別《なるべ》志《し》』)と徂徠はいう。淡海公すなわち藤原不比等(斉明五／六五九年―養老四／七二〇年)が、律令制という「聖人の道」にかなり沿った制度を導入したというのが、徂徠の理解である。その「制度の力」で、かつてはよく治まったというのである。

では、その「わざ」・制度に、最初、いかにして従わせるのだろうか。言葉が無効なら、暴力だろうか。徂徠の答えはいずれでもない。

　鬼神は先王これを立つ。先王の道はこれを天に本づけ、天道を奉じて以てこれを行ふ。その祖考(祖先のこと)を祀り、これを天に合す。道の由りて出づるところなり。(『弁名』鬼神)

　堯舜の礼を制するや、天道を奉じて以てこれを行ふ。その教を神《しん》にする(神秘化する)所以なり。[3]三代の天子の一政を出し、一事を興すが如きも、また皆な祖宗を祀り、これを天に配し、而して天と祖宗との命を以てこれを出し、卜筮を以てこれを行ふ。古の道しかりとなす。(『弁名』礼)

ここにいう「天」は、朱子学における、万物を生みなす「愛」に満ちた「天」ではない。むしろ高遠にして崇高な神秘である。そして、「鬼神」とは、特に王朝の開祖などが祭られたものを言う。つまり、畏るべき「天」と王朝の祖先神とを統治者が祭り、それらの神秘的なお告げとして命令し、随順せしめるのである。徂徠は、兵学書『鈐録』で、より露骨に述べている。

総ジテ陰謀ハモト仁ノ道ナリ。…聖智ノ人ノスル陰謀ハ陰謀ノ迹ヲ見セズ、人ソノ陰謀ナルコトヲ知ルコトナシ。是兵家ノ極意ナリ。鬼神・占筮・災祥ノコトハ聖人ノ一術ニテ愚ヲ使フ道ナリ。愚ヲ使フト云ハ愚人ヲダマスニ非ズ、愚民ハ愚ナルガユヘニ道理ヲ説聞カセテ疑ナカラシムルコトハナラヌコトナリ。ナマナカジノ道理ハ疑ノタネトナル。故ニ鬼神・占筮・災祥ノ術ヲ以テ愚民ノ心ヲ一致セシメ、疑ナカラシムルコトナリ。（『鈐録』巻十三）

宗教的権威の利用による統合の構想は、マキアヴェリを始め、欧州にも多い。ジャン＝ジャック・ルソーさえ『社会契約論』（一七六二／宝暦一二年）第二編第七章において、基本法の起草者がその法を人民に受け入れさせるためには、理屈でも力でもなく、「現世とは別の秩序に属する権威に頼ることがどうしても必要である」と認めている。人民は幸福を望むが、いかにすれば幸福になれるかを知らない——奇妙な取り合わせだが、徂徠とルソーの二人は、そのようなペシミズム乃至リアリズムを共有するが故に、畏怖すべき神秘的権威を利用するという類似の結論に至ったのである。

しかし、そうだとすれば、「聖人」は、あるいはそれに学んだ統治者は、いかなる悪をもなしうるのではないだろうか。彼を超え、彼を縛る「道」や「理」は無い。しかも彼は「天」や「鬼神」さえ利用する。彼が、「安民」をめざす保障がいったいどこにあるのだろうか。

徂徠によれば、まず、「人を群してこれを統一」するには「仁」であるしかない。そうでなければ、人々はついてこない。「農工商賈、皆な相資《たす》けて生をなす」ことを可能にしてこそ、「君」たりうる（『弁名』仁）。そして、統治を安定させ、「開国太祖」（『弁名』聖）として、その王朝・その子孫の存続を願うなら、民がその生に安んずるような巧みな制度体系を構築するほかはない。「制度の力」に頼むほかない。したがって、「聡明睿智之徳」（『弁名』聖）を有する人は、あの最小限に定義された「安民」をめざすことになる。つまり、「聖人」に、不合理な自己犠牲の精神を想定する必要はない。何故か「人情の常」を超越した偉大な善人が、古代にのみ出現したなどという非歴史的な主張は、徂徠はしない。「聖人」の自己利益と人民の利益が一致する以上、「聖人」はただ異常に聡明であればよい。逆に暴虐な君主は、不仁である以上に愚かなのである。

（四）循環

徂徠は、中華古えの「聖人」たちが建立した制度体系を「道」とし、人類共通の統治の模範と考える。それは、単に彼等を信仰するからではない。中華古えは、統治が比類なく成功したという否定できない歴史的事実があるからである。現に、聖人が開いた三つの王朝、夏・殷（商）・周の三代は、安定して極めて永く続いた。それ以降は、それに倣う他はないのである。

そして、漢・唐・宋・明は、いずれも約三〇〇年続いた。これは、開国以来の制度が概ね「聖人の道」に沿っていたためである。一方、日本では、唐から学んである程度「聖人の道」に則ったために、公家の世は約三〇〇年続いた。そして、その後、天下は武家の手に渡った。しかし、鎌倉の世は僅か一〇〇年で終わり、室町の世も約一〇〇年で大いに乱れた。徂徠によれば、それは、「何《いづれ》モ不学ニテ、三代先王ノ治ニ則《のっと》ルコトヲ不知《しらざる》故」（『政談』）である。

しかし、「聖人」が建てた王朝も結局は滅んだ。それは何故か。

この世には、「聖人」の制度すらも結局はとどめ得ない歴史法則があるからである。

古モ今モ、盛衰ノ勢、治乱ノ道ハ、符節ヲ合タルガ如シ。何レノ世トテモ風俗壊レ、奢侈長ズレバ、上下共ニ困窮シ、財用尽ルユヘ、姦宄繁ク、盗賊起リ、乱世ニナルコト、万古一轍也。総ジテ治乱ノ道、治極リテ乱レ、乱極リテ又治ル。天運ノ循環ナレドモ、全ク人事ニヨルナリ。上ナル人愚庸ニナリテ、下ニ豪傑アレバ、世必乱ル。乱極リテ、人ノ心乱ニ厭クハ、是《これ》治ラントスル勢ヒナリ。コノ時ニ当リテ、仁賢ノ徳アル人ニ、人望帰シテ天下ヲ一統ス。（『太平策』）

すなわち第一に、人間性が不完全だからである。「華美ヲ好ムハ人情ノ常」（『政談』）である。そのため、太平が続くとどうしても奢侈化が進む。その結果、物価が上昇し、やがて上下とも困窮して犯罪が増え、乱世に向かっていく。しかも、上にある者は、苦労に鍛えられることもなく、「下ノ情ニ疎ク、家来ニ誉ソヤサレテ育タル故、…自ラ我儘ニシテ、下ヲ虫ケラノ如ク思フ」（同）。それ故、逆に下にある者の方が賢くなっていく。こうして太平の安定自体が、不安定になる要因を育む。

第二に、資源が有限だからである。徂徠は、この有限の天地において無限の「発展」や「成長」が可能だなどという暢気な楽天主義はとらない。

総ジテ天地ノ間ニ万物ヲ生ズルコト各其限リアリ。日本国中ニハ米ガ如何程生ズル、雑穀如何程生ズル、材木何程生ジテ何十年ヲ経テ是程ノ材木ニ成ト言ヨリ、一切ノ物各其限リ有事也。（『政談』）

それ故、太平によって消費性向が高まればいずれ物不足となり、物価が上昇し、（一部の商人以外は）困窮するのである。

かくして、いかなる王朝も、このサイクルを結局はたどって滅ぶ。

徂徠によれば、それは人体と似ている。生まれ、盛んな時期を迎え、そして老い、やがて死ぬ。その意味で「聖人の道」にも限界はある。しかし、「聖人の道」はいわば模範的な体質・体型であり、これに似ていれば長寿であり、そうでなければ早くから病いが生じて死に向かうのである。(4)

四　仕掛

(一)　療治

徂徠は、事実上の天子、吉宗に「聖人の道」を説明し、政策提言する機会を得た。家宣・白石の両人に代わり、今度は、剛腕の吉宗と自分という最強の組み合わせで大改革に乗り出すという可能性が、徂徠の頭には浮かんだであろう。

『太平策』において、徂徠は、「国家ノ治メハ、医者ノ療治ノ如シ」と述べている。統治を医療に譬え、統治者を医者に喩えるのである（政治体が人体のようであれば、当然の比喩である）。そして、「下手医者」は、対症療法に努めるが、「上手ノ医者ハ、洞《ほがらか》ニ病源ヲ見テ」「病ノ根本」を直すという（『太平策』）。

その場合、患者の体質と年齢に注意し、それにあった処方をしなければならない（漢方医学の発想である）。

ところで、当時の（いわば）徳川王朝の体質はよくなかった。そしてそのままに、何とか一〇〇年を経た時点にあった。鎌倉・室町の世が乱れるに至った一〇〇年であり、徂徠の見るところ、「聖人ノ道ヲ以テ、制度ヲ立カユル」「立替」えが可能な、ぎりぎりの時点でもあった。

（二）　人ヲ地ニ着ル

「立替」の第一は、「人ヲ地ニ着ル」ことである。

当時（「現在」の意味）ノ仕方ハ治ノ根本ニ返リ、ヤハリ柔カナル風俗ノ上ニテ古ヲ考ヘ、法ヲ立直スニ如《し》ハ無シ。治ノ根本ニ返リテ法ヲ立直スト云ハ、三代ノ古モ、異国ノ近世モ、亦我国ノ古モ、治ノ根本ハ兎角人ヲ地ニ着ル様ニスルコト、是治ノ根本也。（『政談』。以下、断りのない限り同じ）

この短い文で、徂徠は「治ノ根本」を四度も繰り返している。本当に重要な政策原理なのである。何故、それが重要なのか。

まず、治安の回復と確保のためである。

当時モ人別帳モアリ、名主モアリ、五人組モアレドモ、店替ヲ自由ニシ、他国ヘモ自由ニ行キ、他国ヨリ来リ其所ニ住コト自由ナレバ、日本国中ノ人入乱レ、混雑シ、何方モ皆仮ノ住居ト言者ニ成リ、人々永久ノ心ナク、隣ニ構ハズ、隣ヨリモ此方ニ構ハズ、其人ノ本ヲ知ラネバ知ヌト云ニテ何モ済也。先ヲモ知ネバ、始終ハ名主ヲ始メ我ガ苦ニセヌ故、人々面々構ニテ心儘ニ成ル也。

流動性が高く、人々が相互無関心になり（徂徠はその状態を「面々構《めんめんこう》」と呼ぶ）、「自由」すなわち各人の「心儘」であるのは、体制の病いである。人間は、それで安定した秩序を保てるような存在ではない。

　そこで、例えば、江戸とその外を明確に区切り、無統制な江戸の拡大を防止する。その上で武家地にも木戸を設け、木戸番を置き[5]、区域毎に「肝煎」（世話役）を決める。御家人の同役・同組の者は一つの町に集中して住まわせる。「一町内ノ事ハ家内ノ微細ナル迄何事モ知レザルコトハ無」い。それを実現するためである。

　さらに、「戸籍」を整備して民の一人一人を把握し、国内旅行にも「旅人道中ノ切手」すなわち「路引」（ろいん。『大清律例』関律にもこれに関する規定がある）、つまりパスポートを必携とする。民の「心儘」なる移動を阻止するためである。「是ニテ世界ノ紛レ者無キノミニ非ズ、是ニテ世界ノ人ニ統轄ヲ附ル故、世界ノ万民悉ク上ノ御手ニ入テ、上ノ御心儘ニナル」。そして「離レ者ト云者ハ一人モ無ク、依之《これにより》紛レ者ト云ハ曾テ無キ事」になる。そうなれば——

人々郷里ト云者定ル故、親類モ近所ニ有之、幼少ヨリノ友達モ充満タレバ、自然ト親類友達ノ前ヲ思フテ悪事ハセヌ物也。一町一村ノ内ニテ名主ノ知ラヌ人ナシ。一町一村ノ人相互ニ先祖ヨリ知リ、幼少ヨリ知コトナレバ、善悪共ニ明ニ知ル、コトナル上ニ、五人組ノ法ヲ以テ吟味スルコトナレバ、何事モ隠スト云コトハ曾テ成ラヌコト也。

後ろ暗いプライヴァシーなど、一切無くなるのである。

如此《かくのごとく》法ヲ立替ル時ハ、右ニ言フ如ク、何モ箇モ隠レ家ナキノミニ非ズ、一町一村ノ人ハ相互ヒニ自然ト馴染付故、悪キコトヲバ相互ヒニ異見ヲ言ヒ、言ハレ、異見ヲ聞ヌコトモナラズ、又相互ヒニ見放ス事モ無ク、交リ念比《ねんごろ》ニナル也。此上ニ奉行治メノ筋ニ心ヲ入レ、名主ニ能示シ下知スレバ、一町一村ノ内、相互ヒニ睦ジク、風俗自然ニ直リ、悪人ハ自然ト遠ザカルベシ。

人を地に着けるとは、つまりは人間関係を固定するということである。人間関係を固定し、ねっとりとした人間関係の網に全員を捉え、そのまなざしでお互いを縛らせる。この仕掛けによって、監視カメラなど無くとも、安定した秩序（「安全安心」？）が成立するのである。

さらに徂徠は、武士の城下町集住を止め、できるだけ知行地に住まわせるべきだとする。武士をもう一度質実剛健にするためであり、領主と百姓が馴染み、「百姓共幼少ヨリ地頭様ト崇メ尊ブ心骨髄ニ染故、其所モ能治ル」ようにするためである。武士の方も「不断ニ我住所ニテ見習、聞習スルトキハ、愛憐ノ心モ自然ト生ジ、如何様ノ人ニテモ百姓ヲサノミ苛《むご》クハセヌコト、是又人情」である。つまり、これも人間関係の固定である。徂徠によれば、それは中華古えの「封建」の世の在り方であり、「法」にのみ依り、「太公」で「恩愛」の無い（秦始皇帝以後の）「郡県」の世と対照的だという（『弁道』）。

かつて伊藤仁斎は、家族・親戚・友人などとしてお互いを優しく思いやるよう説いた。そして、なごやかで暖かい世が実現すると信じた。しかし、若き仁斎が思い知らされたように「我を愛すること深き者は、すなはち我が讎」という皮肉がこの世にはあろう。親密な人間関係は、必要であり、同時に束縛する。そして、徂徠はその第二の面に着目し、仕掛けによってそのような関係の網の中に人々をからめとり、安定した秩序を実現することを構想したのである。

しかも、徂徠によれば、現在の武士は生涯旅に出ているような状態にいる。しかもそのことの自覚さえ、もはや失っている。生活の一切が貨幣による商品購入によってのみ成り立つ「旅宿の境界」にいるのである（現代の我々と同じである）。武士は商人なしでは生きていけず、「武家皆旅宿ノ境界ナル故、商人ノ利倍ヲ得ルコト、此百年以来ホド盛ナルコトハ、天地開闢以来異国ニモ日本ニモナキ事」という異常事態であった。

この「旅宿の境界」化を現代では、貨幣経済化・商品経済化・市場経済化などと呼んでいる。しかし、彼はそれを人類史の必然的不可逆的趨勢などとは考えない。歴史上くりかえされてきた、太平の持続による奢侈化が一時的に極端に進んでしまった状態だと考えるのである（この理解からすれば、地球の資源と環境も有限である以上、全世界の商品経済化も、人類史における一時的バブルにすぎないのであろう）。

そこで、対策が必要である。そうでなければ困窮し、間もなく乱世に陥ってしまう。そこで彼は、その対策としても、武家が知行所に住むべきことを主張する。武士は知行所に住み、物資は現物で百姓に直接納めさせる。米の年貢だけを取り、それを売った代金ですべてを購入するというのではない。生活用具なども、職人に材料を渡して、直接に注文生産させる。武器などは、下級の武士が自分で作る。そして、江戸の御公儀は、諸大名から特産品を直接に献上させる。都市化による商品経済化を、根本原因から逆転しようというのである。正に「土着」こそ、「治ノ根本」であった。

（三）　礼法ノ制度

徂徠は、さらに『政談』でこう述べている。

古ノ聖人ノ法ノ大綱ハ、上下万民ヲ皆土ニ在着ケテ、其上ニ礼法ノ制度ヲ立ルコト、是治ノ大綱也。

では、この二つめの「大綱」、「礼法ノ制度」とは、何か。

制度ト云ハ法制・節度ノ事也。古聖人ノ治ニ制度ト言物ヲ立テ、是ヲ以テ上下ノ差別ヲ立、奢ヲ押ヘ、世界ヲ豊カニスルノ妙術也。依之《これにより》歴代皆此制度ヲ立ルコトナルニ、当世ハ大乱ノ後ニ武威ヲ以テ治メ玉ヒシ天下ニテ、上古トハ時代遥ニ隔リシ故、古ノ制度ハ難立《たてがたく》、其上大乱ノ後ナレバ、何事モ制度皆亡ビ失セタリシ代ノ風俗ヲ不改《あらためず》、其儘ニオカレタルニ依テ、今ノ代ニハ何事モ制度ナク、上下共ニ心儘ノ世界ト成タル也。

具体的には、「衣服・家居・器物、或ハ婚礼・喪礼・音信・贈答・供廻リノ次第迄、人々ノ貴賤・知行ノ高下・役柄ノ品ニ応ジテ、夫々ニ次第有ルヲ制度ト言」う。つまり、身分に対応して、衣食住・冠婚葬祭の儀式・行列まで、すべて何をどう使うのかを政府が決めてしまうのである。衣服の生地・色・形態に至るまで、生活の様式と水準とを、身分ごとに公定し、固定してしまうのである。

何のためか。

第一に、資源は、有限であるだけでなく、「其中ニ善モノハ少ク、悪モノハ多シ。依之《これにより》衣服・食物・家居ニ至ル迄、貴人ニハ良物ヲ用ヒサセ、賤人ニハ悪モノヲ用ヒサスル様ニ制度ヲ立ルトキハ、元来貴人ハ少ク賤人ハ多キ故、少キモノヲバ少キ人用ヒ、多キモノヲバオ、キ人ガ用レバ、道理相応シ、行キ支《つか》ヘ無ク、日本国中ニ生ズル物ヲ日本国中ノ人ガ用ヒテ事足ル」からである。

資源と生産物は有限であり、しかも品質の良い物は少く、悪い物は多い。（それを現代では、収入に応じて不平等に配分しているわけだが）前者を数の少ない身分の高い人が、後者を数の多い身分の低い人が使う。そうすれば「道理相応」し、過不足なく、正しく不平等に分配・消費できるというのである。[6]

しかも、このような制度を作ると、身分の区別を明白に表示できるために上下の関係も安定するという。例えば、当時の武士は誰でも裃を着ける。そのために外見では上下の見分けがつかない。そのために、上の者は上であることを示そうとして「各イカツガマシキ体ヲシテ、是ニテ高下ヲ別ツコトトナ」る。一方、「下タル者ハ礼ニ過テ這屈《はいかがみ》、諂《へつら》フ風俗」になっている。過度の傲慢と卑屈が蔓延しているのは、上下の別が明示されないためである。

前記の「古聖人ノ治ニ制度ト言物ヲ立テ、是ヲ以テ上下ノ差別ヲ立、奢ヲ押ヘ、世界ヲ豊カニスルノ妙術也」とは、右の故である。

（四）　代リ目

以上のような「立替」をいかにして実現するのか。徂徠のいう通り人間は習慣の動物であるならば、どうすればそのような大改革が可能なのか。

徂徠によれば、「立替」は家綱の末期・綱吉の治世の始め頃（一六八〇年頃）が、最善の時期だった。しかし、その後のあの藪医者、新井白石の政策で副作用がひどい（貨幣の質を高めて量を減らしたためデフレ状態だった）（『太平策』）。そこで、まず銅銭を大量に鋳造して、一時的に「唯当分ノ世界ノ甚賑フコトヲ取行」う。次に徳政令を出して武家の支払い不能な借金を帳消しにし、その代わり、今後は裁判による着実な借金取り立てを可能にする。さしあたりの武家の困窮を救うためである。

そして、大改革の準備を始める。

右ノ如ク衣服等ノ制度ヲ定ンニハ、代リ目ノ際、境無テハ叶ハザル事也。先ヅ東照宮へ御告有ル可キ事也。日光御社参ヲ仰セ出サレ、二三年前ヨリ、御供廻リノ装束・諸大名参詣ノ装束、此度ハ如此《かくのごとく》有ル可シト号令有テ、得ト支度サセ、夫ヨリ直ニ平日ニ用ル様ニ有リ度キコト也。（『政談』）

あの「日光御社参」、将軍自身の日光東照宮参詣である（第三章三（二））。数年かけて準備がなされ、諸大名がお供につき、お供にお供が付いたすさまじい大行列が、江戸・日光間を往復するという盛儀である。そこで、例えば三年後にこの御社参をするとの触れを出し、その際に、身分毎の装束等を定め、準備させる。そして日光に赴き、吉宗が開国の君、家康を参拝する。その際に、「立替」をするようにとのお告げが、おそらく下る。そして、その時からは、その装束等を平日にも用いる。こうして日光御社参が「代リ目ノ際」となる。

ここで東照宮とは、正にあの「鬼神」である。つまり「三代の天子の一政を出し、一事を興すが如きも、また皆な祖宗を祀り、これを天に配し、而して天と祖宗との命を以てこれを出し、卜筮を以てこれを行ふ」という「聖人の道」の忠実な適用である。御威光の支配の頂点で厳めしく輝く東照大権現の権威を借りて、畏服するのである。

ただし、事は慎重を要する。「先後緩急ノ序」をつけ、「一切ノ事、大総ナルコトハ先ヅ粗ヲ立テ、後ニ細ニスル」。武家の土着も、大名の参勤交替の供廻りの縮小、江戸詰の家来の減少などから始める。細かな生活様式の規定も、まず町人・百姓を対象に行って贅沢を止めさせる。それによって需要を減らして物価を下げ、武家を救済した上で、武家についても規定していく。

徂徠は、真剣であった(7)。

荻生徂徠の思想の根幹は、ときに「近代的」と呼ばれる立場の逆、ほぼ正確な陰画である。すなわち、歴史観としては反進歩・反発展・反成長である。そして、反都市化・反市場経済である。個々人の生活については反「自由」にして反平等であり、被治者については反「啓蒙」である。そして、政治については徹底した反民主主義である。そういうものとして見事に一貫しているのである。

賛同しにくい立場かもしれない。しかし、徂徠は、有限な天地で、市場経済による無限の「発展」が可能だ、などとは信じないのである。そして、自由に流動して浅い人間関係しか持たず、それでいて悪事に走らず秩序を保てるほどに人間は立派だ、とも信じないのである。我々は、それにどう反論できるのだろうか。

(1) 本文の徂徠の履歴は、主に、平石直昭『荻生徂徠年譜考』（平凡社、一九八四年）による。

(2) それはまったくのはったりではない。彼の『論語徴』は清朝中国に渡り、清朝の考証学者による代表的な『論語』注釈（劉宝楠（一七九一―一八五五）『論語正義』）にも、くりかえし引用されている。

(3) なお、北宋の蘇洵も、聖人が礼を制した際、まずそれに従わせるために、「易《えき》」を利用して「その教へを神にし」たと主張している（「礼論」）。

(4) 「スパルタやローマでさえ滅んだ以上、いかなる国家が永久に続くことを望めようか。…政治体も人体と同じく、その誕生と同時に死に始め、みずからの内にその崩壊の諸原因を宿している。しかし、いずれにもその体質の強弱があり、それによって寿命の長短がありうる」（ルソー『社会契約論』第三編第一一章「政治体の死について」）というわけである。

(5) この武家地にも木戸を設けるという提案は実行されないが、いわゆる寛政の改革において、江戸の町々に木戸を設けることは、改めて徹底される。当時、これは徂徠『政談』をお上が用いたのだと噂されている（『よしの冊子』二）。

(6) これは、『荀子』礼論にも見え、明の羅欽順『困知記』（巻上五二）にもある考えである。

(7) 徂徠の改革案は、本文で述べた他、極めて多岐にわたる。以上は、その主要な部分の概略にすぎない。

参考文献

尾藤正英「国家主義の祖型としての徂徠」（同編『荻生徂徠（日本の名著十六）』中央公論社、一九七四年）
日野龍夫『江戸人とユートピア』（朝日新聞社、一九七七年）
田尻祐一郎『荻生徂徠（叢書・日本の思想家一五）』（明徳出版社、二〇〇八年）

第十章　無頼と放伐
――徂徠学の崩壊

一　焦燥

もしも、荻生徂徠の建言に将軍吉宗が共鳴し、彼を信頼して側近とし、その指導の下に「立替」を実行したならば、そして、徂徠の門人たちも次々に登用されて、それぞれの気質と才能を生かしながら政策実行に関わったならば、さらに、その結果、万民が「土着」して、質素で安定した世が実現したならば、徂徠とその門人たちにとって、最善の結末であったろう。

実際、徂徠は一時、吉宗に期待をかけたようである。彼の孫弟子によれば、ある時、徂徠はこう述べたという。

中興此時也。間部越前守ニ腹切セ、国初功臣ノ諸王侯ノ衰タルニ御加恩成サレ御取立候テ民ノ耳目ヲ新ニ成サレズハ次第々々ニ衰ヘ行クベシト云レタリ。

其後一年アマリスギテ、吾云如ク成サレズサテサテ中興気象ナシトナゲキテ、春台（太宰春台）ニ語ラレタルト也。（『文会雑記』）

家宣・家継の下で新井白石に協力した老中、間部詮房に「腹切セ」（！）、彼等に反撥していた譜代大名を味方につけて改革を開始するという構想だったのであろう。

しかし、徂徠の「云如ク」「中興」が始まる様子は無かった。彼は徳川の世の将来を悲観し、危機感と焦燥感を募らせていった。死の床にあって（享保一三／一七二八年）、彼は、こう述べたという。

国脈大ニチ、マリ程ナク甲冑ノ入（要る）コトナルベシ（『文会雑記』）

間もなく、あの乱世に陥るであろうという予告であった。

残された徂徠の門人たちは、それからどう生きれば良かったのだろうか。朱子学者であったならば、自分の政策提案が採用されなくとも、ひとり身を修めて、完璧な人格者という意味での「聖人」をめざして努力を続ければ、それで人生に意味はある。その生自体が、他の人類への模範を示していることにもなる。また、仁斎学者であったならば、君主への提言が聞かれなくとも、周囲の人々に優しい穏やかな態度で接して生きていけば、それで立派に「道」を実行して生きたことになる。しかし、専ら「天下国家ヲ治ムル道」を学んだ徂徠学者は、それが実行されなかったとき、何をすればいいのだろうか。政治学・政治哲学がいかにして政治の現実と結合しうるかという古代以来の難問（プラトン『国家』四九九B）が、徂徠学者を悩ますのである。

まずは四種の対応があった。

二　崩壊

第一は、諦めずに政策提言を繰り返し、為政者への働きかけを続けるという対応である。大名家でそれを続けた例もある（宇佐美灊水《しんすい》など）。そして、将軍家については、徂徠の有力な弟子の一人、太宰春台（延宝八／一六八〇年―延享四／一七四七年）が、その実例である。彼は、徂徠の死の翌年、『経済録』（「経済」は「経世済民」「経国済民」の略。統治の意味）を著す。彼は、その序にこう記した。

凡経済ハ、古ト今ト時ヲ異ニシ、中華ト日本ト俗ヲ殊ニスレドモ、是ヲ行フ術ハ、少モ異ルコトナシ。若シ古ニ宜クテ、今ニ不宜《よろしからず》、彼国ニ宜クテ、此国ニ不宜バ、聖人ノ道ト云ベカラズ。是ヲ行テ、行ハルルト、不行《おこなわれざる》トハ、行フ人ニアリ。四方万国、日月ノ照ス程ノ地ニ、聖人ノ道ノ行ハレザル所有ベカラズ。況ヤ日本ハ往古ヨリ中華ノ道ヲ用テ治メ来ル国ナレバ、末世迚《とて》モ再興セラレマジキニ非ズ。若シ英雄豪傑ノ人アリテ、上ニ用ヒラレ、時ヲ得テ其術ヲ施サバ、先王ノ道、孔子ノ教、海内ニ行ハレテ万民其徳沢ヲ蒙ランコト、日ヲ計テ待ベシ。

「聖人の道」の普遍性・実効性の信念と、（春台自身のような）「英雄豪傑」登用による「再興」への期待である。

そしてその四年後（享保一八／一七三三年。春台五四歳）、彼は、お世継ぎ、徳川家重に意見書を提出する。吉宗に失望し、次代に期待をかけたのであろう。一介の浪人として大胆な行為であり、処罰される危険もあった。だが、それも覚悟するほどに思い詰めていたようである。しかし、家重からは何の反応も無かった。

春台は、それも予期していたのであろう。『経済録』序には、次のようなせつない言葉もある。

昔人千金ヲ費シテ、龍ヲ屠ル術ヲ学シガ、屠ルベキ龍ナクテ、空ク一生ヲ終シトカヤ。純ガゴトキ者、是ニ似タリ。然ドモ此身此儘ニテ終ラバ、学ビ得タル屠龍ノ芸、徒ニ土中ノ物トナルベキモ惜シケレバ、拙キ筆ニテ記録シテ、篋中ニ蔵置キ、広キ世間ニ、若シ龍ヲ得テ屠ント思ン人アラバ、潜《ひそか》ニ是ヲ授テ、其謀ヲ賛《たすけ》ント願フ。是純ガ平生ノ微志也。若シ此中ニテ、万分ノ一モ取用ヒラルルコトアラバ、此身死ストモ、生ルガ如クナラン。

考えてみれば、孔子・孟子も明君を求めて生涯さまよった。彼等の弟子同様、春台も文字の力に期待をかけたのである。

第二に、脱政治化である。その典型が、文人として知られる服部南郭（天和三／一六八三年―宝暦九／一七五九年）である。彼も政策を論じたことがあったようである。しかし、徂徠門の逸話を集めた『蘐園雑話』によれば、「南郭公儀ノコトヲ漢文ニテ書シカ、コノコトニテ殊ノ外難儀ナリシユヘ、是ヨリ一向経済モヤメラレ詩文ハカリ専ラニセシナリ」ということだった。実際、「予ハ決シテ経済ノコトヲ云ズ」とも語ったという（『文会雑記』）。敢えて、政治的関心を自らに封じたのである。その理由は、こうである。

学者ノ料簡ニ出テ国ヲ治メバカヤウカヤウニスベキナト云。コノ方ノ理窟ヲ心ニ持テ時勢ヲモ不知大カタハ出テ経済ヲ以テ誤国ノ罪ヲ得ベキモノナリ。ソレユヱ米ノコトヲ文ニ書テヲクヘシト思ヒタレトモ、又思フニ、左ヤウニ書タレバトテ用ユベキニアラズ、又書タレバトテ用ラルヽト用ラレヌハ天ナレバ無益ナリト思テ文ニモ作ラズ。大カタ今ノ学者ハ紙上ノ空談ニテ山川ヲアリキタルコトモ無ク民ノ情合ヲモ知ラズシテ人ヲ治メント思ハ、ニガニガシキコト也。（『文会雑記』）

政策提言をしても採用されるかどうかわからないというだけでなく、正に徂徠学によって現実感覚が磨かれ、「民ノ情合」も知らなければ統治はできないということを知っただけに、かえって（徂徠のような村での生活の経験もない）自己の否定に至ったのである。

かくして服部南郭は生涯ただ擬古的で技巧的な詩文を綴り続けた。ときには、「吾が徒（徂徠学派を指す）の学を為すこと、もとよりすでに世に贅疣（こぶやいぼのように無用な物）なり」（「送田大心序」『南郭先生文集三編』巻之五）などと自嘲し、その鬱屈を洩らしている。強烈に政治的だったが故に、敢えて脱政治化し、屈折した文人として生きたのである。

第三に、無道徳化である。それは、道徳に反すると知りながらつい犯してしまうという不道徳ではない。道徳性への無関心と冷笑である。そもそも徂徠学は、道徳的修養自体は重んじない。統治組織において働くために、各人の「気質」に応じて、似合いの「徳」を伸ばせというだけである。それでいて統治の任に就く可能性が無いとなれば、「徳」を培う理由も無いことになろう。

やがて徂徠学を学ぶと人柄が崩れる、放蕩無頼になるというのが、定評・定説になっていった。例えば、「ある人の言に、徂徠の教にては子弟放蕩になりやすくて、其親兄弟も学問をする事を制するやうになり、今また朱子学を為にも珍しからぬによつて、少しはかはりし事をいはねばおもしろくなきと思ひて、陸王の学[1]を唱へる人も出来しなり」という指摘がある（菅茶山。寛延元／一七四八年―文政一〇／一八二七年。『筆のすさび』）。さらには、「小沢文二郎徂徠学ニハ御座候へ共、放蕩ニ無御座、書物ヲバ致出精候由」という噂がある（『よしの冊子』天明七年十二月の項）。徂徠学だが「放蕩」ではない、ということが話題になるのである。

その理由を大田錦城は、「徂徠以後の学者は天下の老中になるまでは、学問用なしなどと覚えたり。故に無道不善を所行とするも、尤の事なり」と説明した（『梧窓漫筆後編』文政七年序）。さらに、広瀬淡窓（天明二／一七八二年―安政三／一八五六年）は、「道」を人造物だとしたことが、問題だとした（『夜雨寮筆記』）。

聖人モ人ナリ。儒家ノ祖トスル孔子モ、唐人ナリ。我国ノ人ヨリシテ云ヘハ、君ニモ非ス、父ニモ非ス。掛リ合ヒノ無キ人ナリ。若シ道ト云フ者、其人ノ心ヨリ作リタル者ナラハ、平日ハ之ヲ用フ可ケレトモ、一生ノ大事ニ臨ンテ、命ヲ棄テ、モ其教ヲ守ルコト、聖人君子ハ格別ナリ、凡常ノ人ハ能ハサル所ナリ。

天も信じず、自然法も信じず、所詮道徳・倫理など人間の作為の産物だ、と考えるような人間は、命をかけてまで道徳的たらんとはしない。さらに、「道ヲ以テ作リ物トスルヨリシテ、世ノ篤実謹厳ノ君子ヲ以テ矯飾ノ偽リトシ、放逸無頼ノ徒ヲ以テ天地ノ真面目ヲ得タル所トス」ということにもなる。徂徠学は、道徳への努力を偽善として冷笑するシニカルな無頼漢を生む、というのである。

そこで、一旦徂徠学をくぐりながらもまた朱子学に戻る人も出てきた（例えば尾藤二洲）。また、徂徠学の衝撃を受け止めつつ改めて道徳の基礎付けを図ろうとする人も出た（例えば、片山兼山・井上金峨・亀井昭陽・豊島豊州）。

第四の対応、それはある意味で最も深刻である。徂徠学が現実政治に活かされないというだけなら、悪いのは現実であって、徂徠学ではないとも言える。しかし、徂徠が予見した乱世が来そうにないとなれば、それは、徂徠学自体への懐疑を生む。

延享四年（一七四七）に世を去った太宰春台は、なお、「御当家ノ末ハ大カタ盗賊ノ乱世ナルベシ」と言っていたという（『文会雑記』）。しかし、それ以後も、太平の世は続いた。十八世紀後半、飢饉・打壊しは散発するが、まだ対外的危機感もない。どう見ても戦国の世が再来しそうではなかった。

服部南郭は、「方今国家は封建の制に依り、礼譲和楽、三代の俗にちかし」（「送矢子復序」『南郭先生文集第二編』巻六）と書いている。さらに太宰春台の弟子、松崎観海（享保一〇／一七二五年―安永四／一七七五年）は、次のように述べたという。

神祖ノ海内ヲ治メ玉ヘル治平百年コレハ三代ニモマサルベキナリ。夏禹王ノ御子啓、ソレヨリ程ナク乱レ、殷ハ未詳、周ハ文武成康ト続キタレトモ昭王南遷シテ帰玉ハズ。日本ノ今ノ治平ハ大ニ夏周ニマサレル体ナリト思ハル、。（『文会雑記』）

「聖人ノ道ヲ以テ、制度ヲ立カユルコト」（『太平策』）がなされないのに、今が中華古えの世にも勝る太平であるとは、どういうことなのか。「先王ノ礼楽ヲツクリ給ヘルモ治平ニナサント思召タルユヱ也。然ルニ今太平ナレバモハヤ礼楽ニモ及バヌコトナルベシ」（服部南郭の語。『文会雑記』）というのが、論理的解答であろう。

それでは、何故そうなのか。

南郭は、こう述べたという。

中国ニ比べ視ルニ、コレヨリ後ニ聖人ト云物ガ出来ルコトモ知レズ。日本ノ今ハ中国ノ堯舜ヨリ已前ナルカモ知レヌト思ハル、。（同）

現在の日本は「聖人の道」以前の原始的平和状態なのかもしれない、というやや苦しい解釈である。しかし、もう一つの答があった。それは、おそらく南郭の最終的結論でもあった。中華と異なり、日本は人が元来優れているから「聖人の道」無しに治まるのだという答である。

中華ニハ聖人天子ニハ宗廟ト云モノアタマニカケテ、諸侯ハ天子ト云モノヲイタダカセ配分シテサテ卿ト云モノヲ立タル処、人柄ノ甚ワルキ国ト覚ユ。ソレユヱ礼楽ニテ聖人治メタマヘリ。日本ハ礼楽ナシニ治マルヲ見レバ、華人ヨリハ人柄ヨキナリ。（同）

つまり、日本特殊論であり、同時に日本優位論である。太宰春台の弟子に学び、南郭とも交際した賀茂真淵（元禄一〇／一六九七年―明和六／一七六九年）も、こう証言している。

異国すきの人日本をいやしき事と思へるは異国の学よく知人《しるひと》にはあらじ。東にもかたくな人多かれど、かの南郭といひしものは、通学の上にてからの道は無益なる空談にて世の治れる事なきを知て、よりより人にもいひたり。故にたゞ詩人（文？）をのみ作りて心をやるよすがとして経書の事をすべていはざるなり。天が下に日本ほど治れる国はあらず。その上に何の事かあらん。（「龍公美賀茂真淵問ひ答へ」頭註）

結局、制度では、日本の安定と繁栄は説明できない。だとすれば、鍵は人だ。日本人は、もともと優れているのだ、だから、外国の真似などしなくても、外国以上にうまくいくのだ——という解釈である。大田錦城も、こう書いている。

昔王朝の盛なる時、帝王二十七代、三百四十余年、衣冠の人を刑殺せず（保元物語）。仁厚の政漢唐宋明の企て及ぶべき処に非ず。今又徳川家天下を知召てより、二百年、干戈兵乱の患なし。是れも亦三代聖人の治も及ぶべき処に非ず。…されば我邦は郡県にても漢土よりは能く治まり、封建にても漢土より能く治まる国風なり。是れ第一に人情風俗の純朴忠厚なる故なり。（『梧窓漫筆』文政六年序。括弧内も錦城）

こうして徂徠学の存在意義の否定は、さらに中国に対する日本優位論を生み出した。それが、大田錦城のような折衷的な儒学に止まる場合もある。しかしさらに進めば、結局、儒学と中国自体をいやしみ、日本の人と心とを賛美するに至る。つまり、国学的立場である。後述するように、国学の台頭は、一面で、思想体系としての徂徠学の崩壊の結果なのである。

「吾嬬森碑」．山県大弐が建てた弟橘媛を称える石碑．東京都墨田区．

こうして、徂徠学体系のそのままの維持は困難になっていった。そして、あろうことか、その一部を採り入れて、徂徠の守ろうとした徳川政権の打倒をめざす人物さえ登場した。山県大弐である。

三　放伐——山県大弐の思想

（一）　人と著作

山県大弐（享保一〇／一七二五年—明和四／一七六七年）は、公儀御料、甲府の下級武士であった[2]。朱子学者山崎闇斎の孫弟子、加賀美桜塢（神主でもあった）と、太宰春台の弟子、五味釜川（医者でもあった）に学んだ（釜川の名は、春台の詩文集『春台先生紫芝園稿』にもくりかえし登場する）。しかし、二六歳の時、弟の不祥事に連座して浪人となる。江戸に出て一時大名への奉公もするが、宝暦一〇年（一七六〇）以降は、町の塾で儒学と兵学を講じて生活する。

その間、彼はやや奇妙な行動に出る。二つの顕彰碑の建立である。第一は、日本武尊《やまとたけるのみこと》のそれである。場所は、故郷甲府郊外の酒折宮である（宝暦一二年）。日本武尊が「東夷」を平らげた帰途に立ち寄った「旧址」だからであった。第二は、日本武尊のために自殺したその妃、弟橘比売《おとたちばなひめ》のそれである。場所は、江戸向島の彼女を祭ったとされる石の傍らである（明和三／一七六六年）。そしてその翌年二月、彼は弟子たちと共に逮捕され、八月に「死罪」（打ち首になり、死体は刀の試し切りに利用される）となる（四三歳だった）。さまざまの「不敬」があり、「不届至極《ふとどきしごく》」という理由だった。深い衝撃をひき起こした、いわゆる明和事件である。

大弐は何を考え、何をしようとしていたのだろうか。簡略な判決文からはあまり明らかでない。しかし、彼の主著『柳子新論』（宝暦九／一七五九年成。公刊はされない）によって、推測は可能である。

（二）『柳子新論』の主張

『柳子新論』の基本的な理論枠組みは、徂徠学に近い（正確には、「聖人」出現以前の人類は戦争状態にあったと強調するなど、太宰春台に近い）。(3) すなわち、大弐によれば、野蛮だった人類に、かつて「聖人」が衣食の術を授け、「貴賤」「親疎」の名分を定め、「農工商賈」の分業を教え、「礼」や「官制」を立てた。「我東方の国を為す」にあたっても、「神皇」が「衣冠の制」「礼楽の教」を設立し、「三代の時」に譲らないほどであった。すなわち、徂徠学的な「聖人」制作論だが、古代の天皇を「聖人」とみなすのである。そのために、歴史解釈が徂徠と大きく違ってくる。

保元平治の乱以降「朝政」が衰え、寿永・文治（一一八二年―一一九〇年）以降、ついに「東夷」が「一切武断」し、「陪臣」が権を専にし、「皇統」は細々と続いているものの、「名」と「実」が分離してしまった。「先王の礼楽」は失われ、「戦国の弊」を承け、今もその場しのぎの政が行われている。大弐は、そう理解する。

この背景には、儒学者に少なくない、禁裏は中華風の君主だというイメージがある（国学者は語らず、明治維新以降は隠されたイメージである）。律令制・「唐の装束」による即位礼・雅楽・丁髷ではない公家の髪型・その優雅な服装、そして唐の長安に倣った平安つまり京都の町の構造[4]等々による。

それ故、大弐においては、武家の世への転換は「先王」の「礼楽」や「衣冠」の失墜である。徳川氏も、暴力的簒奪者たる野蛮な「東夷」である（「東夷」を「平」げた日本武尊の顕彰の含意は、明白である）。そのため、「聖人の道」は、彼において、徳川の世の延命ではなく、その批判の道具に転化する。「聖人の道」は「権衡」「縄墨」「規矩」であり、「これを懸けて以て軽重を正し、これを陳ねて以て曲直を正し、これを設けて以て方円を正」すべきなのである。

その彼からすれば、現在は「制作の時を距つること千有余年、世その世に非ず、国その国にあらず、礼の因るべき無く、法の襲《つ》ぐべきもの無」く、「割拠の遺俗、戎蛮の余風」ばかりであった。「官制」が乱れ、文武の別が無い。そのために武人と称する者による「苛酷の政」が行われている。「文」を尊ばないから「礼楽」が崩れて「士はその鄙俗に勝へず」、「武」ばかり尊ぶから「刑罰」のみが行われて「民はその苛刻に勝《た》へ」ない。そこで人々は流動し、「土着の風変じ、群聚の俗」が「興」っている。

「大邑通都」が異常に栄え、「商」が豪富を貯えている。一方で、「公侯」「卿相」「大夫」「士」「農工」は窮乏している。

「商」の敵視と「土着」の理想も徂徠譲りである。さらに「編伍の制」「戸籍の法」がなければならないなどと、徂徠の『政談』に類似した改革案も、大弐は述べる(5)。

しかし、結局のところ、彼においては、徳川政権自体が根本的に問題なのである。「礼楽」「文物」で「天下の人」の「利」を興し、「政令」「刑罰」でその「害」を除かなければならない。そして、放伐こそは、「仁」のための「刑罰」の大なるものである。

かつそれ刑罰なるものは、豈にただに民の非を為すを禁ずるのみならんや。苟くも害を天下に為す者は、国君といへども必ずこれを罰す。克くせざれば則ち兵を挙げてこれを討つ。故に湯の夏を伐ち、武の殷を伐ちしも、また皆な其その大なるものなり。

さらに大弐は、こう言い切る。

たとひ其の群下にあるも、善くこれを用ひて以てその害を除き、而して志その利を興こすにあれば、則ち放伐もまたかつ以て仁となすべし。他なし、民と志を同じくすればなり。

諸侯などの地位にいなくとも、「民」と「志」を同じくして「民」のために、究極の刑罰として暴君を「放伐」する。それは、「仁」の行為なのである。

そして『柳子新論』の末尾には、次のようなあからさまな扇動が登場する。

それ大木の折るるや、必ず蠹（木喰い虫）を通ずるに由る。大堤の壊るるや、必ず隙を通ずるに由る。而してこれに加ふるに疾風暴雨を以てせざれば、則ち折れず壊れず。然れども風雨無きを以てその蠹隙を危ぶまざる者は、愚の至りなり。……この時に当りてや、英雄豪傑、或ひは身を殺して仁を成し、或ひは民を卒ひて義に徇じ、忠信智勇の士、誘掖賛導し、以て天下を扇動すれば、則ち饑る者の食に就き、渇く者の飲に就くが如く、奮然として起ち、靡然として従ひ、勢ひ自から禦すべからざるものあらん。冤を洗ひ恥を雪《そそ》ぐの心、恩に感じ報を図るの志、勇を奮ひ義を励まさば、則ち放伐の易きこと、蠹を通ずるの木、隙を通ずるの堤にして、しかもこれに加ふるに疾風暴雨を以てするものと謂ふべし。

朗読すれば誰でも気付くように、これは人を奮い立たせる文体である。

宝暦一三年（一七六三）、兵学者松宮観山は、『柳子新論』に跋文を書き、「深謀遠図」は概ね正しいが、「両都向背之論」は問題だと指摘した。江戸と京都のどちらに就くのかという議論は不適切だというのである。今、「天朝の尊、高く九重の雲上に坐し」、「人臣官階の権」をつかさどり、「租税財貨の利」にはかかわらない、それ故に「宝祚」（天子の位）はゆるぎない、「天下有道の士」はそれを「頌賀」している。それが観山の感想である。

大弐はこれに強く反論した。「天朝」は「尊」だとはいえ、その「奉」は「一大夫の禄」以下であり、「人臣官階の権」も形式だけである。そして「租税財貨の利」にかかわらないことは、「上」のためにはよいとしても、「兆民」がいるではないか。彼等は飢え凍え、「苛酷の刑」に苦しんでいる。「皇威の下、能く諸侯を合制」せよ、そうすれば、「君子はその義を重んじ、小人はその利を頼む」ことになるであろう。そして、「軍国の制」に代わり、「冠冕の政」（礼楽による統治）がなされなければならない。

大弐は、徳川家に代わって、禁裏が自ら諸大名を率い、「文」なる統治を実現することを夢見たのであろう。彼においては、統治の方法としての「聖人の道」への徂徠学派的な信奉が、「天朝」を足がかりとして、「放伐」による「立替」の呼びかけに転じたのである。

大田錦城の次の語は、暗に大弐を指しているのではあるまいか。

> 世に王室家と云ふ学者あり。此は聖人の道徳を知らずして、制度のみを道と思うて悦ぶ心より、昔の王朝の官職冠服などを慕て、今の月代《さかやき》上下《かみしも》などを悪《に》くみ、武家の天下を非議するの徒なり。（『梧窓漫筆』）

なお、大弐への判決文は、大弐が、「禁裏」は「行幸」もできず「囚《とらわ》れ同前」であるなどと語り、門弟などには「兵乱或ハ変事」があれば「立身」できると申し聞かせ、具体的な地理や城に引き当てて「兵学之講釈」をした、と指摘している。既述のように、大弐は「英雄豪傑、或ひは身を殺して仁を成し、或ひは民を率ひて義に徇じ、忠信智勇の士、誘掖賛導し、以て天下を扇動す」れば「放伐」は容易だと信じていた。彼は、自分をその「英雄豪傑」に擬していたのであろう。

（1）　南宋の陸象山と明の王陽明の学問。類似しているとして、「陸王」と併称する。

（2）　大弐の履歴は、概ね飯塚重威『山県大弐正伝』（三井出版、一九四三年）による。

（3）　太宰春台『弁道書』（享保二〇年跋）。
（4）　長安ならぬ平安京の、王宮を北に置き、正確に東西南北に直線道路が走るという都市プランは、典型的に中国的であり、京都を「日本的」な都市の代表のように思うのは錯覚である。城下町こそが、「日本的」である。それ故、地方の城下町を「〇〇の小京都」などと呼ぶのは幾重にも誤謬である。
（5）『政談』は本来秘書であるはずだが、安政六年（一八五九）に刊行される以前に写本によって広く流布している。「本居春庭」（宣長の息子）の「遺稿」と称する『道能佐喜草』（文政二年序、秋田屋市兵衛刊、須原屋茂兵衛・山城屋佐兵衛・岡田屋嘉七ほか発売）には、「先年物部徂徠といふ男政談を書、彼か高弟太宰純といふ男けいさい録を書おきたり。漢学する人等彼等の書るものともを見て二人を聖道の中興のごと思へるハ大にたがへり」とある（十三丁）。

参考文献

相良亨『近世日本における儒教運動の系譜』（理想社、一九六五年）
野口武彦『江戸文学の詩と真実』（中央公論社、一九七一年）
日野龍夫『徂徠学派』（筑摩書房、一九七五年）
日野龍夫『服部南郭伝攷』（ぺりかん社、一九九九年）

第十一章　反都市のユートピア
——安藤昌益の思想

一　人と著作

仁斎・白石・徂徠等が生きた繁華な大都市と村との格差は大きい。とりわけ山間・僻地の貧しさは、時に、訪れた都会人を愕然とさせたようである。

ある江戸人は、「我田舎渡らひせし時、信濃の何とかやいふ所に宿借りしに」と、そこで乳児を「ふさしめたる」さまを伝えている（自堕落先生『労四狂』延享二／一七四五年序）。

簀の子の上にねこだ（藁縄製の大きなむしろ）一枚敷たる所に、せまきござ壱枚のべて、其上に小児の裸身ながら伏さしめ、其上へ木綿のつゞれにさしたる、大いなるふろしきやうの物壱ツかけたる斗《ばかり》也。其父母も臥には裸にてかくこそあるらめ。

また、京都生まれの中沢道二（享保一〇／一七二五年―享和三／一八〇三年）は、大坂の聴衆に、「此前、信濃へ参りました時」と、そこで見たものを語っている。

あの方では女子《をなご》の形も男の形も、悉く皆、猿の様なものじや。植つけの頃で有つたが、田植の休みに堤や山の原へ上りて、たがひにあたまじらめ（頭虱）を取つてゐる。三度三度の喰物はといへば、黍やら稗やら、牛の喰うやうなものを喰うて……身に着るものはちぎれちぎれ……京大坂の女中（女性たちという意味）のやうに髪結うてゐるものは、世界中に一歩はないぞい。雪隠はといえば菰だけ、板二枚わたしたばつかり、泥足で通ふゆゑふみ板はかまぼこのやうに成つてある。其板にまたがり、紙はない、護摩木のやうな木切が隅にある、夫《それ》でこそげるのじや。……（『道二翁道話六編』）

しかも、とりわけ関東以北は頻繁に飢饉に襲われた。特に冷夏による凶作がひどい。それは台風被害や虫害などよりも広範囲となる。しかし、全国的救援活動などはない。そこで、各領国は食料を囲い込む。やがて栄養失調・体力低下・大量の病死と飢死という経過をたどる。「年の豊熟は幾年も限りなく続く者に非ず。大凡十五年位にして一小饑、三十年にして一大饑有る者とす。尤も四五十年を隔てゝ後の凶荒有る時は、又間近く凶歳有る者の故、其時は必ず凍饑に死する者数万に及ぶこと、古来より然り」（『饑饉通考』著者は津軽の人）などという説もあった。

東北の冷夏は、太平洋高気圧が日本列島を大きくおおわず、梅雨前線がいつまでも停滞し、北東の冷湿な風（やませ）が吹き込む時に起きる（宮沢賢治のいう「サムサノナツ」である）。したがって、太平洋の東北岸が特に危ない。そして、食料囲い込み競争で最も不利なのは、小規模な所領である。それ故、奥州の東北端、八戸（南部氏二万石）こそは、最も厳しい条件にある地域だった。八戸では、僅か二万石の標準収穫量でありながら、概ね五年に一度は三〇〇〇石以上の減収が起きたという。さらに例えば宝暦三年（一七五三）には約一万二〇〇〇石減、同五年は約一万九〇〇〇石減、そして同一三年は収穫がほぼ皆無だったという。(1) 凄惨な情景が現出したことであろう。

そして、本章の主人公、安藤昌益は、壮年時、まさにその八戸の町医者として、史料に姿を現す。実際、その思想は、京都の上層町人や将軍の顧問などの対極に身を置き、そこから世の中を眺めつつ、形成されたと考えられる。

彼は、元禄一六年（一七〇三）に生まれた。生家は、出羽国秋田郡二井田村で肝煎を務める安藤家である。昌益は医者としての名である。生家を離れた後、おそらく京都で医者修業をした。(2) そして、遅くも延享元年（一七四四）には、八戸で「町医」として生活している。宝暦の飢饉を医者として体験したであろう。そして、宝暦三年（一七五三）（彼はすでに五一歳）付けで、京都の小川源兵衛を発行元として『自然真営道』三巻を刊行する。部分的相違のある後刷本があるので、若干の反響はあったようである。やがて、この刊本からさらに思考を発展させ、全一〇一巻、九三冊の『自然真営道』を書く（内一五巻のみ現存。以下、原則として『稿本』と略記する）。また、『統道真伝』五巻をも書く。これらはいずれも、日本語の語順・語法に接近した非標準的な漢文で書かれ、詳細に返り点・振り仮名などが付されている（単に漢文が下手だったのではなく、敢えて典雅であろうとしなかったのであろう）。(3)

そして、おそらく宝暦八年（一七五八）、二井田村に戻る。安藤家の先代がその二年前に没しているので、その跡を継ぎ、孫左衛門の名も継いだのであろう。そして、間もなく村人たちの心を深くつかんだようである。彼の死後、村の寺と関係の深いある神職は、こう書いている。

　近年昌益当所へ罷出《まかりいで》、五年之内ニ、家毎之日待・月待・幣白・神事・祭礼等も一切不信心ニ而相止、其外庚申待・伊勢講・愛宕講抔も相止メ……。(『掠職手記』)

昌益の影響で、従来からの祈願や神社・参詣にかかわる諸行事をすべて止めてしまったというのである。一方、やはり昌益没後、土地の代官は、「近年当村に徘徊致し、邪法を執行い、郷人を相惑わし候医者　正《〔ママ〕》益」と書いている。怪しげなカルトの教祖のように見えたのであろう。

しかし、昌益は、生前には特に咎めを受けることもなく、宝暦一二年(一七六二)、病死する(六〇歳)。そして、その二年後、村人たちは、彼を顕彰する石碑をその屋敷裏に建てる。そこには安藤家の世系とその教えの要点が書かれ、さらに、「守農大神確龍堂良中先生在霊」などと刻まれていた。「農」を「守」る「大」いなる「神」という意味であろう。「確龍堂良中」とは、昌益がその主な著述に記した名である(つまり、真の「道」の発見者としての彼は「確龍堂良中」だったわけである。当人の意向を尊重し、本章では、以下、「良中」と呼ぶ)。しかし、「日本ニ而　太《〔ママ〕》神と申候ハ、天照大神・八幡大神、此両社斗《ばかり》」と信じる神職と(寺請制度によって領主の権力と結合した力を持つ)寺の圧力がかかり、「一村之潰《つぶれ》」になることを恐れた村人たちは、石碑を破壊し、その銘を記録した文書だけを密かに保持した。やがてその子孫たちも、その記憶さえ失っていった[4]。

『自然真営道（稿本）』「大序」で、良中は、「世人此ノ書ヲ視ル者、驚神シテ疑ヲ為サン」と述べている。また、『自然真営道（刊本）』の弟子による序も、「吾師、日域ノ本国ニ生レテ、且ツ不肖にして古説ヲ自然ノ道ニ違《たがえ》リト為ス。此書ヲ視ル者、忽チ神ヲ驚シ、伝聞ク者膽ヲ寒シテ、一《ひとた》ヒハ嘲り、一ヒハ悪《にく》ミ、之を罪《つみせ》ンコトヲ欲《ほっせ》ンカ」という。良中は「師教ヲ得」たわけでもなく、「古書ニ倣フテ之ヲ知」ったわけでもない。それは、「古聖、釈、老、荘、医、巫、諸仏、諸賢、諸学者ノ未タ知《しら》ス、未タ言《いわざ》ル所」であった（『稿本』大序）。既成の教えはことごとく誤謬だというのである。したがって、彼の議論は、経典の解釈学の形式など採らない。ただ、「私ノ分別知ヲ加ヘズ」に現実を観察して発見したものである（同）。そして、その文章は、独特の造語・表記に満ちている。それらによってこそ永く隠蔽されていた真実を示せると、彼は信じていたのである。

では、その安藤昌益こと確龍堂良中が発見した真実とは、いかなるものだったのか。

二　土活真と転定

『稿本』の本文冒頭には、書名が「自然活真営道」と記されている。「自然」は「ヒトリスル」と、「活真」は「イキテマコトナル」と訓読することもある。おのずから活きてまことなる「道」を、良中は語るのである。この「道」は「転定《てんち》」の営みである。「転《てん》」は「天」である。「定《ち》」とは海である。宇宙は、回転する球状の「転」と、その中に包まれて「定定トシテ静カ」な「定《ち》」からなる。そして、この「転定」の「中央」に「土」がある（『稿本』三）。それらはすべて「気」からなっており、始めもなく終わりもなく、不断におのずから運動して（「進退」し、「通・横・逆」に動いて）人を含む万物を生成している。

以上は、「天地」の「気」の自己運動によって万物が生成するという儒学的自然観からそう遠くはない。しかし、この先、彼の議論は驚くべき方向に展開していく。

第一に、以上のような「転定」の運行、万物の生成を、良中は、「直耕」だという。自然の運行、季節のめぐりを、「活真」がおのずから、そしてみずからする大いなる掘り返し、農作業だとみなすのである。儒学者の言わないことである。また、西洋で同時代に流行した、自然を巨大な時計仕掛けの類、つまり機械とみなす思考とも対照的である。

第二に、彼は、万物が「互性」をなすとする。それは、「二別」の否定と表裏をなす。いずれも彼の造語である。すなわち、儒学では、『易経』に典型的に現れているように、しばしば「陰陽」「天地」「尊卑」「貴賤」「上下」「邪正」「治乱」等の対《つい》の対比・対立として万象を捉える。しかし、彼によれば、そのような二項対立的理解（「二別」）は誤りである。一見そう見えるものも相互に相互を内に含み（「性」を「互」にし）、一体としてあるというのが存在の実相である。「対言有ル語ハ皆失《あやま》リ」（『統道真伝』一）である。「治」というから「乱」もあるのである。「治」がなければ「乱」もない（同）。「男・女」と対言することさえ誤りである。「男ノ性ハ女、女ノ性ハ男、男女互性ニシテ活真人」（『稿本』大序）である。したがって彼は「男女」と書いて「ヒト」と読ませる。男女一対《つい》で十全な人なのである。

三　男女

「男女《ひと》」は、「転定」に生じ、その「転定」の在り方を体現している。「転定ノ嫡子」であり、「小転定」である（『稿本』五）。

それ故、第一に、「男女《ひと》」は「転定」と同じく、「直耕」するはずのものである。みずから耕して穀物を得、それを食して生きるものである。「転ト人ト一直耕、一和シテ、活真無甫無畢（始めもなく終わりもない）ノ自行」である（同）。

第二に、「転定」が穀物を生成し、特にそれを食べて「男女」が生成するのだから、「人ハ五穀ノ子ニシテ、五穀ハ人ノ父母」（『稿本』六）、「人ハ米穀ヲ食シテ人トナレバ、人ハ乃チ米穀」（『統道真伝』一）である。「鳥獣虫魚」の「四類」を食べてはならない(5)。「四類」は「四類」相互の食物である。煙草・酒も用いるべきでない。また、麻・綿と異なり、「蚕ノ巣」（つまり絹）は「人ノ衣類」ではない（『稿本』二五）。

また、「男女」一対で人なのだから、夫婦こそが人倫の基軸である。「人倫ハ夫婦ヨリ始マル」。「五倫」とは、儒学者のいう「君臣」等ではなく、祖父母・父母・夫婦・子供夫婦・孫夫婦をいう（『統道真伝』三）。無論、みな一夫一婦でなければならない。「貞女、両夫にまみえず」というのであれば、同時に「正男、両婦ニ交ラズ」というべきである。「一男」にして「衆女ヲ犯ス」のは「禽獣ノ業」である

『稿本』六）（側室のいる将軍・大名などは「禽獣」だということになる）。そして良中は、「阿蘭陀国」の次のような有様を好意的に伝えている。

已ニ妻ヲ娶リ、一《ひとた》ヒ嫁シテ後、男ハ他女ニ交ラズ、女ハ他夫ニ見《まみ》ヘズ、互ニ夫婦ノ愛情ヲ守リ、全ク他情無シ。若シ無妻ノ男ト雖モ、他妻ニ交ルトキハ、其ノ一族寄合ヒ、其ノ男ヲ殺ス。又、寡（寡婦）他夫ニ交ルトキハ、其ノ一族会シテ忽チコレヲ殺ス。（『統道真伝』五）

また、良中によれば、人類は一組の夫婦から始まったのであり、みなその子孫である。それ故、「万国」の人は「同姓」である。したがって「同姓娶らず」などという儒学の教えは誤りである（『稿本』六）（以上の夫婦論は、彼がキリスト教の教えに部分的に接したことを疑わせる）。

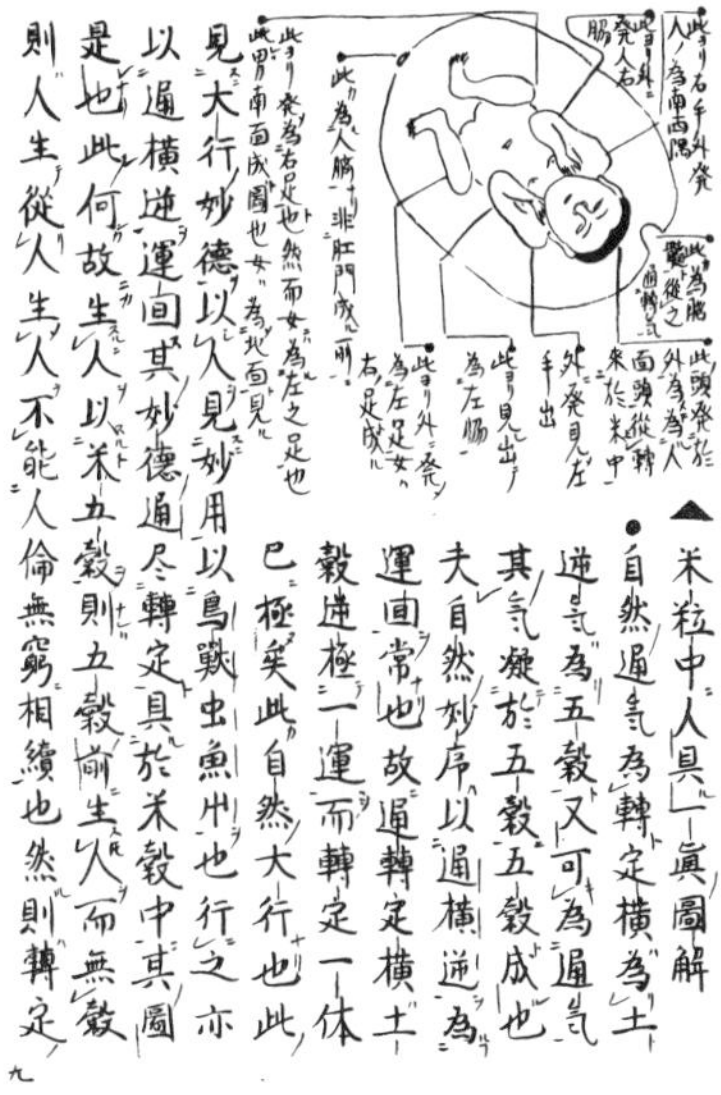

『統道真伝』三「人倫巻」．穀によって人が生ずるため，「五穀之長」である米の粒は人と相似形をなしているという．

以上のような人の在り方は、万人共通である。人の心身は基本的に同じであり、人は根本的に同一だからである。したがって、「人ニ於テ上下貴賤ノ二別無」い（『稿本』大序）。

人身ハ自然ノ通気ニ生ズ。故ニ身心トモニ同一、万万人ニシテ一人ナリ。一人ノ人ガ誰レヲ王トシ、誰ヲ民トセンヤ。万万人ヲ省ヨ。尺、大ニ違フコト無ク、心術、大ニ違フコト無シ。至ルトキハ皆同身同心ナリ。（『統道真伝』一）

転下ニ人ハ唯一人ナリ。唯一人ノ人タルニ、誰ヲ以テ上、君トナシ、下、臣トナシ、然ルコトヲナシ、王トナシ、民トナサン。又、聖トナシ、愚トナサン。此ノ一人ニ於テ、誰ヲ治メンカ。王政ヲナサンカ。転下ハ万万人カ一直耕ノ一人ナリ。之ヲ盗テ私作ノ五倫ヲ以テ世政トナス。故ニ乱世絶ルコト無シ。（同）

つまり、「直耕」が万人の本来の生き方である以上、年貢を他人からとって「不耕貪食」する者など、いてはならないのである。

転定一体、万人ニシテ一人、自然転定ニ君臣ト云ルコトコレ無シ。君ト云ハ、聖人出テ転定ヲ盗ミ、私法ヲ立テ、上ニ立ツヨリコレ有リ。強盗ノ異名ナリ。（『統道真伝』一）

「君」とは「強盗ノ異名」。驚くべき勇敢な発言である。

では、「君」という名の「強盗」のいなかった世とは、いかなるものだったのだろうか。それは、「自然ノ世」と呼ばれる。

四　自然ノ世

良中によれば、「自然ノ世」において人は「転定」と一体であり、すばらしい状態にあったという。

自然ノ世ハ転定トトモニ人業行フテ、転定トトモニシテ徼《スコシ》モ異《カハ》ルコト無シ。春万物生シテ花咲ケバ、是レトトモニ田畑ヲ耕シ、五穀十種ヲ蒔キ、転定ニ夏万物ノ育チ盛ンニナレバ、是レトトモニクサキリ十種ノ穀長大ナラシム。秋万物堅剛スレバ是レトトモニ十穀ヲ実ラシメ、コレヲ収メ取リ……。
(『稿本』一)

最小限の交換はするが、皆が季節のめぐりと共に耕作に従事する。年貢を納める相手もなく、年貢をとろうとする者もいない。

上ミ無レバ下ヲ責メ取ル奢欲モ無シ。下無レバ上ニ諂ヒ巧ムコトモ無シ。故ニ恨ミ争フコト無シ。故ニ乱軍ノ出ルコトモ無ク、上ニ立テ転道ヲ盗ミテ上ニ盗ノ根ヲ植ユル者無レバ、下ニ在テ家財ヲ盗ム者モ無ク……。(同)

統治者は問題の解決者ではなく、原因なのであり、統治者がいなかったから、その世には盗みも無く乱も無かった。そして、人々はなごやかに暮らした。

男ハ耕シ女ハ織リ、安食安衣シテ夫婦和合シ、親子親ミ睦ク、子孫実順ニ、兄弟姉妹慇信《ネンゴロ》ニ、従兄愛親、五倫唯一和シテ上下貴賤私法無ク、貧富私業無ク、争論スルコト無ク、不耕貪食押領者無ク、其ノ土地其ノ土地ニ直耕直織、穀ヲ耕シテ穀ヲ食ヒ、食シテ耕シ、耕シテ食ス。(『統道真伝』三)

正に「転定」と「男女《ヒト》」が完全な相似形をなし、一体となって「直耕」していたのである。そこには、性別分業はあっても、身分的分業はない。例えば商人はいない。彼等は、「上ニ諂ヒ直耕ノ衆人を誑《たぶらか》シ、親子兄弟一族ノ間モ互ニ誑シ、利倍利欲妄惑ニシテ真道ヲ知ラ」ない者たちである(『稿本』二五)。無論、貨幣もない。貨幣によって「欲心」も起き、「栄華」を欲して「妄行ノ世」になってしまったのである（『統道真伝』一）。「凶年」で「衆人飢死スル者多」かった時、「飢ニ迫リテ斬取リ盗賊」となった者は、「粟米二舛《ます》バカリ」を持っていた乞食からそれを奪い、「金銀銭」は取らなかった——そう、良中は書いている（『稿本』大序「総目録」末尾）。あの飢饉の体験からして、所詮、貨幣など無意味だ、真に大事なのは実物の食糧だというのである。

また、「自然ノ世」には、耕さずに細工だけをする職人もいない。「美家」「城郭」「美服」などの必要が無いからである（『統道真伝』一）。さらに、音楽も遊芸も無い。「琴、琵琶、簫、笛、尺八、太鼓、小鼓、三味線」「芝居、歌舞奇、人形遣」「茶道」「歌道」「俳諧」も無い。「碁」「双六」「軽多《かるた》」「博奕」も無い。無論、「遊女」もいない。

此ノ音楽遊芸始テ以下、上下ノ人凡テコレヲ好ミ、遊戯ヲナシ、己己レガ家業ヲ忘レ、コレニ泥ム者日々ニ多ク、直耕ノ者日ニ少ク、費ノミ多ク、財産ノ出ルコト少ク、終ニ乱争起テ、転下国国ノ亡乱、家家ノ滅却、絶止スルコト無シ。（同）

「色欲」や「酒」による病気も起きない。「欲心」が無いから「気病」にもならない。風邪をひいても常に耕して身が「堅固」だから、「少シク寝ヌレバ、発汗シテ乃チ癒」える。したがって、「妄失殺人ノ医術」などというものも無い（『稿本』一）。良中は医者として生きたが、本来は「医術」自体が不要なのである。

無論、「仏僧」に頼って「極楽ヲ願フ」ということも無く、「神ヲ祈リ幸福ヲ願フ」ことも無い（同（二井田村の人々が、「神事・祭礼」等一切を止めたというのも、このことと関係があろう）。

そして、良中によれば、最もすばらしいことに、「自然ノ世」には飢饉がなかった。何故なら、下が上を羨み、上が下を貪る「欲心」によって「患悲ノ情」「邪情迷欲怨恨ノ邪気」が「転定活真ノ気行ヲ汚」すために、「六月寒冷シテ諸穀実ラズ、或ハ干魃シテ、衆穀不熟焦枯シ凶年シテ衆人餓死シ、或ハ疫病シテ多ク人死シ、転下皆死ノ患ヲナス」ことが起きるのであるから（『稿本』大序）。原因が無い以上、飢饉は襲来しないのである。

こうして良中は、領主・武士・名主・商人・職人・医者・役者・遊女などのいない、農民だけのユートピアを描いた。万人が農民で、夫婦・家族睦まじく、年貢・金銀・盗人・乱・病気の無い、欲も迷いも無い、質素で勤勉な生活を、来る年も来る年も送る——それが人の本来の「世」だったと説くのである（朱熹・仁斎・徂徠・大弐等の思い描いた理想状態と、何という相違だろう）。その言葉は、遠方できらびやかにさんざめく都市の繁栄を憎んだ、生真面目な百姓身分の人々の心を揺さぶったであろう。

なお、良中によれば、当時の「夷地《エゾ》」はそのような「世」だったという。「聖人賢者」「上君」「政事法度」「金銀通用」「欲心」「乱世争戦ノ軍学書ノ学問」「儒、仏、神、医、老、荘、学法」「虚偽謀計ノ商売」「遂従《ツイシヤウ》軽薄」「妬ミ嫉ミ」「善悪ノ頓着」が無く、そこは「安閑無事」である（『稿本』四）。アイヌの人々が当時の和人によって模範とされた珍しい例である。(6)

では、その本来の状態から、世界の大部分はいかにして転落してしまったのだろうか。

は、説明は無い）。

五　法世

それは、自分は耕さずに食べようとした「聖人」「釈迦」など、悪人たちの出現による。おそらく荻生徂徠の主張の意識的転倒であろう(7)（なお、何故あの「転定」からその否定者が出現したのかについては、説明は無い）。

聖人、衆人ノ直耕転業ノ穀ヲ不耕貪食シ、口説ヲ以テ直耕転職ノ転子ナル衆人ヲ誑シ、自然転下ヲ盗ミ、上ニ立チテ王ト号ス。（『統道真伝』一）

聖人トハ罪人ノ異名ナリ。（同）

したがって、儒教や仏教などは、「悉ク皆、盗業ヲナス言訳ケ」である（同）。盗人の自己正当化のイデオロギーである。「字・書・学問ハ、転道ヲ盗ムノ器具」にすぎない（『稿本』大序）。

良中自身が字を用いて書を著しているのは、古い家を支える楔《くさび》を抜くために新しい楔を打ち込むのと同じである。「古書盗乱ノ根ヲ破却」するためなのである（それ故に、彼は、自分も一応漢文らしき文体で書く必要があると考えたのであろう）。「楔ヲ以テ楔ヲ抜テ後チハ、楔ハ無用」である（同）。「自然ノ世」には、文字も無く、書物も無く、学者などいない。

「王」なる者が立って以来、この世は「乱世」「妄惑ノ世」となった（『稿本』六）。そして、彼等が、その私利私欲のために、「法」を作った。

法ハ人ノ利己ノ為メニコレヲ立制《たてこしら》ヒ、国国家家事事物物ニコレヲ法立《コシラヘたつ》ルニ、法ヲ以テ我意ヲナス。

（同）

天道ハ法無キナリ。已ニ法無キニ於テ何ンノ法ヲカ犯ン。法ヲ立ルハ聖人ノ私ナリ。法ヲ立ル故ニ衆人法ニ迫テ生得ニコレ無キ悪行盗心ヲ起ス。故ニ悪盗ノ根ハ聖人ニ在リ。（『稿本』四）

さらに、「法世」には、暴力がはびこる。「何ン時モ、人ヲ殺シ、人ノ持ツ国ヲ奪フニ非レバ、王トナルコト能ハズ。故ニ、王立ツトキハ、必ズ乱世シテ多ク人ヲ殺シテ成ル」（『稿本』四）。そして「盗乱妄欲」のために、「船ヲ作リ、互ニ他国ニ押シ渡リ、合戦シ、国ヲ奪ヒ、又奪ハレ、利欲ノ為ニ国国ニ行キ渡」る（『稿本』二四）。

かつて荻生徂徠は、「聖人」による諸制度の制作によって、人類の文明史が始まったと考えた。それを、ちょうど裏返したように、良中は、「聖人」によって「自然ノ世」が「法《こしらえ》ノ世」に堕ちてしまった、人類史が恐るべき不正と混乱に転落してしまった、と考えるのである。彼の「聖人」「王」「君」への呪詛は激しい。その著述中に将軍・大名などへの直接の攻撃は無いが、彼の意味するところは明白である。この人は、彼等の存在自体を、その宇宙観・自然観・社会観・政治観・歴史観に基づいて、根底から否定してしまったのである。

六　復帰

では、彼等のいない、あの「自然ノ世」への復帰は可能なのか。

可能である。儒教も仏教も、「他国」から来たのだから、少なくともこの国は、「他国ヨリ来ル迷世偽談ノ妄教ヲ省去《はぶきさ》」りさえすれば、「忽然トシテ、初発転神国ノ自然ニ帰」する（『統道真伝』五）。

しかし、そのためにはどうすればよいのか。「暴力の無い社会を実現するための暴力」、「戦争を無くすための戦争」という、特に二十世紀に信奉された逆説を、良中は認めない。彼は、「軍術」は断乎として語らない（『稿本』二五）。かつて少数の悪人が出現してこの世を変えてしまったのだから、今度は、少数の「正人」（発音は「聖人」と同じである）が出現すればいいのである。

若シ上ニ活真ノ妙道ニ達スル正人有テ、コレ（私法ノ世）ヲ改ルトキハ、今日ニモ直耕一般活真ノ世ト成ル可シ。（『稿本』二五）

しかし、そのような「正人」がいるのか。

いる。現に過去にも「正人」が出現したと、良中はいう。それは、驚くべきことに、『論語』にも登場する、孔子の弟子、曾子（名は参《しん》）である（同。また『統道真伝』一）。曾子が、「敝衣して魯に耕し」、魯君から「邑」を贈られてもそれを拒否し、「吾聞く、人の施を受くる者は常に人を畏れ、人に與ふる者は常に人に驕る」と述べた（『孔子家語』在厄第二十）というのが根拠である。この小さな逸話から、良中は、曾子が「直耕」する「正人」だったと解するのである。

しかも、仮に「正人」が出現して「自然ノ世」に戻してくれなくても、「上下盗乱ノ世ニ在テ、自然活真ノ世ニ達スル」という次善の「法」があると、良中はいう。上下の別はなおありながらも、「上」がその「領田」をみずから耕して「上ノ一族」の「食衣」を足らし、その下の「諸侯」も同様にすればよいのである。羨むべき「金銀美女」は無いから、「上」をうかがう「諸侯」はいない。したがって、防衛のための多くの「臣族」も不要である。「税斂ノ法」も要らない。「耕道」に怠る「諸侯」と「民」とを「制」するのが、唯一の「上ノ政事」となる。

「遊民」「商人」には土地を与えて耕させる。一方、必要以上の多くの田を持つことは止めさせる。「金銀通用」は「止」める。「遊芸」「字・書・学問」は「停止」する。耕を怠ってそれらに従事する者は、「一族」が「食」を与えず、思い知らせる。そして——

　若シ生レ損《ソコネ》ノ悪徒者出ルコトコレ有ルトキハ、其ノ一家一族ニコレヲ殺サシメ、上ノ刑伐ヲ加フルコトナカレ。コレヲ邑政トナス。

「上」に「不耕貪食」さえなければ、厳しい「賞罰ノ政事」がなくても、この「邑政」だけで「悪徒」ははびこらないのである。

そして、この状態が続き、「後後年ヲ歴《フ》ル間ニ、正人上ニ出ルコトコレ有リ、下ニ出ルコトコレ有ルトキハ、無盗無乱無迷無欲活真ノ世ニ帰ス可シ」。(以上、『稿本』二五)

しかし、以上の過渡期の実現も大改革である。それがいかにして可能なのか。

良中は、彼の著書の力に希望を託したのであろう。『稿本』大序は、弟子の言として、「師一生ノ直耕ハ、一代ノ真道ナリ。直耕ニ代ヒテ真営道ヲ書ニ綴リ、后世ニ殆ス（「のこす」か）ハ、永永無限ノ真道直耕ナリ。コレヲ以テ、真営道ノ書ヲ綴ルコト数十歳ナリ」と述べている。そして、その末尾には、次のように記されている。

此ノ作者常ニ誓テ曰ク、吾レ転ニ死シ、穀ニ休シ、人ニ来ル。幾幾トシテ経歳スト雖モ、誓テ自然活真ノ世トナサント言テ、転ニ帰ス。

上記のように、「人ハ乃チ米穀」である。死んだ良中はやがて穀に宿り、人に再生し、「正人」として「自然活真ノ世」への復帰を実現する――弟子たちはそう信じたのであろう。

二井田村の人々が「守農大神確龍堂良中先生在霊」と刻した石碑を建立し、祭った時も、そのせつなる祈りが込められていたのではないだろうか。

（1）以上、荒川秀俊『飢饉』（教育社、一九七九年、四一―四三、八三―八五頁）による。

（2）鈴木宏「『儒道統之図』：安藤昌益京都修学に関連する新資料について」（『日本史研究』四三七号、一九九九年一月）。

（3）以下、彼の書からは、彼の返り点・送り仮名にしたがって読み下して引用する。ただし、分かり易さのため、濁点を付し、漢字を片仮名に改める等、表記に変更を加えた部分がある。片仮名の振り仮名は原文により、平仮名の振り仮名は渡辺による。

（4）以上の経歴は、主に安藤昌益研究会編『安藤昌益全集』（農山漁村文化協会）資料編及び同『別巻』「年譜」による。

（5）但し、魚は食べると述べている個所もある。例えば、『稿本』巻一「自然ノ世ノ論」。

（6）但し、他にまったく例が無いわけではない。天明八年に蝦夷地を訪れた古川古松軒は、「日本も上古は蝦夷の地にかわりしことは少しもなく、無為にして太平なりしものなり。今の蝦夷地には領主・地頭というものもなく、無為にしておさまり、直ぐなる風俗はうらやましきことなり」と書いている（『東遊雑記』平凡社、一九六四年、一六八頁）。

（7）　彼は、徂徠にも触れている。『稿本』二十四「法世物語」の「諸鳥会合論法世」及び「諸獣会合論法世」。

参考文献

安永寿延『安藤昌益』（平凡社、一九七六年）
若尾政希『安藤昌益からみえる日本近世』（東京大学出版会、二〇〇四年）

第十二章　「御百姓」たちと強訴

一　年貢と御百姓

徳川日本の領主たちは、町と村とを単位として統治した（それらの構成単位は個人でなく、あのイエ（第四章）だった）。内部の秩序維持を始め、多くが各町村の責任で処理（「一町切《いっちょうぎり》」「一村切《いっそんぎり》」）するものとされた。いわば自治を強制したのである。町と村にはその代表者がいる。町役人・村役人である。村では名主《なぬし》（庄屋・肝煎《きもいり》ともいう）とその補佐役の組頭《くみがしら》がそれである。村の世話役・顔役・指導者であり、世襲、ある範囲のイエの輪番、あるいは「入札」（選挙）によって就任する。彼等がお上との接点である。お触れは通常彼等に送付され、その写しが作られた上で、既定の順で次の町・村に回送される。町内・村内でお触れを周知するのは、名主たちの責任である。

しかも、町と異なり、村は年貢収納の単位でもあった。村にはその石高《こくだか》がある（町には無い）。石高は、その村域内の田・畠・屋敷地などの面積を、米の収穫量に（通常、玄米で）換算したものである。

それが、村ごとの標準生産高を表示し、村々の石高の集合である大名の所領の高もそれで表示される。この高によって大名の格が決まり、いざという時に供出すべき軍勢の大きさも決まる。減封・増封も、国替えも、それを基準として行われる。

一八〇〇キロリットル（一万石）の大名と言えば、奇妙に響く。しかし、質的相違を捨象して強引に米の収量に換算することによって、所領の経済的価値が一元的に表示され、全国の統一的な支配と動員が容易になっていたのである。

例えば石高の四割、五割という重い年貢を、（安藤昌益の憤怒にもかかわらず）村人たちは毎年納め続けた。それは、村全体の連帯責任とされていた（「村請《むらうけ》」）。それ故、あるイエが単身で、しかも当人が長患いで耕作ができないなどということであれば、その分、他のイエの負担になる。そこでその土地を近隣で共同耕作することさえあった。秋になると各村に領主から年貢収納の命令書が送付される。どれだけの米をいつどこへ届けよという通知である。それに従って、村毎にまとめて米俵を運搬する。ほかにも、（次第に貨幣納に代わっていったが）特定の作物を納めさせられたり（「小物成」）、武士のための労働力としてかりだされることもあった（「助郷《すけごう》」）。

何故、（通常は）従順に、そのようなことをしたのだろうか。何故、百姓は武士に年々貢いだのだろうか。

年貢には現在の租税と同じく、実質的には治安の維持・大河川の修理等の公共的費用の分担という面

女子用教科書『女大学宝箱』（文政12年刊）の挿絵．男女が共同して田の草取り，水かけ，刈り取りをしている．

もあったであろう[1]。しかし、常にその自覚と納得において納めていた様子はない。何よりも年貢未納の際の苛酷な処罰を恐れたためであろう。習慣に支配されて、（何故か）百姓とはそういうものだと信じ、理由を問おうとさえしなかったということもあろう。「農は納なり。貢を納るが専一の心得なり」という妙な理屈もあった（為永春水『士農工商心得草』）。

一方、年貢は地主である領主への地代支払いなのだと説明した学者もいる（マルクス主義的歴史家と同じ解釈である）。

田地は国あるじのたもてるものにて、それを民にかして稼穡のわざをなさしむるなり、されば民より租税をたてまつるは、田地をかりたるしろ（代）也、（中井履軒『安良満保志』）

何ノリクツデ民ヨリ米ヲ取ルコトナリヤ。……田ヲ民ヘカシツケテ十分一ノ年貢ヲ取ルハ、コレ一割ノ利ヲ取ル也。（海保青陵『稽古談』）

確かに、地代とは言わなくとも、「領地の田畑は領主地頭の物なり、全く百姓に與へ作らせ彼等を養育してやるなれは、収穫の半分取るは当然の理合」という意識（「庸吏」の考えとして、明治初年に国分義胤が指摘したもの。指原安三『明治政史』第六編）は、武士にあったであろう。

さらに、「領地は年貢を取る為なり、民を治る等のことは枝葉なり、……民は年貢を取る為めの道具なれば、其道具損所は取更《とりかえ》るとか修覆するとかする訳《わけ》なり」（同）というのが、武士の元来の民政観であろう。既述のように、もともと武士は民の為に存在したわけではなく、逆に武士を支えるのが町人・百姓だったからである。徳富蘇峰の「実ニ当時ノ農工商ハ皆是レ此ノ武士ト高等ナル武士ニ供給奉仕センガ為ニ生存スル所ノ輜重部ニテアリシナリ」（『将来之日本』一八八六年）という指摘は、正確である。現に、徳川氏直轄領の民政は率直にも「勘定奉行」の職務の一端だった。

「年貢を取る為めの道具」といえば屈辱的である。しかしそれは武士にとって不可欠の役割を果たしているということでもある。それ故に、百姓は領主側に向けて時にみずから「御百姓」と称した。「御城」「御馬」の「御」と同じく、お殿様のかけがえのない百姓であることを強調するのである。[2] 一揆において、「少将様の御百姓」（『三閉伊通百姓一揆録』、横川良介『内史略』中）と称し、お上への嘆願書の差出人名が「御百姓共」であったりするのは、その卑屈と誇りの結合を示している[3]（このことからしても、安藤昌益の突出ぶりはめざましい）。

ところで、武士は御殿様の「御馬」を大事にしなければならない。同様に、「御百姓」を無闇に傷めることは禁物である。「国家の宝たる御百姓を相手にして貴殿の如き思慮もなくて無二無三に押よせ、若《もし》一人にても殺害するに於ては、公儀に憚り隣国の聞え」（『安倍野童子問』、備後福山、天明六／一七八六年）ということにもなる。儒学的仁政論とは異なる発想だが、結論だけは似ている。

二　村掟とハチブ

村は、小さい。徳川中期以降の平均では、村高四〇〇石から五〇〇石、耕地面積は正方形にすれば一辺一キロ余り程度、人口は約四〇〇人である。[4] 平均して一〇〇戸はなかったであろう。あるイエがどの村に属するかは一義的に決まっている。それ故、誰がこの村の人かも明確である。村人同士は、親しくなくとも皆な顔見知りであったろう。そして、村には村境があった。村自体が有し、村人のみが使用できる共同の野原や山（「入会地」）がある場合も多い。各人・各イエが思いのままに使用して共同利用地が荒れ、結局全員が困ることになる、いわゆる「コモンズ commons の悲劇」[5] が起きないよう、適切な共同利用のための掟もある（「村掟」「村法度」の重要な一部である）。さらに近隣の五戸ほどずつがまとめられ、特に連帯責任を負う（五人組）。五人組成員の署名・捺印を連ねた村毎の「五人組帳」には、公平な年貢割付のために村人が寄合い確認すること・年貢の皆済・質素な風俗・博打や遊女の禁等を誓う、時には数十条を連ねた「前書」がある。[6] それは、時々五人組で朗読され、子供の手習いの教科書にもされた。

しかし、街道筋などでなければ、村で武士の姿を見ることは稀だったであろう。荻生徂徠が嘆いたとおり永遠の不在領主であった。

それでいて、いかにして内部秩序が保たれたのだろうか。村掟・村法度違反をどう抑制したのだろうか。隣人の田畑から盗む村人はいなかったのだろうか。水の利用で勝手をする人はいなかったのだろうか。村の道路や水路の修理に人手を出さないイエはなかったのであろうか。

無論、いたであろう。ただ、村請制と五人組制の下では、その影響と責任は他の村人に及ぶ。しかも、どのイエも他町村に気軽に移転することはできない。容易な退出という選択肢は無い。先祖から承け継いだイエをその村で維持するのが当然だと、誰もが信じているのである。それ故、お互いにあまりきつくも言いにくいが、しかし、あまり勝手なこともしにくい。相互監視と牽制の重い心理的圧力が、紛争を押さえ込み、穏やかな「内済」を強いるのである。

無言の制裁として、朝起きると大きな石が表口に置かれているなどということもあったという。村祭りで、あるイエに神輿が暴れ込むなどということもあった。村全体で絶交し、村での生活を困難にさせることさえあった（「ハチブ」）。謝罪すれば、金銭や財物を村に供出させることもある。「御法度の盗賊悪党徒党の儀は不及申《もうすにおよばず》、惣而《そうじて》田畑野辺作毛其外一切何にても盗取候はば、少しのものたりといふ共、見付次第追放可致候」と定めた村もあった（越後国津有村「村極証文」宝暦四／一七五四年）[7]。

では、村役人自身が、勝手・不正をした時はどうするのだろうか。例えば、年貢割付の不公正、村の共同費用の不正利用の疑いが生ずることも当然あろう。そこで、村役人と平の百姓たちとの紛争、「村方騒動」に発展することもある。そのため、十八世紀に入ると、「名主組頭へ（「に対する」の意味）百姓よりの目附け」(『地方凡例録』)、つまり監査役として、「百姓代」が選任されることもあった。

以上のように村は、小さいながらも、一面で共和国のようでもあった。確かに相当精緻な内部規律の仕組みがあり、自治を行っていた。しかし、それは村が独立していたからではなかった。村請制に縛られた「御百姓」たちだったからだった。

三 訴訟と公事

百姓は「年貢を取る為めの道具」であるならば、「百姓は田作を稼げば領主への義理はなきもの」(渡辺崋山『游相日記』に引く百姓の言)、つまり、耕作して年貢さえ納めればあとは勝手次第だ、ということになるであろう。現に、次のように書いた村名主(前橋 東善養寺村)もいる。

抑《そもそも》百姓の家業を熟々《つらつら》と案《あんず》るに、農家程此土に安楽の者は有るまじく……農家の事は貧乏さへ防ぎたらば一存にて何事も自由なるべし。云中にも平百姓が然るべし。第一上下の格式とても別になく、人に手を下《さげ》る事もなし、只村役人の前斗《ばか》りなれども是も御年貢諸掛り其外名主前の一切の御用納《おさめ》物《もの》は人先に出して諸事人並《ひとなみ》に外《はずれ》ざれば年中役所へ出ずとも済《すむ》事なるべし。……譬へば村中の者不通にても済《すむ》者は作人《さくにん》(「農民」)なり。我田畑に入りて渡世すれば困ることは有るまじく、唯我が家に居りて云い度《たき》儘の事を云て済《すむ》者は百姓斗り也。(林八右衛門『勧農教訓録』文政九/一八二六年)

基本的に食料を自給できる以上、年貢などさえ納めれば百姓は怖いもの無しだ、というわけである。確かに少なくとも下級武士などよりは、かしこまって平伏するような機会は少なかったであろう。

そして百姓たちは、領主の要求にも常に卑屈に従っていたわけではなかった。憎らしげにこう書いた武士の隠居らしき人もいる。

奉行所そのほか諸役所へ出る時は、わざわざ麁末《そまつ》なる衣類にて見苦しき体をなし、さも土民らしく不調法に見せて、難渋の数を尽し歎き立て、もし己が理屈に当る時は強情に申し張り、もしまた不義理に落ち入りたる時は（「理屈で負けた時には」というほどの意味であろう）、土民ゆゑ弁へざる体になし、……さて右体悪知恵《みぎていあくちえ》なる下人より、正直一筋なる貴人を見上ぐる時は、甚だ愚に見えて自由に誑《たぶら》かし安きものなり。（武陽隠士『世事見聞録』文化一三／一八一六年序）

村人たちは、さまざまな手段で領主に訴願し、抵抗し、要求もしたのである。また、例えば隣村との間で境界線の争いが（「境論」「山論」「野論」「漁論」）あれば、正しいと信じる側は、まず領主に訴願する。それですまなければ、いわば正式の民事裁判になる（当時の語でいう「公事《くじ》」である。実際上、村自体が現代の法人のように原告にも被告にもなれる）。隣村が別の大名の領地であれば、裁判権は大名になく、江戸の公儀にある。百姓が江戸表に訴え出ることになるのである。民同士の武装闘争で決着することを禁じている以上、支配者としてそれを無下に却下するわけにもいかない。前引の「武陽隠士」は、さらに次のように嘆いている。

また関東の国々、別して江戸近辺の百姓、公事に出る事を心安く覚え、また常に江戸に馴れ居て奉行所をも恐れず、役人をも見透かし、殊になにかの序《ついで》にとかく江戸に出たがる曲《くせ》ありて、ややともすれば出入りを拵《こしら》へ即時に江戸へ持ち出し……。（『世事見聞録』）

「出入り」とは、民事的な紛争や訴訟の意味である。

特に徳川中期以降、百姓は商人との売買も盛んにしている。例えば絹・綿・菜種等を売り、肥料等を買う。そこで、商人が独占的な特権（「株」）を許されて百姓にとって不利な売買をしているとなれば、関係する村々が連合して訴願することもあった。文政六年（一八二三）には、綿問屋停止を求めて摂津・河内の一〇〇七の村が一致して大阪町奉行に訴願したという。このような多数の村の共同訴願を「国訴」と呼ぶ（遅くも天保時代には成立した語であるらしい）。数え方にもよるが、九〇件近くの例があるという(8)。電子メールもパソコンも無しでそれを組織する高度な社会的技術を、村人たちは持っていたのである。

四　一揆と強訴

他村や町人が相手である場合は、公事も大規模な訴願も、合法的に可能である。問題は、領主側自身の決定に不服のある場合である。例えば、財政事情を理由に大幅な年貢増徴を迫られた時、村はどうしたのであろうか。

まずは困窮のさまを訴え、「御慈悲御憐愍」を乞うたであろう（それは儒学的統治原理を前提とした「仁政」の要求ではない。だから、必ずしも不穏当ではない）。では、それでも受け入れられない時はどうしただろうか。泣き寝入りしないのであれば、例えば「強訴」である。それは、重大な犯罪だった。

公儀の公事方御定書第二八条（寛保元年（一七四一）決定）は、「地頭え対し強訴、其上致徒党逃散《ととうちょうさんいたす》之百姓御仕置《おしおき》之事」として、その「頭取」すなわち指導者は「死罪」、「名主」「組頭」は「重き追放」と「田畑取上　所払」、「惣百姓」は「村高に応し　過料（罰金）」と定めている。「何事によらず、よろしからざる事に百姓大勢申合せ候をととう（徒党）ととなえ、ととうして、しゐてねがい事くはだつるをこうそ（強訴）といひ、あるひは申あはせ、村方たちのき候をてうさん（逃散）と」いう（明和七／一七七〇年四月　公儀高札）。つまり、集団的耕作放棄だけでなく、広く呼びかけて集会を開き、示威行進し、役所などの門前に集まって訴願する――そのこと自体が犯罪なのである。現在の民主的な国では、日常的な政治活動にすぎない。また、清国でも時々平和的に行われたようである。[9] しかし、「御威光の支配」にとっては、このような「お上を畏れざる」行為は、統治の根幹にかかわるのである。

　そうである以上、「徒党強訴」[10]に踏み切るとき、百姓たちにも非日常的な覚悟があった。それは典型的には次のような経過をたどる。

　まず、ある村人（たち）・ある村（々）が発頭となり、内談し、談合する。その際、代表者たちが、団結を誓う起請文に署名し、神前で水を回し飲むこともある。中世以来の「一味《いちみ》神水《じんずい》」という、神聖な「一揆」の誓いである。[11] その結合はある神性と威信を帯びた。「一揆トハ元来ソノ徒ヨリ言出タル美名ニテ、外ヨリ称スル醜名ニ非ズ。後世百姓ノ蜂起シテ地頭ヘ嗷訴シ所在ヲ乱妨スルヲ一揆ト呼ハ、一転シテ誤リ唱ル也」という指摘もある（中井竹山『草茅危言』寛政元／一七八九年序）。

　そして、匿名で、村々に集合を呼びかける文書を回したり張り出したりする。これには、不参加の村には押しかけて打ち壊すといった文言を往々伴う。強制された参加だとの言い訳が立てば、参加もし易いということもあったであろう。つまり、中核は個人の結合だとしても、大多数は村々の「惣百姓」がどこからとも知れぬ呼びかけによって「一同」「一統」「一列」として立つ形を取るのである。個別の百姓の不参加は、そうなれば困難である。集合は、村々に近い河原や寺社の境内などが多い。いでたちは簑と笠、手には鎌・鍬などの農具や棹・鳶口等、そして、ほら貝や鉦を持つ。これは武装ではなく、典型的な姿によって「百姓」としての訴えであることを顕示しているのである。そして、寺の鐘などを打ち鳴らし、「えいえい」などとときの声を上げる。村名などを書いた旗や幟がひるがえり、夜は松明が赤々と燃える。数百人、数千人、時には数万人という規模にさえなる。多人数が続々と集合する経験に乏しい村人たちは、大きな祭りにも似た昂揚感を味わったようである。そして、城下へ進行し、あるいは日頃恨みの富商などの家や倉を打ち壊したりする（「乱妨」「濫放」などと呼ぶ）。原則として人に危害は加えず、強奪などもしない。

やがて、領主から派遣された役人との集団交渉の場面を迎える。

多くの場合、要求は容れられる。領主側は、「他国他領への聞え」（『那谷寺通夜物語』、加賀大聖寺、正徳二／一七一二年）、「隣国へ聞へ、江戸表の御首尾」（『深秘奥海道五巴』、出羽上山、延享四／一七四七年）を極度に恐れ、一刻も早い事態収拾を願うからである。「御静謐」であるはずの世において「騒立《さわぎだち》」（「さわだち」ともいう）の発生は、それ自体が「仕置」（統治）にとって汚点である。それを理由に処罰された大名がそういるわけではないが、「強訴濫放」など「下民の上をおそれざるは、乱の本にて、甚容易ならざる事にて、まづ第一その領主の恥辱、これに過たるはなし」（本居宣長『秘本玉くしげ』、天明七／一七八七年成、紀伊徳川家に提出）というのが常識的だった。

そこで、百姓たちは解散し、村々へ戻る。やがて捜査が始まり、拷問もあり、頭取などが捕らえられる。彼等は、往々苛酷に処刑される。それへの反対運動は起きない。ただ、彼等は時に「義民」として祭られ、永く語り継がれる。(12)

強訴は、叛乱ではない。多くは暴動ともいえない。「一揆」誓約をしていたとしても、「一向一揆」「島原一揆」とは異なる。ヨーロッパや明国・清国の農民叛乱のように宗教的異端として団結するわけでもない。千年王国の希望や終末の切迫感に導かれてもいない（徳川期末の「世直し」暴動には、ややそれがあるが）。他領への編入を求めた例はあるが、年貢納入自体の拒絶もない。その意味で反体制運動ではない。納税者団体の実務的な政治的圧力運動にすぎない。少なくとも百姓の意識からすれば、多くはただ、領主側の苛酷な施策が重なって窮し、やむをえずその是正が大勢の切実な願いであることを思い切って行為で示しただけなのである。延享四年（一七四七）の夏、出羽国上山《かみのやま》の強訴の頭取として訊問された庄屋、惣左衛門が目に涙を浮かべて述べたという次の言葉は、多くの例に通じよう。

> 私事太郎右衛門父子の者抔《など》、如何様に催促致候共、中々日頃心掛無之義に、凡三千余人会合仕る筈も無御座候。内々此度の願筋は村々諸人共に心中に含み罷在《まかりあり》候義に御座候故、只一日の内、皆人心一同仕候て寄合候義、乍恐《おそれながら》御推察被成下置度《なしくだしおかれたく》……。（『深秘奥海道五巴』）

要求内容は、多くは「近年」の年貢増徴や新たな負担の撤回であり、「古法」への復帰である。事はまず「新法」を始めた領主側が起こしたのである。百姓側ではない。一般に慣習の継続はそれに規範性を帯びさせることがある。とりわけ生活・生存にかかわればそれは切実である。慣習法の違反は暗黙の契約への裏切りのように感じられよう。一般に「新儀」の企て自体に警戒的だった当時の世において、「新法」への抵抗自体は不穏当ではない。しかも、百姓たちは、往々領主自体には反感を向けず、特定の役人（急速に出世したやり手が多い）を憎しみの対象とした。君自体でなく、「君側の奸」を責めるという型である。改革の試みは事実としてそのような家来の主導だったことも多いのであろう。また、領主側の譲歩を易しくするための戦術でもあったかもしれない。

要求の最大の論拠は、これでは百姓相続けかねる、というものである。「百姓相続」「百姓成立《なりたち》」ができないというのである。強訴の嘆願書は決まってそう述べる。これでは年貢納入ができず、領主が困るはずだと、「年貢を取る為めの道具」であることを逆手に取るのである。

今度御改革始り、御上の御不益、下の難義と罷成《まかりなり》、御国中困窮仕候て、追て飢に及び……右御両人改革として、御上の御不益、下の困窮は不顧《かえりみず》、無理非道成《なるお》御取立《とりたて》故、斯仕合《かかるしあわせ》に御座候。（『宝永水府太平記』、常陸水戸、宝永五／一七〇八年）

斯《かく》おひおひと斃れんより、一には国中の為、二には君の御為なり。早速思ひ極めて嗷訴すべし。（『安部野童子問』）

百姓自身が述べたというこれらの言葉は、記録者の意識だけでなく、百姓自身の実際の意識を反映しているであろう。

そして、嘆願書は、最後に領主の「御慈悲」「御憐愍」に期待する。それを「恐れながら」「願い奉る」。それは、既述のように儒学的統治者の任務としての「仁政安民」の要求ではない。ただお上の権威に深くひれ伏して見せ、強者の美徳としてのお情け・お憐れみを乞うのである。

このように、「徒党強訴」の形はとっても、内容において恭順な「御百姓」の建前に沿っていたことが、要求が案外通った一因であろう。しかし、それがまた頭取たちの処罰を静かな諦めをもって受入れさせた原因でもあったであろう。そうして、村人たちは、領主の権威の再確認に応じ、静かな日常生活に復帰したのである。

その意味で、強訴も、その背後の思考は基本的に保守的だったといえるかもしれない。しかし、それが持った機能は別である。徳川の世を通じ、耕地面積当たりの生産量はかなり増大した。しかし、百姓たちの手ごわい抵抗にあって年貢増徴は難しく、領主側は増収分を獲得できなかったのである。[13]相対的に生産物からの領主の取り分は小さくなり、市場経済化が進行する中で、彼等の財政は破綻していった。大名の多くは巨大な借金に苦しみ、その家来たちは際限のない禄の削減に憤懣を募らせていった。「御百姓」たちの恭順にして頑固な抵抗が、こうしてこの政治体制を内部から腐朽させていったのである。

（1）　速水融『近世日本の経済社会』（麗澤大学出版会、二〇〇三年）一一五頁。実際、陸奥国九戸の豪商（元

屋五郎助）が子孫にこう書き残した例がある。「貢冥加（年貢と、町人の納める冥加金の意味であろう）を捧る事は、世の悪党を誅して万民を安穏に住しむるの故也と心得べし。若《もし》夜盗強喝等に逢たる者あらば、其貢冥加の納物を免ずべきの理にあらずや。其国に居らしめ、其業をなさしむるの事を国恩と心得ては大違なる事也」（森嘉兵衛『日本僻地の史的研究―九戸地方史 上（森嘉兵衛著作集 第八巻）』法政大学出版局、一九八二年、六三〇頁）。その意味で、領主を必ずしも「不耕貪食」だと考えない民もいたわけである。

（2） 福沢諭吉も、次のように指摘している。「後世に至るまでも御国、御田地、御百姓の称あり。此御の字は政府を尊敬したる語にて、日本国中の田地も人民の身体も皆政府の私有品と云ふ義なり」（『文明論之概略』第九章）。「近世の農業者は、「御百姓」として、少なくとも観念のうえでは、将軍でさえ私物扱いできぬ「天下の民」になったのである」（深谷克己『百姓成立』塙書房、一九九三年、二四頁）というのは、誤解であろう。

（3） 「兼て承りまするに、農人は天下の御百姓とて、上にも御大切に御取扱」（『鴨の騒立』）という有名な三河国加茂一揆（天保七年）の指導者の言も、「天下の町人」と同じく（第三章）、「天下様の御百姓」という意味ではないか。

（4） 木村礎『近世の村』（教育社、一九八〇年）二四―三一頁。

（5） Michael Laver, *Private Desires, Political Action: An Invitation to the Politics of Rational Choice*, Sage Publications, 1997, pp. 48-50.

（6） これは機能としては、明国・清国・朝鮮国における「郷約」と類似したところがある。

（7） 以上、制裁については、竹内利美「ムラの掟と自由」（『村と村人――共同体の生活と儀礼（日本民俗文化大系第八巻）』小学館、一九八四年、第四章）による。

（8） 国訴については、主に藪田貫『国訴と百姓一揆の研究』（校倉書房、一九九二年）による。

（9） James H. Cole, *Shaoshing: Competition and Cooperation in Nineteenth-Century China*, The University of Arizona Press, 1986, p. 51.

（10） 保坂智『百姓一揆と義民の研究』（吉川弘文館、二〇〇六年）を参照。

（11） 中世の「一揆」については、勝俣鎮夫『一揆』（岩波書店、一九八二年）を参照。

（12） 実例については、保坂智（編）『近世義民年表』（吉川弘文館、二〇〇四年）を参照。

（13） 速水融・宮本又郎「概説 一七―一八世紀」（速水融・宮本又郎（編）『経済社会の成立 一七―一八世紀（日本経済史一）』（岩波書店、一九八八年）三九頁。

参考文献

木村礎『村の語る日本の歴史 近世編』（二冊）（そしえて、一九八三年）

速水融『江戸農民の暮らしと人生：歴史人口学入門』（麗澤大学出版会、二〇〇二年）

塚本学『生きることの近世史：人命環境の歴史から』（平凡社、二〇〇一年）

第十三章　奇妙な「真心」
——本居宣長の思想

一　契沖

本居宣長は、契沖を、「此まなびのはじめの祖《オヤ》」と呼ぶ（『宇比山踏』）。彼自身、契沖の「歌ぶみの説になずらへて、皇国のいにしへの意をおもふに、世に神道者といふものの説《トク》おもむきは、みないたくたがへりと、はやくさとり」、「古へのまことのむねを、かむかへ出む」と志したからである（『玉勝間』）。

契沖（寛永一七／一六四〇年―元禄一四／一七〇一年）は僧侶である。三九歳頃から大坂の寺の住職を務めるかたわら古書に親しみ、徳川光圀の依頼で『万葉集』の注釈に手を染め、『万葉代匠記』二〇巻を完成した（元禄三／一六九〇年）。また、『古今集』『伊勢物語』、そして『日本書紀』『古事記』の中の歌の注釈を著し、さらに仮名遣い研究の『和字正濫鈔』（元禄八年刊）をまとめて、中世以来の定家仮名遣いを否定した。それは宣長に継承され、明治以降使われた「歴史的仮名遣い」は、基本的にこの契沖の立場によっている。

　契沖の「歌ぶみの説」には顕著な特色があった。第一に、古語の意味を、用例の広範な収集と相互比較とによって解明する方法的態度である。「古書を引て証することは私なき事」（『和字正濫要略』）と彼は信じた。この例証法を、宣長は継受したのである。第二に、契沖は、「此集（『万葉集』）ヲ見バ古ノ人ノ心ニ成テ今ノ心ヲ忘テ見ルベシ」と説く（『万葉代匠記』）。さらに、「後に嫌はしき事となれるをもて昔を難ずべからず。また昔をもて後の例とすべきことにもあらず。…唯ありのまゝにさてありなむ」（『勢語臆断』）ともいう。今の基準で過去を裁かず、過去を今の範例ともしない。各時代をそれとして理解せよというのである。荻生徂徠も今の意識の過去への持ち込みを排除するが、彼は逆に「昔をもて後の例とすべき」だとは考える。その意味で契沖は、徂徠以上に歴史主義的なのである。

　ただし、契沖も徹底的に歴史主義的であるわけではない。彼には、「歌ははかなきやうなる感情ありておもしろき也。議論をこのめるにてなさけおくるゝ也」（初稿本『万葉代匠記』巻一）という美意識がある。それ故、在原業平の辞世の歌「終《つい》にゆく道とはかねて聞しかど　きのふけふとは思はざりしを」について、こう述べる。

　これまことありて人のをしへにもよき歌なり。後々の人、しなんとするにいたりてことごとしき歌をよみ、あるいは道をさとれるよしなどよめる、まことしからずして、いとにくし。たゞなる時こそ狂言綺語もまじらめ、今とあらん時だに心のまことにかへれかし。業平は一生のまこと此歌にあらはれ、後の人は一生のいつはりをあらはすなり。（『勢語臆断』）

契沖は、業平の心情は共感的に理解するが、「後々の人」が辞世に際して「ことごとしき歌をよみ、あるいは道をさとれるよしなどよめる」心情については、共感しようとしない。一切の過去を内面的に理解しようというなら、虚勢や偽善に走る心にも共感すべきはずであろう。ところが彼は、「心のまこと」と「いつはり」とを独断的に区別する。そして、儒学とりわけ朱子学的な、規範的なものこそ人らしさだという人間観を否定し、逆にそれから逸れるものを「心のまこと」だとするのである。そして、本居宣長は、この契沖の言葉こそを、「契沖法師は、よの人にまことを教へ、神道者歌学者は、いつはりをぞをしふなる」(『玉勝間』)と絶賛し、その態度を継承したのである。道理は人の本性ではなく、むしろ虚飾なのだ、という儒学の根本への挑戦であった。

二　賀茂真淵

賀茂真淵(元禄一〇／一六九七年―明和六／一七六九年)は、遠江国の神主のイエに生まれた。苗字は岡部、賀茂が本姓だという。二〇代で浜松の脇本陣の養子になり、その間、和歌を嗜み、また太宰春台の弟子に学ぶ。上層町人らしい遊芸だが、熱中のあまり、三〇代には京都に赴いて歌や物語を学ぶに至る。そして元文二年(一七三七)には江戸に遷り、延享三年(一七四六)、大名、田安宗武に仕えるに至る。時の将軍の弟の遊芸の相手に採用されたのである。その頃から「真淵」という古代人のような号を名のる。宝暦一〇年(一七六〇)まで勤めて引退し、以後著述に努め、七三歳で世を去る。

真淵は、「皇朝まなび」「古学」の方法として、こう主張している。

先いにしへの歌を学ひていにしへ風の歌をよみ、次にいにしへの文を学ひて古風の文をつらね、次に古事記をよくよみ、次に日本紀をよくよみ、続日本紀ゆ下御代つきの史らをよみ、式儀式なとあるひは諸の記録をも見、かなに書るものをも見て古事古言の残れるをとり、いにしへの琴ふへ衣の類ひ器なとの事をも考へ、其外くさくさのことゝもは右の古史らを見おもふ間にしらるへし、かく皇朝のいにしへを尽して後に神代の事をはうかゝひつへし、さてこそ天地に合ひて御代を治めませしいにしへの神皇の道をも知得へきなり、(『にひまなび』)

徂徠の孫弟子に学び、服部南郭とも交際のあった彼である。明らかに、徂徠学の方法の日本への応用である。

では、その「いにしへの神皇の道」とはいかなるものか。真淵は、今度は徂徠や南郭の議論を逆手にとりながら、小気味よげに、儒学を批判している(『国意考』)。

例えば、儒学でいう「道」とは確かに人の作ったものである、と真淵はいう。「礼楽」が聖人の制作だというのは儒学の通念だが、「道」自体が聖人の制作だというのは徂徠学の説である。それを捉えて、儒学自体を真淵は嘲笑するのである。

「人の心もて作れる事はたがふ事おほきぞかし」。

現に、儒学の源、「から」は代々ろくに治まっていない。特に満州族の支配する清国にあてつけて、彼はこういう。

いやしげなる人もいでて、君を弑し、みつから帝といへば、世の人みな首べをたれて順ひつかへ、

> それのみならず、四方の国をばえびすなど云ていやしめつるも、其えびすてふ国より立て、から国の帝となれる時は、又みなぬかづきて随へり、

一方、この国では、「いやしげなる人」が帝位についたこともなく、「えびす」に征服されたこともない。つまり、「かへすかへす儒の道こそ、其国を乱すのみ」なのである（儒学者にとって、確かに当時の清国はやや困惑する事態だった）。

では、何故この国は「から」とそうも違うのか。「革命」もなく、今も穏やかに治まっているのか。それは、日本人がもともと優れているからである（かつて、南郭が述べたとおりである。第一〇章）。

> たゝ唐国は心わろき国なれば、深くをしへても表は宜きやうにて終に大なるわろごととして世を乱せり。此み国はもとより人の直き国にて、少しの教をもよく聞侍るに、はた天地のまにまにおこなふ事故、をしへずしてよろしき也。

近代日本の反西欧主義の多くが西欧思想の一面の模倣であるように、この反中国主義も、中国の反儒学思想、老子の輸入である。真淵は、老子同様、人にはなまじ「智」があるから乱にもなるという。

> 若《もし》天か下に一人二人物しる事あらん時はよき事有へきを、人みな智あれはいかなる事もあひうちとなりて終に用なき也。

ただ、老子と異なり、真淵にとって太古は単に平安だっただけでなく、清らかで美しい。美的なのである。「直きこころ」に対し、理屈と偽善は不潔であり、醜悪なのである。

では、なぜ「直きこころ」ならば、世は安らかなのか。

なほきにつきてたまたまわろき事をなし、世を奪むとおもふ人もまゝあれと、なほき心よりおもふ事なれはかくれなし。かくれなけれはたちまちにとりひしがる。よりて大なる乱なし。

つまり、悪人も陰険ではない。素直にほがらかに悪い。だから大乱にはなりえない。ただ、無邪気な乱暴者に対応する必要もある以上、暴力も必要である。

誠に武の意はなほけれは、おろそかなく私なし。手をむたきて（懐手をして）家を治へし、天か下をも治むへし。

皇朝の古意は神代より始めて武を以て標とし、和を以て内とし、巨細なる事を少しもいはす、民を強て不正《たださず》して天地に合て治め給ふ。（龍公美宛て書簡）

素直な心情と率直な暴力の美しい国・日本、という自画像である。

しかし、儒教・仏教等の流入により、今の世は昔に劣る。これを「昔にかへす」ことができるのだろうか。「若《もし》上に古へを好みて世のなほからん事をおほす人いて来む時は、十とせ二十とせを過すして世はみななほかるへし」というのが、真淵の答えだった。

本居宣長は、この賀茂真淵に一度対面し、以後、文通し、終生、彼を「師」と呼んだ。

三　人と著作

本居宣長として知られるようになった人物は、享保一五年（一七三〇）に伊勢国松坂の商家に生まれた。いわゆる伊勢商人の本拠であり、そのイエも木綿商として江戸に出店していた。幼名は富之助、次に弥四郎、のち健蔵。実名は、栄貞《としさだ》（二〇歳で読みを「ながさだ」と、より優雅に改める）。屋号は小津屋である。

幼時から上層町人らしい遊芸に親しみ、父や兄の死去などにより、宝暦元年（一七五一）、イエを継ぐ（二二歳）。しかし、商売には向かないのは明らかだったため、医者になることとし、翌年、京都に留学する。儒学の師にも就く（漢文を読めないと漢方医にはなれない）。それが堀景山（元禄元／一六八八年―宝暦七／一七五七年）である。徂徠の影響を色濃く受け、契沖をも尊敬し、その『万葉代匠記』の筆写もした人物であった。留学中、健蔵は、丁髷を総髪に改め、医者として「春庵」となのる。一方、先祖の姓だったとして本居と称し始め、実名も宣長と改める。「本居宣長」の誕生である。これは、到底、伊勢の商人の名ではない。公家のような、神主のような名前の人物に自ら変身したのである。

そして、宝暦七年（一七五七）、松坂に帰り、町医者「春庵」としての生活を始める。医業のかたわら、和歌を詠み、物語・和歌集・『古事記』などを研究する。そういう時、彼は「本居宣長」だった。平穏で勤勉な生活が続き、『古事記』の詳細な注釈（『古事記伝』。それは、緻密な例証と独断との奇妙な混合である）を始めとする多数の書を著し、次々に刊行した。自宅で次第に増えた弟子たちに講義もした（社会的存在形態としては、「儒医」と同一である）。弟子は、特に晩年には急増し、門人録によれば九州から松前までの四八七人に及ぶ。寛政四年（一七九二）には、松坂を支配する紀州徳川家から声がかかり、和歌山で御前講義をし、扶持を受けるようにもなる。享和元年（一八〇一）には、弟子を引き連れて凱旋するように京都に赴き、公家たちにも講義をする。そして、その年、世を去る（七二歳）。当時の町人学者として望みうる最良の生涯だったであろう。

その影響は大きく、したがって反撥も強い。尾張徳川家に仕える人見彌右衛門（号は璣邑）は、宣長の弟子である同僚による、『古事記伝』の主君への献上の企てに反対し、結局、その冒頭に次のように書き入れることを条件に献上を認めたという。

　此書古訓の吟味は明細に御座候へ共、此主意を御厚信御座候而は、大に御政事の害になり申候間、其思召ニ而御覧可被遊《ごらんあそばさるべく》(1)

公儀の儒者、林述斎も、「近頃、和学者之蕣庵…などもよき時分に死し申候。さもなければ大事に成可申候。」と述べたという（『甲子夜話三篇』巻二三）。にもかかわらず、江戸末期には、「近来天下靡然トシテ行ハル、モノハ、本居ガ一派ナリ」（竜温『総斥排仏弁』）と書かれるに至ったのである。

この穏やかで、やや気取った人物の危険な思想とはいかなるものだったのだろうか。

四　歌学び

宣長は、その学問入門の手引き（『宇比山踏』）で、人はみな「歌学び」をし、和歌を詠み、物語を熟読しなければならない、それは、「雅の趣」「物のあはれ」を知り、「心」ある人になるためである、と述べている。そして、それが「古の道をしるべき階梯」であるという。真淵の方法論に似ているが、宣長は、上古の書や歌に限らない。「道」の体得のためには、『古今集』『新古今集』などの花鳥風月や恋の歌、父である帝の妃に密通してその子供が帝になった、あの光源氏の物語などを読まなければならない、というのである。

それは、宣長によれば、和歌や物語に表れているはかない心情こそが、人の偽らざる心だからである。「おほかた人は。いかにさかしきも。心のおくをたづぬれば。女わらはべなどにもことに異ならず。すべて物はかなくめゝしき所おほきもの」（『石上私淑言』）である。一方、儒学風の理屈や善悪を厳しく糺す規範意識は、醜悪であり、偽善である（対敵は真淵と同様だが、人の偽らざる心の内容に相違がある）。ここで「おほかた人は」といいながら、男のみを考えているのは明らかだが、つまりは「女わらはべ」の方が人間らしいのであろう。男と女の、人為と自然、理性と感情とへの割り付けは、ヨーロッパ人もした（する）。ただ、宣長は、それをジェンダー論としてではなく、日中比較論として展開するのである。

吾御国は、天照大御神の御国として。佗国々にすぐれ。めでたくたへなる御国なれば。人の心もなすわざもいふ言の葉も、只直くみやびやかなるまゝにて。天の下は事なく穏ヒに治まり来ぬれば。人の国のやうにこちたく（煩わしい）むつかしげなる事は。つゆまじらずなむ有ける。（同）

かくして、「御国」の本来の優れた特色を理解するためには、「歌学び」をして「雅びの趣」「物のあはれ」を知らなければならない、ということになる。

「物のあはれ」を知るべきことは、当時、往々説かれる。[2]「年若くさかりにて、『書など読ならはぬは聖の教へに背く』などいふはさら也、ことのふいやしく見ゆるのみか、心もいと賤しく、もののあはれをわきまへなく、物ごとふつつかに有なん」（柳沢淇園『ひとりね』享保九／一七二四年）、「たとへ鉄もて鋳なした人、土もてつくりたる的《もの》なりとも、すこしは哀れをもよほすべきに、物のあはれをわきまへざる、夷ごころの眼平なれば、なげきを耳にも聞入ず…」（山東京伝『昔語稲妻表紙』文化三／一八〇六年）、「色は思案の外とはいへど。物の哀れをこれよりぞ。志らば邪見の匹夫をして、心をやわらぐ一助となられんか」（為永春水『春色梅暦』巻一、天保三／一八三二年）などという。宣長の「雅び」は、当時の俗文芸などとの密かな響き合いによって、説得力を強めているのである。

但し、宣長は、あくまで古えの雅語を使いこなし、心も古人の雅情に変質させてこそ、優れた歌が詠めると主張する。「歌よむ人の心ばへは、もはら此物語（『源氏物語』）の中の人々の心ばへなるべき」（『紫文要領』）である。つまり、不断に歌と物語に心を潜め、光源氏や紫上に内面的変身をしなければならないのである（一見奇妙だが、荻生徂徠と賀茂真淵の方法論の継承である。作歌法としては一種の擬古主義である）。そして、それに徹すれば、同じ山桜に接しても傍らの俗なる今の人々とは違い、古え人同様に「あはれ」と感じ、古え人同様に和歌を詠める。現実の世界に手を触れずに、「学び」の力によってそれに雅びのベールをかけることができるのである。

そこに個性表現の喜びは無い。しかし、スノビズムの満足はあろう。また当時の文芸・絵画・芝居などで異常に好まれた見立て・やつしの趣向とも通じる。それは、閉塞した世におけるる別世界へのひそかな遁走である。

五　古の道

（一）正しき伝へ

「古の道」とは、カラの教えの流入で汚されてしまう以前の「大御国の古への大御てぶり」(『直毘霊』)をいう。神代・上代における天皇を含めたすべての人の、心・言・わざの一切が「道」である。したがって、それは「人の道」であり、同時に「天皇《スメラミコト》の天下をしろしめす道」でもある(同)。しかも、それは全人類の模範であり、「まことの道は、天地の間にわたりて、何れの国までも、同じくたゞ一すぢ」(『玉くしげ』)である。

なぜ、そう言えるのか。

それは、「此道、ひとり皇国にのみ正しく伝はりて、外国にはみな、上古より既にその伝来を失」ったからである(同)。すなわち、宣長は、『古事記』などに記され、その厳密な解読によって再現できる神代・上代の有様が事実であり、かつ、「御国」のみならず人類の本来性を示しているのだというのである。

但し、宣長は、『古事記』の記述が一言一句そのままに事実だと主張するわけではない。ただ、極めて信頼性の高い史料だと考えるのである。それ故、彼は、史料としての信頼性はやや落ちる『日本書紀』『万葉集』『古語拾遺』をも用いる。現存する文献史料をすべて用いて、その彼方に実在したはずの史実を再現しようとしているのである。その意味で、宣長は、よくある誤解と異なり、文献学者・解釈学者ではない。歴史家なのである。したがって彼はしばしば「伝説《ツタヘゴト》なければ知りがたし」（『古事記伝』神代一之巻）という。歴史家らしく、史料的裏付けのないことは言わないのである。一方、彼は、記紀および「此ノ二典《フタフミ》にはもれたる事の、こと古書《イニシヘフミ》に見えたる」事までを総合して、その名も『神代正《かみよのまさ》語《ごと》』という書物を作成した。さらに時には『古事記』の語句をあったはずのそれに改訂した。いずれも、文献学者ならしないはずのことである。[3]

　但し、宣長はいささか奇妙な歴史家である。彼が明らかにした史実とは、伊邪那岐命と伊邪那美命が「みとのまぐはひ」をして日本列島を生み、太陽が「筑紫日向」で天照大御神として生まれ、彼女の孫が天から下ってその曾孫が神武天皇となった、等である。宣長によれば、それらはすべて歴史的事実なのである。

　徳川日本では多くの教養人も、狐や狸が人を化かすことがあると信じている。現に正気を失い、異常な目つきになり、奇怪な言動をする人がいる。それは、その当人が往々認める通り、狐や狸がとりついたせいであろう、と考える。しかし、右の諸「史実」は、当時の人にとっても荒唐無稽である。そこで、例えば、「元来古事記ほどの古書はなけれ共、信ずべからざる事多し、…安麻呂は大根たわけと見えたれば、証にもならず、論もなし、」（人見璣邑『璣舜問答』）、「神代ヨリ千年ホドノ間ハ…史ニイカニ載タリトモ、ミナコシラヘゴトナリ。勿論、神代ノコトハ猶サラニ夢ノゴトシ」（山片蟠桃『夢ノ代』）などという率直な指摘もあった。

ところが、宣長という明らかに極めて聡明な人物は、そう思わない。彼によれば、『古事記』の史的信憑性には確実な根拠があったからである。

第一に、『古事記』の記す、邇邇藝命の子孫がこの国を統治せよという天照大御神の「言依《ことよさし》」が、実現している。その言葉のままに、カラのような王朝交替など無く、今も天皇《スメラミコト》が君臨しているという奇跡のような事実が、現にある。

第二に、現に、その天照大御神が邇邇藝命に授けた鏡が伊勢神宮に、日本武尊が使った草薙剣が熱田神宮に、それぞれ御神体として実在する。こうした「神代の遺跡」が実在し、さらに、「神武天皇よりこなた御代御代の山陵なども、畿内の国々に現存」する。しかも、「朝廷には神代の遺事（大嘗祭などをさすのだろう）もこれかれのこり」、「中臣忌部大伴などの氏々は、神代の職を相伝へて、後々までも連綿」している。それらが、「俄に造り設けらるゝ物」であろうか（『くず花』）。

また、宣長によれば、これらへの懐疑には理由がない。

例えば第一に、右の「遺跡」「遺事」についても、逆にそれらに合わせて物語が創作されたのだと言い張る者もいるかもしれない。しかし、後世の創作であるなら、もっともらしく「漢様《カラヤウ》」にしたはずであろう。ところが、そうではない。したがって作り話ではありえない（同）。

第二に、そもそも、小さな人間の智恵をもってして、「おのが心もてよろづを思ひはかりて。かくあるべき理ぞ。かくはあるまじき理ぞと定めて。その己が定めたるところを理の至極と思ひ。此理の外はなきことと心得」る（『鉗狂人』）ことが問題である。証拠のある史料を、自分一個の推測で否定できるのか。それは、夏の虫が氷の存在を疑うのと同じである。

第三に、懐疑は、「世ノ中にあやしき事はなきことわりぞ」と思いこんでいるために生じるが、実はそもそも森羅万象があやしく不可思議である。例えば、この天地の動き、人の精妙な身体とその働きも、慣れによる自明視を止めれば、まことに奇異ではないか。

今世にある事も、今あればこそ、あやしとは思はね、つらつら思ひめぐらせば、世ノ中にあらゆる事、なに物かはあやしからざる、いひもてゆけば、あやしからぬはなきぞとよ、（『玉勝間』）

したがって、『古事記』の記載のみを疑う根拠はない。

第四に、『古事記』には明らかに前後撞着する記述がある。ところで、「もし後の天皇の造り給へる事ならんには、かばかり浅はかに聞えて、人の信ずまじき事を造り給はんやは」（『くず花』）。つまり、明白な矛盾が堂々と記されていることこそ、意図的創作でない証拠である。

第五に、「大世界」の「万邦」の中で、この「小嶋」の伝えのみが正しく、日月もこの国に生じたなどという話に、異国人が承伏するだろうか、各国それぞれに「伝説」はあるのではないか、などという批判も無効である。藤原定家の本物と称する色紙が一〇枚あったからといって、そのすべてが贋物だということになるだろうか。

是又其真偽をみつから見定むることあたはさる故の疑ひ也、もしもよく漢意のなまさかしらを清く洗ひ去て、濁りなき純一の古学の眼を開きて見る時は、神代の吾古伝説の妙趣ありて真実の物なること、おのつから明白に分れて、かの九枚の贋物とはいさゝかもまぎるゝことなかるへし、（『呵刈葭』）

「濁りなき純一の古学の眼」「精密なる古学の眼」（『鉗狂人』）で鑑定すれば、真偽の区別はつく。宣長は、「意見が分かれている以上、何が真実かは分からない」という傍観者的立場は認めない。方法的研究をすればあなたも分かるはずである。また、彼のいう「道」は、普遍的に妥当する。したがって、宣長は、各国それぞれでよいという相対主義も認めない。ある人を厳しく批判して、彼はこう述べている。

ソコノ心ヲオシハカルニ、日本ノ人ハ日本ノ伝説ヲ信ジ用フベキ也、他国ノ人ハ又各ソノ国ノ伝説ヲ信ジ用フベキ也ト思ヒ玉フナルベケレドモ、サヤウニテハ信用スルト云トコロ、皆虚ニシテ実ニアラズ、……若シ実ニ皇国ノ説ヲ信用ストナラバ、他国ノ説ハ論モナク皆非ナレバ、少シモコレニ心ヲカクベキニアラズ、万国コトゴトク、皇国ノ説ヲ信用スベキモノ也トコソ云ベキ事ナレ、（『答問録』）

「各人各国がそれぞれ信じたいものを信じればよいではないか」などと言ってはならない。そういうあなた自身は、何を正しいと思っているのか。そう宣長は迫る。正しいことなら正しいと、全人類が認めるべきなのである。

さてかくのごとく本朝は、天照大御神の御本国、その皇統のしろしめす御国にして、万国の元本大宗なる御国なれば、万国共に、この御国を尊み戴き臣服して、四海の内みな、此まことの道に依り遵はではかなはぬことわり…（『玉くしげ』）

以上の主張は、それなりに論理的かもしれない。しかし、いささか正気を疑わせる。だが、宣長の古道論について、やや極端ではあるがその基本的な正しさは認めざるをえまいという雰囲気が、当時徐々に広がったようである。深く宣長の影響を受けた水戸学（後述）も支持者が増え、宣長がしきりに用いた「皇国」という語は、すみやかに通用を拡げた。そして徳川末期（から一九四五年まで）にはどの政治的立場の人も用いるようになった。この国は一貫して天皇を戴く特別な国なのだ、という誇りをこめた自称である。

そして、「明治維新」後、実際に天皇中心の政治体制が作られた。その憲法は、天皇が「統治権」を有するとする。それは、「天命」によるのでもなく、「人民の信託」でもない。憲法制定の際の「告文」は「皇朕レ天壌無窮ノ宏謨ニ循ヒ惟神ノ宝祚（天皇の位）ヲ承継シ」と説明している。「天壌無窮ノ宏謨」とは、天照大御神が邇邇藝命を高天原から下した際の「宝祚の隆んなること、天壌とともに無窮なるべし」（『日本書紀』）という語を指す。つまり天照大御神の「言依《ことよさし》」（委任）である。アインシュタインによる相対性理論発見後四〇年、二十世紀半ばまで日本列島にあった政治権力は、その正統性根拠を正式に太陽神の託宣に置いていたのである。

（二）　まつりごと

「大御国の大御てぶり」とは、次のようであった。

まづ上古に、天皇の天下を治めさせ給ひし御行ひかたは、古語にも、神随天下しろしめすと申して、たゞ天照大御神の大御心を大御心として、万事、神代に定まれる跡のまゝに行はせ給ひ、其中に、御心にて定めがたき事もある時は、御卜を以て、神の御心を問うかゞひて行はせ給ひ、惣じて何事にも大かた、御自分の御かしこだての御料簡をば用ひたまはざりし、これまことの道の、正しきところの御行ひかたなり、（『玉くしげ』）

天皇は専制君主ではない。我意をもって変革したりはしない。常に先例に倣い、迷ったら占いで神意をうかがう。しかも、臣下・万民も同様である。

其時代には、臣下たちも下万民も、一同に心直く正しかりしかば、皆天皇の御心を心として、たゞひたすらに朝廷を恐れつゝしみ、上の御掟のまゝに従ひ守りて、少しも面々のかしこだての料簡を立ざりし故に、上と下とよく和合して、天下はめでたく治まりしなり、（同）

天皇・臣下・万民は相似形をなす。それぞれが、その上位者の心をそのまま自分の心とする。誰も自己決定などしない。それ故に、天下は穏やかに、見事に治まっていたのである。

では、そこにおいて政とは何か。

政《マツリゴト》は、……奉仕事《マツリゴト》なるべし、そは天ノ下の臣連八十伴緒の、天皇の大命を奉《ウケタマ》はりて、各ノ其ノ職《ワザ》を奉仕《ツカヘマツ》る、是レ天ノ下の政《マツリゴト》なればなり、故レ古言には、政《マツリゴト》と云をば、君へは係《カケ》ず、皆奉仕《ツカヘマツ》る人に係て云り、（『古事記伝』十八之巻）

「政」とは、下が上に奉仕することである。統治ではない。したがって、「惣じて国の治まると乱るゝとは、下《シモ》の上《カミ》を敬ひ畏るゝと、然らざるとにあることにて、上たる人、其上を厚く敬ひ畏れ給へば、下たる者も、又つぎつぎに其上たる人を、厚く敬ひ畏れて、国はおのづからよく治まることとなり」(『玉くしげ』)ということになる。

ところが、カラの教えが入ってくるにつれて、この素晴らしい状態にかげりが生じた。

おのづからその理窟だての風俗のうつりて、人々おのが私シのかしこだての料簡いでくるまゝに、下も上の御心を心とせぬやうになりて、万ヅの事むつかしく、次第に治めにくゝなりて、後にはつひに、かの西戎《カラ》の悪風俗にも、さのみかはらぬやうになれるなり、(同)

そもそも宣長にいわせれば、第一に、自分で是非邪正を判断するという態度は危険である。カラでは、例えば臣が君を三度諫めて聞かれなければ去るべしなどという。正しいから従うというわけである。しかし、正しい、徳のある人が君だとするならば、「自分こそ徳がある」と主張する者が次々に現れて、国が乱れるのは必定である。結局、その内の一人が君を滅ぼし、国を奪うことになる。

からくにゝして道といふ物も、其ノ旨をきはむれば、たゞ人の国をうばゝむがためと、人に奪はるまじきかまへとの、二ツにはすぎずなもある。(『直毘霊』)

抑《そもそも》天命といふことは、彼ノ国にて古に、君を滅し国を奪ひし聖人の、己が罪をのがれむために、かまへ出《イデ》たる託言《コトツケゴト》なり。(同)

いはゆる聖人も、たゞ賊の為《シ》とげたる者にぞ有ける、(同)

つまり、「聖人の道」とは、簒奪者の自己正当化の手段にすぎない。安藤昌益とは異なる理由による、儒学のイデオロギー批判である。

したがって、天皇も有徳だから貴いわけではない。

皇国は神代より君臣の分早く定まりて、君は本より真に貴し、その貴きは徳によらず、もはら種《タネ》によれる事にて、下にいかほど徳ある人あれ共、かはることあたはざれば、万々年の末の代までも、君臣の位動くことなく厳然たり、(『くず花』)

天皇は、「徳」ではなく、精子の連続によってのみ貴い。だから、絶対的であり、君臣関係が乱れない。有徳者が治めるなどというもっともらしい理屈こそが危険なのである。

しかも第二に、宣長によれば、邪正を論ずる心は危険であるだけでなく、美的でない。理屈を撥無し、常に恭しく御上にしたがう。それこそが、すがすがしい。しかも、本来、御上もその心であるはずであり、その御上の見上げる先には神々がいるのである。

(三)　神々と真心

宣長は、「神」をこう説明している。

さて凡て迦微《カミ》とは、古御典等《イニシヘノミフミドモ》に見えたる天地の諸《モロモロ》の神たちを始めて、其を祀れる社に坐ス御霊《ミタマ》をも申し、又人はさらにも云ハず、鳥獣木草のたぐひ海山など、其余《ソノホカ》何にまれ、尋常《ヨノツネ》ならずすぐれたる徳《コト》のありて、可畏《カシコ》き物を迦微《カミ》とは云なり、(『古事記伝』神代一之巻)

およそ畏敬・畏怖を感じさせるものはすべて神であり、その善悪や実体を問わない。雷・木霊・狐・虎・龍、みな神である。天皇が、人であって神であるのは無論である。当然、「善悪《ヨキアシ》き御うへの論《アゲツラ》ひをすてて、ひたぶるに畏《カシコ》み敬《ヰヤマ》ひ奉仕《マツロフ》ぞ、まことの道」（『直毘霊』）である。また、『古事記』に現れる神々も過去の存在ではない。天照大御神は、太陽として今も空に輝いている。高御産巣日神・神産巣日神は一切の物を今も生ぜしめている。「禍津日神」は一切の「凶悪《マガコト》」を生ぜしめ、「直毘神」は「凶悪《マガコト》」を「吉善《ヨキコト》」に直すべく今も働いている。善悪邪正・尊卑貴賤さまざまな神々が入り乱れ、一切の現象の背後で活動している。すべては畏敬すべき、くすしくあやしい神秘であり、結局は人力を超える。それ故、善神には祈る。悪神には余りに荒ぶることのないよう、祈る。いずれにせよ、畏れ慎しむ。それしかない。

このような神々の園としての現実世界に対応する、人の心のありようを、宣長は、「真心」と呼ぶ。

そもそも道は、もと学問をして知ることにはあらず、生れながらの真心なるぞ、道には有ける、真心とは、よくもあしくも、うまれつきたるまゝの心をいふ、（『玉勝間』）

偽飾のない本来の心であり、それは、「事しあれば嬉し悲しと時々に動く心」（『玉鉾百首』）である。「事」に触れると素直に感受し、感動する心である。それ故、「古の道」では、皆が上なるものに奉仕するのだが、それはロボットのような服従機械になるということではない。また『葉隠』のような秘めた熱情としてのマゾヒスティックな忠誠心を持つわけでもない。この心は、敏感に喜び、悲しむ。そして畏敬すべきものを畏敬する。その善悪是非を論じたりはしない。したがって、正義を掲げた叛逆などもしない。いや、できないのである。

ここでいう「真心」と、「歌学び」における、「物のあはれを知る」、はかない人の情と呼んだものとの類似は明らかである。結局、「歌学び」を通じて、古え人になり、人の偽らざる情を体得する。そうすれば、太古の人々の「真心」とも通じ、「古えの道」も理解できる、ということになるのである。無論、平安朝文芸の世界と『古事記』の世界とは異なるが、宣長は強引にそこに共通するものを見るのである。(4)

そこには無理がある。しかし、当時、この二つの世界を統合する実在があった。それは禁裏である。それは「神代」に連続し、同時に、平安の雅びを維持していると思い描かれていた（公儀の持ち得なかった美的強みである）。宣長の『古事記』注釈と「歌学び」は、いずれもこの幻想の禁裏に文字を通じて限りなく接近していくものだった。遠方にいながらも、観念において禁裏の中枢に忍び寄り、公家衆よりも公家衆的になる。それがこの町医者の企てだった。

六　古の道と今の世

宣長によれば、「皇国」の歴史は原初の理想状態からの下降の歴史である。清らかで穏やかな本来性からの、中国化による汚染と堕落の歴史である（この史観には、当時の儒学の浸透への反撥も込められている）。では、宣長のように、あるいは宣長に学んで、「古の道」「人の道」を認識した人は、今、どう生きればいいのだろうか。

彼は、山県大弐とは違い、古代再現のための放伐の鼓吹などしない。また賀茂真淵とも違い、名君が出現して一〇年、二〇年の内に復古をなしとげるであろうなどとも言わない。彼によれば、「すべて下たる者は、よくてもあしくても、その時々の上の掟のまゝに、従ひ行ふぞ、即チ古への道の意」（『宇比山踏』）である。「凶悪」の発生も結局は神の仕業なのだから、それへの強硬な抵抗は許されない。強引な復古の試みは、それ自体、「古道」に反する。「人の今日の行ヒは、只其時々の公の御定めを守リ、世間の風儀に従ヒ候が、即神道」（『くず花附録』）である。現代の儒教的な掟・仏教的な習俗にも恭しく従うのが「古の道」である。したがって、「吾家、すべて先祖の祀リ、供仏施僧のわざ等も、たゞ親の世より為来りたるまゝにて、世俗とかはる事なくして、たゞこれをおろそかならざらんとするのみ」である（『宇比山踏』）。仏教の虚妄を重々承知の上で、仏壇に手を合わせ、法事もしきたり通りに催す。それがかえって、「古えの道」に沿っていることになるのである。実際、彼の家には大きな仏壇があった。おそらく彼は毎日それに手を合わせていた。

しかし、それにしても天皇の今の在り方は問題ではないのか。そういう疑問はありうる。しかし、それにも宣長には答えがあった。かつて浅見絅斎も唱えた委任の論理である。「今の御代と申すは、まづ天照大御神の御はからひ、朝廷の御任《ミヨサシ》（委任）によりて、東照神御祖命《アヅマテルカムミオヤノミコト》（徳川家康）より御つぎつぎ、大将軍家の、天下の御政《ミマツリゴト》をば、敷行はせ給ふ御世にして、その御政を、又一国一郡と分て、御大名たち各これを預かり行ひたまふ御事」（『玉くしげ』）なのである。

では、現在の統治者は、どうすればいいのか。紀州徳川家に献上した、『玉くしげ』（寛政元／一七八九年刊）で、彼はこう述べている。

今の世の国政は、又今の世の模様に従ひて、今の上に御掟にそむかず、有来りたるまゝの形を頽さず、跡を守りて執行ひたまふが、即チまことの道の趣にして、とりも直さずこれ、かの上古の神随治め給ひし旨にあたるなり、（同）

彼は、ほとんどアイロニーを弄することを楽しんでいるかのように、今の世では、必要なら儒教によればよく（『答問録』）、為政者の学問としては「宋学」が適当だろうとさえ述べている（『玉勝間』）。したがって、紀州徳川家に命じられて彼が提出した「御国政」論、『秘本玉くしげ』にも、何のファナティシズムの影もない。それは冷静な現状分析と穏やかな対応策の提案である。

こうして、為政者であれ民であれ、平凡に生きることによって、かえって人は今の俗悪なる世にあっても、「古への大御代」を生きるがごとくに生きられる。今の世に指一本触れることなく、今を古えに見立てて生きられるのである。

この精神の構えは、無論、彼の「歌学び」の擬古主義と合致する。いわば「擬古道」[5]であり、「擬古の遊技」（上田秋成『安安言《やすみこと》』寛政四年序）である。それは、到底生まれながらの「真心」ではない。屈折した演技と擬装の生である。宣長は、こう述べている。

抑《そもそも》世中の万の事は、ことことく神の御心より出てその御しわさなれは、よきもあしきも、人力にてたやすく止べきにあらす、故にあしきをは皆必止よと教るは強事也、たゝ其善悪邪正真偽をよくわきまへて惑《マド》はじとするそ、学問には有ける、（『呵刈葭』）

「惑はじとする」。明晰に現状の悪を自覚しつつそれに恭順し、しかも惑溺しない。それは、抗し得ぬ

「御威光の支配」下に生きる賢明な被治者の心境であろう。現状に対し、従順なようで不穏であり、恭敬なようで不遜である。両面が表裏をなすのである。

このような擬装の生は、いつまで続くのだろうか。彼は、明確にこう答えている。

学者はたゞ、道を尋ねて明らめしるをこそ、つとめとすべけれ、私に道を行ふべきものにはあらず、されば随分に、古の道を考へ明らめて、そのむねを、人にもをしへさとし、物にも書遺しおきて、たとひ五百年千年の後にもあれ、時至りて、上にこれを用ひ行ひ給ひて、天下にしきほどこし給はん世をまつべし、これ宣長が志也、（『宇比山踏』）

五〇〇年、一〇〇〇年である。それまで惑わずに、しかし、穏やかに生き続けよ。彼は読者たちにそう語りかけている。少なくとも彼自身はそのように完璧に生き通したのである。

実際、彼は細心に政治的疑惑を呼ぶような行動を避けた。例えば、山県大弐の日本武尊顕彰碑のある酒折宮に立てる石碑に、筆を執ることを拒絶した（萩原元克宛書簡、寛政元年九月朔日）。そして弟子入り希望者には、「世間にかはりたる異様之行を致シ、人之見聞を驚し候様之儀有之間敷」と誓約させた上で入門させた（「入門誓詞」）。

このような彼の擬装の生の完成が、その遺言である。彼は、世を去る二年前に、奇妙な、そして詳細な遺言書を書いた。その内容は、ほとんど彼の葬儀と埋葬の方式についての指示であり、弟子たちによ

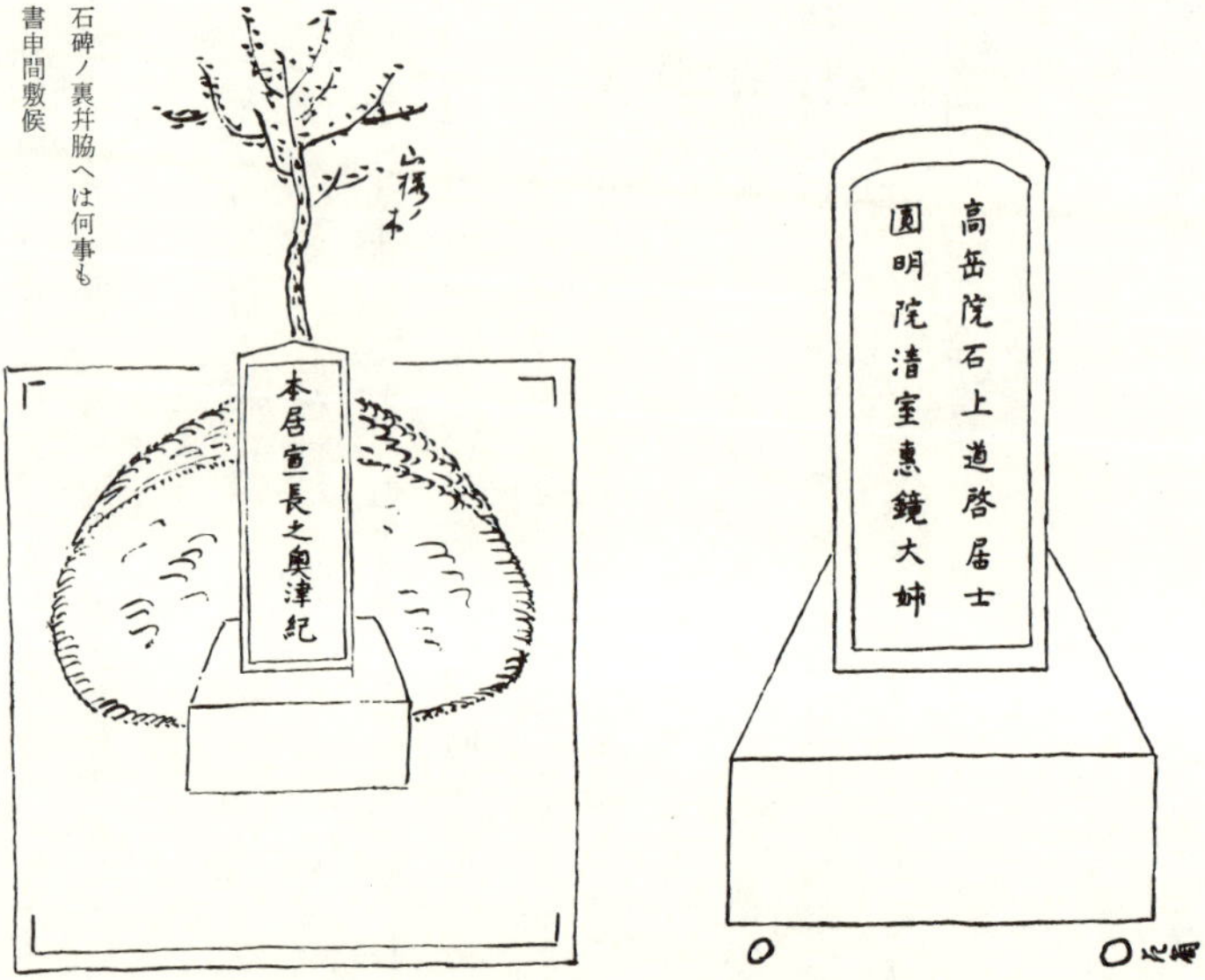

宣長の遺言書に描かれた彼自身の 2 つの墓の図.

って、ほぼその通りに実行された。

まず、彼が死んだら、世間のしきたり通り、近所の代々の菩提寺に葬式行列で行く。そして、寺の普通の墓に葬る。しかし、実はこれは「空送（カラダビ）」（空の茶毘）だと彼はいう。つまり、形は通例の仏教の葬式をして、普通の墓に埋葬するが、実はそこに遺体も遺骨も送らないのである（ただ、空の棺を運ぶというのは、あまりに異様だとして、実際には一旦運んだという）。そして、遺体は、彼が予め選定した松坂郊外の山室山の頂上に運び、土葬する。その墓の形も図示し、石碑の字まで予め自分で用意した。「本居宣長之奥《おく》津紀《つき》」（奥墓）である。そして、その横には、桜を植えるよう指示した。

植候桜は、山桜之随分花之宜キ木を致吟味、植可申候、勿論後々もし枯候はは、

植替可申候

彼が自画像の横に「敷島の大和心を人問はば、朝日ににほふ山桜花」と書き付けたことと、これは正確に照応している。彼の心を象徴する山桜である。そして法事などは、すべて「是迄致来候御先祖達之通に可致候」と指示しながら、もしも他所他国から彼を訪ねて来る人がいたら、この奥墓を教えるようにと命じている。

つまり彼はその死後まで、周到に「世間並」であることを仮装しつつ、世間への完全な同化は避けたのである。そして、本当の彼はあの山桜の下にいるのだから[6]、彼の書を読み、慕って来る人には奥墓を教えるようにと、依頼したのである。その遺言によって作られた二つの墓は、この驚くべき人物とその思想の、ほとんど凄絶な象徴である。

(1) 深田正韶著・細野要斎抄出『天保会記鈔本』(大野晋(編)『本居宣長全集』別巻三、筑摩書房、一九九三年、解題二三―二四頁)。

(2) 日野龍夫「宣長と当代文化」(『宣長と秋成：近世中期文学の研究』筑摩書房、一九八四年)、参照。日野氏は、「宣長の『物のあはれを知る』の説の母胎を、宣長が親しんだ同時代の通俗文化のこの性格に求めることを、私はためらわない」という。同書、二〇五頁。

(3) 『古事記』と『日本書紀』は、別個のテクストである。それらを総合して、一つの「神話」を構成するのは、過去の二つの小説を勝手に総合して一つの新たな小説を作り上げるのと同じではないか」などとは宣長は考えないのである。

(4) したがって、「精密」を誇る宣長の『古事記伝』も、実は「直感によって選ばれた「古語」による、フィクションとしての「古語」の世界」である。神野志隆光『漢字テキストとしての古事記』(東京大学出版会、二〇〇七年)二一五頁。

(5) 唐木順三氏の造語である。「宣長の古道も結局は擬古道であつたと思ふ」(『日本人の心の歴史』下、筑摩書房、一九七〇年、一七〇頁)。

(6) 彼は誰でも死後は「夜見国」に行くというが、一方で、人の「霊《タマ》」はこの世にも留まり、優れた者は「数百千年を経ても、いちじろく盛」であるとし(『古事記伝』三十之巻)、さらに次のような歌を詠んでいる。
「山むろにちとせの春の宿しめて　風に知られぬ花をこそ見め」「今よりははかなき身とは歎かしよ　千世のすみかを求めえつれは」(『鈴屋集』八之巻)。

参考文献

松本滋『本居宣長の思想と心理：アイデンティティ探究の軌跡』(東京大学出版会、一九八一年)
本居宣長記念館(編)『本居宣長事典』(東京堂出版、二〇〇一年)
神野志隆光『複数の「古代」』(講談社、二〇〇七年)

第十四章　民ヲウカス

――海保青陵の思想

一　人と著作

荻生徂徠や（別の意味においてだが）安藤昌益は、市場経済化の否定が世を救うと考えた。大坂の儒者、中井竹山は、良い市場経済と悪い市場経済とを区別し、例えば空米取引を禁止し、「虚昌」でなく「実昌」（「実」なる繁昌）を実現すべきだ、と時の老中に提言した（『草茅危言』寛政元／一七八九年序）。一方、市場経済の積極的利用の構想も出現した。例えば、宝暦五年（一七五五）生まれの驚くべき知性、海保青陵である。

彼の名は、皐鶴《こうかく》。文章では「鶴《かく》」と自称する。青陵は号である。父は小大名の家老だったが、彼が幼年の時、御家騒動のため浪人となる。そして「鶴」は一〇歳から二二歳まで、徂徠の弟子、宇佐美灊水《しんすい》（宝永七／一七一〇年－安永五／一七七六年）に師事する。その後、篠山の大名に儒者として仕えるが、七年で辞め、寛政元年（一七八九。三五歳）からは、途中尾張徳川家に三年ほど儒者として仕えたのを除き、仕えない。ただ、全国を旅し、各地に一時滞在して講義をし、行政と経営の相談にのり、指南をして生活した。彼の弟子あるいは顧客には、武士だけではなく、村の庄屋や商人もいる。そして文化三年（一八〇六）からは京都に留まって塾を開き、著述し、文化一四年（一八一七）に世を去った。生涯、結婚もせず、子供もいなかったらしい。

著作の多くは『何々談』という題名を持ち、講演筆記の形をとる。いずれも機知に富んだ表現・新鮮な造語・卓抜な譬え話に満ち、聞き手をまきこみ、説得しようという気迫に満ちている。

彼は、自分の「学」について、こう述べている。

鶴ハ…何派ノ学問ナド、イフコト大キニキラヒ也。ワカキトキカラ何派ノ学問ニテモナシ。即、鶴ガ一家ノ学也。（『稽古談』）

では、その「一家ノ学」とはいかなるものだろうか。

二　智

青陵によれば、「智」は書物から学ぶものではない。読書は害にさえなる。「凡ソ書ヲ早合点スル人ハ、事実ヘモ引合サズ、唯ワケモナク片意地」（『富貴談』）であり、「凡ソ書ヲ読ム人ハ書ニ酔タル酔客」（『万屋談』）である。自分で考えない、書物に酔った人に物は見えない。それ故、世の儒者は「智」の敵である。「後ノ儒者古書ニモタレテ己ガ智ヲ働セズ、却テ己ガ智ヲ働カスモノヲバ、古ヲ信ゼヌヅサンモノ也ト云ヨウニナリタルハ、悲シキ事」(『前識談』)である。

天下ノ人ヲ愚ニスル事、儒者ホド大罪ナルハナシ。…人ヲ愚ニ仕込ノ至レルモノト云ベシ。鶴ハ大ギライナリ。(『養心談』)

儒者が現実を見ずにただ「古書ニモタレテ」愚論を説いている例として、青陵は、新井白石や大塩中斎などが信じた、あの天人相関論を挙げている。世界の中の一つの国の一つの町で一人の人が民を愛しているから雨を降らしてやろうなどと、天が取り計らうわけがあろうか(『養心談』)。

では、権威ある「書」に頼らずに、いかにして「智」を得るのか。

第一に、みずから「心ヲ自由ニツカフ」ことである(『老子国字解』)。自由という語は、後にfreedom、libertyの訳語に当てられるが、徳川期にも日常語である。しかし、その意味は大きく異なる。「自分の思い通りになる」「意のままになる」ことをいう(徂徠が民の「自由」すなわち「心儘」を嘆いた場合も同じである)。現代日本語にも残る「目が不自由」「金に不自由する」等の表現がそれである(それは、奴隷でないことを意味の中核とするfreedom、liberty等の語では表現できない)。したがって、「心を自由に使う」とは、自分で自分の心を思い通りに使うことをいう。そのためには、何よりも「心ヲ二重ニ立ル事」(『待豪談』)が必要である。それは、「心ノ本尊」(『陰陽談』)を内に保ちつつ、同時に具体的な状況に機敏に反応する心の組み方である。これを、「将師心」と「士卒心」ともいう。彼の造語である。

喜怒哀楽ハ人ノ世ニ居ワザナレバ、喜怒セネバナラヌ也。唯、シンソコ喜怒スル事甚アシキ事也。将帥心ハズツトヲチツキテ、少シモ喜怒セヌナリ。士卒心ハ世ノ中ト交ラネバナラヌユヘ、是ニツヒツケテ、ヨロコバセ、イカラスガヨキ也。将帥ニ於テハ決シテ決シテ喜怒ハセヌ事也。(『老子国字解』)

心の奥の動かない「心の本尊」「将帥心」と、表面で機敏に動く「士卒心」とに分けて、心を二重に組む。そうすれば、①「己レガ心ニテ己レヲ見」られるようになる。「心」を「見ル心」と「見ラル、心」に分けることによって、「一ノ心ニテ一ノ心ヲ見ル事」ができるようになる(『天王談』)。つまり、自分を客観視できるのである。

②さらに、他人から謙虚に学びつつも自分自身の考えを維持し、展開していくことができる。

見ル心ハイカニモ高カルベシ。見ラル、心ハイカニモ卑カルベシ。左スレバ今日他人ニ対シテモ、上ハベハ至極卑ク出タル男ニテ、内心ハズツト高フナルナリ。上べ卑クナケレバ人ヲニクミテ、善キ言葉己レガ耳ニ入ラズ。内心高フナケレバ見識グズグズトシテ、一生涯他人ニ諂レテ居ルナリ。智恵モ学術モ上ラヌナリ。(同)

③そして、認識し、働きかけるべき対象から、一旦、距離をとることができる。「凡ソ心ヲ死物ニシテ、物ノコビツキテ居ルヨウニテハ活動ハセヌ」(『老子国字解』)ものである。

ネバリタル、ヒツツキタル心ヲアライイテシマイテ、ズツト目ヲ天ヘアゲテ、高ク遠キ処ヨリ、一目ニ下ヲ見クダスツモリデ見ネバ抜目アル也。(『稽古談』)
キレテ離レタル目ヲホシキモノナリ。キレタ離レタル目トハ、活キ目ト云フ事也。死目デナキ事也。
(『燮理談』)
④しかも、切れて離れた目は、逆に対象の中にも入っていける。
己レガ魂トクト天ヘアゲテ見レバ、己レ他人也。又魂天ニアレバ、誰ガ魂トイフ事ナシ。魂ハ独リバタラキヲスル事出来ル也。此魂ヲ八兵衛ヘ入ルレバ、八兵衛ガ己レ也。木ヘ入ルレバ木ガ己レ也。草ヘ入ルレバ草ガ己レ也。ソコデ智者ハ天下ノ万物ノ情ヲ知リテ居ル也。平生万物ヘ魂ヲ入レテ、万物ニナリテ見ルユヘ也。(『老子国字解』)
このように、さまざまに「心ヲ自由ニツカフ」のである。

智を働かす第二の方法。それは、疑うことである。
疑フベキ事ヲ疑ハズ、疑ハヌハ疑フ智ナキ故ナリ。疑ヘバ考ル筈也。…疑フ事ナケレバ考ヘル事ナシ。考ヘル事ナケレバ智ノフヘル事ナシ。鶴ノ心ニ忘レヌヨウニ記シテ置ク一句アリ。曰ク、疑ハ美徳也ト云一句也。疑フト云ガ手ガヽリ也。智ヲ練ル時ニハパツトシテハ取付端ノナキ物也。取付端ノナキ時ニ疑フベキアレバ、是疑ハ手ガヽリ也。智ノ手ガヽリ出来レバ、セグリテセグリテセグリ付テトフトフセグリ出ス。是疑ハ美徳也。(『養蘆談』)
「セグル」とは、せきたてて催促することをいう。「疑ハ美徳也」は、モンテーニュやヒュームの言葉でもありえよう。

己が智を働かせる第三の方法。それは、徹底的に考え抜くことである。「中ズマシニ済シテオク人ハ鶴大キラヒナリ。」（『天王談』）

凡物ヲウワベヨリ見テ早クキメル事ハ、トント智者ノセヌ事也。ブセウ風也…手ガ、リヲ得テセグリテセグリヌク事也。（『養蘆談』）

凡ソ智ハ責ネバシボレヌ也。智ハシボラザレバ湧キ出ヌ也。チヨイト推シタル位ヒニテ、シボリ出ル物ニ非ズ。命ト釣カヘニヒドクシボラネバ湧ヌ也。…ユキツカヘタル時ニ退カズニ、無理無躰ニク、リコミ、クヒヤブリテ進ムトイウ心持デ、クヒツキテ放レヌコト、乞食ノ物ヲ貰フニ違フタル事ナシ。乞食ハ乞テ乞テ乞キワムル也。ソレデモクレヌ、ソレデモ乞フ。トウトウ乞出ス此心持也。乞タル時ニクレズ、其時ニハイトイフテ帰リテ貰ハネバ、一生貰フコトナキ也。（同）

飢えた物乞いのように命をかけて食い込んでいくのである。

このような智が捉えるもの、すなわち認識の対象を、彼は「理」と呼ぶ。「理」とは、「左ナケレバナラヌト云事」（『老子国字解』）、つまり、人の動かすことのできない物事の有り様をいう。

自然トハ理ノ事也。理コソ自然ナリ。……天地ノ間ニ理外ナシ。理外アリテハ理ニアラズ。…天地ヲ始メミナ尽々ク理ナリ。理ノ外アロフハヅナシ。理ヲ推ス事イマダシキユヘ、理ノ外アルヨフニ見ユルナリ。（『天王談』）

人についても、「人ハ人ノ自由ニハナラズ、理ノ自由ニナル」「人ハ人ヲ制スル事ナラズ、理ハヨク人ヲ制スル」（同）という。

この「理」に、朱子学の「理」のような規範性はない。ただ、現にそうである在り方のことである。したがってこの世に「理」の「外」なるものはない。現に機能している「理」を「智」によって正確に捉え、それに忠実に沿って物事を扱えば、結果は吉と出る（『万屋談』）。逆に「外へドノヨフナル立派ナ論ニテモ、今ノ用ニ立、ヌ論ハ、畢竟ムダ議論」（同）にすぎない。正確な認識と功利は一体である。

以上のような認識論を基礎に、青陵は「政」を考えたのである。

三　政と仕掛

彼によれば、「政」とは「天ノ下ノアラユルモノ、性命ヲ、天ヨリ賜ハリタルヨフニ天命ヲ終ラセン」ために、「天下ノセワヲヤク」ことである（『洪範談』）。したがって「天子ハ天下ノ人ヲ遺ラズ饑寒ナク天年ヲ保タシムル事天職」（『文法披雲』）であり、それに尽きる。統治は民のための営為ではあるが、儒者のように「下民ヲ人柄ノヨキ智者ニセント云ハ…間違ヒ」（『経済話』）である。人民の道徳的向上は統治の目的外であり、ただ天寿を全うさせれば良い。「下民ヲ孝悌忠信ノ善人ニセント思ヘ共、大無理ナル事也。孝悌忠信ノ善人ニナラヌ故ニ下民」（『前識談』）なのである（既述のように、徂徠は、「民間ノ輩ハ、孝悌忠信」のみでよいとした。しかし、統治についての青陵の目標設定は一段と低い。彼は、人を道徳化しようなどとは思わないのである)。

そして、「天下ノ世話ヲヤクトイフハ、天下ノ人ヲ天ノ理ニチガワヌヨフニクラサスガ天下ノ世話ヲヤクト云フモノ」(『洪範談』)である。それ故、統治者は、何よりも「智者」、すなわち「理」の認識者でなければならないということになる(『天王談』)。

しかし、統治とはまことに容易ならぬことであると、青陵は言う。

その理由は、第一に「人情」である。人民を扱う際に前提しなければならない、現にある人の心の動き方をいう。認識者たる統治者からすれば、それ自体が「天ノ理」だとも言える。「人ハ性ヲ天ニ得タルモノナレバ、天理ト人情トハ同ジ事」である(『洪範談』)。人情には、時代・年齢・性別・身分・地域による相違もあるが、人一般の共通性もある。それが、まことに手強いのである。

まず一般に、「吾生ヨリ大切ナルモノナシト思フ事人ノ情」(『善中談』)であり、「己レヲ養ハン養ハント、トチメキサワグ」のが「人情」(『老子国字解』)である。したがって、「人情ハ兎角己レガ勝手ヲシタガルモノ」(同)である。また、「誰ニテモ貧ハイヤニテ、富ハ好マシキ事人情」(『論民談』)であり、しかもそうでありながら、「旨イ物モ先ヘクヒタヒ、遊ブ事モ先ヘ遊ビタキハ人情」(『老子国字解』)である。そして、「人ノ情ハ大儀ナル事ハイヤニテ、楽ナル事ハコノマシキモノ」(『御衆談』)、「己レガ利ナル事ヲバハゲム、己レニ利ナキ事ヲバハゲマヌモノ」(『枢密談』)である。

要するに、「人情ハ己レヲ愛スルモノ」なのである。それ故、「人ヲ愛スル」のも「己レヲ愛セントテノ方便」にすぎない。「己レ人ヲ愛スレバ、人又己レヲ愛スルユヘニマワリマワリテ己レガ己レヲ愛スル理ニナル」からなのである（『老子国字解』）（仁斎が聞いたら何というだろうか）。

統治の補助者たる臣も、「忠ヲスル心ハナフテモ、立身ヲスル心」はある（『稽古談』）。そして「人ノ己レニマサルヲ妬マシフ思フ」（同）。さらに、「他人ノアシキトコロヲ見出シテ笑ラヲフ笑ラヲフト思フ」（『老子国字解』）。一般に「難所ヘ臨メバ他人ニ瀬踏ヲサセテ、其アトヲ楽々ト越ス」者も多い。要するに、「人トイフモノハオソロシキモノ」（『新埊談』）である。

このような「人情」論は、青陵の師の師、荻生徂徠のいう「人情の常」と似ている。共に政治的操作の与件として人間を眺めているために、人間観がマキアヴェリ風になるのである。

統治の困難の第二の理由は、民も「人」であり、それなりに智があるということである（賀茂真淵の指摘した「あひうち」の問題である）。

凡ソ人ハ皆同格也。上ノ人モ人ナリ。下ノ人モ人也。人ガ人ヲ自由ニセントスル事ハ元来六ケ敷事ナリ。（『老子国字解』）

したがって、本当は、民は愚かな方がよい。「今山ノ奥ノ民島ノ民ナド大アホフ也。大アホフニハ盗賊ハナキ也」「太古ノ世ハ民皆愚也。此時ハ至リテヨク治マリシナリ。畢竟後世ニ至リ智ニナリタルユヘニ治マラヌ也。ユヘニ一世皆ムカシノ質朴ニカヘスガヨキ也」ということになる（『老子国字解』）。

治ムル人モ人也。治メラル、人モ人也。同格ナルモノ也。同格ニテハ争フハヅ也。ユヘニ下ヲバ愚

ニスベキハヅノ事也。（同）

しかし、もう民を「アホフ」にして太古に戻すことはできない。人類史にはある不可逆的変化がすでに生じている。そして、それが統治の困難性の第三の理由だった。

すなわち、第一に、時代とともに、「下」が「智」になってきている。

一体ハ小民ハ何モ知ラヌ方ガヨキナリ。今ニテモ此邦ノ木曽ノ山中ヤ、飛騨ノ山中ヤ、ハナレ島ナドハ公事訴訟モナク、ケンクワモセズ、盗モナク、人殺モナキハ、小民智ナキユヘナリ。…然レ共天下一統智ヲミガキテ、人ヲ謀ル世ノ中ナレバ、智ヲミガ、ズニオレバ、人ニ欺カル、ユヘニ、漢唐以後ハ智ヲミガ、ネバナラヌ世ノ中トナレリ。（『洪範談』）

すでに漢・唐が、人が相互に自己防衛のために智を磨かなければならない世だった。それ以降、民の智はますます進んでいる。

世ハ活物ナレバ常態アロフハヅナキ事也。日々ニ移リ時々ニ変ズ、見トメラレモセヌ（「目にも留まらぬ」の意味）モノ也。…今ハ民ノ方ガ、士大夫ヨリモヤツトスルドフテ巧捷智恵也。コレヲ世ノ移変ト云也。（『論民談』）

しかも、第二に、この「移変」と関連して、とりわけ徳川の世には恐るべき現象が起きていた。それは、全体としての「世ノモチアガリ」（『稽古談』）、あるいは、「ノボリ」（『待豪談』）である。

その原因は、御威光の支配自体にある。

是ハ畢竟昔シ一日マシニ御威光カヾヤク様ニ、早フノボル様ニノボル様トシタル形ガ今以ノカヌ故也。今以テ一日々々ニノボル。昔シハ成ホド一日々々ニノボラネバ、御威光カヾヤカネバ天下昇平ニナラヌト見タル目ガ今ニハナレズニ居ル也。今ハ御威光カヾヤカズ。御威光カベキ。今ニ成テミレバモハヤノボラズトモヨキ也。ヨケレドモ日々ニノボルハ、調子ガノボリ調子ニ成テ、シヅメテモシヅメテモ自然ニノボル勢ニナル故ニ、留途《とめど》モナフノボル様子也。此上ヤアルハ、中々ノボル勢ヒハトマルマジキ也。江戸ノノボルニ付テハ、諸国トモニノボル。谷間ノ水呑ム百姓ニテモ島国ノ船ノリモ、皆ソフソフリツパ也。（『待豪談』）

御威光も見慣れればくすむ。習慣は畏怖さえも鈍らせる。そこで、とめどなく立派にしていくほかなく、それが全国に及んだ。一旦始まった動きはもはや止めることができない、というのである。

この「モチアガリ」は、必ずしも人を幸福にはしない。

昔シハダシデアルキタルトキハ、ハダシデアルクガ常也。ハダシデアルクガ常ナルニ、ハダシデアルケバ是苦ナルコトハナキ也。今ハウラツケ雪駄デアルク。ウラツケ雪駄デアルクガ常也。ウラツケ雪駄デアルクガ常ナレバ、是楽ナルコトハナキ也。一体ノ位ガ上ノ方ヘアガルユヘ也。ユヘニモチアガルト云フ也。昔シハ常ニテクルシカラズニ、クラシタルモノ也。今ハ常ニクルシフテ、ドフモコフモナラヌ日ニハ、是昔シハヨキ世ノ中ナリ。ヨキ世ノ中トイフハ、ドノヨフナモノデゴザルトイヘバ、膝キリノ木綿衣服ヲキテ、芋ノ煮コロバシデ、ヒヤ飯ヲクフコト也。クルシイ世ノ中ノ、今ノヨフナセツナイ世ノ中ハナイトイフ世ノ中ハ、ドノヨフナモノデゴザルトイヘバ、釜ヲカケテチンチントタギラセテ、ケツコウナ干菓子デ淡茶ヲノミテ、絹布ノ衣類デ立派ナ家ニイルコト也。

（『稽古談』）

生活の快適感も、あの習慣の法則に従う。快適なものも、慣れれば特に快適でなくなる。そして慣れてしまった快適さを維持する困難に苦しむ。そして、かえって不満は募っていく。しかも、それを知りつつ、止めることもできない。

青陵によれば、このような意味での「世ノモチアガリ」と、民の「智」の向上は関連していた。「世ノノボルニ従フテ、智精フナル」（『陰陽談』）。世ノノボリは智の精密化を伴う。したがって、統治はさらに困難になってきている。

下々ノアマヘルコト、今ノ世ホド甚キハ開闢以来アルマジキ也。下々ノユルヤカニ奢侈ナルコト、今ノ世ホド甚キハ有マジ。下々ノコヽトヲ云コト、今ノ世程仰山ナルコトアルマジ。下々ノ権ノ有コト、今ノ世ホドツヨキコト有マジ。下々ノ智慧有テ計策ヲ働クコト、今ノ世程カシコキコトアルマジ。（『稽古談』）

海保青陵は、同時代のヨーロッパ人が progress、progrès などと呼んでいた現象に気づいたのである。知識・知性の向上、生産・流通・消費の累積的一方向的な進展、そしてそれらに伴う民衆の影響力の増大である。統治もそれを前提とするほかはない。

今ハ民ノ昇平ニナレテ、アリガタイト云フコトヲウチワスレ、暖衣飽食ヲシテモ楽ト思ハヌハ、ナレテナレコニナリタル也。ソコデ民ハ箸ノアゲオロシニモ、コヽトヲ云フ。不足ヲ云フ。怨ムコト平生也。上ノアヤツリヨフ、ソコデ大ジ也。（同）

統治とは、今や民との熾烈な知恵比べであった。

> 商賈・工ナドハ智ノ取リマワシ、士ヨリモヤツトツヨキモノ沢山アリ。其ノ智ノカヾヤク商賈ニ、新規運上ナドヲイ、ツケタラバ、大キニサワグベシ。コヽトドコロデハアルマジ。大キニ怒リテサワグコトナルベシ。以ノ外ノコトナルベシ。（同）

今の世では急な増税を命じたりすれば、大騒ぎになる。文句を言うぐらいではすまない。一般に「乱ハ下カラ始マル」、「コワキモノ」（『洪範談』）なのである。

では、この厄介な民を、この厄介な時代に統治するには如何にすべきか。答えは「仕掛」である。「ゼンマイカラクリノ仕掛ケ」で、民を動かすのである。

> 一体、天下中ノ仕掛ケ理ニタガワネバ、民ノ心ニ自然ニ理ガウツリテアル也。民ノ心ニ理入ヨフトスルハ、触レゴトヤ、カキ付デハトントユカヌ也。唯天下中ノ仕掛ガ理ナレバ、民ハ理ガクセニナルユヘニクセツク也。（『稽古談』）
>
> 民ノ世話ヲヤクトハ、民ノ耳ヘ口ヲツケテ利害ヲイ、キカス事ニアラズ。民ノ目ヲ手デヒロゲテ利害ヲ見スル事ニアラズ。ゼンマイカラクリノ仕掛ケ也。（『枢密談』）

四　経済とモミ合ヒ

「経世済民」「経国済民」の略語、「経済」は、本来、統治を意味する。しかし、十八世紀末頃から、現代語に近い意味で用いる例が頻々と出現する。そして、この意味での「経済」の巧みな操作こそ、今

商家図（葛飾北斎）．大福帳・算盤・証文綴りが見える．ライデン国立民俗学博物館蔵．

や統治の中心課題だと、青陵は考える。天下すなわち日本は国々に分かれ、その国々は不断に富をめざす競争状態にあるからである。

法ヲ建テ、修覆シ、国へ金ノ入ルシカケヲセネバ、四隣ノ国ニテ皆油断ナフ出精スルニ、此方バカリセネバ、是四方ヘワケドリニ逢フトイフモノ也。外ヘトラレマイトスル。内ノ法ヲ建テナオソフトスル。…国ノ産物ヲ他ヘ出シテ利ヲ得ヨフトカヽル。相互ニハゲミ合ヒ、モミ合ヒスルコト、今ノ時ホド甚シキ、古来ナキコト也。

（『稽古談』）

こうして、彼は、同時代のヨーロッパの重商主義者たちが外国との経済競争での勝利をめざしたように、各大名が「国益」増進競争での勝利をめざすほかはないとし、「本ノ本、政ノ出所ハ此国益トイフ字ガ淵源」「是ヲ根元ニスヘテ置テタヽミ上ゲ、組ミ上ゲ積ミ上ベキ事也」（『養蘆談』）と主張するのである。

しかし、そもそも、競争に勝とうと努力することは善いことだろうか。戦国武士などと対照的に、孔子は、「君子は争わない（君子無所争）」と述べた（『論語』八佾）。紳士淑女は、入口で人とぶつかりそうになったら、「お先にどうぞ」と言うのではないだろうか。「金銀をあらそふ心の乱世」で、「人をたふして我とまん」とする「こがねいくさ」「こがね争ひ」ばかりしていていいのだろうか（只野真葛『独《ひとり》考《かんがえ》』文化一四／一八一七年成）。

青陵の答えは、こうである。

今ノ天下ハ上下トモニ皆狡猾ユヘ、少シニテモウツカリ、ヒヨントシ、油断ヲシテヲル国ガアレバ、忽チニ貧乏トイフ悪水ヲヌキテ、其油断ノ国ヘ落サントト、日夜朝暮ニ、此ヲ工夫シテオル也。此レハ至リテ軽薄鄙劣、暴悪不道ナル事ニテ、先王聖人ノ誅ヲ免レザル風俗ナレ共、此方一軒、篤行君子・仁恕正理ノ先王聖人ノ誅ヲ免ル、事ヲスレバ、天下ノ悪水一時ニ来リテ、大国トイヘ共忽ニ、貧乏飢寒ニ及ビテ、天下ノ笑ヒトナル。哀矣哉《かなしいかな》。左スレバ一刻モ早ク、彼軽薄鄙劣・暴悪無道ノアシラヒヤウヲ稽古スルニ如ク事ナシ。（『富貴談』）

人に勝とうと謀をめぐらすことは、立派なことではない。しかし、現にすでに我々は激しい競争状態の中にいる。自分だけおっとりと善良にしていれば破滅である。だから断乎として「軽薄鄙劣・暴悪無道」に行動するしかない。旧来の「徳」と現代の「富」の追求とは両立しないのである。かくして、露骨な「一国一ト味方ニナリテ、他国ノ金ヲ吸ヒ取ルトイフ法」（『稽古談』）の採用が課題となる。

五　士と商

青陵はまず、武士たちが利益追求に対して持つ抵抗感をうち破ろうとする。そもそも武士がそれを恥とし、ためらうのは、誤りである。

なぜなら、第一に、そもそも武士が百姓から年貢をとること自体が、一種の商取引だからである。「何ノリクツデ民ヨリ米ヲ取ルコトナリヤ」という根源的な問いへの彼の答えは、第十二章で紹介したように、「田ヲ民ヘカシツケテ十分一ノ年貢ヲ取ルハ、コレ一割ノ利ヲ取ル也」（『稽古談』）である。武士は土地を百姓に貸し付けて地代を取るという商売を、現にしているのである。

第二に、青陵によれば、君臣関係もまた商売である（『葉隠』の山本常朝などが聞いたら何というだろうか）。

臣ヘ知行ヲヤリテ働カス、臣ハチカラヲ君ヘウリテ米ヲトル。君ハ臣ヲカイ、臣ハ君ヘウリテ、ウリカイ也。ウリカイガヨキ也。…君臣ハウリカイデナイトイ、タルヨリ、喰ツブシト骨折損ト沢山アリ。喰ツブシハ君ノ損也。骨折損ハ臣ノ損也。甚不算用ナルモノ也。天地ノ利（理）ニチガフテヲル也。（同）

正直に君臣も商売だと言わないから、一方で、不労所得が生まれ、他方で無償労働になる。それは、自然の道理に反している。

そして第三に、武士は日頃物を買っている。買うのが恥でないなら、どうして売るのが恥だろうか。「阿蘭陀ハ国王ガ商ヒヲスルト云テドツト云フテワラフ」(同)ようなことでは、いけない。つまり青陵によれば、武家もすでに幾重にも商人だった。今さら商人的行為をためらう必要など無いのである。

そこで青陵はあるべき統治のモデルを、経済の中心地、大坂に求めた。経済競争としての統治の秘訣は経営者に問えというわけである。「諺ニイフ、餅ハ餅屋トイフコトアリ。至極ヨキコトワザナリ。金銀ノコトハ大坂也。米ノコトハ大坂也。商売スジノコトハ大坂也」「大坂ノシカケヲヨクヨクキ、タヾシテ、大坂ノ富利ノ理ヲ会得シテ、コレヲ以テ経済ヲアミ立ツベキコト」(『陰陽談』)である。

さらに、商売の根底は生産である。大名は仕掛けによって生産も拡大させなければならない。

一体、土地ノ物ヲ出スハ土地ノ性也。取レバヘルト云理ハナキコト也。取レバ取ホド出ルコト也。(『稽古談』)

それ故、経済競争はゼロ・サム競争ではない。

土地ヨリ出ルモノ多キヲ富ト云。…唯民ト云モノハ、己レガ腹サヘフクルレバ、ソレカラハ働ラカヌ心ニナル也。民ヲ働ラカサント思フニハ、甚《はなはだ》術ノアルコト也。(同)

「術」によって、民を働かせ、生産量を増大し、それを売る。問題は、民を怠らせずに働かせることである。腹がふくれてもなお夢中で働くようにすることである。それには、鼓舞して浮かれさせればいいいのである。

鼓舞スルハウカス也。ウカレテ働ケバ働ク也。働ケト云テ働カズ、其上ヲ怨ル也。民ノ方カラ働ントス、ミテ働クガ、民ヲ働カス法也。（同）

命令して働かせれば怨む。だから、みずから進んで働くように、浮かれさせる。「主体的」な勤勉さをもたらす仕掛けを作ればよいのである。それ故、直接的給付による福祉に、彼は反対する。困窮者への「施行米」など、してはならない（『枢密談』）。それは、怠惰の奨励である。

不智不賢ノムダモノマデヲモ悦バストイフ事ハ、聖人ニテモ出来ヌ事ナリ。耕サヌ人ハ飢ルハヅノ事也。織ザル者ハ寒スルハヅノ事ナリ。（『万屋談』）

「働かざる者食うべからず」というわけである。

働カズニ国ノ富ムトイフ事、万々ナキ理也。国中ガハツキリト働キテ、国ノ富マヌノイフ理モコレ又ナキ理ナリ。（『綱目駁談』）

では、その仕掛けとは具体的にはいかなるものか。

六　ウカス・巻上ゲル

青陵が、まず第一に推奨する具体的な仕掛けは、「産物廻《さんぶつまわし》」である。「一国一ト味方ニナリテ、他国ノ金ヲ吸ヒ取ルトハ、産物マワシガ其機密」（『稽古談』）である。すなわち、大名が、「百姓ト相談シテ」、産物を買い上げ、まとめて問屋に売るようにする。大名主導の販売カルテルである。そうすれば相場が売り手主導になり、利益は増大する。彼は、丹波園部の大名のタバコ等の専売の例を挙げている。

> 先、最初ヨリ園部大キニ利ヲ得タリ。其後ハイヨイヨ百姓ヲセグリテ（催促して）産物ヲ出サス。コレ百姓ドモ大キニ喜ブ理也。百姓ヨロコベバ、百姓ウカル、也。己レガ労ヲモウチハスレテ産物ヤタラニ出ス心ニナルユヘニ、産物多ク出ル也。（同）

こうして、民に儲けさせ、大名も儲ける。当時のいわゆる「国産」（この語を青陵も使う）奨励・藩専売の政策を推進するのである。さらに、「他ノ物ヲ他ニウリテモヨ」い（同）。つまり、大名が商人化し、家中が商事会社になるのである。

但し、注意すべきことがある。「加様ニカシコキ世ノ中ナレバ、己ガ国産ヲジマンニシテオルウチニ、ヂキニワキ方ニテ、其国産ヲ作ル」。したがって「人ニセンヲトラル、コト」のないようにしなければならない。「諸国ノ話ヲキ、テ、カシコキ計策ヲタヅネ出シテ、見合セテ智ヲハゲムベキコト」が大事である（同）。競争相手の新商品開発の情報をいち早く入手し、採り入れられることは採り入れ、先手を取られず、先手を打って、不断の開発競争において勝利を重ねていくのである。

第二に、この産物廻しに関連して、「シロモノ無尽」も有効である。大名家の媒介による専売で民が得た利益から拠出させて無尽講にし、百姓に貸し出すのである。例えば、百姓は、春、田に肥料をたっぷりとやりたいと思う。そうすれば収穫はぐんと増える。しかし、春先にはその先行投資の資金がない。そこで、拠出金から希望者に貸し付ける。借りた百姓はそれで利益を上げて利息を払い、拠出した百姓も利息の分け前を得る。つまり、商事会社となった大名家が相互銀行にもなるのである。

凡ソ百姓モ武家モ鼓舞セネバ動カヌ也。ムマミヲ見セネバ、ドノヨフナケツコフナル智ヲウリテヤリテモ用イヌ也。ウマミヲミレバウカレルニ違ヒナキ也。ウカレサヘスレバ国ハキツト富也。（同）

そうしてうまみを見せれば、民は浮かれる。無我夢中で働く。そして、国は富む。

第三の仕掛けは「枢密賞」である。表彰制度である。利益で鼓舞し、名誉で刺戟して浮かれさせるのである。人間は嫉妬深い。だから、少数を誉めれば多数は妬む。そして一層競争心を燃やす。

まず、武士である。「治世」の今、武士の多くは暇である。しかし暇な人間は、「ロクナコトハ考へ出サヌ也」。しかも、「国ニ喰ツブシ多キハ、国ノ貧ニナルハヅ」である。さらに、「智モツカワズニヲケバ、智力カレテ、死人ノ心ノ通リニナル」。だから、当人のためにも、鼓舞して働かせるべきなのである。例えば武器をみずから作成した武士を表彰する。優れた献言をした武士は家柄によらず抜擢する。そうして業績による人事を行えば、家中が次第に「活心」になり、浮かれてくる（『稽古談』）。

次に、百姓である。新種の作物開発者などが対象となる。

凡ソ百姓トイフモノハ、ナント云フテモリチギナルモノナレバコソ、其領主ノメシ上ラレタル箸デ物ヲクヘバ、瘧疾ナドハ即坐ニオチルコト也。コレホド領主ノ霊威アルモノナレバ、植付タルモノヲ領主ヘ御覧ニ入レタレバ、名前ヲカキダセト仰セ出サレタトイフテモ、有リガタガリテ泣モノ也。況ヤ手ヅカラ下サルホドノコトデモアレバ、命ヲカケテモ出精スル心ニナルハ百姓也。（同）

これは子供だましだろうか。しかし、現代でもノーベル賞を始め表彰制度は多い。立派な大人がそれで鼓舞されている。しかも、あの御威光の体制において、畏れ多くも御殿様自身が百姓を褒めてつかわすのである。効果はありうる。

こうして生産が増大して民が利益を得たならば、領主はそこから吸い取らなければならない。うまい「巻上ゲノ法」（同）が要る。その方法は悪魔的に巧妙である。

まず、領内に他国から入り込んだ「盗賊悪党博奕師」などを捕らえ、次のように仰せ出す。

> 近年御領内ヘ他国者多ク入込ミ、御領内ノ在町ノ若キモノヲ欺キタブラカシテ、種々ヨロシカラヌ事ヲス、メ込事、兼テ承リ及ビタル事也。此節ニ至リテ盗賊悪党博奕師ナド御領内ニフエル事昔ニ倍セリ。……然レバ国ノ風俗アシフ成ルハ、全ク他国者ノ入込故也。在町トモニ子供ヲ持タルモノハ、其子ノ目出度栄ヘテ身上ヲ仕出シ、家業ヲ大切ニシテ、刑罰ニモカ、ラヌ様ニト思フ事也。上ニテモ何卒民ノ悪党ニ染ヌ様ニ、刑罰スル事ノナキヤウニト願フ事也。然ルニ近年ノ様ニ悪党多キ事昔ヨリ聞カヌ所也。刑罰ノ繁キ事モ又昔ヨリ聞カヌ事也。然レバ子供ヲ多フナド持タルモノ、嘸《さぞ》々《さぞ》心遣ヒヲスル事ナルベシ。上ニテモ此事ノミナゲカハシフ思召事也。（『植蒲談』）

他国人の入国で治安が悪化している。親たちも青少年への悪影響がさぞかし心配だろう。政府も心を痛めている。そうことさらに言い立てて不安を煽り、治安のためには大抵のことは受け入れる気持ちにさせるのである。そして、その上で、「株敷ヲ改ムル」と仰せ出す。

> イカ様ニモ株敷ヲ知レヌモノ沢山アル様子也。又、株敷ノサダカナラヌ者モ沢山アリ。又、タワヒモナキ株敷ノモノモ沢山有也。ヒツキヤウ如此《かくのごとく》株敷極ラヌ故ニ、アブレモノ御領内ヘ住居シ、或

ハ逗留シ、或ハマギレ居ル事、是悪党ノ根本也。今度株敷改メトイフ事ヲ仰セ出サレテ、アマネク株敷ヲ改、扨、アヤシキ人ハ勿論、タワヒモナキ株敷ノ者ハ株ヲカエベキヤウニ仰出サル、也。尤貧家ニテハ株カエ致サレヌ者ハ元手ヲ下サルベシ。株カエノ成程下サルベキ間、シツカリト分リタル株カエ仕ベシ。（同）

つまり領内で働き、生活していくことを、一種の権利とするのである。そして株の保有者のみに領内居住を許し、「タワイモナキ株敷」で従来生活してきた貧民などには、政府から資金援助をして正業に就かせる。「御法度ノ商売」と、「タワイモナキ渡世」をしている者は、商売替えしないなら、国外追放とする。こうして住民調査・職業調査としての「株敷改」をして、「株式帳」に付けてやる。

ところで、「株」を認めて「株式帳」に付けてやるのは人民のためである。それ故、その費用は人民が負担すべきである。

右株敷改メノ費ヘ等ハ、上ヘ御苦労カクベキ理ニアラズ。本株エ入ル時ニ、株敷銭トイフモノヲ、其在町ノ庄屋名主年寄ノ類ヘ持参シテ、株式帳ニ付ベシ。株敷改メハ一年ニ四度タルベシ。（同）

百姓は、すでに年貢を納めているのだから、その「株敷銭」は軽くする。一方、職人は、御領内で渡世をしているという点では、百姓と同じなのだから、細工物の一〇分の一（売り上げの一〇分の一という意味だろう）の額とする。商人も同様である。

治安を名目として、不法在留他国人を追放し、同時に内国人であることを貴重な権利だと思わせ、戸籍への登録を認めてやる、それと同時に営業税制度を創設するのである。これが実現すれば、市場経済の発展が、武家に困窮ではなく、利益をもたらすことになる。「世ノモチアガリ」に対応して武家もやっていけるのである。そして民は、幸福なき勤勉と自由なき繁栄を続けられる、というわけである。

七　難問

巧妙な政策の実行には、支配組織にも改良が必要である。青陵は経営組織論にも論及している。しかし、そこで彼は、結局、根本的な難問に逢着したと思われる。それは、彼の統治の本質論からしても、具体的な政策論からしても、統治者は「智者」であることを要することである。

天理デイフテ見レバ、第一ノ知恵者ガ第一ノ位ニイネバ合ハヌナリ。（『洪範談』）

したがって、禅譲こそ最善である（『老子国字解』）。しかし、徳川日本では統治者はほぼすべて世襲だった。治める地位に智者がいる保証はどこにもなかった。むしろ現実は逆だった。

今ノ士ハ智ヲ厭ヒテ上ヘ引挙ゲズ、下ヘワタシテ惜マヌユヘニ、智民ガ愚士ヲ自由自在ニ欺ク。愚士智民ヲ使フハ逆ナリ。（『善中談』）

かくして海保青陵の構想は、体制の基本原則と衝突する。大名・将軍を智者にする方法について、彼は何も述べていない。彼の「智」もそれには及ばなかったのかもしれない。あるいは、それを説くことはあまりに危険だったのかもしれない。

参考文献

吉永昭『近世の専売制度』（吉川弘文館、一九七三年）
蔵並省自『海保青陵経済思想の研究』（雄山閣出版、一九九〇年）

第十五章　「日本」とは何か
――構造と変化

一　国

徳川日本では大名の所領を国と呼んだ。つまり、いわゆる藩こそが「国」だった。そして「日本」全体を「国」とする意識などほとんどなかった。そのような俗説がある。全くの誤謬である。

確かに「国元」「国替え」「国益」「国産」などといい、加賀・薩摩などの古代以来の「国」名も用いられ、その区画が実質的な意味を持つ場合もあった。しかし、「日本」も明確に「国」であった。

そもそも中世以来、「三国」（天竺・唐・日本）という表現がある。「三国一の花嫁」とは婚礼を言祝ぐ常用句である。「日本」は中国・インドと並ぶ世界の主要「国」だったのである。さらに、十七世紀以来、特にマテオ・リッチ（利瑪竇）の『坤輿万国全図』（一六〇二年、北京で刊行）に拠ったさまざまな世界図も刊行されていた。長崎の西川如見の『増補華夷通商考』（宝永五／一七〇八年刊）にも、その系統の「地球万国一覧之図」が掲載されている。同書は、『華里通商考』というパロディの洒落本（延享五／一七四八年序）が刊行されるほどに著名だった。さらに、蘭学者は、その後の欧州人の世界進出に基づく、より正確な地図も刊行した（例えば司馬江漢『地球全図』寛政四／一七九二年、公儀天文方高橋景保『新訂万国全図』文化七／一八一〇年識）。本居宣長も、「万国の図」について「かの図、今時誰か見ざる者あらん」と述べている（『呵刈葭』）。「世界」「地球」には（「三国」どころか）「万国」があり、「日本国」「和国」「和朝」はその内の一つであることも、次第によく知られていったのである。

現に「日本」を一国と意識する条件が実在した。

第一に、政治的統合があった。「天下」を統一して治める「公方様」を頂く統治組織が全国を覆っていた。市販された全国地図はときに各城下町の江戸からの道のりを表示し、参勤交代の行列はすべて江戸をめざした（したがって逆に、将軍に仕える大名・代官のいない蝦夷地や琉球国は、「日本」の外と普通考えられた。それ故、「日本図」は琉球国は載せず、十八世紀末頃までは蝦夷地は松前までしか載せない）。

第二に、経済的統合があった。共通の貨幣が使用され、米を始めとする諸商品が大量に流通していた。「日本」市場圏がすでに成立していたのである。長崎・対馬・薩摩・蝦夷地経由の貿易は、それに比して付加的だった。

第三に、人・物・情報の流通網が政治的経済的統合に対応して成立していた。既述のように八戸在住

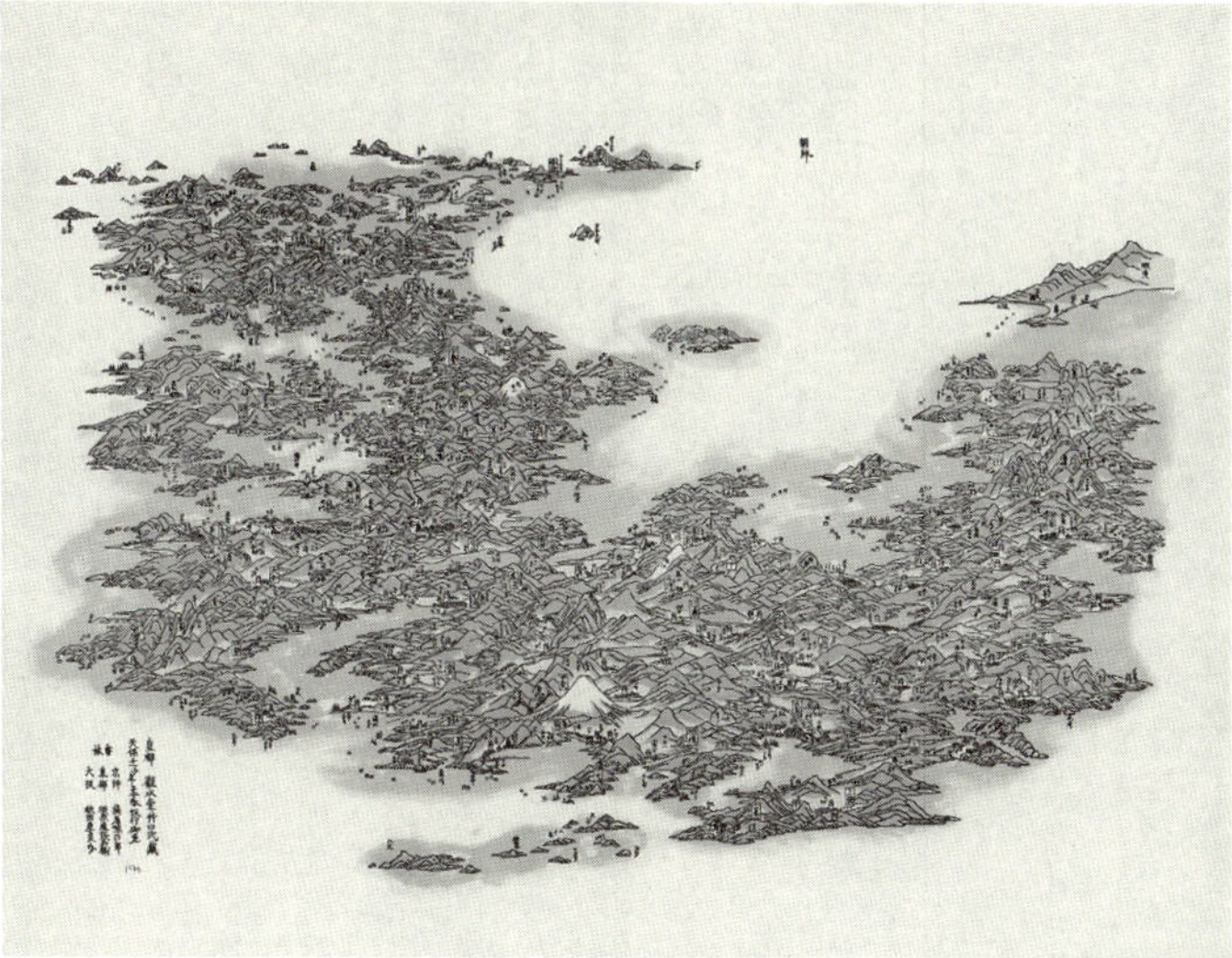

鍬形蕙斎（北尾政美）画，天保11年（1840）刊の全国図．松前から九州までを一望に収めた鳥瞰図である．

の安藤昌益の著作が京都で刊行され、二井田村にも伊勢参りのための講があった（第十一章）。「国風の言葉かりにも笑ふべからず。先にてハ此かたの言葉を笑ふべし」という『渡世肝要記二編』（天保八／一八三七年刊）の教訓は、御国訛り同士の接触の様を示唆している。一方、「唐人」と接する経験は長崎以外では稀であり、釜山郊外の草梁倭館に駐留する対馬の人々以外にとって、朝鮮の人々との接触はさらに稀だった。地理的な近接にもかかわらず、朝鮮の人々との出会いは、内地では将軍代替わりの際の通信使一行と、たまさかの漂流民とに限られる。その経験は一生の思い出だったであろう。

第四に、重複して文化的統合もあった。話し言葉は通じにくくても、書簡と公文書に使われた候文に（性差はあるが）地域差はない。すでに元禄年間に、松尾芭蕉は俳諧愛好者のネットワークに乗って奥州の「細道」をたどることができた。漢文の世界は、観念的には朝鮮国・清国に拡がっていたが、とりわけ「日本」からの発信は極めて限定的であり、実際上、日本人による日本人のための漢学・漢文学だった。

そして、以上全体の基本条件として、後に「鎖国」と呼ばれるようになる厳重な出入国管理があった。本国人と異国人との厳密な区別がその前提である。そのような区別は、現代と異なり、当時の世界ではむしろ例外である。当時は、言語・宗教・風俗にかかわりなく一切の商人の自由な往来を許し、その上に税金をとるだけの権力が君臨するという「国」さえあった。(1)それと対照的に、徳川政権と諸大名の権力は人別帳・五人組帳をもって村に生きる個々人まで把握していた。

それ故、唐人・琉球人・南蛮人・紅毛人との接触経験は無くても、「日本人」というまとまりがあり、自分はその一人だという意識も普通だった。だから、意味不明の発言を「唐人の寝言」などと言ったのである。したがって、「日本」の特質についても活潑な議論があった。「日本」観は、現代と同じく重要な思想問題であり、その変化の帰結は重大だった。

二　華夷

「中華」は聖人の国であり、したがって人類文明の中心だとすれば、「日本」は「夷狄」の国である。現に、いわゆる『魏志倭人伝』などは「東夷伝」の一部である。「道」の普遍妥当性を信じるならば、そう認めるのが筋でもあろう。「日本は東夷」（熊沢蕃山『夜会記』）、「勿論夷狄ト云カ結構ナ名ニ非ズ、嬉《ウレシキ》コトニ非ザレドモ、夷狄ノ地ニ生レタレバ是非ニ不及也《およばざる》」（佐藤直方『中国論集』）ということになろう。「国のたふときといやしきとは、君子小人の多きと少きと、風俗のよしあしとにこそよるべき。中国に生れたりとて、誇るべきにもあらず。また夷狄に生れたりとて、恥づべきにしもあらず」（雨森芳州『たはれ草』寛保四／一七四四年識語）と悟ってしまえば、それでもよいのかもしれない。

しかし、単純に「夷狄」だと自認したくない人も少なくなかった。そこで、特に十七世紀中には、天皇の祖（天照大御神もしくは神武天皇）は実は泰伯だという説に好意を抱いた儒者が少なくない（林羅山、中江藤樹、熊沢蕃山、木下順庵）。泰伯は、孔子が「それ至徳と謂ふべきのみ」と絶賛した（『論語』泰伯）、文王（周の聖人王）の伯父である。泰伯は長男だったが王位継承を拒み、南方に逃れたことになっている。その泰伯が、日本に至ったという伝承（『晋書』倭人伝）に注目したのである。建国者が泰伯なら、日本もただの夷狄ではない。なかなか進まない日本の儒教化にも望みがあるかもしれない。そこで、「孔丘が至徳とほめたる人なれば、尊きものに思ひて、此説をよろこぶ人も中古より有し也」（本居宣長『鉗狂人』）ということになった（ちなみに朝鮮には、箕子（孔子が「殷に三仁あり」と讃えた一人。『論語』微子）がかつて建国したという伝説があった）。しかし、この説の人気は次第に落ちたようである。

少しでも「夷狄」と認めたくない人もいた。例えば山鹿素行は、日本を「中国」「中州」「中華」等と呼んだ。水土風俗において、「本朝」と「外朝」（中国を指す）のみが中正を得ている。しかも、儒教渡来以前から「中朝」ではそれと同じ内容の「教」が実践されていた。この国は「中国」にほかならない、というのである（『中朝事実』寛文九／一六六九年）。

さらに、浅見絅斎は、優劣とは無関係に、日本はそのままで「中国」だと主張した。彼によれば、誰にとっても自分の国が「中国」であり、他国が「夷狄」である。したがって、カラではカラを「中国」といった。この国ではこの国を「中国」と称すればいいのである。

吾親ヲ無理ニテモ人ニアタマヲハラセヌガ手柄也。面々各々ニテ其国ヲ国トシ、其親ヲ親トスル、是天地ノ大義ニテ、並行ハレテモトラザルモノ也。（『中国弁』）

これは個性の主張ではない。実態の優劣も関係ない。ただ自国すなわち中華なのである。しかし、これは問題の観念的解消かもしれないが、解決ではなかった。カラと向き合う「日本」がいかなるものかは、依然として問題だった。

三　日本国・日本人

（一）　辺・小

何よりも日本は「小国」だった。実際には、例えば十八世紀において三〇〇〇万を超える政治的に統合された人口は、世界的には巨大である。例えば欧州には例が無い。にもかかわらず「小国」意識は根深く広範だった。比較の対象がカラと天竺だったためである。しかも、仏教的世界観における世界の中央、須彌山から見れば、日本は「辺土粟散」の地であり、「中華」からしてもその周縁である。とりわけ「中華」こそ、「日本」を観念する場合の比較の対象だった。

そのため、「小国」であるとは単に地域の広狭・人口の多寡の問題ではなかった。辺境性・周縁性は劣等性を含意したからである。「…セイノ高キ親ハ親ニテ、小男ノ親ハイヤシイニナルベキヤ。大小ヲ以《もって》論ズルコト、全ク利害ノ情ヨリ出ル故也。況《いわんや》万国ノ図ヲ以見レバ唐ノハヾワヅカ百分一ニモ不及、唐ヲ十ホド合セタル国イクツモアリ」（浅見絅斎『中国弁』）とは正論であろう。横浜市は川崎市より領域が広いが、だからといって「すごいだろう」と誇るのは子供だけである。しかし、絅斎がそう批判せざるをえないほどに、大小論は優劣論と容易に結合した。

もろこしは人々聡敏多才にしてはやく是非をしりわけ、あしきをすて善にうつり候はん。わか朝は小国のゆへ利智なる人もたまたまはあれとも、大かたわれらのことくの愚昧、世におほからんめる。（『祇園物語』寛永頃刊）

日本は小国にて、人の魂魄の精うすく、堪忍の力弱し。（熊沢蕃山『集義和書』寛文一二／一六七二年刊）

歴史的に多くをカラから学んだ以上、「本朝は小国故、異朝には何事も不及、聖人も異朝にこそ出来候得と存候。此の段は我れ等斗《ばかり》に不限《かぎらず》、古今の学者、皆左様に存候て、異朝を慕ひまねび候」（山鹿素行『配所残筆』）という状態も不思議ではなかった。

そこで、例えば勝部青魚（正徳二／一七一二年—天明八／一七八八年）は、「日本は器用成る国也。物を工み創《はじめ》る事はならぬ也。中華より有り来る事見習て、それよりも立派に能する事を得たるもあり。請取の早きといふべき歟。大国には事を創る器ある也。諸国に京の真似をするがごとし」（『剪灯随筆』）と主張した。小国なので確かに独創性は無い。しかし模倣と改良は上手だぞ、というわけである。「新タニ物ヲ造スルコトナルハ得セヌナガラ、人ノ作リシヲ丸ニ用テ、ソノ上ニ智ヲ添ルハ猶マサル方ナラン」（服部大方『邦土考実』[2]）ともいう。さらに平田篤胤は、「何ニヨラズ、外国デ仕出《シイダ》シタル事物ガ、御国ヘ渡テクルト其ヲチラト見テ、其ノ上ヲ遙ニ卓絶《タチコエ》テ、其事ノ出来ルコトモ、又御国人ノ勝《スグ》レタル所」（『古道大意』文政七／一八二四年刊）と誇っている。負け惜しみめいてはいるが、現代日本人にも賛同者はいそうである。実際、西洋に対しても、「鳥銃もまた西洋より刱《はじ》む。しかうして他州の我の能くするに及ばざるもの、邦人の敏捷を以てにあらざるか」（塩谷宕陰『宕陰存稿』巻七）という主張があった。そして『明六雑誌』創刊号巻頭論文は、日本の「国民ノ性質」は「襲蹈ニ長シ模傚ニ巧ニシテ自ラ機軸ヲ出スニ短ナリ」（西周「洋字ヲ以テ国語ヲ書スルノ論」、一八七四年）と指摘した。今度は西洋から学ぶための励ましにもなったのである。

そして辺鄙な小国という基本的な劣等感は、さらにそれを補償するさまざまな「日本」論を導出した。

(二)　東・陽

地理的に周辺だと認めながらも、東の国・陽の国は特別だという意見もあった。広大な太平洋は結合より分離を感じさせる。そこで地球は丸いとしても、日本列島が世界の東端にあることは客観的事実だと思えたからである。例えば西川如見は、「此の国は万国の東頭にありて、朝陽始めて照すの地、陽気発生の最初、震雷奮起の元土なり。…又、日本と号する者も、その義最も相当れり。…陽物の初て生ずる者はその質稺若、その気強壮なり。故に日本の人の仁愛の心多き者は、震木発生の木を禀くるに篤きなり。勇武の意に専なる者は、艮山強立の精を得たるに因りてなり」（『日本水土考』享保五／一七二〇年刊）という。陰陽論と易を利用した、明るく強い「陽」の国という主張である。

もっとも、陰陽論からすると、ひたすら「陽」ならばいいというものではない。「日本は陽国なり。陽の始にして稚《おさな》し。故に其水土に生ずるの人、生を重んじ死をかろむず。人心悦多くして哀少し。又祭礼を重して葬礼を軽《かろん》ず」（熊沢蕃山『集義外書』）、「日本は世界の内にて、少陽の国なる故、人の気も陽気、若くて丁寧ならず。武勇にはやりて、おくるゝ事を嫌ふ」（多田南嶺『南嶺遺稿』）という指摘もある。

しかし、水戸の武士兼儒者、会沢正志斎によれば、「神州は太陽の出づる所、元気の始まる所にして、天日の嗣、世よ宸極（皇位）を御し、終古易らず。もとより大地の元首にして、万国の綱紀なり」（『新論』文政八／一八二五年）ということだった。東方であることを、太陽・天皇と連関させることによって、一気に日本を「万国」の「元首」としたのである。本居宣長から学んだいわゆる後期水戸学の成立であった。

（三）　武・勇

日本は、尚武の国・武勇の国だという主張もある。「中華」に対し、その本領の「文」や「礼」において優越しているとはいいにくい。朝鮮では、満州族支配の清国に対し、今や中華文明を担うのは小さいながらも自分たちだという「小中華」論が台頭したが、そう言い張れる実態は日本には無かった。そこで、「武」なら負けないぞというのである。現に武士が統治身分である以上、それは自然でもあった。「我ガ日本…人ノ勇悍、実ニ万国ニ踰《コユ》」（藤井懶斎『閑際筆記』正徳五／一七一五年刊）、「我国は万国にすぐれて武を尚ぶ国とこそ古より申伝へたれ」（新井白石『折たく柴の記』）、「日本は武勇を本とし文筆を末として、百世不易の要害（防備堅固であること）の国、世界第一なり」「日本は武国にて、質素を尊ぶ国なり」（西川如見『町人嚢』享保四／一七一九年刊）、「日本は武備さかんなる国風」（馬場文耕『世間御旗本形質』宝暦四／一七五四年序）等の言明は多い。

もっとも、「文」より「武」中心だとは、結局は野蛮で「夷狄」風だということでもある。「大唐」と異なり、「本朝」は「人の心、剛武にして、制法をやぶりやすく、強戻にして敬信にをこたりやすし」（仮名草子『飛鳥川』慶安五／一六五二年刊）、「武国ノコトナレバ、気ノツヨキコトハ、支那ナドヨリズットツヨキ風ナレバ、オソルベキコト」（海保青陵『稽古談』）ともいえるし、「日本は中華に比すれば小国なるゆゑ、自然と人の気量も狭く、かの武風も畢竟はみな気量の狭きより起ること也」（堀景山『不尽言』）ということにもなる。「小国」だから狭量で暴力的だというのである。

結局、「武国」として中華に拮抗するには、「聖人の道」の普遍性を否定するほかはない。国学への接近である。

我邦は武国なり。西土は文国なり。文国は文を尚ぶ。武国は武を尚ぶ。もとより其の所なり。…我邦の彼邦における、相距たること百里、其風絶異し、人情同じからず、いずくんぞ其道を同じくす

ることをえんや。(中邨元恒『尚武論』天保一四／一八四三年)

いずれにせよ「皇国は武威を以《もつて》万国に勝《すぐれ》候《そうろう》国風」(屋代弘賢。松浦静山『甲子夜話』巻九六所引)であるとすれば、その「武」の衰えは「国」のアイデンティティと誇りに関わる。ペリーの軍事力の誇示への対応が政治問題化し、体制的危機感を引き起こしたのは、それが一因であろう。

(四) 質・直

「文」に対しては「質」という対比もある。『論語』雍也には、「質、文に勝てばすなわち野、文、質に勝てばすなわち史。文質彬彬、然る後に君子なり」とある。そこで、「日本」は「質」の国だという説もあった。野蛮もしくは質直である。

例えば荻生徂徠は、伊藤仁斎が偽らざることを「直」として尊んだことを批判し、「倭人之陋也」と評する。正直という一徳ばかりを尊ぶのは、野蛮な単純さだというのである(『弁名』「直」)。また富永仲基は、「竺人」「漢人」と「東人」すなわち日本人との性質を比較し、「其の性」からして「清介質直の語」を好むとした。そして、その「俗」は、「竺人」は「幻」、「漢人」は「文」、「東人」は「絞」だという(『出定後語』延享二／一七四五年刊)。「絞」とは、「直にして礼無ければ則ち絞」(『論語』泰伯)、「直を好んで学を好まざれば、其の蔽や絞」(同、陽貨)を踏まえている。

また、「或書に、本邦の風ハ質直にして飾り少きが本色なるべし、善も悪も進むに速にして、省る所足らざる風俗也」(日下部維岳『古今記聞』)という説もある。

しかし、文飾より実質、虚華よりも質実が重要ではないか、ともいえよう。「日本は陽気の武機、応《やが》て政道の亀鑑とし、おのづから才智聡明にして清直剛強成《なる》事、天竺震旦（カラ）に勝れて速なり」（山下幸内「上書」享保六／一七二一年）、「この国は人の心すなほにして、夏商の風にちかし。」（雨森芳州『たはれ草』）、「彼の邦は一に虚文を貴ぶ。故に人おのづから詐偽なり。…我邦は淳朴を貴ぶ。故に人おのづから誠実なり」（佐久間太華『和漢明弁』安永七／一七七八年刊）という主張もあった。そして既述のように、賀茂真淵・本居宣長も、儒学とカラを批判して「直き心」「真心」の「皇国」を賛美した。(3) 文明の中心に対して、ナイーヴであることを誇るというのは、英仏に対するドイツ、西欧に対するロシア等に出現した、周辺国らしい逆転の思想戦略である。儒学の浸透が進めば進むほど、その戦略の魅力は増し、（批判的なそれを含め）現代までの日本人論・日本文化論の原型をなすに至った。

（五）神・皇

「日本」は「神国」だとも言われた。「神国」は、『日本書紀』巻九に「神々」の守護する国という意味で登場する古い語である。ただし、中世以来、「神国」は「仏国」でもあることと矛盾しない。いわゆる神仏習合の実態があったからである。それを二つの「宗教」の粗雑な「混淆」とみなすのは、国学者に煽られた明治初年の「神仏分離」以後の意識である。仏教が世界に拡がる普遍的な教えであるなら、それが日本という一小地域では神道という具体的な形をとって、何の不思議があろうか。(4) 寺に神社があろうが、寺と神社の双方に参ろうが、むしろ当然だ、ということになる。現に東照宮も寺と神社で構成されていた。

徳川初期、この意味での「神国」観が切支丹の国々との対峙において強調された。例えば、金地院崇伝起草、徳川秀忠朱印の「伴天連追放之文」（慶長一九／一六一四年）は、儒学まで採り入れてこう述べている。

> 夫れ日本は元と是れ神国也。陰陽の測られざる、これを名づけて神と謂ふ（『易』繋辞伝の引用）。聖の聖たる、霊の霊たる、誰か尊崇せざらん。…又た仏国と称す。拠るところ無くんばあらず。…日本は神国仏国にして神を尊び仏を敬す。仁義の道を専にして、善悪の法を匡《ただ》す。

キリシタンから転向した不干斎巴鼻庵も、「日本ハ神国、東漸ノ理ニ依テハ仏国とも云べし」という（『破提宇子』元和六／一六二〇年）。

その後も、「若《もし》我左様なる儀もあらば…日本は神国なれば、諸神諸仏もなどか我を安穏にて置《おか》せられ間敷候べし」（大久保忠教『三河物語』）、「日本は神国なれば誰の家にか神を敬はざらん。ことさら仏法流布の国なれば、いづれの所にか仏を崇まざらんや」（『渡世伝授車』元文二／一七三七年序）などという。

勿論、儒学者からは、「神国」論への反撥もあった。例えば、朱子学者佐藤直方は、「天地ノ中、人ノ外ハ皆鳥獣ノ類ニテ、賤キモノ也。人ハ万物之霊ナレバ人国トコソ申ベキニ、人ノ外ノ神ト申事心得ガタク候」という。彼は、「我ガ生レシクニヲバ、売薬ヲスル者ノヤウニ我レバカリヲヨシト云テ自慢スルコトニテ候ハ…天下ノ公理トハ不被申《もうされず》候…神道者ノ様ニ善悪是非ニカマワズシテメツタニ我邦ヲ尊信スルガヨキト云ナレバ、学問モ入リ（要り）不申《もうさず》候」（『中国論集』）と痛烈である。

しかし「神国」観は、尊王論とも往々結びつき、むしろ強まっていった。つとに北畠親房『神皇正統記』冒頭に、「大日本者神国也。天祖ハジメテ基ヲヒラキ、日神ナガク統ヲ伝給フ。我国ノミ此事アリ。異朝ニハ其タグヒナシ。此故ニ神国ト云也」とある。天皇の継続（易姓革命の無いこと）が、誇るべき特色だというのである。「小国」のひけめを補償するものとして、これは多くの人に魅力的だった。道徳的優位の証明とも、由緒正しさの証拠とも見えたからである。

浅見絅斎やその門人、神道家、国学者、水戸学者だけではない。山鹿素行『中朝事実』、伊藤仁斎『論語古義』（巻之五）、伊藤梅宇『見聞談叢』叙、西川如見『日本水土考』、松宮観山『学論』巻上、猪飼敬所『操觚正名』等、さまざまな立場の人がそれを誇らしげに指摘している。さらに平賀源内『風流志道軒伝』（宝暦一三／一七六三年刊）の登場人物は、こう啖呵を切っている。

唐の風俗は日本と違ふて、天子が渡り者も同然にて、気に入らねば取り替へて、天下は一人の天下にあらず、天下の天下なりと、へらず口をいひちらして、主の天下をひったくる、不埒千万なる国ゆゑ、聖人出でて教へ給ふ。…日本で天子を疎略にすると、慮外ながら三尺の童子もだまって居ぬ気に成るといふは、忠義正しき国ゆゑなり。夫《それ》故にこそ天子の天子たるものは、世界中に双《なら》ぶ国なし。

こうして「皇統」の連続自体が、自国優越の根拠として主張され、あの「皇国」の語の流行とも響き合った。それは、儒学の浸透故に「中華」との観念的対抗が一層重要になったことの帰結でもある。「幕末」の「志士」などはしばしば日本を「皇国」「神州」[5]と呼んでいる。その時、かつての「中華」は、

「西土」「西戎」「清夷」、そして「支那」だった。

(六)　島・海

日本は海に囲まれていることが特色だ、という観念もあった。清国の世界地理書、魏源『海国図志』の「海国」が海から渡来する諸外国を指しているのと対照的である。そして、十八世紀末までは、それは、安全であることを意味した。

　日本国の要害は万国に勝れる者なり。蓋し小国の大国に連れる者は必ず大国の為に屈せられ、或は終に大国の為に併せらるゝことあり。日本の地は大国に近しと雖も、灘海を隔てて而して相遠きが如し。故に大国に屈せらるゝの患なし。況んや其の併せらるゝをや。（西川如見『日本水土考』）

しかし、やがて「島国」「海国」の意味が変化した。海が変わったのでなく、西洋の船の性能が上がり、しかも近海に頻々と出没するようになったからである。そして天明六年（一七八六）、林子平『海国兵談』が完成する。その有名な一節は下記の通りである。

　海国とハ何の謂ぞ、曰、地続の隣国無して四方皆海に沿ル国を謂也。然ルに海国にハ海国相当の武備有て、唐山の軍書及ヒ日本にて古今伝授する諸流の説ト品替れる也。

　竊に憶へば当時長崎に厳重に石火矢の備有て、却て安房、相模の海港に其備なし。此事甚不審《イブカシ》。細カに思へば江戸の日本橋より唐、阿蘭陀迄境なしの水路也。然ルを此に不備《そなえず》して長崎にのミ備ルは何ぞや。

「海国」が、脆弱と危険の表象に変わったのである。それ故、「殊に日本は海国なり。渡海・運送・交易は国家政務の肝要たることは勿論なり」という説も現れた。「異国交易は相互に国力を抜取んとする交易なれば、戦争も同様」だからである（本多利明『経世秘策』寛政一〇／一七九八年）。一方、「海国にてハ軍艦ハ第一の御備ニて候」（徳川斉昭、老中阿部正弘宛て書簡、弘化三年七月一三日）ということにもなった。種々の「海防」論が、「海国」「小国」「武国」の意識故に、緊迫感を持って唱えられた。しかも、一方には「皇国」意識の台頭があった。

「開港」「開国」をめぐって議論が沸騰する条件は、こうしてペリー来航の遙か以前に着々と準備されていたのである。

（1）参照、羽田正『東インド会社とアジアの海（興亡の世界史一五）』（講談社、二〇〇七年）。

（2）中野三敏「服部撫松と『新東京繁昌記』」所引。同氏ほか校注『開化風俗誌集（新日本古典文学大系明治編一）』（岩波書店、二〇〇四年）四一六頁。服部大方は、明和七年（一七七〇）生、弘化三年（一八四六）没。

（3）なお、「武」であり「質」であるからこそ優れているとは、圧倒的多数を占める漢人に優位を保とうとした清国の満州族支配者たちの自己規定でもあった。フィリップ・A・キューン Philip A. Kuhn『中国近世の霊魂泥棒』（平凡社、一九九六年）、平野聡『清帝国とチベット問題：多民族統合の成立と瓦解』（名古屋大学出版会、二〇〇四年）。

（4）参照、佐藤弘夫『神国日本』（筑摩書房、二〇〇六年）。

（5）「神州」は司馬遷の『史記』（巻七四）にもある「中国」の別称だが、それを「神国」の意味で用いるのである。

参考文献

荒野泰典『近世日本と東アジア』（東京大学出版会、一九八八年）
佐藤弘夫『神国日本』（筑摩書房、二〇〇六年）
前田勉『兵学と朱子学・蘭学・国学』（平凡社、二〇〇六年）

第十六章 「性」の不思議

一 「性」と政治体制

染色体において、あるいは身体の形状において、「性別」を定め難い人がいる。遺伝子と身体の形状にずれのある人もいる。身体の形状と性的自己認定がずれている人もいる。自己認定において揺らぎのある人もいる。昔も同じである。「性別」は自明でない(身体的性差と社会的文化的性差という単純な二分法で割り切れるものでもない)。しかし、それを自明とみなし、さらにそれぞれに固有の特性があると信じ、それに「合致する」社会的役割と人生経路を当然のように割り付ける――そのようなことは、徳川の世にも行われていた。その意識が社会構成の根底をなし、政治体制とその変化にも関連していた。

二 浮世と色

既述のように(第四章)、徳川日本では人は、原則としていずれかのイエの人として生きていた。そしてどの身分でも、その「家業」にいそしむことが人生の意味のはずだった。したがって、「人は二つの性に分類された上でイエに封じ込まれ、性的関係はイエの中の夫婦間のみに厳しく限定された。それを攪乱する婚姻外の性は不義密通として弾劾され、例外的に一部は遊廓に封入された」──そういうことになりそうである。

しかし、当時の実状はそのような単純な推論を大きく裏切る。一部の村々における夜這いの習慣や、各地の祭りの夜のオルギーのみをいうのではない。

（一）　そもそも、当時の中国・朝鮮に比べ、徳川日本における男女の隔離は緩い。すなわち儒学では、「男女の別は国の大節なり」（『国語』呂語上）、「男女別有りてしかる後、父子親なり。父子親にしてしかる後、義生ず。義生じてしかる後、礼作《おこ》る。礼作りてしかる後、万物安し。別無く義無きは禽獣の道なり」（『礼記』郊特牲）という。両性を陰・陽に割り付けて、それに「ふさわしい」両性の役割分業と空間的社会的隔離こそ秩序の基礎だとするのである。男は陽だから外、女は陰だから内、それが自然であり当然だというのである（それ故、典型的に「外」の仕事である統治は男のものである。女性が道徳的であれば「内」にいるはずであり、人類の道徳的模範であるはずの天子やそれに仕える官吏が女性だというのは、自己矛盾だということになる）。しかし、このような自然哲学に基礎づけられた「男女の別」の規範意識が、徳川日本では弱いのである。

もっとも、当時でも上級の武家では屋敷の構造からして男女は隔離されていた（「表」と「奥」）。大名・旗本の妻は象徴的にも「奥方様」「奥様」等と呼ばれた。そこでの「内外」の「別」は厳格だった。それは徳川の世の当初からだから、（その時点では未だほとんど受容されていない）儒学の影響ではない。武道と政道は男の中の男である武士のものだという意識が、彼等の晴れの場所に女性の混じることを忌避させたからであろう（一方、「男道」と無縁な禁裏においては、女官と公家衆は混在した）。

しかし、中国と異なり、そこに宦官はいない。したがって、後宮を統率するのは女性自身である。「奥」で若殿を育てるのも女性である。大名の縁組など、私事の斡旋・交渉をするのも、往々女性である。そして、「奥」の女性たちのネットワークは、将軍・大名への働きかけにも利用され、江戸城大奥の「年寄」などは、高い権威と大きな政治力を持った（いわば若き小間使いでしかない清朝の「宮女」などとは大きな相違である）。それは、「女」にふさわしくないことなどではなかった。

町に出れば、中国と異なり、そこにも多くの女性の姿があった。女性たちは、買い物に物見遊山に、そして（往々その口実である）寺社参りに、日常的に外出した。身分の重い武家の女性の外出は少なかったが、高位の女性を対象にした教訓書『女仁義物語』（万治二／一六五九年）の登場人物も、夫を持つと遊山物詣や見物などにも「おつとの心をうかゞひ、我身をわがまゝにならﾞ」ないという苦しみがあると指摘している。独身なら、思いのままに外に遊びに行けるのに、というのである。一方、山片蟠桃は、中国と比較して「日本ノ風俗ハ、山川遊観・劇場・物見、イツニテモ男子ヨリ女子多シ」と嘆いている（『夢ノ代』）。

さらに、老中松平定信の下で「男女入込湯」を禁止する町触れが出た（寛政三／一七九一年）ことの示すように、江戸町内の無数の湯屋の多くでは、男女が完全な裸体で「入込《いりごみ》」で入浴していた。この触れによって一時「帯解いて夫婦別ある湯屋の門」(『俳風柳多留』八八篇)ということにはなった。しかし、御公儀がそのようなことにまで口を出すとは「さゝいの様成ル御世話と申もの」(『よしの冊子』十五)という反応もあり、それも間もなく守られなくなった。他人の異性同士の入浴の「別」さえ無かったのである。同時代の中国・朝鮮・オスマン帝国、そして欧州諸国では、ありうべからざる事態であったろう。

そもそも一般に異性の視線に身体をさらすことへの忌避が、当時の欧州に較べると弱かったようである。一七七六年(安永五年)、あるオランダ商館員は、「日本人にとって、一般に羞恥はあまり美徳でなく、また不貞はひろく行われているようである。女性は時どき仕切りのない場所で入浴しており、オランダ人が一度ならず目の前やそばを通っても、身を隠すような気配はほとんどない」と指摘している。(1)

また、生活での混在制限の緩さの裏面として、徳川日本の女性は、激しい戸外労働において男と混じって働くことも当然に期待された。纏足した漢族の女性と異なり、屋内で「女紅(女工)」にのみ従事することが望ましいとされたわけではなかった。娘として妻として、それぞれの「家業」に従事することを要求されたのである。彼女達は、家事労働に加えて、男と共に重荷を背負い、ぬかるむ田に入り、畑を耕し、海女として半裸で海に潜った。商業にも従事した。「民の家に生れ、他に嫁し、夫の家業をたすけぬる事によりてハ、算の道(計算)も知らずしてハ事かけなん」(『女九々の声』天明七／一七八七年刊)ということにもなった。『女大学』系教科書(儒学者貝原益軒の文を基にした教訓『女大学』に加え、「女」の人生に必要と考えられた雑多な知識・教訓を併載する)の代表、『女大学宝箱』(享保元／一七一六年以降繰り返し刊行）は、「女職人之図」「女商人之図」をも掲げ、種々の家業で働く女性の姿を少女たちに教えている。

このように、徳川日本では、両性の内・外への厳格な割付け、空間的・社会的な隔離が、少なくとも明国・清国などと比べ、かなり弱かったのである。

（二）　しかも、吉原・新町・島原等の遊郭が社会的に重要な位置を占めていた。それは、確かに（耽溺すれば身を滅ぼす、妖しい魅力を放つものとして畏れを込めて）「悪所」「悪場所」とも呼ばれたものの、大都市を代表する名所だった。吉原には数千人の遊女がいた。多くの岡場所もあった。今日、江戸文化として往々誇らしげに語られるものの多くは、遊郭を中心に開花したものである。「地女」（遊女でない女性）が遊女の風俗に追随しているという指摘も徳川の世を通じて絶えることがない。高位の遊女は、男達にとっての蠱惑的なセックス・シンボルであっただけでなく、「女」にとっても一面で憧れのファッションリーダーだった。そして、遊女が身請けされて町人等の妻となることも可能だった。それは、欧州における「真っ当な女性」the respectable woman と「堕ちた女」the fallen woman の峻別と、対照的である。実際、「悪所」「色」と「浮世」の三つの語は、しばしば同一の語と連結して合成語を作り、「その内容において相互にふかくかさなりあっ」ていた（守屋毅）[2]。江戸文化は極言すれば「色里」文化だった。

（三）　また、芝居も重要だった。それは、薄暗い小屋の中で濃密な「色」を往々描き出し、見物人を陶然とさせていた。男の演ずる「女」と男の演ずる「男」とのしっぽりとした恋愛模様（それは異性愛と同性愛の双方を、同時に刺戟した）は、とりわけ「女」たちの心を捉えていた。

劇場はほぼ同数の男女の客でいっぱいで、誰もがこのうえなく楽しんでいるように見えた。男女混浴どころか、淫らな場面を、あらゆる年齢層の女たちが楽しむ……。（ハインリッヒ・シュリーマン）(3)

大坂の儒者中井竹山も、「末々ノ愚民婦女輩ハ、歳時ノ暇日ニ戯場見物ヲ宇宙第一ノ楽トスルコトナルヲ、一時ニ停止有テハ、大ニ力ヲ落シ、天崩レ地裂ルノ思ヒヲナスヘシ。ソレモ仁恵ノ政トハシカタシ。故ニ、タ、ソノ所作ノ淫褻ノ態ヲ禁シ、又ソノ平日ノ華美ヲ制シ、泰甚ヲサリ超過ヲ防クノ処置アルヘキノミ」（『草茅危言』巻之五）と、老中松平定信に建言している。

（四）　さらに、春本・春画が公然と流布していた。春本（「艶本《えほん》」）の刊行は二〇〇〇種ないし三〇〇〇種にのぼるという。(4) 浮世絵も、実は春画が大きな部分をなす。そして、春画は「色々の板本、年々新板など出来て、これまた金銀摺りの極彩色を施し、あるいは町家店先へ並べ置き、あるいは親子兄弟間をも厭へる気色なく、翫びものとなし」たという。「婦人女子はこの絵図を溜むる時は、衣類の溜まる呪となるなど号して、簞笥・長持の衣類の間に入れ置きて、母は娘に譲り」（『世事見聞録』）、武家は鎧櫃に入れれば矢除けになると称して愛蔵した。江戸城御殿内では、年末年始に新年の月の大小を記したもじり絵を「貴賤懐中して、人々互に相易」える習慣があったが、その中には「春画」もあったという（『甲子夜話』巻四七）。琉球国からの使節に「イロズリの春画を出し示して、是は何にと問」うて反応を楽しむ役人もいた（『甲子夜話続編』巻八八）。

（五）「密通」の厳しい法度も、その実行とは大差があった。[5] とりわけ武士以外では、「内済」（但し慰謝料を支払う）で処理されることが多かった。また、「公事方御定書」も、「縁談極《きまり》候娘と不義致候男」は処罰対象とするが（もっとも「軽追放」にすぎない）、「縁談」の決まっていない娘との行為については何も触れていない（清朝ではそれも重罪とされた）。[6]「予が故郷予州などは遊女の類決してなし、其代り娘も下婢も後家も婆様も自堕落なり。然れども売りものでなければ深切づくならではならず」（水野沢斎『養生弁』天保一二／一八四一年）[7] などという証言もある。

何故、徳川体制においては、厳しい身分道徳・イエの道徳と、男女の混在と「色」の横溢とが並存したのであろうか。「江戸の性」は意外に「おおらか」だったなどと呑気に評するわけにはいかない。「色」の横溢は、男女平等も女性の「解放」も意味しない。重苦しい道徳意識と一見それと矛盾するような「性」の在りよう（しかも、それが「身売り」等の悲惨と結合している）との関係、それこそが問題である。

三　イエと色

（一）夫婦仲良く

徳川日本では、儒学の五倫の「夫婦別有り」の教えを修正して、「夫婦和合」がしばしば説かれる。「五人組帳前書」も往々「夫婦中能《なかよく》」と定めている。「別」の逆に、円満を道徳的義務として論すのである。

それは、現代と比べても極めて離婚率が高かった状況での、縁組みしたからには添い遂げるように努力しなさいよという教えであり、願いだった。当時は、「三行半《みくだりはん》」（原則として夫が妻に渡す、離婚を確認し、将来の再婚に異議を唱えないことを誓約する文書）の冒頭の「其元との不熟ニ付、双方熟談之上離別致候」という決まり文句が示すように、「不熟」（折り合いが悪い）であれば「離縁」がありえた。極言すれば夫婦は「和熟」し、「中能」い限りで存続するものだったのである（それは、「愛の無い結婚は結婚でない」という欧州でも新奇な通念とは意味が異なる）。そして、離婚には、宗教組織や政府機関の許可も不要だった。決まり文句にいう「熟談」の上での離婚、いわば協議離婚が普通で(8)、社会的制裁の恐れは小さかった。その意味で、当時の婚姻はもろかったのである（維新前より遙かに少ないであろう明治一六年の公式の統計でも、人口千人当たりの離婚件数は実に三・三九である(9)）。

さらに、（男性だけでなく）女性にも再婚が（しかも、必ずしも「悪く」ない再婚が）十分に可能だったことが、離婚を比較的容易にした。『女大学』も、「女は一度嫁して其家を出されてハ、仮令《たとえ》ふたたび富貴なる夫に嫁すとも、女の道にたがひて、大なる辱《はじ》なり」と説いている。「富貴なる夫」との再婚がありうる現実を認めているのである。『寛政重修諸家譜』掲載の最上級の武家（大名・旗本）でも、半数以上の女性は再婚した(10)。

つまり、花嫁が性的に無経験であることを重要事のように考える風習が（キリスト教のマリア信仰ともおそらく関連する西洋流の処女崇拝にしろ、厳しい父系原理による家族・宗族が社会秩序の根幹をなしていた中国流のそれにしろ）ほとんど無かったのである。中世ヨーロッパについては、次のような指摘がある。

妻の不倫から生まれた子供は母親がうまく罪を隠せるなら、その子はそれだけ危険な存在であり、また不貞の子であり、その子供が生存すれば、肉体の罪から生まれ、また嫁ぎ先の家族に対する裏切りという二重の非難を受ける。女性の性的節操はまさに家族機構の中心にある、つまり女性の身体は、家系という大きな集団に打撃をもたらすようなよこしまな不貞を避けるために厳重な監視を受ける。(クリスティアーヌ・クラピッシュ・ツベール「女性と家庭」[11])

明国・清国についてもほぼ同様であろう。しかし、前記のように当時のイエはそもそも「血脈」の連続が本質ではない。したがって娘の「純潔」や妻の「貞操」は、欧州や中国における意味では、重大でないのである(それ故、妻の「密通」も慰謝料かせいぜい離縁で片が付く。さらに聟養子は、「家付き娘」たる妻の「不貞」をどのようにイエの立場から非難できるだろうか)。

とはいえ、離婚は望ましいことではなかった。さまざまなコストもかかったはずである。しかも、『出世礎、一名民家心得草』と題する書(天保一五/一八四四年刊)が「夫婦は相談相手」と説明しているように、妻はイエの共同経営者だった。したがって夫婦関係の安定的継続は、イエ繁栄の前提だった。「夫婦の中能《なかよき》は家はんじやうの事」(寒河正親『子孫鑑』寛文一三/一六七三年刊)、「夫婦中よく、家業を大事に」(多田南嶺『教訓私儘育』寛延三/一七五〇年刊)とは、あの「家業道徳」(第四章)の一環である。「夫婦は仲よく、睦まじく」と説く時、当時の人々は、イエのため「家業」のために、夫婦になったからには添い遂げなさい、そのためにお互いに努めなさいよ、と勧めていたのである。

近代西欧から広まったロマンティック・ラヴに基づく結婚では、個人主義化した個人同士であるからこそ、夫婦愛が強調される。これに対し、徳川日本の結婚では、夫婦は個人主義的でなく共にイエのために生きる存在であるからこそ、「和合」の必要が強調される。前者では、「家庭」が「労働」と分離されて純粋に私的な空間となったが故に、外では難しい親密さが希求され培養される。これに対し、後者では両者が一体で、イエが「家業」に於いて成立するものであるからこそ、睦まじさが規範として要求されるのである。

しかも、当時、「情」と「色」とは一体だった。「夫婦和合」を説く時、そこには性的な意味も含まれていたであろう。現に『女重宝記』は「御門《みと》の目合《まくばい》とは、夫婦和合なり」と説明している。この主語と述語の交換も可能であろう。さらに『女大学宝箱』の付録『世継草』の冒頭には、「天はほどこし地は生ずるを和合の道といへり夫婦交媾して子を生ずるの儀なり」とある。同書をパロディー化した春本『女大楽宝開《おんなだいらくたからべき》』の「夫女子《それ》ハ成長して他人の家へゆき、夫に仕るものなれば、色道の心がけ第一なり」等の文も、案外本気だったのかもしれない（そうであれば、春本・春画が、「和合」をことほぐめでたいものとして流布しても不思議ではあるまい）。

『艶道通鑑』（正徳五／一七一五年序）を著して、親等の強制による「無理ずくめの婚礼」を批判し、「思ひ逢ひたる誠を本とし」た縁組みを勧めた増穂残口も、享楽的な個人主義者でも、寛大な自由主義者でもなかった。無論、時に誤解されているような恋愛至上主義者などでもない。恋による結婚なら「我身を彼に委せ彼方を此方に請け込て、真から可愛実《かわゆくじつ》から最借《いとおし》くてこそ、比翼連理の語らい」となり、

「家を失い子孫を断滅する」ことが無いと、彼は信じたのである。その意味で、「艶道」「色道」も「家業道徳」の一部だった（そうであれば、性についてあけすけであることも不謹慎ではないことになろう）。

「和合」には夫婦双方の努力が必要である。しかし強調されたのは、相対的に弱い立場であることの多い妻の努力だった。強弱の傾きのある間柄に「和合」を当為として要求すれば弱者が媚びる側になるのは当然である。教訓書は夫に見限られないための心得をさまざまに説いている。化粧や身繕いにも気を配り、「ばんじにつき、おっとに見かぎられぬやうにたしなむ事、ふうふのみちなり」（『女仁義物語』万治二／一六五九年刊）、「女はよきほどにあまへ侍るべきにこそ」（『女郎花物語』万治四／一六六一年刊）、「女房の、さのみ物いふ事、聞悪きのみならず、人に疎まれ夫に棄てらるゝ根源なり」（『本朝女鑑』寛文元／一六六一年刊）、「一旦嫁入しては、去られざるやうにするが、女の第一」「我が器量を鼻にかけ、爰を去られたりとも、又外へ嫁ぐべしと、不埒の所存つゝしむべ」し（『分限玉の礎』明和八／一七七一年序）等である。一見儒学的な『女大学』の教えも、実は、「夫に疎まれ……中悪しくなりて終には追い出され」ないための方策の伝授にほかならない。その末尾でも、「如斯《かくのごとく》心得なば、夫婦の中、おのずから和らぎ、行く末ながく連れそいて、家のうち穏やかなるべし」と念を押している。

謹厳な儒学者は眉をひそめただろうが、そこでは、少なくともある程度女性がコケティッシュであることは、当然の務めだったのである。

（二）　情けと愛敬

明国・清国では、「女徳」の中心は夫への生涯をかけた忠誠だった。寡婦の再婚は恥とされ、その再婚の強要は犯罪だった（『大清律例』戸律婚姻三九四条）。一人の夫に殉じた「節婦」「烈婦」は官によって顕彰された。女性の美徳とは何よりも chastity、pudicite であるという欧州人の観念も根深い。「女」は理性よりも感情に特質があるとされ、しかもその「徳」とはなによりも貞節だった。一方、徳川日本でも「女」は「情」の深さに特色を有するとされ、それを培うことが女子教育の眼目の一つだった。しかし、その含意は大きく異なっていた。

「女は愛敬」である。この観念は少なくとも徳川の世の前半にまで遡る。『女実語教』（元禄八／一六九五年刊）は、「女として愛敬あらぬは、岩木の情《こころ》なきに異ならず」と説く（嘉永三／一八五〇年刊『女実語教操鑑』も同文）。「情け」は「愛敬」と繋がっている。また、元禄時代から徳川末期まで繰り返し刊行された『女重宝記』は、巻頭に「しなかたちつかさくらゐ（品・形・司・位）はかはるとも　心ばかりはみなやさしかれ」という歌と、遊女を含む諸身分の女性の絵を掲げている。そして、「女」は「艶にやさしく」あるべきことを反復して強調している。この身分制の下でも、一切の「女」に共通する特有の徳がある、それは（貞節ではなく）「やさしさ」だ、というのである。

それは、「度胸」を「男」らしさの中核とする武家社会の意識と対応している。「男」とは、例えば何よりも教養だというのではなく、気概・強さ・武骨さであるのなら、「女」は「情け」「やさしさ」「愛敬」なのである（「武士の情け」とは、「武士」であるが故の「情け」でなく、「武士」であるにもかか

『女重宝記』（元禄５年刊．弘化４年再版）．これは弘化４年版の挿絵で，画は葛飾応為（北斎の娘）による．中央に「しなかたちつかさくらゐはかはるとも　心ばかりはみなやさしかれ」という歌が掲げられている．女性の奇妙な分類とくねらせた姿のなまめかしさにも注目したい．

わらずの「情け」である）。『女重宝記』は、「心正直なれば、たしなまねども嫉妬の心なく、欲すくなく、情ふかく、物をあはれみ、心もやさしくなるものなり」と教える。「先《まず》女はいかにも心やはらかにあるべし、此日本国は和国とて、女のおさめ侍るべき国なり、天照大神も、女体にてわたらせたまふ」という、やや奇妙な主張もある（『親子訓』）。身分別に女性の「作法」を教える『貞節教訓女式目』（宝暦四／一七五四年刊）も、「なさけ」「じひ」を強調し、結局「おしなべて女は、…こゝろことばのやさしきを、本とす」という。「女」には「やはらか」な「情け」と「やさしい」「愛敬」があるはずだった（それ故、男に言い寄られながらあまりにすげなく「情《つれ》ない」のは、「女」らしくない。この観念は、夫のある女性たちを時に困難な道徳的ディレンマに陥れた）。

しかも、「情」は「色」と直結する。それ故、当然にも、当時において最も「女」らしい「女」とは、（後述する「御所方」を除けば）美しく着飾った遊女たちであった。「愛情の身過ぎ」「愛情の業」（『世事見聞録』）をなすのは、「情けの君」とも異称された彼女たちだったからである。無論、「女郎に誠あれば晦に月が出る」という諺もあった。しかし、「情」が「色」に直結するならば、逆に「色」も「情」から離れない。単なるセックス・ワークでなく、「情」の交際の形を取るからこそ、嘘もつくのである。それ故に、彼女たちは（本来は）畏怖を込めて「傾城《けいせい》」と呼ばれ、いみじくも「契情《けいせい》」とも書かれた。一方、「地女《じおんな》」も「妻とさだめ」おけば「これあげづめの傾城狂ひにあらずや」（『江戸名所記』寛文三／一六六三年刊）ということになる。「地女に一塩したが妾なり」であるなら、二塩すれば遊女である。「地女」は地味な遊女であり、遊女は華やかな妻であった。

実際、女子用教訓書等の挿絵の理想化された女性の容姿は、その身分を問わず、時に異様になまめかしい。しかも、往々遊女と並列されている。「地女」たちが、不断に遊女風俗に見習い続けたのも、遊女が町人等の妻になれたのも、当然であろう。「女」として最も魅力的なのが遊女であるならば、よい夫を得たい娘にとっても、夫に見限られたくない妻にとっても、遊女は一面で模範である。かくして、いかに堅物たちが非難しようとも、遊女は（一方で、定まる所を持たない「流れの女」として蔑みと憐れみの対象でありながら、他方で）ある輝きを放ち続け、堅気の世間への「色」の不断の浸透をもたらしたのである（そのような場に置かれた女性たちが、どうして情緒纏綿たる芝居を偏愛しないでいられようか）。

いる。

（三） 芸と雅び

よい縁談にありつき、夫に好かれるには、「芸」も大事だと考えられていた。女子用教訓書は、ほぼ例外なく種々の「芸」を身につけるよう勧めている。例えば『女重宝記』は「女中たしなみてよき芸」として、「手書く事、歌よむ事、歌学する事、源氏・伊勢物語、百人一首、古今・万葉の義理をしる事、裁縫の事、績紡の事、機織る事、絵かき花むすぶ事、琴を弾ずる事、盤上の事、香をきく事、茶の湯する事、連歌俳諧する事、立花する事、綿摘み様しる事、髪結ひ様しる事、女の躾方をしる」と列挙している。

「芸事」「稽古事」は「女」の魅力を高め、縁談にそして奉公に有利だと信じられ、それ故に勧められた（その限りで、それは中国における纏足と類似する）。つまり女子教育は、男を喜ばす芸者教育の性質を帯びていた(12)。

手習いも、単に実用のためのみではなく、「女」の魅力を増す手段だった。『女重宝記』は、次のように率直である。

美しき手にて、文章面白く書たる文を見れば、その人を見ねども姿、心ばへまでやさしく、艶に思ひやらるゝものなり。其ために手習ひ給へといふにはあらねど、水茎の跡を見て、男の心をよせたるためし、むかしも多事なり。眉目形うつくしくても手の拙きは、人の心おとりせらるゝものなり。されば女中の芸の第一は手かく事なり。

美しい筆跡は「艶」だった。雅やかな和歌や物語の素養と連続するからである。『女重宝記』は、次のように念を押している。

女はことに歌を詠み習ひ給ふべし。眉目形悪しくとも、歌などよみ給ふと聞けば、やさしく艶にも思はるゝものなれば、其女は男も見限るまじきもの也。されば妹背の長き語ひとなるは歌なり。

そして、『女大学宝箱』等にも、『源氏物語』の紹介や「百人一首」が挿絵付きで収載されている。『源氏』も奔放な恋の物語である。その「百人一首」の多くは恋の歌である。嫁入り前の娘には危険なようだが、それらは「情け」「やさしさ」を象徴する。したがって、一見儒学的な『女大学』とも、その意図において、矛盾しないのである。

しかも、それらは王朝の雅びた宮廷女性を連想させ、身分社会に当然はびこるスノビズムをも満足させた。『本朝女鑑』(寛文元／一六六一年刊)、黒沢弘忠『本朝列女伝』(寛文八／一六六八年刊)、『女堪忍記大倭文』(正徳三／一七一三年刊)等は、小野小町・和泉式部・赤染衛門・清少納言・紫式部等の伝記を掲載している。彼女たちこそ「女」のモデルだった(彼女たちと、中国の『列女伝』の模範女性群との相違は大きい)。そして識字率の向上とともに、「世の婦女子、卑高となく百人一首と云を口ずさみ……」(『甲子夜話三編』巻五七)という指摘さえ現れた。「男」に儒学的教養が普及していく一方で、「女」は「情け」であるという通念とそれと結合した和歌的教養も浸透を続けたのである。

四 武士と色

徳川日本においては、男色（同性婚は公式には無かったから、当然、婚姻外の性である）は禁忌でなかった。「男」がバイ・セクシュアルであることはありふれていた。「男色」「女色」の優劣さえ公然と論じられた。殿のお相手であることによって武士が立身することもあった。美少年が「渡り小性」として、大名に転々と仕えることもあった。それは、男性同性愛に関する、近世ヨーロッパにおける人倫の根幹にかかわる罪悪であるかのような排撃や、中国における、事実上は相当盛行しつつもあくまで性別秩序を紊乱する重罪とみなす態度と、対照的である。[13][14]

「男色」は、（僧侶以外には）とりわけ武士のものと考えられた。それは、彼等が極度の「男」らしさを誇ったからである。

武士は、例えば暴漢に出会った時、怯えて逃げてはならない。しかし、「女」や町人・百姓なら、逃げても「恥」ではない。武士は、「女」と、十分には「男」でない他身分の「男」たちとを、強い真の「男」として威圧し、支配していた。したがって「男道」は、女性蔑視と表裏をなしていた。そして彼等からすれば、（イエ存続のために「女色」も必要ではあるものの）「女」との過剰な接触は「男」らしさを汚染する危険があった。まして「女」の意を迎えようと努めることは自分を貶めることだった。欧州の騎士と異なり、勇猛な武士が女性に跪いて求愛することなどありえない。そこで、「男らしく」、「男」同士で行こうということにもなったのである。「男色ハ武門の花といへハ。少しにてもひけになる[15][16]

ことあれバ。其座を去らず打はたすハ常の事。それが厭なら男色をやめて。臆病相応な女に鼻毛よまれたがまし」（『男色山路露』元文以降刊[17]）という感覚である。森鷗外も、少年愛の追求者を「硬派」と、「女色」の追求者を「軟派」と呼んでいる（『ヰタ・セクスアリス』）。軟弱でないからこそ「男色」に赴くのである。それ故、江戸から明治の「女嫌ひ」の語には賛歎が込められている。男らしい男は、（陥り易い誘惑である）「女」など相手にしない。それ故に、頻々と起きる恋の喧嘩と、主従関係と異なる連帯への警戒とから禁令が出されても、武士たちは容易にその性行動を改めなかったのである。

男色は、典型的には大人の武士と十代の少年武士との間に成立する（「若道」）。「念者」（思う者）は必ず「兄分」である。先ず年長者が「若衆」を見初め、恋文などを送って彼に求愛し、「若衆」はその「情け」に感じて「情け」を交わす（こうした手続きについては、例えば浮世草子『催情記』を参照）。これは武士の先輩・後輩の団結の一形式とも見える。しかも、しばしば指摘されるように[18]、「男色」関係は観念において武士の主従関係と重畳していた。小姓が時に殿の相手をしたというだけではない。武士の主従関係自体が、理想的には同性愛的だったからである。既述のように（第二章）、理想的な主従は往々恋人のように思い描かれ、『葉隠』に限らず、そこにはホモセクシュアルな夢想が絡んでいた。「男」同士で思い、思われ、そのために命を捨てることは、誇り高い「男」らしさの実証でこそあれ、否定ではなかった。

「男色」は武士の団結と武士的マチスモからする女性蔑視の象徴であり、武士の支配を「性」の構造から象徴的に裏打ちしていたのである。

五　禁裏と合体

既述のように（第十三章）「禁裏」は、当時、平安の「雅び」を保持した別世界と思い描かれていた。一方で「天照大神」とつながる神話的イメージをも持たれながら、同時に『源氏物語』『古今集』等の世界を今も保持する所として、それはあった。そのことが、素養としての和歌や物語の権威を、「武威」を誇る武家支配の世にあっても支えていた。

歌は公家のものであった（「和歌を学びて縦《たと》ひ上手に成りたりとも、公家の人々を超ゆる事なるまじ」太宰春台『独語』。「世ミナ思ヘラク、歌ハ堂上ニヨラデハカナハヌ事也」本居宣長『排蘆小船』）。そして「御所方」は「女」の華であった。女子用教訓書は「御所方」の豪奢に着飾った絵を好んで載せた。「都はなんとなく女の生まれ付き美麗しく…」（多田南嶺『世間母親容気』宝暦二／一七五二年刊）、「京都は別して王城の地ぢやさかい、男も女子のやうで、万事がやさがたに優ぢやわいの」（式亭三馬『柳髪新話浮世床初編』文化九／一八一二年）という考えもあった。将軍・大名が公家の娘を娶り、側室に京女を好んだのも、このような意識と関連しよう（その結果、「奥」には京都趣味が浸透し、それがその意識をさらに強めた）。

ところで、「御所方」がやさしい「情け」の象徴であるならば、遊女と同じではないか。その通りである。どうやら両者のイメージは融合したようである。『女重宝記』は、「町方の女中は、文章は御所方を学び、文面手の風は京の傾城風を習ひ給ふべし。……恐れがましけれど、むかしの光明皇后、中将姫も爪を銜へ給ふべきは傾城の手」と教えている。「御所方」と「傾城」が並んで模範となっているのである。実際、元禄一二年には、京・大坂・江戸の遊女の自筆書簡集が刊行され（『五太力菩薩手鑑』）、遊女の筆跡の巻物などの賞玩は、徳川の世の末まで行われた(19)。そして「傾城は打見には公家方の御息女めきて…世の事知らぬ顔つき」をした（江島其磧『風流曲三味線』）。彼女たちの名は『源氏』の登場人物のそれを意図的に連想させた（「源氏名」）。いささか野暮ったい武家の御殿内には、趣味の先導者たるポンパドゥール夫人はいなかった。二つの囲われた地に幻想の女性モデルがいたのである。

時に「男」たちも、その世界を憧憬した。柳沢淇園は、「女郎」を賛美して次のように述べている（『ひとりね』）。

…風雅に無きものは、このなさけをしらず。風雅なる人はころりころりとなること、色といふくせもの…

年若くさかりにて、「書など読ならはぬは聖の教へに背く」などいふはさら也。ことのふいやしく見ゆるのみか、心もいとゞしく、もののあはれをわきまへなく、物ごとふつゝかに有なん。……誠にもののなさけをしりぬるこゝろからは、好色にめづる事はにくからぬ事ぞかし。

遊女遊びは、「風雅」「もののあはれ」と彼において一つだった。そして、「古しへより恋する人は心やさしく物のあはれをもしりなさけもふかしといひつたへ…」と言われ（『江戸名所記』）、「うたは和国の風俗、教誡のはじめといへば、よろづのもの丶あはれもなさけも、このみちならではよくしりがたし」（『女郎花物語』）、「女の才智は、用ひ難きに似たりと雖も…古歌一首をも覚えたらんは、物の哀れを思ひ知る便ともなるべし」（『本朝女鑑』）等とも説かれた。つまり、「情け」と「物のあはれ」を「知る」

ことは、(本居宣長の説であるだけでなく) 特に「女」の務めであり、「悪所」の道徳であり、しかも「禁裏」の文化でもあったのである。

それ故、「和歌を好む人」には「延喜天暦の古を慕ひて、武家をさみするの気習あり」という指摘もあった(大田錦城『梧窓漫筆』)。将軍・大名が生まれ、育てられる「奥」は、京都と禁裏への憧憬の培養器であった。その意味で女子教育の普及は武家にとって危険だった。禁裏と遊郭はともに美の魅力を有し、空間的には封じ込まれながら、人々の想像力を刺戟し続けた。

一方、「泰平」の持続の内に武士のマチスモも軟化し、誇り高い「男色」も衰弱し、表裏して「女色」に溺れる軟弱さがしきりに嘆かれた[20](戦国武士の気風を強く残しているとされた薩摩等では、「若道」がなお盛んだったことは象徴的である)。しかも、武士は(その経済的困窮も理由となって)吉原では野暮ったさを嘲笑されるようになり(「吉原で武道勝利を得ざること」『誹風柳多留』十一編)、次のように歎かれるようになった。

近年の若武士、他行などするにも二本棒はやぼらしきなどとて、出入の町人の所へあづけるもあり、又は一刀帯るもあり、かごを出たる鳥の心に成て、浄瑠璃小廠《こや》にて町人と見らるるを自喜するもの多し。さりとは浅間しきことなり。諧語の付合とやらに、人は武士なぜ傾城にいやがられと云句あり。これ故にこそ、今の若武士の町人めきたがるなるべし。(井上金峨『病間長語』天明頃成)

昔は町人の娘はとかく武士の妻になる事を好みけるゆゑ、御制禁にもなりたる程なるが、今は武家の妻女になる事などは風上にも嫌ひ、また昔は武家の風体を羨み、武家の風体を見習ひたるが、今

は己れが花麗に余りて、武家の風儀は不風流なりとて忌み嫌ひ…（武陽隠士『世事見聞録』文化一三／一八一六年序）

武士には「武」を輝かす機会もなく、金もない。そして、もはや怖れもされず、憧れもされない。要するにもてない。したがって誇りも持てない。社会的威信が薄れたのである。「御威光」の支配の根底の衰弱であった。

その時、武家の政府は、みずから、禁裏からの大政委任という論理で自己の正統性を主張し始めた（天明八年、若き将軍家斉に老中、松平定信が「六十余州は禁廷より御預り被遊候御事」と説くに至る。「御心得之箇条」）[21]。「武」が「雅び」の傘の下ににじり寄ったのである。公儀の禁裏の権威への依存は次第に深まり、やがて「公武合体」の象徴として、将軍と「御所方」中の「御所方」である皇妹との結婚が初めて実現した。それは武家が禁裏を強引に抱擁し、「公武」が「合体」することによって生き延びを図るしかなくなったことの告白だった。武家の支配の終焉は、その時、もう間近だった。「性」の秩序にも大きな転換の時が近付いていたのである。

（1）　カール・ピーター・ツュンベリー Carl Peter Thunberg『江戸参府随行記』（平凡社、一九九四年）八一頁。
（2）　守屋毅『元禄文化：遊芸・悪所・芝居』（弘文堂、一九八七年）八三―八六頁。

(3) ハインリヒ・シュリーマン Heinrich Schliemann『シュリーマン旅行記：清国・日本』（講談社、一九九八年）一四五頁。

(4) タイモン・スクリーチ Timon Screech『春画：片手で読む江戸の絵』（講談社、一九九八年）七頁。

(5) 『世事見聞録』には、不義密通を「稀に訴へ出でたるも、実夫密夫ともに決断所において様々嘲弄に逢ふまでにて、黒白分明の裁断なきこと故、たとひ身上に及ぶ程の事ありとても、訴へ出でざるなり」とある。また、妻鹿淳子『犯科帳のなかの女たち：岡山藩の記録から』（平凡社、一九九五年）、氏家幹人『不義密通：禁じられた恋の江戸』（講談社、一九九六年、二一八頁）、参照。

(6) Matthew H. Sommer, *Sex, Law, and Society in Late Imperial China*, Stanford University Press, 2000, p. 69.

(7) 立川昭二『江戸　老いの文化』（筑摩書房、一九九六年）七二頁、所引。

(8) 高木侃『三くだり半：江戸の離婚と女性たち』（平凡社、一九八七年）一〇二頁。同『三くだり半と縁切寺：江戸の離婚を読みなおす』（講談社、一九九二年）一〇九頁。

(9) 高木侃、前掲『三くだり半』二九頁。ちなみに、厚生労働省大臣官房統計情報部（編）『平成二一年　我が国の人口動態　平成一九年までの動向』（厚生統計協会、二〇〇九年）三六頁の「離婚率の年次推移　諸外国との比較　一九四七年−二〇〇七年」によれば、人口一〇〇〇人あたりの離婚率（二〇〇七年もしくは二〇〇六年の統計）は、アメリカ合衆国三・六、フランス二・三、ドイツ二・三、日本二・〇二である。

(10) 脇田修「幕藩体制と女性」（女性史総合研究会編『日本女性史　第三巻　近世』東京大学出版会、一九八二年）二三−二八頁。浅倉有子「武家女性の婚姻に関する統計的研究・試論：『寛政重修諸家譜』を素材として」（近世女性史研究会編『江戸時代の女性たち』吉川弘文館、一九九〇年）四九−七四頁。

(11)　ジャック・ル・ゴフ Jacques Le Goff 編『中世の人間：ヨーロッパ人の精神構造と創造力』（法政大学出版局、一九九九年）三三九頁。

(12)　ジェーン・オースティン（一七七五／安永四年——一八一七／文化一四年）の小説の読者なら誰でも知っているように、十九世紀初めのイングランドにおいても、ピアノを弾き、歌を歌い、絵の描けることは、上流階級の女性の魅力にとって重要だった。しかし、徳川日本における女性の「芸」への要求はそれ以上に広範で、しかも身分的限定が少ないように思われる。

(13)　呉存存『明清社会性愛風気』（人民文学出版社、二〇〇〇年）第4章「明清社会男性同性恋風気」。

(14)　Bret Hinsch, *Passions of the Cut Sleeve: The Male Homosexual Tradition in China*, University of California Press, 1990. Sommer, *op. cit.*

(15)　氏家幹人『江戸の性風俗：笑いと情死のエロス』（講談社、一九九八年）一四二―一四三頁も、この点に触れている。

(16)　それは女性同士の愛が、「男っぽいイメージ」ではなく、「究極の女らしさ」として思い描かれる場合（リリアン・フェダマン Lillian Faderman『レスビアンの歴史』筑摩書房、一九九六年、六五頁）と対称をなす。「清らかで繊細な乙女たち」の親密な共同体には、むくつけき男共は邪魔であろう。

(17)　町人ではあるが、江島其磧『世間子息気質』の力自慢で相撲好きの男は、「女と枕を交しては、男盛りに力が落ちて相撲が取られぬ、愛宕白山身が燃えても女は厭」と言い放っている。

(18)　Gary P. Leupp, *Male Colors: The Construction of Homosexuality in Tokugawa Japan*, University of California Press, 1995, pp. 49, 203. 氏家幹人『武士道とエロス』（講談社、一九九五年）、同、前掲『江戸の性風俗』一三八―一四一頁。

(19)　三田村鳶魚『江戸の花街（鳶魚江戸文庫一三）』（中央公論社、一九九七年）二六六頁。中野節子『考える女たち：仮名草子から「女大学」』（大空社、一九九七年）九九－一〇〇頁。

(20)　「国の初の昔より、大名には児小姓五人十人あらざるはなく、旗本にもやゝありしが、いつとなくやみて、有べきものとも思はず、女色のはびこるゆへにこそ」（松崎堯臣『窓のすさみ』享保九年序）。また、Leupp, *op. cit.*, pp. 77, 167. 氏家、前掲『武士道とエロス』一六六－一七九頁。

(21)　参照、藤田覚『近世政治史と天皇』（吉川弘文館、一九九九年）第三章。

参考文献

氏家幹人『江戸の性風俗：笑いと情死のエロス』（講談社、一九九八年）

桜井由幾・菅野則子・長野ひろ子『ジェンダーで読み解く江戸時代』（三省堂、二〇〇一年）

関口すみ子『御一新とジェンダー：荻生徂徠から教育勅語まで』（東京大学出版会、二〇〇五年）

第十七章　「西洋」とは何か
——構造と変化

一　唐人と異人

徳川日本の人々が「唐人」という時、往々朝鮮国・琉球国の人も含めている。さらに、オランダ人まで時にそう呼ぶ（池田定常『思ひ出草』「唐人と称する事」、天保三／一八三二年）。外国として中国が意識の中心にあったことの徴である。それが、十八世紀末頃から徐々に、やがて激しく変化する。無数に書かれた海防論（その多くは、愚劣な戦術論である）は、清国でも朝鮮国でもなく、西洋が対敵である。「開港」「開国」は、外国一般に開くことではなく、西洋諸国に開くことである。「異人」とは、（戦後の「外人さん」と同じく）主に西洋人である。「他者」の中心が大きく西に動いたのである。それは、「日本」自身の激変と関連している。

では、明治になって西洋から本格的に学び始める以前、その西洋をどう理解し、解釈していたのだろうか。

二 切支丹

徳川日本において「西洋」といえば、まずはキリスト教である。それは、少なくとも十九世紀までの西洋人の自己意識とも一致している。そこには、既述のような教理自体の危険性への恐れに加え（第三章一、第八章五）、布教は侵略の手段だという疑いがあった。まず布教して国内に味方を作り、その上で軍事征服するという、いわゆる間接侵略への警戒である。それが「鎖国」の重要な動機となり、逆に「鎖国」が切支丹としての西洋イメージの持続装置となった（そして「神国」論浮上の一因にもなった）。「きりしたん宗門」の教理には無知でも、その「御制禁」・宗門改め・踏み絵等によって、どす黒い陰謀をめぐらす「邪宗門」の西洋イメージが喚起され続けた。「鎖国」の日本は西洋を忘却したのではなく、見えないそれと対峙し続けたのである。

やがて、天竺までも西洋の支配に入ったことが判明する。弘化元年（一八四四）刊の箕作省吾『新製輿地全図』は、世界の各植民地の本国がどこであるかを記載するに至る[1]。その過程で、間接侵略論も再燃した。西洋人を「夷狄」と罵り、「攘夷」を当然とした人々は、切支丹としての西洋への根深い恐怖に駆られていたのである。典型的には、水戸学においてである。水戸学は水戸徳川家に仕える武士兼儒者たちが、現状への不満と対西洋危機感に駆られ、宣長からも学びつつ「皇国」意識を強調し、士気の高揚と政治的統合のひきしめをはかった思想運動である。その指導者の一人、会沢正志斎は、「西夷の跋扈」は、「智勇」「仁恩」「礼楽刑政」等に優れているからではなく、ただ「耶蘇教」によるのだと主張した（『新論』文政八／一八二五年）。その教えは「邪僻浅陋」だが、それ故に、「愚民」をたぶらかしやすい。その上で、彼等の歓迎を受けつつ攻め込む。「其の国を併はせ、地を略するは、皆な此の術に由らざるはなき也」。そこで会沢たち水戸学者は、この「術」としての「教」の脅威に対しては天皇を対置して人心統一を図り、軍事的脅威に対しては、西洋の武器をも採り入れて対抗しようと呼びかけたのである。特に天保の頃以来、その影響は全国に及んだ。

ところで、西洋は、現に自ら「耶蘇教」を奉じて栄えている。本居宣長も、「きりしたんの国にては、その法を以てその国を治ること、漢国にて、漢国の道を以て治むるも同じことなり」（『答問録』）と指摘している。だとすれば、「耶蘇教」は、対外侵略のみならず、国内統治においても優れた「術」なのではないだろうか。(2)

実際、宣長の孫弟子、中島広足（寛政四／一七九二年―文久四／一八六四年）は、そう率直に認めた。彼によれば、そもそも「すべて、道の本意は、其国の人民をなづけ、導く術」、「すべて、道の本意は、天下士民の心を、正直にして、たゞひたすらに我に靡き随ひ、一大事の時、我為に死するを、栄とするやうにあらしめんとの事」である。「天竺は天竺、阿蘭陀は阿蘭陀、魯細亜は魯細亜、其外、万国皆、それぞれの道ありて、国は治まれるものゝ」であり、「西洋の諸国とても、窮理学の外に、各其国民をなづけみちびく道別に有て、それ即国民の心を一致せしむる術」である。「皇国」の道も同じである。「まさかの時に、誠心より命をすてゝ皇国の為に忠を尽し、天下の為に打死」させるためなのである。

したがって、「皇国の道」がいかに荒唐無稽に見えようとも、「本居の説などを、もし蘭文に書て蘭人などに見せたらば、さぞさぞわらふべきなり」などと恥じる必要はない。「外国人とても、心あるものは、なるほど此道を以て、日本は日本流義に、民心をなづけかためて、おだしく国を治むる規格、尤なる事也」と思うであろうから。

永く長崎に住んだ広足は、さらにこう解説している。

西洋国とても、人民おしなべて窮理学するにはあらず。下民は、いづ方も同じく、学問なき愚民ばかり也（マダロスなどを見てもしるべし）。其愚民、即国の根本にて、天下にみちみちたるものなれば、その民心を動かぬやうに一致せしむるが、教法といふもの也。民は小児の如きものなれば、よくよくだまし、懐くるにしかず。其懐くる法は、道理づめの窮理にてはゆかず。たゞかの地獄・極楽やらの婦女子だましの手ならでは、愚民の心にはわからぬもの也。（今吾国の民心の、仏法にだまされ居るにても、知るべし）然れば、彼西洋国のをさなき教方も、其愚民の心を一致せしむる術にて、其祖たるもの、深く考へて、民はだましの手にしかぬ事をおもひて造り立し教法なるべし。さてそれを、だましの手と民のしりては、だまされぬゆゑ、其法を教ふるものも其法を堅く行ひまもりて正実の事になして、教へ導く也。（『童子問答』。括弧内も広足）

「だまし」の「術」としてのキリスト教に、彼はほとんど好意的である。後述するように（第二十章）、このような理解が、明治になって重大な帰結を生むのである。

三　窮理

切支丹に加え、十八世紀後半以降、「窮理」が「西洋」観の重要な構成要素となる。

第一に、器具の魅力があった。蘭学者、杉田玄白は、有名な『蘭東事始』（文化一二／一八一五年）で、明和（一七六四年—一七七二年）の頃は「世の中甚だ華美繁花の最中」で、オランダ渡りの、（現代語でいえば）晴雨計・湿度計・ライデン瓶・幻灯機・時計・望遠鏡・ガラス細工等の愛好が広まったと指摘している。「人々その奇巧に甚だ心を動かし、その窮理の微妙なるに感服し」たという。さらに例えば平賀源内は、「エレキテル」すなわち摩擦発電機を入手して、人々に見せた。司馬江漢は「和蘭茶臼」（コーヒー豆挽き）や「覗眼鏡」を制作した。彼は顕微鏡も入手し、それで見たノミの絵なども描いている。

これらは、どれも産業革命につながる技術では未だない。摩擦発電機は、ただパチパチとして面白いだけである。ノミの拡大図は気味悪く可笑しいだけである。これらは、実用性は無いが、素晴らしく好奇心をそそるからくりだったのである。当然、商売として、「和蘭ノ術、我邦ニテ其奇巧ヲ慕ヒ、其制作ニ効《なら》ヒテ、擬製スル物少ナカラズ」（大槻玄沢『蘭学階梯』天明八／一七八八年刊）ということになった。

第二に、絵画の魅力があった。画像の理解には、言語ほどの修練は要しない。しかも写真・映画・テレビは未だ無い。そこで絵画が異境への窓口になったのである。輸入書の中の小さな銅板画も、その細密な描写は驚異であり、その遠近法（「浮絵」と呼ばれた）は新鮮だった。西洋画の技法を採り入れる

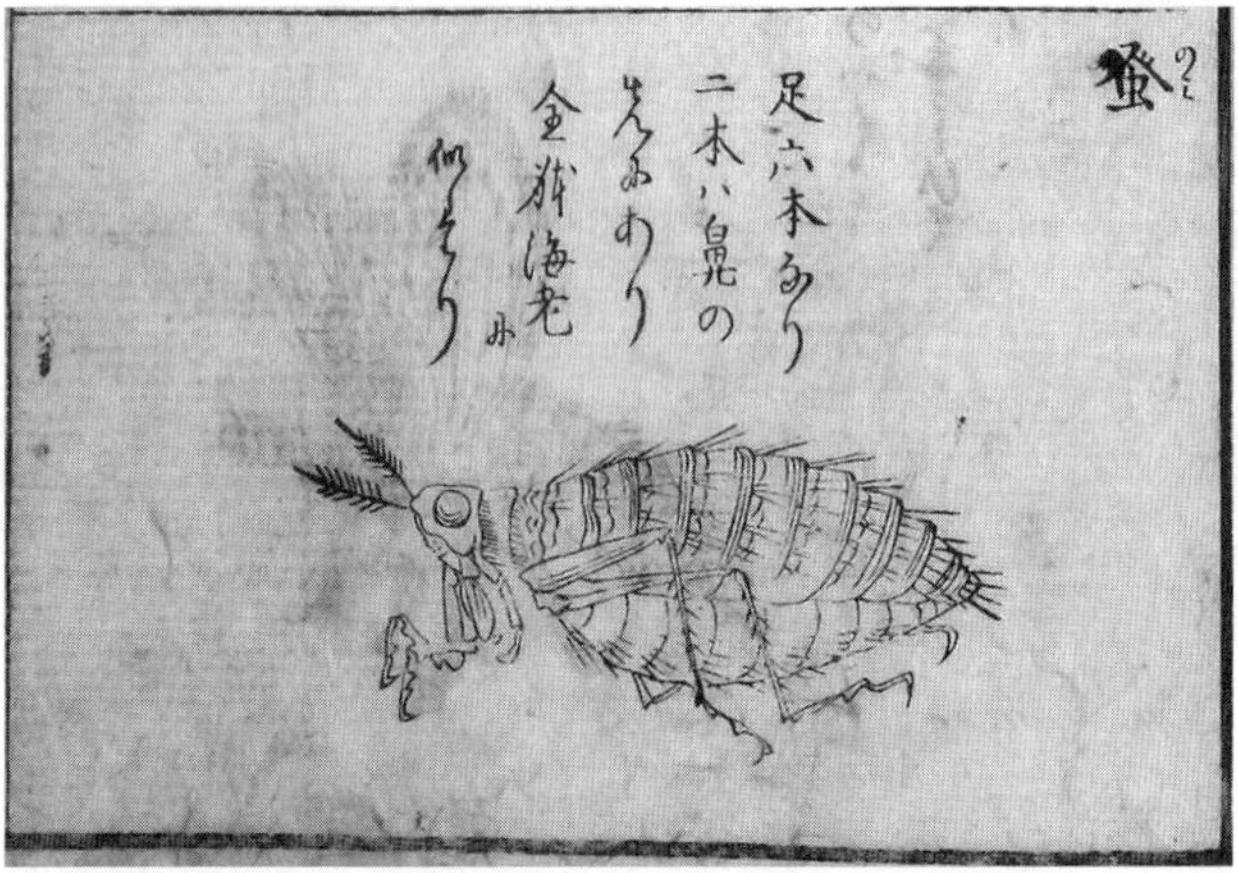

森島中良『紅毛雑話』（天明 7 年序）の挿絵．顕微鏡で見たノミの絵の模写である．早稲田大学図書館蔵．

画家も次々に現れ、浮世絵師も、時には遠近法を用いた。

さらに、絵画は、言語への好奇心・探求心をも刺戟した。杉田玄白が典型である。医者だった彼は、阿蘭陀通詞からオランダの医学書を見せてもらった時のことを、こう回顧している。

> これを披《ひら》き見るに、その書説は一字一行も読むこと能はざれども、その諸図を見るに、和漢の書とはその趣き大いに異にして、図の精妙なるを見ても心地開くべき趣きもあり。（『蘭東事始』）

そして、明和八年（一七七一）、オランダの解剖書の図を見、「これ必ず実験して（実際に確かめて）図説したるものと知り、何となく甚だ懇望に思」い、腑分けを見てその正確さを確かめ、前野良沢等と、オランダ語学習とその書の（当時の医学書の常識に従って漢文への）翻訳を始めたのである（『解体新書』安永三／一七七四年刊）。

このように西洋は、まずはひたすら好奇心をそそる精妙な奇巧と細密な絵画の国々だった。(3)

大槻玄沢による蘭学入門書『蘭学階梯』の第四章は「精詳」と題されている。「凡テ彼方ノ国俗、人ノ知巧ノ及ブ所ハ、心ヲ潜メ、力ヲ竭シテ、千緒万端、其理ノ奥妙ヲ究メザルコトナシ」であり、医・天文・地理等、「其法、其説、精詳・簡便・微妙ノ要論アルコト少カラズ」。また、「其ノ諸説ハ姑ク舎キ、其図状ヲ写ス物ヲ見ルニ」「必虚シク設ケテ、空シク説カズ」。また、「制作ノ器械《トウグ》」が、「一トシテ奇想ヲ生ゼザルハナシ」。

是レ、其ノ土俗ノ機智・精巧、固ヨリ他ニ勝レルノ然ルノミナラズ、皆万邦ノ美ヲ聚メタルナリ。

彼は西洋がより進歩し、文明の先の段階に進んでいると言っているのではない。そのような歴史観は未だ無い。ただ、西洋は、何故か、世界中から情報を集め、詳しく調べ、その理を窮め、巧みを尽くす「国俗」なのである。(4)そしてその営為を、『易経』(説卦伝)と朱子学でいう「窮理」だと理解したのである。当時、「学問」とは普通儒学を指し、「科学」という概念は存在しない。西洋人のしていることを形容するには、確かに「窮理」というほかはなかったであろう(既述のように、現代でも「理科」「理学部」「物理学」「生理学」「心理学」等の語のある遠因である)。そして、「窮理」であるならば、その学習は崇高な任務でありえた。人体構造を理解しても、杉田玄白が特に専門とした梅毒の治療には役立たなかっただろうが、朱子学では「理」の探求こそ「学問」だったからである。

蘭学者たちは、こうして儒学的意識を持ちつつ、直接に学ぶ相手を「中華」から西洋に切り換えた。

したがって彼等はもう大陸を「中華」すなわち世界の中心とは呼べなかった。そして、その呼称自体をオランダ語から採り入れた。「支那」である。

「支那」は、元来、インドから中国を呼んだ名の音訳であり、仏教者などが用いていた語である。一方、オランダ語 China の発音は、「シーナ」である。このオランダ語に改めて「支那」の字を充てて、意識的に呼び始めたのである（前野良沢『管蠡秘言』安永六／一七七七年序・大槻玄沢『蘭学階梯』）。ちなみに、あの新井白石も、西洋人の世界認識を紹介した『采覧異言』で、同様に「支那」を用いている。「支那」は、西洋人の目を通して西方の大国を眺め直し、「中華」ではなく単なる「万国」の一つとみなすという意志の表明である。「支那」は、その後通用を広め、二十世紀半ばまで一般的に用いられた。それは、同時期に用いられた「皇国」という尊大な自称と対をなした。この二つの語は、「日本人」とその意識における世界地図との変化の、鮮やかな象徴である。

やがてこのような西洋の「窮理」への賛嘆が、軍事的優越への（小国にして海国としての）畏怖に結びつき、西洋の軍事技術習得への強い衝迫を生んだ。

例えば、信州松代の大名の家来、朱子学者佐久間象山は、ペリー来航以前の嘉永二年（一八四九）、主君への上書で、「西洋諸国学術を精研し、国力を強盛にし、頻に勢いを得候て、周公孔子の国迄も是が為に打掠められ候事、抑《そもそも》何の故と被思召候《おぼしめされそうろう》や」と問いかけた。この問いへの会沢正志斎『新論』の答えは「耶蘇教」だった。象山の答えは異なる。「畢竟彼の学ぶ所は其要を得、是の学ぶ所は其要を得ず。高遠空疎の談に溺れ、訓詁考証の末に流れ候て…一体万物の窮理其実を失ひ候国風」だからである。アヘン戦争の衝撃の下、朱子学の国では「窮理」が西洋のように正しく行われていないからだと指摘したのである。そして彼は、オランダ語辞書の刊行を主君に勧めた（「ハルマ出版に関する藩主宛上書」）。また、例えば高野長英は、『三兵《さんぺい》答古知幾《タクチキ》』二七巻を翻訳した（嘉永三／一八五〇年訳了。安政三／一八五六年刊）。歩兵・騎兵・砲兵の欧州最新の戦術書の翻訳である。

さらに、文久二年（一八六二）、長州の武士、高杉晋作（当時二四歳）は、長崎から上海に航海し、その地の文人と漢文で筆談した。その記録（『遊清五録』）によれば、その文人が、朱子学の窮理は修身のためだが西洋のいわゆる窮理は「術数」にすぎない、と述べたのに対し、高杉はこう反論した。（『大学』にいう）「正心誠意」の工夫のみならず、「航海砲術器械等」の「至理」をも「研窮」しなければ天下を治めることはできない。そうでないと「聖人の言」を唱えていても「夷狄」の「奴僕」になってしまう。

かつては単に好奇心を満足させていた西洋の「窮理」が国の存続に関わることだと、長州の気鋭の武士も述べるに至ったのである。

四　三代

（一）　学

儒学の「道」は、修身と治国の「道」である。だとすれば、現にその国々が豊かに繁栄しているならば、それは、教えが行き届き、「道」が正しく行われていることを意味するのではないだろうか。実際、大名、池田定常は、「喎蘭《オランダ》の学を嗜むものは西洋の風を慕ひ、測量、暦法、医書等のあなる事、唐山《カラ》にまさりたりと心得るより、その俗まで美也とおもふ」と苦々しげに書いている（『思ひ出草』天保三／一八三二年）。

実際にそう思うようになった実例が、渡辺崋山（寛政五／一七九三年―天保一二／一八四一年）である。彼は、小大名の江戸詰の家老のイエに生まれ、生涯仕えた。しかし家は貧しく、内職として画を描いた。崋山は画家としての号である。彼は閉塞感を持って生きながら、西洋に強い関心を持った。そして、彼なりに西洋を調べて『西洋事情書』『外国事情書』を書いた（いずれも天保一〇／一八三九年）。

崋山によれば、現在「五大洲之内、亜細亜之外は、洋人之領地と相成候」という状況にある。それは、無論「耶蘇教」によるのではない。単に軍事的「窮理」でもない。精神態度が異なるのである。

抑《そもそも》西洋の可懼《おそるべき》は、雷を聞て耳を塞ぎ、電を忌て目を塞ぎ候事を第一の悪と仕候。唯万物計《ばかり》究理仕候には無之、万事議論、皆究理を専務と仕候。

西洋は果断之処有之、皆窮理より来候。それ故、諸国政之改正、度々にて、近来英吉利斯、商法（商業の意味。商業に関する法律の意味ではない）俄に大変仕候よし（産業革命のことであろう）。窮理と申せば、物計《ばかり》之様に心得候得共、事理を窮《きわめ》候事、尤精敷《くはしき》事に御座候よし。

西洋人はあらゆる「事理」を窮める。そして「窮理」は人を勇敢にする（言外に日本が比較されている）。しかも、「西洋諸国は小国といえども、規模広大」であって、窮理の結果を「秘蔵」することを賤しみ、「ナチュール」すなわち「天意にそむく」という。

しかも、西洋では、「天子」「国王」は一つの「役」のようであって「身を治め、人を治るを第一の任」とし、「開士造士を専と」し、「学校之盛なる事、我邦・唐山の及ぶ所」ではない。つまり、統治の様は日本・清国よりも儒学的な理想状態に近いのである。

この印象は、一面で、昌平黌で学び、老中水野忠邦に仕えた儒者、塩谷宕陰（文化六／一八〇九年―慶応三／一八六七年）の印象でもあった。

今、洋夷の数術を観るに漢唐に踰ゆるもの有り。而して学制の精詳は宋明の及ぶあたはざるもの有り。其れ殆んど先王小学の意に得るもの有るか。（『宕陰存稿』補遺「六藝論」五）

薩英戦争後の交渉にあたった薩摩の武士、伊地治正治の印象でもあった（文久三年十一月、『続再夢紀事』）。

今の所謂西洋夷ハ土地の広大漢土に倍し、治乱の制度教育の道、是を漢土に仰《あおぐ》ニ非ず。別に全備之一世界を彼《かの》西洋より開き四海を横行 仕《つかまつる》 者に御座候。

このような理想化した西洋観の浸透の一因は、おそらく、イエズス会宣教師、ジュリオ・アレーニ(Giulio Aleni, 中国名は艾儒略。一五八二年―一六四九年）の漢文による世界地理書『職方外紀』にある。同書を、崋山・宕陰とも読んでいる。それは、明国で宣教師が書いた以上、当然、儒学的知識人の好感を得るように欧州を記述していた。例えば、こうである。

欧邏巴諸国は皆な文学を尚ぶ。国王は広く学校を設け、一国一郡に大学中学有り、一邑一郷に小学有り。小学は学行の士を選びて師と為し、中学大学もまた学の最優の士を選びて師と為す。生徒は多く数万人に至る。

朱熹が『大学章句』序に描いた中華古えの学校制度さながらである。

さらに日本には科挙もなく、藩校などが増加中ではあったものの、誰もが思うように学問できる状況ではなかったことが、おそらく西洋の理想化を強めた。例えば渡辺崋山は、一二歳の時に同年くらいの大名の行列の供に殴られて、「発憤」したという。そして、「儒者」になろうとしたが、貧困のために「とても学問などゝ申、儒者に相成候とて、金のとれ候義は無之、いづれにも貧を救ふ道第一也」と、画を学び始めた。しかし、授業料が払えず、その先生からも破門されたことがあった（『退役願書之稿』天保九／一八三八年）。

そういう彼が、『職方外紀』を読んだのである。さらに同年三月、彼は江戸に来たオランダ商館長と、通詞を介して対話する機会を得た。彼によるその問答の記録（『鴃舌或問』）によれば、オランダでは、誰でも五、六歳になれば「義学・郷学」に入れ、その「天賦」を査定し、優れた思いつきのある者には審査の上で「官府」から「学資」を出すという。

是を以て実学盛に行はれ、向学のもの日々に多く、日烘雨淋、天の物を生ずるが如くなれば、志あるものゝ生活に事欠くなどゝ申義はこれなく候。

オランダでは「志」のある者は、生活に苦しむことなく学問ができる。それ故に、国が栄えている。

崋山がこのメモの筆を走らせた時の気持ちを想像したい。この僅か一五年後、ペリー提督の率いる四隻の軍艦が江戸湾に姿を現すのである。

（二）仁

西洋人は人を重んずる、つまりは「仁」である。これも、早くから「西洋」観の一面となる。その一因は、やはり『職方外紀』にある。その欧州の章には、次のような記述がある。

其の人を愛すること己の如し。…故に欧邏巴人は倶に施捨を喜び、千余年来、未だ貧に因りて子女を鬻《ひさ》ぐ者有らず、未だ饑餓して溝壑に転ずる者有らず、

「愛人如己」とは、キリスト教の教えの記述だが、儒学の教えと合致している（ように見える）。そして欧州には、娘を遊廓に売ったり、惨めに餓死する人はいないという。天明・天保の飢饉の経験者の心を刺す記述である。しかも『職方外紀』によれば、欧州には至る所に「貧院」があって「鰥寡孤独《かんかこどく》」（男やもめ・女やもめ・老いて子の無い者・幼くして親の無い者）を養う。また「幼院」もあって、貧者の子供を育てる。さらに、「病院」もある。つまり「仁」が単なる治者の心構えではなく、制度化されている。これまた儒学的教養人の心を打つ記述である。

そして蘭学者はそれらの実在を確かめ、記した。例えば、森島中良『紅毛雑話』（天明七／一七八七年刊）は、「貧院」「幼院」「病院」が、「明人」（「艾儒略」という署名故に、アレーニを明国人と考えたのであろう）のいう通り実在することを記している。また、桂川甫周は、ロシアから帰還した漂流者、大

黒屋光太夫からの聞き書き、『北槎聞略』(寛政六／一七九四年成)において、ロシアの「病院(ようじょうしよ)」を詳しく紹介している。そして、「是《これ》欧羅巴洲、人を愛する風俗の然らしむる処なりといふ」と注している。

欧州では、中国・日本以上に、「人を愛する」のである。

「窮理」が精密で、奇巧に優れているならば、賢いということである。しかし、「仁」でもあるならば、西洋人は賢いだけでなく善いことになる。日本人・中国人よりも、賢くて善であるとすれば、彼等はいったい何者なのだろうか。

徳川の世の末に、福沢諭吉は、二〇万乃至二五万部という大ベストセラーとなった『西洋事情』初編を刊行する(慶応二／一八六六年)。その冒頭、福沢は、「欧羅巴政学家の説に、凡そ文明の政治と称するものには六ヶ条の要訣ありと云へり」と述べている。「文明」は、civilization の訳語だが、元来、「道」が行われて郁郁乎として「文」なる様をいう儒学の用語である。そしてその第六条は、「人民飢寒の患なからしむること。即ち病院貧院等を設て貧民を救ふを云ふ」である。それらが無ければ、文明の政治とはいえないのである。そして、福沢はこの『西洋事情』において、蒸気機関などと並んで、病院・貧院・唖院・盲院・癲院・痴児院を紹介している。一方、極く小規模の小石川養生所以外、これらに類する施設は、日本には無かった。

さらに、この『西洋事情』刊行の翌年、アメリカに密航してマサチューセッツ州アンドーヴァーに滞在していた武士が、父に長い手紙を書いている。上野国安中の家中の長男、新島七五三太《しめた》、後の新島襄である。彼はこう記した（括弧内も新島）。

かつこのアンドワは高名なる邑にして聖学校、大学校（小子罷りあり候）、自由学校（この学校は一文も取り申さず候ゆえ、いかなる貧乏人も入門いたし学問修行いたし候ゆえ、この国には目あき目くら、すなわち読み書きのできぬものは一切ござなく候）、婦人学校、その外種々の邑学校、貧院、病院等これ有り（これは邑の人々金を出し薬、衣服、食物等を求め、乞者のごとき者をやしない置くなり。ああ、仁政の支那日本に勝れる事ここにおいて見るべし）。

また、広島の大名に仕える医者の息子、邨田枢（文夫）は、元治元年（一八六四）にイギリスに密航し、明治元年に帰国する。そして翌年、『西洋事情』についで西洋紹介書としてよく読まれた『西洋聞見録』を刊行する。その序には、西洋の「倫理の正しき、習俗の厚き、往々支那に卓越す」と記されている。「支那」と言っているが、無論日本を含意する。こうして、西洋を実体験した人々までが、普遍的な「道」の実践において、確かに西洋の方が勝っていると考え、言明するに至ったのである。

しかも問題はさらに政治制度に及んだ。

（三）公

「公」という漢字の意味は、既述のように（第三章、第六章）、日本語の「おほやけ」（「公儀」などと漢字で書いても、それは「おほやけ」の意味である）とも、英語の public とも異なる。そして、朱子学などで強調される「公」は、強い倫理性を帯びている。「私利」を超越した、万人に共通する「天理」の立場を指す。それ故、天子は「公」を心掛けるだけでなく、その判断を「公」なる手続きにかけるべきだという議論も、登場した。例えば黄宗羲（一六一〇年―一六九五年）が、天子の「是非」の判断も（賢人を集めた）「学校」において「公」にすべきだと述べたことは有名である（『明夷待訪録』）。

それ故、清朝中国の知識人たちも、西洋諸国の近代の政治制度を知ったとき、往々極めて高い評価を与えた（西洋人が、儒学的に高く評価されやすいように説明したという事情もあっただろう）。

例えば魏源の『海国図志』（道光二二／一八四二年）（その改訂版は直ちに日本に輸入され、復刻版が刊行された。嘉永七／一八五四年。ペリー来航の翌年である）によれば、「英吉利国」では、国に「大事」があれば「王及び官・民」がともに「巴厘酓門」parliament で「公議して乃ち行ふ」。また「彌利堅国」（米国）は、二七の「部」に分かれており、そこから「一大酋」を「公挙」する。しかも世襲せず、四年で交替する。「公と謂はざる可けんや」。「事を議し、訟を聴くに」も「衆、可とすればこれを可とし、衆、否とすればこれを否と」し、その議に預かる人も「公挙」する。「周と謂はざる可けんや」。

さらに、徐継畬『瀛環志略』（道光三〇／一八五〇年刊。日本での出版は、文久元／一八六一年）は、英国には「爵房」（貴族院）と「郷紳房」（庶民院）からなる「公会所」があり、「国」の「大事」は「爵房」に「衆を聚めて公議」し、さらに「郷紳大衆」が「允諾」して後に行う、と説明している。また、同書によれば、米国では「華盛頓」（ワシントン）が大統領の世襲を「私」として否定し、「有徳者」がその任につくべきだと主張して「推挙之法」を始めた。したがってこの国に「王侯の号」「世及の規」はなく、「賢士」が選ばれて「大政」を決する「公会」がある。「公器」を「公論に付す」仕組みである。

これらは、堯・舜の禅譲が全面的に制度化されたと受け取れる記述である。実際、徐継畬は大統領制を「天下を公と為すに幾《ちか》し。駸駸乎として三代の遺意なり」と評した。(5)「天下を公と為す」とは、『礼記』礼運篇の語である。アメリカ合衆国の政治制度は、中華古えの理想に近く、それ故に褒め称えられるのである。

これらには、当然日本の読者も動かされる。徳川家に近い大名、松平慶永の側近、橋本左内も、アメリカについて「政体の趣意は一に天帝之意を奉行すると申ことにて、上下共衆情に戻り、公議に背き候義は不為《なさざる》事、第一の律令に有之候よし」(『西洋事情書』安政二、三年頃）と書いている。また、万延の遣米使節の一員、玉虫左太夫は『瀛環志略』をその訪米日記に引用し、ホワイトハウスを訪問した際には、こう記している。

蓋シ花旗国（米国）ハ共和政事ニシテ一私ヲ行フヲ得ズ、善悪吉凶皆衆ト之ヲ同シ、内乱ハ決シテナキコトトスルナリ

「共和政事」こそ「公」であり、したがって内乱など起こりえないのである（皮肉にも玉虫がこう記した翌年、米国はあの凄惨な南北戦争に突入する）。

熊本の儒者横井小楠（文化六／一八〇九年―明治二／一八六九年）に、『国是三論』という著がある。こ

れは、彼が松平慶永の顧問だった時に書き、万延元年（一八六〇）、越前国の「国是」とされた文書である。そこには次のような一節がある。

墨利堅に於ては華盛頓以来三大規模を立て（ワシントン引退の際のいわゆる告別演説を指す）、一は天地間の惨毒、殺戮に超えたるはなき故、天意に則て宇内の戦争を息《やむ》るを以て務とし、一は智識を世界万国に取て、治教を裨益するを以て務とし、一は全国の大統領の権柄、賢に譲て子に伝へず、君臣の義を廃して一向公共和平を以て務とし、政法治術其他百般の技芸・器械等に至るまで、凡地球上善美と称する者は悉く取りて吾有となし、大に好生の仁風を揚げ、英吉利に有つては政体一に民情に本づき、官の行ふ処は大小となく必悉民に議り、其便とする処に随て其好まざる処を強ひず。出戎出好も亦然り。仍之《これにより》魯と戦ひ清と戦ふ兵革数年、死傷無数、計費幾万は皆是を民に取れども、一人の怨嗟あることとなし。其他俄羅斯《おろす》を初、各国多くは文武の学校は勿論病院・幼院・唖聾院等を設け、政教悉く倫理によつて生民の為にするに急ならざるはなし。殆《ほとんど》三代の治教に符合するに至る。

これが、十八世紀以来の「西洋」観の構造変化の一帰結である。すなわち、これは、儒学者が永年信じていた理想の儒学的統治が、実は現在、西洋で実現しているのだという宣言にほかならない。

この文章は、この八年後に新政府がその改革の精神を宣言した「五ヶ条の御誓文」を想起させないだろうか。それは多分偶然ではない。五ヶ条の御誓文の起草者、由利公正（文政一二／一八二九年―明治四二／一九〇九年）は、福井の人であり、横井小楠の愛弟子である。「明治維新」には、こうしたみずから信じる普遍的な「道」に照らして、より正しい制度・政策を摂取するという態度の裏付けが、少なくとも一面にはあったのである。

（1）　川村博忠『近世日本の世界像』（ぺりかん社、二〇〇三年）二一三頁。

（2）　徳川斉昭も「日本ニてこそ邪法ニ候へ共、彼国ニおいてハ広大深遠の道法政教と見え候」と述べたことがある。姉小路（大奥年寄）宛て書簡（弘化三年八月一日）。

（3）　文政の頃、老中引退後の松平定信は、「蛮書の和解などみたるが、こゝにてようなきと思ふことはつまびらかにして、こゝぞと思ふ事いとあらし。をしなべていへば、ようなきことぞおほかめる」と述べている（『花月草紙』）。

（4）　明治に入っても、例えば仮名垣魯文『安愚楽鍋』初編（明治四年刊）には、「彼土《あっち》はすべて、理でおして行《ゆく》国がらだから、蒸気の船や車のしかけなんざア、おそれいったもんだ子《ね》」とある。

（5）　なお、これらのワシントンを讃える語は、石碑（咸豊三／一八五三年の日付）に彫られて米国に贈られ、ワシントン・モニュメントに設置された。方聞「由華盛頓紀念塔中文石碑説起」任復興（編）『徐継畬與東西方文化交流』（中国社会科学出版社、一九九三年）三二一頁、熊月之『西学東漸與晩清社会』（上海人民出版社、一九九四年）二五二頁。

参考文献

杉本つとむ『日本翻訳語史の研究』（八坂書房、一九八三年）

今橋理子『秋田蘭画の近代：小田野直武「不忍池図」を読む』（東京大学出版会、二〇〇九年）
前田勉『江戸後期の思想空間』（ぺりかん社、二〇〇九年）
稲田正次『明治憲法成立史』上巻（有斐閣、一九六〇年）

第十八章　思想問題としての「開国」

一　仁・義・礼

西洋諸国への「開国」は「外圧」によって強いられたものだ。従来、しばしばそう語られてきた。一時声高に「攘夷」を叫んで徳川政権を苦しめ、その後一転して「開国」を容認した明治新政府の指導者にとっても、それが自己正当化しやすい物語だったからであろう。しかし、それは、歴史の一面でしかない。「開港」「開国」は、ペリー来航の遙か以前から、強弱や損得とは別に、「道理」に適っているのかどうかという思想問題としてあった。

一七九一（寛政三）年、ロシア帝国は日本に使節を派遣した。それは、寛文一三年（一六七三）に英国王チャールズ二世が通商再開を要請する書簡を送って来て以来初の、西洋の国の正式な接近であった。使節ラクスマンは、日本人漂流者二人を送還するとともに、通信通商を要請する国書を提出しようとしたが、公儀は拒絶した。しかし、ただの拒絶ではなかった。彼等は、その理由を説明したのである。当然、それはロシア人にも納得のいくはずの理由であった。

「寛政五年六月廿一日、異国人に被諭御国法書」は、まず、「国法」を説明する。それは、「通信」関係にない外国の船が「日本の地」に来たときは「或は召取又は海上にて打払」い、漂流者は、「通信ある国」からならば長崎からオランダ船によって送還するか国内に抑留し、「通信なき国」からならば船を破壊し、人は永久に抑留するというものである。しかし、今回は「遙に我国の人を送り来る所の労をおもひ」、かつ日本の法を未だ弁えないことを考慮して、「其儘かへす事をゆる」すとする。

第二に、「国書往復」はできない。「礼」の観点からである。

> 国書持来る事ありとも、かねて通信なき国王の称呼もわかりがたく、其国の言語と文章も不通、貴賤の等差もわかち難けれは、おのづから其礼のただしき所を備がたし、我国にては敬したることも、其国においては疎慢にあたらむもはかるべからざれば、国書往復はゆるしがたきなり

つまり、無意識の無礼を犯すことを恐れる。「礼」を重んずればこそ、書簡の交換もできない、というのである。

「横浜交易西洋人荷物運送之図」五雲亭貞秀画，文久元／1861年刊．横浜開港資料館蔵

第三に、江戸への入港は許さない。それは、打ち払い等の害をみずから招き、逆効果である。最後に、要請が入れられなければ日本人漂流者も渡さないというなら、強いて受け取りはしない。「我国の人を、憐ざるにはあらずといへども、それが為に国法をみだるべからざるがゆゑなり」（『通航一覧』巻二七四）。時の老中首座、松平定信もその自伝で、奉行等に「只礼と国法をもて事をわけさとさるべし」と命じたと回顧している（『宇下人言』）。

ラクスマンは、やがて帰国した。本当に納得したか否かはともかく、一応落着したわけである。

しかし、その九年後（文化元／一八〇四年）、今度はレザノフの船が長崎港に現れ、新たなロシア皇帝の「国書」を以て通好交易を要請した。公儀は、再び拒絶した。今回も「御教諭書」によって理由を説明した。

第一に、自分たちも「隣誼」（隣国のよしみ）ということを知らないわけではない。しかし、「風土」が異なり、「権心を結ぶ」（友好を結ぶ）ことは難しい。

第二に、「礼は往来を尚ぶ」（『礼記』曲礼上）。外国から「礼物」を受け取ってこちらからは送らなければ、「礼を知らざるの国」になってしまうが、海外の万国に応えることはできない。始めから、受け取らないに越したことはない。(1)

第三に、（現に自給自足している以上）交易は、「海外無価の物を得て、我国有用の貨を失」うことでしかない。

第四に、交易は風俗を壊乱し、「我民」を損なう恐れさえある。

第五に、通好のみをするのも、「我国の禁」である（『通航一覧』巻二八二）。

ここでは、ラクスマンのとき以上に「隣誼」「礼」、そして「民」への配慮という儒学的な「道」が論拠にされている。どこまで「道」を当局者が信じていたかはともかく、単に沈黙するのではなく、言語によって外国人をも納得させようと決めた以上、普遍的な規範や価値を持ち出すしかない。そして彼等にとっては、儒学的な「道」しか万国に普遍妥当するであろう規範は無かったのである。

レザノフも帰国し、再び事は落着したようだった。しかし、異国人との間でさえ「道」が妥当するのであれば、当然その「道」は日本人にも適用される。そして、問題があるのはむしろこちら側だと考えた日本人もいた。

例えば、司馬江漢は、レザノフへの対応を「失敬不遜」と感じた。

一概に夷狄のふるまひ非礼ならずや、レサノット（レザノフのこと）は彼の国の王の使者なり、王は吾国の王と異ならんや、夫《それ》礼は人道教示の肇《はじめ》とす、之を譬へば位官（衣冠か）正しきに、裸になりて立つが如し、必や吾国の人を、彼等禽獣の如く思ふなるべし、嗚呼慨哉。（『春波楼筆記』文化八／一八一一年）

「礼」とは、人と「禽獣」とを分かつものである。その「礼」に照らせば、恥ずべきはむしろこちらだというのである。杉田玄白も、「はるばる音物を持参せし使者を空しく御返被成しは、夷狄ながら大国へ対し御無礼」ではないかと、「彼を是とし此を非と思ふ」者が少なくないと指摘している。（『野叟独語』文化四／一八〇七年）

次に、モリソン号事件が発生した（天保八／一八三七年）。日本人漂流者を乗せて来た広東の米国商社の船を、江戸湾の入口で砲撃し、撃退したのである。そして、モリソン号とは、実は中国語の著書ですでに知られたロバート・モリソン Robert Morrison（一七八二年―一八三四年）の指揮する英国船だったという誤解が生じた。あのモリソンがみずから乗り込んで来たとなれば、それは英国の重大な決意を示すのかもしれなかった。しかも、中国通のモリソンであれば「聖賢の道」を充分に心得ているはずであった。その船を砲撃して善かったのであろうか。

渡辺崋山は、善くなかったと考えた（『慎機論』天保九年）。「打払い」は「動くべからざる大道」なのであろう。しかし、「西洋諸国の道とする所、我道とする所の、道理に於ては一有て二なしといへども、其見の大小の分異なきに非ず」。漂流者を送り届ける側と、それを撃退する側との、どちらが真の「大道」なのかというのである。さらに崋山は、「道」をめぐる英国人との対話を想像した。英国人は、例えばこう迫ってくるであろう。

貴国永世の禁固く、侵すべからず。されども、我邦始め海外諸国航海のもの、或は漂蕩し、或は薪水を欠き、或は疾病ある者、地方を求め、急を救はんとせんに、貴国海岸厳備にして、航海に害ある事、一国の故を以、地球諸国に害あり。同じく天地を戴踏して、類を以類を害ふ、豈之を人と謂べけんや。

孤立政策は、日本一国には好都合なのかもしれない。しかし、漂流船さえ排撃するその「法」は、「地球諸国に害」である。同じ人類として許されるのか。君たちは本当に「人」といえるのか。このような問いかけに対しては、「彼が従来疑ふべき事実を挙て、通信すべからざる故を論さんより外あるべからず」。英国の侵略の例などを指摘して反論するほかない。しかし、そうして深い論争になっていけば、結局、英国側に攻撃の「名目」が生ずるであろう——それが崋山の結論だった。明らかに彼は、「大道」に反しているのは日本の方だと考えたのである。

彼の友人、蘭学者高野長英も同様である（『戊戌夢物語』天保九年）。漂流者を送り届ける船さえ撃退することを、西洋人はどう思うだろうか。「西洋諸国にては、殊の外人民を重じ、人命を救候を何よりの功徳」とする（あの「仁」としての西洋観である）。それなのに、「漂流人を憐れみ、仁義を名とし、態《わざ》々《わざ》送来候者を、何事も取合不申、直に打払」うならば、第一に、「日本は民を憐まざる不仁の国」と彼等は考えるであろう。第二に、日本の「不仁不義を憤」り、「海上の寇」となって近海の海運を妨害するかもしれない。第三に、そこまではしないとしても、日本を「理非も分り不申《もうさざる》暴国と存、不義の国と申触」らすであろう。そして日本は「礼義国の名」を失うであろう。

基準は、「仁」であり、「義」であり、「礼」である。それらに照らして孤立は正当化できない。「若し莫利宋《モリソン》来るとも、渠《かれ》漢学に通ずる者ならば、聖賢の道を以て接対せん。必しも打払の御旨に泥《なづま》んや」と言い切った大名の隠居もいた（松浦静山『甲子夜話三篇』巻七一）。さらに、昌平坂学問所教授、古賀侗庵も、外国船の「是非曲直」をも問わず、「梗辺襲塞之虜」すなわち侵略者とみなして排撃することには反対した。「本邦」は、本来「寛宏之政」と勇敢な風俗で世界の仰ぐ国である、その邦が「悍戻無道之邦」と見なされるようなことをしてはならない、と彼は言う（『海防臆測』其三七、天保九年）。[2]

そして遂には、漂流民送還等の「仁義礼譲の正道」を以て「通信」を望む者は退け難いとして、彼等を迎えるための施設を長崎に建設すべきだという主張も登場した（鶴峯戊申『内密問答録』、嘉永二／一八四九年）。例えば「善隣国宝館」という名がよい。そこで応対し、（レザノフへの「教諭書」が問題にした）贈り物は受け取り、「相応の品」を返す。そうすれば「天下諸蛮相歓び、年々歳々聖化」を仰ぐであろう、と戊申はいう。

以上がどれほど一般的な考えだったかは、推測が難しい。猛々しい「海防」の戦術論や、夜郎自大の「攘夷」論の方が、書かれ、発表されたものでははるかに多かった。しかし、以上のような思考は、儒学の教えからして、それなりに筋が通っている。しかも、ラクスマン・レザノフへの対応で示した当局者の立場とも、照応している。

実際、天保一三年（一八四二）には、「御仁政」の観点から、「外国之ものに而も、逢難風漂流に而、食物、薪水を乞候迄に渡来」した船までを「其事情不相分ニ一図に打払候而は、万国え被対候御所置とも不被思召候」として、打ち払い令を緩和する命令が出された(3)。さらに、弘化二年（一八四五）、米国捕鯨船が操業を中止して日本人漂流者二十二人を送還するために浦賀に現れたとき、定法通り長崎に回航させることに浦賀奉行は反対した。「他国の人を助の為、己か職業を止、実意にて送来候」にかかわらず、浦賀で直ちに受け取らないのは「日本の人民を捨候に当り御不仁の義」である、「たとへ禽獣の如き国に候共、仁義の国には難敵《てきしがたき》義は存可申《ぞんじもうすべく》、左候得は後患を残候義には有之間敷、却て残忍の意有之候ては彼を憚候のみならず、非礼非義の虚名を受候ては御国体（国の体面）に抱《かかは》り、不可然《しかるべからざる》義」だからであった（塩田順庵編『海防彙議附録』）。「無道」の国という汚名を避けるための模索であった。

こうして、ペリー来航の遥か以前から、自生的に、普遍妥当の「道」を信ずるが故に従来の慣習や政策の正当性に疑問を投げかけるという事態が、確かに生じていたのである。

二　道理の所在

アヘン戦争終結後まもなく（弘化元／一八四四年）、異例にもオランダ国王から徳川将軍に直接宛てた書簡が長崎にもたらされた。内容は、西洋諸国との通好と交易を開始するよう忠告するものだった。それは、「蒸気船を創製せしよりこのかた、各国相距ること遠きも猶近きに異ならず。かくの如く互に好みを通ずるの時に当り、独り国を鎖して万国と相親まざるは人の好みする所にあらず」などと説いていた。公儀はこの忠告を受け入れなかった。しかし、嘉永六年（一八五三）、危惧していた通り、蒸気船に搭乗して米国の使節が江戸湾に出現した。そして予期していた通り、その使節は日本人に軍事的圧力をかけるだけでなく、倫理的に問いかけ、思想的に挑戦した。

例えば、米国大統領フィルモアの将軍宛て書簡（漢文書簡の日本側による訳）は、日本に漂着した米国人を「程能《ほどよく》安堵撫恤を加へ、恩待して仁慈を施」して欲しい、「同じ人類の事」（漢文では「本国之民、亦是五倫之内」）ではないか、と要求している。さらに、ペリーの将軍宛て書簡（オランダ語書簡の日本側による訳）は、「我々は、沿岸に漂着した者は「何れの地の人たるを論せず、愛し容れ」、「仁慈」を以て「撫恤」している。「貴国」の政府も、同様に「仁慈」を以て人を扱うことを望む」という。蒸気船は一八日乃至二〇日で日本に到達する。盛んに交易することができるはずである。米国人を「寇讐」のように扱うことは止めて欲しい。「正実友愛の誠情に答ふるに、好意を以てせんこと」を願う。[4]

オランダ語原文の表現、あるいはさらにその原文たる英語の表現はここでは問題にならない。ほとんどの日本人は、日本語訳か漢文によって米国の要求を理解し、受け止めたからである。そして、かねて危惧された通り、日本は「仁」でないと今や正面から責められたのである。人の「道」はどちらにあるのかと、遂に正面から挑まれたのである。大目付・目付たちも、直ちに「彼是《かれこれ》道理ヶ間《がまし》敷き書躰ニ有之、尤彼方ニ而ハ、尤之筋ニ可有之哉《これあるべきや》ニ候得共……」と反応している。

この背景には、従来のロシア等のように日本に対して恩恵を懇請する solicit as a favor のではなく、権利として要求する demand as a right のだと、ペリーが決意していた[5]ことがある。すなわち、彼は、誰もが承伏すべき「正しさ」に依拠しようとしたのである。蒸気機関や通信機という先進技術を誇示するだけでなく、Right（正しさ）の議論を挑んだのである。当時、西洋にも日本にも価値相対主義者は、未だほとんどいない。「正しい」ことは時空を超えて「正しい」と考えるのが通例である。それ故、このペリーの要求を「道理」にかかわる挑戦と受けとめたことは誤解とは言えない。普遍的「道理」の実在を信じる者同士が、それに適うのはどちらなのかと張り合う事態が、本当に成立したのである。

　したがって、ペリーは強く出た。長崎港になど回らず、江戸湾に深く進入し、「大統領の皇帝宛ての友好的な書簡が受け取られず、しかるべく返答されないならば、彼（ペリー）は自分の国が侮辱されたと考えるであろう。そして、そのことのもたらす結果については責任は負わないであろう」とさえ通告した。[6] 彼は強引だった。その「礼」には問題があったかもしれない。しかし、要求自体の道理性はそれ自体として議論せざるをえなかったのである。

　そして、漂流民救助については、米国側に「道理」を認める意見が有力だった。例えば、諮問を受けた大名たちは、「書翰之面にては、敢て無理成筋共相聞不申候」（前田斉泰）、「漂流人御撫恤之一条は、彼より申上置候尤之儀」（上杉斉憲）、「何分墨書（米国の書簡）中にも、本国之民是亦五倫之内にて候と有之、夷情すら倫理を正し、人類憂憫之筋を以願出候処、夫をさへ御断に相成候ては、仁義之御国風共難申《もうしがたく》」（松平慶永）、「去天保度被仰出候御仁慈之御趣意未相弁哉《いまだわきまえざるや》に付、時宜に応じ、薪水食物等は御手当成下、大日本国仁義之道を以て、巍然たる御威徳御示し、義国の名を不失様《うしなわざるよう》仕度《したく》」(溝口直諒) 等と述べた。明らかに、前記のペリー以前からの議論の延長である。かつて敏感な知識人が懐いていた予感が事実となった時、彼等の密かな疑念は、今や大名たちの公然たる主張となったのである。

さらに、かつては勇ましい『海防策』五編を著した斎藤拙堂も、「和親は彼か好意の如き口上もあれば固より許さゞるべからず」と主張した。従来、米国漂民を囚人同様に扱ったことを「彼が不足をいふもことわり」であり、「凡国土は異なれども同じく天地間の人なればその患難をは憫れむ事、天地の道理」だからである(「制虜事宜」『斎藤拙堂遺稿』)。また、「貴国世々話聖東《ワシントン》氏之定律を守れるは、猶我祖宗之旧制を守るか如し、各其国法を守りて、定律を失はさる事、独立国之本意にあらすや」と、相互不干渉主義を説いたある武士(仙台藩士大槻清崇)も、漂民の撃退は「畢竟仁慈之道にあらす」とは認めている。ペリーとの交渉の場に出た政府の儒者、林復斎(大学頭)も、「応接已前にハ高の知れたる夷狄の輩何程の事あらんと蔑視広言せられしが、初度の応接後は俄に臆病神立添て、彼がいふ処甚理あり申に任せずしては御大事に及ぶべし」等と言うに至ったと伝えられている(中根師質『昨夢紀事』)。朱子学者が「彼がいふ処甚理あり」と認めるのは、単に、この悪意ある記録者の言うような「臆病」の故ではありえない。それは、何人もの有力大名の反応からみても、本心だったのではあるまいか。

おそらく、ペリーの要求の受諾、「開国」の第一段階は、単に蒸気船などの高度先端技術の脅威に面しての屈辱的譲歩ではなかった。それは、一面において、国内外を通じて妥当するはずの「道理」に関する説得に出合い、それに積極的に賛同した結果なのである。

およそ人として、かねてから自分も信じる普遍的な「道理」に従うために、みずからの過去を反省して再出発することは、恥辱ではあるまい。それ故、日米和親条約の締結だけであれば、「御国辱」の責任者として徳川政権の威信が致命的に崩壊することはなかったのかもしれない。問題は貿易である。同条約によって派遣された米国初代総領事ハリスは、すでにペリーも示唆していた貿易の開始を、執拗に要求した。安政四年（一八五七）一〇月、江戸に入ったハリスは、老中堀田正睦に向かって、主に次のような理由を挙げて通商を迫った（日本側記録による）。

米国は、新たな所領を求める考えなど無く、干戈を以て領土を得た例など一切無い。しかし、蒸気船と電信の発明によって世界各国は互いに近くなった。「西洋各国にては、世界中一族に相成候様いたし度心得に有之、右は蒸気船相用候故」である。それ故「遮《さえぎり》て外と交を不《むすばざる》 結国は、世界一統いたし候に差障《さしさわり》候間、取除《とりのぞき》候心得」である。「何れ之政府にても、一統いたし候義を拒み候権は有之間敷《これあるまじき》」ことである。そこで、第一に相互に首都に大使（minister, agent）を置くことが、第二に自由に交易することが認められるべきである。しかも、「交易と申候得は、品物に限り候様相聞候得共、新規発明之儀抔、互に通し合、国益にいたし候も、又交易の一端」である。現在の世界では、「世界一統睦《むつまじ》くいたし度《たし》」と、何れも心掛」ているのである。

ハリスは、日本にとっての利害損得をも説いた。しかし、このような世界全体の道理にかかわる説得こそ中心だった（と理解された）。日本人への思想的挑戦・倫理的問いかけは、こうして一段と手ごわいものになったのである。

その挑戦を偽善として退けようという試みもあった。例えば、上記のハリスの議論を逐条検討した海防掛は、米国が「メキシコと戦争之上、メキシコ之地カリホルニーを掠取」った例等を挙げ、結局、米国も「一統」を拒み「国体を立通候ものは、戦闘を以伐平らげ」るという考えであり、ペリーも「若《も》御国にて条約相拒候はゝ、直に干戈を動し候存意に相違も無」かった、と指摘した。同様に、佐久間象山は、ハリスに、こう問いただすべきだと主張した。

西洋諸国に於て、世界中一族一統に致し度《たく》欲し候は、天地公共之道理より出で、自国他国の隔なく生霊（人民の意味）を愛育し、有無を交通し候はむ為の情願に出で候事歟、但しは各国国々自己の利を営み、世界の利を網し候はむ為の邪欲に興り候事か

すると、相手はきっと「公共の道理より出候事也」と答えるだろう。そうしたら、「自国の利益に相成候とて、和親を結び致交通候国の厳禁を犯し」、「不仁・不慈・無礼・無義、強盗の所為とも」いうべきことを為したアヘン戦争の例等を指摘して、その偽善を暴けばよい。ハリスは恐縮して退散するであろう（「ハリスとの折衝案に関する幕府宛上書稿」安政五年四月）。このような対応を小気味よいと感じる攘夷論者も多かったことであろう。

しかし、現実の西洋が偽善的であるか否かと、「自国他国の隔なく生霊を愛育し、有無を交通」するために「世界中一族一統」にすること自体が「天地公共之道理」であるか否かは、別問題である。他者の偽善の暴露は必ずしも自己を正当化しない。何が真の「天地公共之道理」なのかという問いかけから逃げ切ることはできない。

やはり問題は、ハリスの言うように、万国が物と情報を交易し、交際すること、その意味で「世界一統」「一族」となることが、本当に「道理」であるか否かだった。

例えば、大名、久留嶋通胤は、真の「天理」「天意」は別にあると主張した。「彼国は強大繁華を自負し、我国と和親交易せば、両国之利益多からん事を申候へ共、我国は偏安質朴を守る事古紀旧律にして、凡天下大小之地界を保つの人主として、各其国の民庶を安んじ、不慮の患難に罹らしめざるは、人慾の利益を謀らずして、天理の本然に安んじ、則天意に背かざるゆえん」であり、欲望のままに「強大繁華」を追求する必要は無い。「偏安質朴」を各国が守ればよい、というのである。それぞれに孤立した、ひそやかで質素な安寧、それこそ倫理的だというのである。

一方、後に大老となった井伊直弼は、早くも嘉永六年八月、「交易之儀は国禁なれど、時世に古今の差あり、有無相通ずるは天地之道也」と言い切った（確かに、古典には「此天下之中、交易有無之路通、為生可以致富矣」（『史記』巻四十一）、「古之立国家者、開本末之途、通有無之用」（『塩鉄論』第一）等の語があった）。またひとつ別の「道」の主張であった。そして、座して待つのでなく、「堅実の大軍艦初蒸気船を新造」して日本から「商船」を出すことを、彼は建言した。

安政四年一一月、松平慶永も、「方今之形勢、鎖国不可致儀は、具眼之者瞭然と奉存候、我より航海を刱《はじ》め、諸州え交易に出候事、企望之折に候故、道理を以来乞候者は、御拒絶無之筈に候へは、ミニストル之儀も、同断に御坐候」と進言した。「今後商政を釐《おさ》め、貿易之学を開き、有無相通はし、皇国自有之地利に拠り、宇内第一之富饒に致度」いからである。これはハリスの主張を「道理」と認め、その上で、日本も「道理」に従って富国をめざそうという意見であった。

日米修好通商条約調印による「開国」のさらなる推進の背後にも、このような「道理」の信念があった。この段階でも、「開国」は、決して（攘夷論者が信じたような）単なる軍事的圧力への屈辱的譲歩ではなかった。少なくとも一面で、徳川日本は、普遍的な「道理」の吟味の結果、自主的に決断して「近代西洋」にみずからを開いたのである。

三　世界一統

外国との関係における「道理」について、論争は続いた。「道理」である以上、それは世界全体にかかわる問題だった。世界秩序と日本の関係についていては、とりわけ二つの特徴的な議論が浮上した。

第一は、当時の外国掛老中、堀田正睦の意見である（安政四年一一月。評定所一座に示した意見書）。まず、堀田は、当時の「万国之形勢」を「粗《ほぼ》漢土春秋列国の時、本邦足利氏の末年に似たる有様の大なるもの」と把握する。「各々其土に割拠し、帝と称し王と唱へ……何れも統一する処なく、互に雄長たらむと志願不致は無」い状態である。それ故、「和親を結ばざれば、戦争を成し、戦争を為ざれば、必ず和親を結ぶの外、和親もなく戦争もなく、外交を絶て致独立、昇平を楽み候国は一国も無」い。日本の「鎖国」は、もはや維持不能である。しかし、漢土・日本の戦国の世もいずれは、統一によって終結したことからみて、世界の現状が永遠に続くはずもない――堀田はそう考えたようである。

現今世界の結局、大圓は、何れの国に歟賢聖の君出、徳威兼備り、万国を撫育教化し、暴を戢、乱を平らげ、一般徳化に帰し、其政教を奉ぜしめ、氷海夜国之末々迄、其沢を戴かざる無きに至り、全地球至治統一之世となり、初て皇天上帝蓋載無量の御心に相叶候義に可有之……

普遍性を支える「皇天上帝」の観念が登場しているものの、同盟か戦争かという時代の終焉、世界平和と正義の実現は、「徳」と「威」すなわち「ソフト・パワー」と「ハード・パワー」を兼備する一国のヘゲモニーの確立によってなされるのである。その一国とはアメリカ合衆国ではない。日本である。

広く万国を航し、貿易を通じ、彼が所長を採り、此の不足を補ひ、国力を養、武備を壮にし、漸々全地球中御威徳に服従致し候様の御国勢に相成、世界の害を成し候暴国は同盟信義の與国を率ひ、征伐を被加、善良孤弱の国を撫せられ、実に天心に代て天討を被行、世界万邦恵治の恩沢を蒙り、彼此相犯す事なく、兄弟臣子の情を結び、終に世界万邦の大盟主と被仰、我国の政教を奉じ、我国之裁判を受候様相成候を……

普遍的正義の信念と帝国主義的な衝動の混ざった、当時の事実上の首相の懐いた、これが一つの構想であった。

第二に、これと鋭く対立する横井小楠の構想乃至発想があった。彼は、安政五年（一八五八）以来松平慶永の顧問となり、一時大きな影響力をもっていた。そして彼は、「今日に至り独立鎖国の旧見を主張するは天理に悖《もと》り候こと」と信じていた。「西洋にも航海交易を起し候は三百年来のことゝ見え候が、其以前は万国皆天理に悖り候か」という皮肉な質問も、「古今勢異候。勢に随ひ理亦不同候」と一蹴している。しかし、それは、現在の西洋諸国が、完全であることを意味しない。もしそうであれば、オランダはジャワ島を、英国はインドをその旧王に返すはずである。彼等はそれをしていない。「天を以て心として至公至平の天理に法」ることができないのである。ところが、それは、彼等に「末」はあるが、(真の普遍的倫理性という)「本」が無く、狭隘な「割拠見」に囚われているからである。

同様に、日本も「割拠見」に囚われてはならない。例えば、「自ら強ふして宇内に横行するに至らんとには、水軍を始め航海を開くべし」といった積極的開国論に潜む発想を、彼は批判する。「横行と申すこと已に公共の天理にあらず」。一国の横行は、「公共の天理」に反する。「宇内に乗出すには公共の天理を以て彼等が紛乱をも解くと申丈の規模」が無くてはならない(以上「沼山対話」元治元／一八六四年)。例えば英露が対立しているのならば、「我邦一視同仁明らかに天地の大道を以て深く彼等の私を説破し、万国自ら安全の道を示すべき」(「海外の形勢を説き併せて国防を論ず」)である。彼によれば、普遍的原理の実現を全世界でめざすのが、日本の、そしてあらゆる人の使命であった。

しかし、何が普遍的原理であるか、「道理」であるかについて、意見が対立したらどうすべきか。現に意見は激しく対立していた。当人の信ずる原理の普遍妥当性を何が保証するのか。小楠の答は、議論の普遍性であった。暴力による「攘夷」こそ正しいという声の高まった文久三年(一八六三)五月、彼は(松平慶永の意見書の形で)、老中に向けてこう進言した。

「攘夷」が「全世界之道理に於ても必是に帰し可申哉」。「此義は地球上之全論に懸け不申ては決し兼候義」である。「全世界の必是に無之ては地球上の必直とも難申道理」である。したがって、「地球上の論定」によらなければならない。国内で、「諸侯は勿論天下之侯伯諸藩之有志草莽之輩に至迄」をまきこんで「商議」し、さらに「列国へ商議之上各条理を推」すべきである（『続再夢紀事』）。「地球上の全論」（！）による「全世界之道理」（！）の発見――それが、小楠の答である。「宇内に横行する」一国の覇権によるグローバリゼーションとは異なる、（ハバーマスにもロールズにも先立つ）熟議による普遍性追求の構想であった。

（1）　現在では奇妙な議論に響くが、会沢正志斎が、主君、徳川斉昭に命ぜられて起草した、ペリーの要求を拒絶するアメリカ合衆国大統領宛て書簡（「答合衆国大統領書」）にも、次のような一節がある。「若夫結好者、則実所可嘉焉。然来而不往非礼。我国不事航海、水路非所語。與其来而不往、則何如無往而無来、無怨無怒、各全天所賦、以奉順天意之為勝乎。」

（2）　大学頭、林述斎も、漂流民送還船の打ち払いに、「仁」「君徳」「異国接待之体」の観点から反対したようである。藤田覚『近世後期政治史と対外関係』（東京大学出版会、二〇〇五年）三〇二―三〇五頁。

（3）　実際にこれがオランダから他の西洋諸国に伝達されたのは、一八五一年であるという。松方冬子『オランダ風説書と近世日本』（東京大学出版会、二〇〇七年）一九三頁。ちなみに、徳川斉昭は、これを「御仁恵に而云々等聖人臭き御達」と皮肉っている。老中阿部正弘宛書簡（弘化三年二月一八日）。

（4）　『幕末外国関係文書』。以下、本章で特に出典の注記の無い引用はすべて同じ。

（5）　土屋喬雄ほか訳『ペルリ提督日本遠征記』（岩波書店、一九四八―一九五五年）第二冊、一九二頁、参照。引用は原文による。

（6）　同書、二一二頁。

参考文献

佐藤誠三郎『「死の跳躍」を越えて：西洋の衝撃と日本』（都市出版、一九九二年）
三谷博『明治維新とナショナリズム：幕末の外交と政治変動』（山川出版社、一九九七年）
松浦玲『横井小楠』（朝日新聞社、一九七六年）

第十九章　「瓦解」と「一新」

一　「乱世的革命」

徳川体制の急激な崩壊、その後の全面的かつ徹底的な変革——それは、世界史上特異であり、驚異である。それを体験した人々は、回顧して、「夢のようだ」としばしば語っている。今が現実だとすれば、かつての世は夢としか思えない。それほどの激変だったのである。

十七世紀初頭から二世紀半、数々の飢饉・洪水・大地震・大噴火・疫病、そして、一揆・打壊し・大塩平八郎の乱などを、危なげなく乗り切ってきた体制であった。それが、嘉永六年六月三日（一八五三年七月八日）、四隻の船（内二隻は、三本マストの船体の左右に蒸気機関で回転する外輪をも備えた新鋭艦）が江戸湾に出現して以来、揺れ始め、やがてぐらぐらと動揺し、ついにわずか一四年余りで瓦解してしまった。そして、かつての中央政権のみならず、その四年後には武装した地方政権すべてが一掃され（「廃藩置県」）、速やかに武士身分自体が消滅してしまったのである。

何故であろうか。

しかも、瓦解直後の慶応四年三月（一八六八年四月）に、満一五歳の天皇が、武家と少数の公家からなる新政府の「国是」として「天地神明ニ誓」った五箇条は次のとおりである。

一　広ク会議ヲ興シ、万機公論ニ決スベシ。
一　上下心ヲ一ニシテ、盛ニ経綸ヲ行フベシ。
一　官武一途庶民ニ至ル迄、各其志ヲ遂ゲ、人心ヲシテ倦マザラシメンコトヲ要ス。
一　旧来ノ陋習ヲ破リ、天地ノ公道ニ基クベシ。
一　智識ヲ世界ニ求メ、大ニ皇基ヲ振起スベシ。

一〇年前、五年前には、誰も想像しなかった「国是」である。そこに「攘夷」論は無い。

いわゆる明治維新は、事前に思い描かれた「理想の美国を打ち建てんとする」「理想的の革命」ではない。さまざまな思惑の諸勢力の競り合いともみ合いの内に、みるみる急進化し、当事者たちの誰もが当初予想しなかった結末に至った「乱世的《アナルキカル》革命《レボリウーション》」である（竹越与三郎『新日本史』明治二五年）。

何故、かくも新奇な「国是」を掲げる革命政府が成立したのだろうか。

しかも、その後、革命政府は、実際に大いに「智識ヲ世界ニ求メ」、「旧来ノ陋習ヲ破リ」、政治・法制・税制・経済・社会・教育等を根底から覆した。やがて風俗・文化・言語までもが一変した。「上」からの改革に「下」は余り抵抗なく呼応し、「何事も忘れず、何事も学ばず」、ともかく革命以前に戻そうと策動する文字通りの反動派など、明治初年を除き、いなかった。結局はかつての王朝が復辟し、

(プルーストの『失われた時を求めて』の読者なら誰でも知っているように)その後一世紀を経ても、なお貴族の身分意識が強固に存続したフランス革命などと比べ、その結着はまことに鮮やかだった。何故であろうか。

これを、「開港」による世界貿易の環への参入が既成の社会・政治構造を破壊したなどと説明することはできない。貿易収支はおおむね黒字で、国内は品薄になって物価が上昇するほどだった。国内産業が破壊されるどころか、輸出ブームで大儲けした人々がいたのである。町人・百姓の多くは、武士たちの騒動を傍観し、一方、開港地の新風俗に興味津々だった。当時の西洋人の手記は、いずれも、庶民たちが彼等に友好的だったことを記している。

後世の小説やドラマは、少数の明敏な開明派が、西洋による干渉・侵略・植民地化を避けるためには、天皇を中心とする統合と当の西洋に倣った改革とが必須であることに早くから気付き、しかも、その本音を隠しつつ事態を導いたかのように、往々描く。それは、明治政府指導者にも、「国民」消費用の物語作者にも、都合のよい解釈であろう。しかし、それは事実ではない。事態の推移につれて誰もが意見を変えた。多くは何度も転向した。そのため、(特に陰険だったわけではないのだが)本音が従前の主張と往々ずれた。しかも、明治以降、かつての「攘夷」派も、「佐幕」派も、最終決着に合わせて自分を説明した。それを責める必要はないが、それに安易に乗るわけにはいかない。冷静に見ていこう。

二　「御国威」と「攘夷」

ペリーは、それまでのラクスマンやレザノフ等と異なり、大胆に江戸湾の奥まで進入し、長崎回航を峻拒し、強引に大統領の要求書を手交した。前章で見たように、船の便のために数港を開き、薪水を提供するといった「仁慈」の要求は、実はそれ程の難題ではなかった。その強硬な姿勢こそが、衝撃だった。

水戸の徳川斉昭は、来航後一ヶ月余りの時点で、すでに、「打払の儀御決定に不相成《あいならず》、余り寛宥仁柔の御処置のみにては、下々は御懐合《ふところあい》不相分《あいわからず》候故、奸民共御威光を不恐《おそれず》、異心を生じ候も難計《はかりがたく》、国持始め御取締にも拘り候様成行候も難測《はかりがたく》…」と案じている（老中への建議書。七月一〇日）。「国持」大名以下、「奸民」の注視の下、「御威光」が失墜することを恐れたのである。越前の松平慶永も、「御武徳之衰弱を見透《みすかし》候時は異国は扨置《さておき》、全国之大小名迄も、如何見取可申哉《いかがみとりもうすべきや》に而御国地の御政道も是迄之御振合立行兼《たちゆきかね》、足利氏之末世同様にも可有御坐歟《ござあるべきか》と致恐怖《きょうふいたし》候」と述べた（老中宛意見書。八月七日）。

彼が告白しているように、問題だったのは「異国」ではなく、国内だった。「御威光」は海外にも輝いているはずであり、それ故に、その失墜は直ちに国内に波及し、御威光の体制を危機に陥れると直感されたのである。

それ故、慶永らは、弱々しく、子供もできそうにない（と思われた）将軍家定に、「年長賢明」な養子（斉昭の七男、慶喜）を迎えることによって「御威光」の立て直しを図ろうと試みた。いわゆる一橋派の運動である。しかし、いかにも強引で（将軍家から見れば甚だ）さしでがましいこの運動は、結局、動揺と分裂を招いただけだった。

これは、徳川家の「御威光」というより、「御国威」の問題だと考えた人々もいた。「万国」に対して日本が向き合っているという意識は稀ではなかったし（第十五章）、かつてのキリシタン一掃を、「国威の海外に震ふこと、また快と称するに足る」（会沢正志斎『新論』文政八／一八二五年）とするような気分もあったからである。彼等は、ハリスの江戸城訪問も、通商条約締結も、外国への屈服であり、それ故に屈辱だと考え、切歯扼腕した。そして、「弱腰」の公儀への不信を強めた。彼等の標語が、水戸学の教典『弘道館記』が家康による（「尊王」と並べて）キリシタン排撃を称えて用いた「攘夷」という語だった。

しかし、実際にどうすれば「攘夷」したことになるのか、理解はさまざまだった。条約を破棄して戦い、すべての西洋人を追放すべきなのか。しかし、負けたらどうするのか。負けないために、西洋の兵器と軍事技術を懸命に学ぶべきなのか。それで「攘夷」と言えるのか。「攘夷」とは、要するに「御国辱」を晴らし、「御国威」を挽回することであるなら、条約を一旦は破棄して、堂々と締結しなおせばよいのか。さらには、通商をしつつ航海術を学んでみずから世界に乗り出せば、それこそが真に「攘夷」したことになるのではないか(1)。

西洋人への激しい嫌悪と憎悪をたぎらせた人々も確かにいた。しかし、西洋人暗殺さえ、実は西洋人よりは政府への抗議の表明だったように見える。その意味では、水戸の武士たちによる大老、井伊直弼の殺害と同質である。それらの結果は、「御威光」のさらなる低下だった。しかし、（今や広く「幕府」と呼ばれるようになった）公儀は、外国との妥協による威光の衰退よりも、戦って負けることによる威光の失墜をより恐れた。そして、始め「攘夷」をしない政府に憤慨した人々は、やがて「攘夷」のできない政府を軽蔑した。そして、ついにはただ政府を苦しめ、打倒するための手段として「攘夷」を利用した。

慶応四年（九月に明治と変えた年である）二月、天皇が新政府を代表して西洋諸国の外交官と初会見した日の朝、五年余り前、島津久光の軍勢と共に江戸に勅使として乗り込んで高飛車に「外夷掃攘」を迫った公家の大原重徳は、こう述懐したという。

徳川政府の第2回遣欧使節の一員．元治元／1864年撮影．着物の下にネクタイとシャツ，そして軍帽を手にしている．

私の考へには、御一新前、朝廷攘夷を専ら被為唱候《となえさせられそうろう》は、畢竟徳川家兵馬の権及天下の政務を被為執度《とらせられたし》との思召にて、徳川家を潰す為めに攘夷を被為唱候て、御一新と相成候以来は、俄に外国人謁見も始まるといへば、余り忽然反対の御処置にして、徳川家に被為対候《たいせられそうらい》ても、余り御不義理なり、（松平慶永『逸事史補』）

さすがの彼も、今となってみれば、「徳川家を潰す為めに攘夷を」「唱」えたと見えることを自覚し、きまりが悪かったのであろう。しかも、既述のような西洋観（第十七章）も形成されていた。西洋に何らかの優位を認め、その西洋に対抗するためにも一層西洋に学ぶべきだという議論が有力になり、「攘夷」論が空洞化する基盤は、かねてからあった。

やがて、かつての「攘夷」の「志士」たちは新政府の指導者として、洋服を着、断髪し、当時の西洋人男性を真似て一斉に髭をはやし、「文明開化」を主導した。文字通りの「攘夷」を信じた人々からすれば、革命は完全に裏切られたのである。

三　「尊王」と武家

特に十八世紀半ば以降、禁裏の威信は輝きと重みを増していた。禁裏自身が派手な宣伝活動をしたわけでもないのに、徐々に、その存在感が大きくなったのである。

維新体験者もよく指摘するように、そこには儒学の浸透の影響があろう。禁裏と公儀の並存状態を儒学の枠組みで理解しようとした結果、結局、正統な君主は禁裏であり、公儀は「国政」「大政」を「委任」されているのだという国制解釈が広まったのである。しかも、既述のように（第十六章）若き家斉に老中松平定信がそう説いたこと（「御心得之ケ条」天明八／一七八八年）、家斉が禁裏に対して特に丁重だったことからみて、将軍家斉も（後の家茂・慶喜と同じく）すでにそう信じていたのかもしれない。(2)

それは、弱体化の自覚故に禁裏の権威を利用した、などという単純な策略の話ではない。

第一に、これは、次第に普及した日本史解釈と関連している。すなわち、禁裏が元来「日本」の正統な君主であるとすれば、武家が実権を握っているのは変則的事態である。したがって、その立場をとる浅見絅斎などからすれば、鎌倉・室町の世は嘆かわしい簒奪の時代だったということになる（第五章三）。水戸家の『大日本史』も、その立場をとる（そこには、後醍醐に同情的な『太平記』の歴史観の影響もあろう。先駆的な勤王家として知られる高山彦九郎・蒲生君平も『太平記』の愛読者だった）。源頼朝において、嘆かわしくも「兵馬の権ことごとく関東に帰」して「天下の勢」が「一変」した。足利尊氏に至っては、その「譎詐権謀、功罪相ひ掩はず、以て一世を籠絡すべくして、天下後世を欺くべからざるものだった（巻一七九、将軍列伝）。彼は、「その主を視ること弁髦の如く、廃立皆なその手を竢ちて成り、天下の郡国は神祠の封戸、公卿の食邑を問はず、強奪豪占し、悉く将佐に頒給」したからである（巻一八四）。簡便な日本通史としてよく読まれ、藩校の教科書にも用いられた頼山陽の『日本外史』も同様である。松平慶永は、頼山陽について「日本外史をはじめ、通議等を著述せり。此より尊王の説大に行はれたり。光圀卿の次には、山陽を以て維新の張本と思へり」と回顧している（『逸事史補』）。

無論、水戸学者等は、（尊氏と同じく、全国の土地を「将佐に頒給」したにもかかわらず）家康は「尊王」だったから、頼朝・尊氏とはまったく違うのだという。既述のように、『弘道館記』も家康を「尊王攘夷」をしたと称える。しかし、ともかく武家の支配を、歴史的には、天皇の正統な「権」の蚕食と簒奪の結果だと解するのである。

それ故、徳川氏の支配、さらに武士による全国支配自体の正統性さえ、結局禁裏がそれを追認したという一点にかかることになる。[3] 同時に、皇室尊崇のみが、「幕府」の存立根拠となる。その存立が危うくなればなるほど、尊崇を深めるほかはないのである。

第二に、儒学的「礼」と「名」の意識から、官位を与える者が「君」だとするならば、「征夷大将軍」が禁裏の「臣」であることは、否定しがたい。ただその「名」は実態にそぐわないから、「委任」を明確にするように「摂政」とすればよいというのが、後期水戸学の祖、藤田幽谷の主張だった（「正名論」）。また、徳川斉昭は、老中阿部正弘に対し、老中がオランダ人に対して将軍を「我主」と呼ぶのは不適当だ、「日本中へ聞え申候ても又外国へ聞え申候ても不宜《よろしからず》」、「我主」といえば「禁裏」でしかありえない、と注意した（書簡、弘化三年二月十八日）。それが真実であり、かつ、そう称することが政治的にも賢明だと信じたのであろう。

但し、この理屈は、（例えば、「従五位下　壱岐守」という官位を形式上禁裏から受けている）大名の真の「君」もまた禁裏だという危険な主張に道を開く（第三章）。実際、平戸の大名の隠居、松浦清（静山）は、昌平黌の儒者、林述斎に自分は「幕府」ではなく、「朝の臣なり」と明言して「彼是と争ひ言」ったという（天保一〇／一八三九年、『甲子夜話』巻六一）。「幕末」には、そう称する大名が次々と現れた。「世ニ幕朝ヲ称シテ覇ト云、今ノ諸侯ハ王臣ナトノヤウニ思フ者モ間《まま》有之、コレ漢学者ヨリ出テ、強テ漢士ノ文字ヲ以テ我国ノコトヲ言ントスル誤ナリ」（山県太華『講孟箚記評語』）という方が、武士の主従制の原理からすれば正論であろう。しかし、儒学的教養の浸透の結果、今や、実力による制圧と土地の給付（「利」！）による主従関係よりも、官位授与による君臣関係こそ「義」だと、往々信じられたのである。自前の正統性理論の構築をしなかった公儀は、正面からそれを決然と否定することもできなかった（新井白石のように、「古代以来の天皇の王朝は滅亡した。徳川家は直接に天命を受けており、その徳川家が北朝を「共主」として戴いているのだ」という歴史と正統性との解釈をとっていれば、この窮地には陥らなかったであろう）。

しかし、何故、禁裏の権威が、いつの間にかそれほどに上昇したのだろうか。

①外国を意識するほど、皇統の連続が貴重に思えてくるという事情は確かにあった（第十五章）。無論、それを公言した②浅見絅斎などの儒学者や、③国学と水戸学の影響も大きい。④さらに、儒学的礼楽と平安の雅びの双方の美的憧憬の対象となったという面もある（第十章、第十六章）。美は力である。⑤その上、二つの権威の並存故に、二大政党制に似て、政権党への不満の結果、在野党の人気が実績でなく期待によって高まるというダイナミズムが働いたということもあろう。⑥そして、より大きな背景として、体制の永い安定故に、持続と伝統が社会的権威の最大の源泉となっていた事実があろう。当時は、自己主張が、しばしば我がイエや我が集団（町村・寺社・「仲間」「座」等）の歴史的「由緒」や「筋目」を誇る形でなされた(4)。そのような状況においては、最古・最強の「由緒」「筋目」「格」を持つ禁裏がじりじりと権威を高めるのは当然である。多分、禁裏は近世後半の全国的「由緒」競争の最大の勝者だったのである。

そして、禁裏の一層の輝きは、「日本」とは天皇を戴く特別に優れた国、「皇国」だ、という自意識を強めた。

「御国辱」を嘆き、「御国威」挽回を叫ぶ時、その「御」が示すように、「国」は仲間としての「国民」や「民族」ではない（その意味で、それは、二一箇条要求への屈服に対する若き中華民国の「国恥」とは異なる）。問題は、「皇国」、あるいはそれを代表する政府の威信である。それが反照して「皇国」の臣・民たるものすべてにとっての問題となるのである。「尊王」論と「攘夷」論がそうして結合し、相互に強めあった。

「皇国」意識を前提にすれば、「違勅」調印は「幕府」には後ろめたく、「尊王」論者からすればほとんど反逆だった。それを責められれば、「幕府」は事情からやむを得なかったのだと説明するほかなく、つまりは弱さの自認だった。そのため「威光」はさらに低下した。そして、「尊王」に欠けると非難されれば、これからは「尊王」を貫くと言わざるをえなかった。

また、武家が天皇から土地と権力を簒奪したという歴史理解は、公儀のみならず、すべての武士に倫理的疚しさを感じさせる。その克服も、「尊王」の努力によってのみ可能である。

実際、水戸学を代表する、藤田東湖（藤田幽谷の息子である）の『弘道館記述義』（『弘道館記』の解説）は、頼朝が「大権を竊」んだとし、足利の世の「皇室衰替、武人驕横の状」を嘆き、それを「彝倫名分」「頽敗錯乱」と評する。そして、「皇室」が蔑ろにされた乱世において、「勤王」に奮闘した人々の「英風義気」を称える。（本来は、対外的危機に備えるよう水戸の家来たちを鼓舞する意図だったもの）「幕末」の読者は、君もこの「大道」実現のために献身する「英雄」にならないのか、と迫られるように感じたことであろう。

大名の家中でも、「尊王攘夷」を叫ぶ者が現れ、「出奔」「脱藩」も相次ぎ、大名もそれと正面から対決すれば、家中の離反を招きかねない状況になった（ちなみに、平戸の大名、松浦家の儒者だった山崎闇斎派の楠本碩水は、維新後、「大名ハ賊臣ゾ。朝廷ノ復古モ大名ノ力ヲ藉リテ出来タルモノユヱ、如何トモシガタイゾ。華族ニ列シテ得意デ居ルゾ。ヲカシイコトゾ」と述べたという。楠本正脩『過庭余聞』）。「尊王論」の高まりは、結局大名への軽侮と否定、そして武士の自己否定をさえもたらしたのである。

このような「尊王」と武士の自己懐疑との結合が、天皇を直接に戴いた武士出身者の構成する政府による、大名支配と武家身分自体の解消という一見逆説的な変革の一因であろう。そうしてのみ、「尊王論」は完成した。その時、水戸学的・頼山陽的歴史意識を受容していた武士たちは、それに抵抗する思想的足場をすでに欠いていたのである。

「幕末」には、あるいは自己保存のために、あるいは自己主張のために、あるいは自己肯定のために、誰もが「尊王」を叫んだ。誰が真に「尊王」かを競う「尊王」競争が始まり、加速した。この競争を降りることは、もはや誰にもできなかった。それでいて、禁裏自身には、みずから独裁者になる気概は無かった。その結果、禁裏を担げばそれによって権力を握り、政局を動かせるという構造が成立した。

「王政復古」と称しても、それは「天皇親政」を意味しないというのが通常の了解だった。明治天皇制国家の基本的構造が、そうして形成された。

四　「人心折合」と「公議輿論」

一般的に、専制的権力が成立し、安定すると、権力が一々指示する必要は減る。その意向を忖度して、「自主的」に随従するようになるからである。それは、「無為にして治ま」った状態ともいえる。しかし、権力が拡散した状態とも見える。特に権力の要求が固定すれば、各人は安んじて先例通りに動くことになる。それは、最強の専制とも見え、合意に頼る統治とも見えよう。

徳川体制では、この論理が実際に働いたように思われる。

問題は、そこで権力が変革を試みる時である。その時、絶対的と見えた権力が、実は、被治者の慣れによる受忍ないし受容において機能していたことが暴露される。条件付き同意に頼っていたことが明らかになる。王様は、周囲が王様と思わなくなった瞬間、王様でない。いかめしい「御威光」の支配が、不断の合意調達に頼る支配に瞬時に裏返り、溶解しうるのである。

公儀を担う老中たちも、その予感と恐怖に捕らえられたらしい。ペリー来航以来、諸大名の意見を聞き、しきりに禁裏にも報告し、さらに条約「勅許」を得ようとしたことの背景にはそれがあろう。例えば安政四年一二月一五日、ハリスに通商条約締結を迫られた老中堀田正睦は、諸大名に、「中興之御大業を被為立《たてさせられ》、御国威御更張之機会も又此時ニ有之候間、御大変革被為在度《あらせられたく》思召候得共、当時御国内人心之居合方も有之、人心不居合節ハ、内外何様之禍端を引出し可申も難《はかりがたく》計候間…」と述べた。「大変革」をしたいが、「人心」が折り合わなければ何が起きるかわからない、という正直な告白である。それ故、前例の無い、諸大名への諮問に踏み切ったのである。

これは、フランス国王の三身分会招集が革命のきっかけとなったように、専制政府が政治過程にみずから多数を引き入れる自殺的行為のように、後世からは見える。しかし、彼は、独断によって直ちに「人心不居合」と混乱を導くよりは、むしろ賢明な方法だと考えたのであろう。

一方、翌年二月には、禁裏もそれに呼応するように「人心の居合、国家の重事なれば、三家以下諸大名の赤心を聞召されたく思召す」と通告した。そうすれば、条約締結が困難になると読んだのである。そして、「違勅」調印後のいわゆる「戊午の密勅」（八月）では、先に「諸大名衆議」を聞きたいと述べたのに無視されたとして、改めて「是国家之大事候間、大老閣老其他三家三卿家門列藩外様普代共、一同群議評定」するように求めた。これは民主政論ではない。「人心の居合」を秩序の条件とする発想から、「衆議」「群議」によれという手続き論が登場したのである。この後も、さまざまな立場からこれが主張される。結果としてそれは「処士横議」を招いた。

他方で、権力を議論に開く儒学的勧めも、援用された。第一に、賤しい民にも下問を恥じない（「詢于芻蕘」『詩経』大雅）ことは、治者の美徳である。下からの「言路」を「洞開」する要請は、儒学からは当然である。

第二に、みずから内面を「省察克治」しつつ「講習討論」することは学問すなわち修身の基本である（朱熹『大学章句』）。各人の内面にもある普遍的な「理」の発見に、「討論」も必要である。したがって、広い一致を見た「論」、すなわち「公論」は「理」にかなっている可能性が高い。「公論」は、単なる世論調査における多数意見とは異なり、「公道」に近い権威を帯びる。安政五年四月、松平慶永の腹心、橋本左内が「閣老辺ニは自ら公議輿論も耳ニ入、且国家之安危懸念有之候へば、無訳《わけなく》暗愚之御方を（将軍家定の養子に）立候《たてそうろう》気遣《きづかい》無之《これなく》候得共…」と述べ、同年五月に、慶永が大老井伊直弼に、「兎も角も天下の御為よからんこそ肝要に候べきハ天下の公論を採らせらるべき事にこそ候へ。誰かハ（家定の養子に）御幼年の御方よろしからんと申べき」と迫った時にも（『昨夢紀事』）、そのつもりであったろう。現に、慶永は、諸大名の申し立てによって行うようでは「御威光も如何あらんか」と案じた老中（松平忠固）に、「公論を採て御採決あらんに何の御威光に拘はる事の候べき」と反論した（同年同月）（同）。正しいことをして「御威光」にかかわることはありえない、というのである。

やがて、薩摩も長州も「天下の公論」を持ち出すようになる。ついには対抗上、公儀の側も持ち出す。そして、『海国図志』等の欧米の議会の紹介が「公」なるものとして関心を引く（第十七章）。「人心不居合」を懸念する「衆議」論、儒学的な「公論」論、そして西洋の政治制度の紹介、それらが混合し、融合した。かくして、「公議輿論」が「公方様の御威光」に代わる統合原理として浮上した。

とりわけ慶応年間になって諸勢力が新しい統合を模索するようになると、彼等はこぞって「公議輿論」によることを主張した。坂本龍馬「船中八策」（慶応三年六月）は「上下議政局ヲ設ケ、議員ヲ置キテ万機ヲ参賛セシメ、万機宜シク公議ニ決ベキ事」という。徳川慶喜のいわゆる大政奉還の上書（同年一〇月）は「政権ヲ朝廷ニ奉帰、広ク天下ノ公議ヲ尽シ」という。そして、いわゆる「王政復古御沙汰書」（同年一二月）は「縉紳・武弁、堂上・地下ノ別ナク、至当ノ公議ヲ竭シ」と述べる。五箇条の誓文が、「広ク会議ヲ興シ、万機公論ニ決スベシ」「上下心ヲ一ニシテ、盛ニ経綸ヲ行フベシ」「天地ノ公道ニ基クベシ」と宣言したのは、この過程の当然の帰結であった。そしてその二一年後に、天皇の下に民選議院を置く政治体制が確定したのも、無論、それと無関係ではなかった。

五　「暴政」と「自由」

では、「尊王攘夷」と「公議輿論」、それが当時往々命をかけて活動した「志士」「義士」たちの動機だったのだろうか。そのような抽象的な大義のために職も命もなげうって活動する献身的なヴォランティアが、突如大量に出現して、維新を起こしたのだろうか。しかし、アメリカ独立革命やフランス革命は、「自由」や「人権」を求める市民が突然立ち上がって起こしたのだ、という素朴な説明にいったい誰が満足するだろうか。

早熟なナショナリズムからする「国」の独立維持のための改革だった、などという維新解釈も、同様である。それは分かりやすい。しかし、結局、「国」のために自己犠牲を厭わない偉人あるいは奇人が、何故か歴史上この時だけ（しかも、何故か下級武士を中心に）自発的に多数出現したという説明に陥ってしまう。

福沢諭吉は、よりリアリスティックにこう説明している（「国権可分の説」、明治八年）。

彼の王政一新の挙動も、其際には或は尊王と云ひ、或は攘夷と云ひ、様々の議論も行はれたることなれども、悉皆事の枝葉にして、其実は尊王にも非ず、又攘夷にも非ず。国権の棟梁たる人民の気風は、政府の専制を倒して自由に赴かんとせしものなり。若し此挙動果して攘夷のためならば、当時徳川の政府をして実意に外人を攘はしめなば、幕府は安全なる可きや。之を信ずる者は信ぜよ。余輩は信ぜず。若し此挙動果して尊王のためならば、当時旧幕府をして実の専権を握らしめ、天子に奉ずること、今の政府が宮内省に於ける如くあらしめなば、天下有志の士は之を傍観して之を甘んじたらん乎。余輩は之を信ぜず。或は又今日に於ても、今の宮内省に旧の公卿のみを用ひて天下の政権を握り其専制抑圧を逞ふすること旧幕政府の如くならしめなば、現在の諸官員にしてよく其制御に伏し、甘じて之が奴隷と為る可きや。余輩は決して之を信ぜず。若し然ることあらば、今の官員は必ず復た破裂して第二の一新を企ること論を俟たずして明なり。況や彼の「リベラルパーチ」は官員のみに非ず。人民の間に説を同ふする者少なからず。次第に日本国中に蔓延して、其党を増すこと日一日より多き勢なれば、政府の専制を用る、或は旧幕府の半に至らざるも、尚其安全を保つこと能はざる可し。故に云く、今の日本の人民は自由の趣意を慕ひ、暴政府を倒して全権を得たるものなり。

福沢によれば、「尊王攘夷」は「枝葉」にすぎない。事の真相は、「自由」を求めた「人民」による「専制」「暴政府」打倒である。但し、彼がいう「自由」とは、言論の自由でも信教の自由でもない。同年の『文明論之概略』で、彼は、こう説明している。

我国の人民積年専制の暴政に窘《くるし》められ、門閥を以て権力の源と為し、才智ある者と雖も門閥に藉《かり》てその才を用るにあらざれば事を為すべからず。一時はその勢に圧倒せられて全国に智力の働く所を見ず、事々物々皆停滞不流の有様に在るが如くなりしと雖ども、人智発生の力は留めんとして留む可からず、この停滞不流の間にも尚よく歩を進めて、徳川氏の末に至ては世人漸く門閥を厭ふの心を生ぜり。

つまり、「自由」とは、世襲身分制度からの解放であり、能力ある者の「立身出世」の自由なのである。

彼の『西洋事情』（慶応二年）冒頭の「文明の政治」の要件としての「自由」も同じである。何よりも「門閥を論ずることなく…天稟の才力を伸べしむる」ことである。

もっとも、以前から、町人であったならば、家業に精を出し、「才覚」を振るって家業の繁昌と家格の上昇をめざすこともできた。百姓身分でも、すさまじい勤勉・工夫・節倹によって土地を買い足し、立派な家を建てるといった可能性が無いわけでも無かった。これに対し、「立身出世」の可能性がほとんど無かったのが、下級武士である。彼等の大多数はそもそも意義を実感できるような仕事はしていない。武勇も才能も、活かす機会は無い。内職に出精して手間賃は増えても、武士としての出世は無い。努力のしようさえ無いのである。「治世」には役人の外は無用の長物の様に、農工商の輩は思ふも多」く、

「町人百姓も侮り軽じ、士魂下り眠て、武威次第に軽く成」っていた（高野常道『昇平夜話』寛政八／一七九六年序）。かといって、自分の土地も無い以上、彼等は憤然として武士を辞めるというわけにもいかなかった。

しかも、彼等は困窮していた。元来、米の量で定められた禄では、市場経済化に伴って困窮は必至である。さらに、百姓の抵抗で税収を増やせない（第十二章）大名は、その禄さえ十八世紀半ば以降、往々削減した。時には、半減さえし、やがてそれが常態化した（「半知」）。本多利明は、次のように懸念している（『経世秘策』寛政一〇／一七九八年）。

当時既に諸侯の家臣、本禄を給はるはなし。半知以上の借揚げに遇ひて、主を恨むること怨敵の如く、常に忿憤の遺念を蘊積に堪へ兼て、藩中を立退き盗賊となり、諸国を横行する様にならば、彼の浜辺の土人とかたらひ海賊とならば、益《ますます》海賊剛強となりて、大昔に復す勢ひを生ずべし。

水野忠邦に仕え、後に昌平黌の儒者ともなった塩谷宕陰（文化六／一八〇九年―慶応三／一八六七年）も、「天下之士」の多くが「愚且つ貪」となっているのは「減禄」のためだと指摘し、「今の天下、暴政の名無くして、暴政の実有り」と断じている（「輿川西士龍論義泉策書」）。

下級武士は、金もなく、威信もなく、憧れもされなかった（第十六章）。儒学を学んで、家柄ではなく才徳によって登用されるべきだと信じるようになっても、清国・朝鮮国と異なり、科挙制度は無かった。福沢が後に「親の敵《かたき》」と呼んだ「門閥制度」だった（『福翁自伝』）。そのような下級武士にも、しかし、誇りだけはなおあった。その狭間で鬱屈していた彼等（つまり、「不平士族」である）にとって、対外緊張感が生じ、「海防」が課題になったことは、ある意味で救いだった。武士として活躍する日がついに到来するという予感に、文字通り武者震いした人々がいたのである。「出奔」「脱藩」の「士」の多くが下層だったのも当然であろう。(5) また、大名家の中でもとりわけ誇り高く、しかも経済的窮乏が苛烈だった水戸徳川家で、対外危機を強調し、「英雄」「豪傑」が立って世を立て直すべきことを高唱する一派（「水戸学」、さらに「天狗党」）が出現し、多数のテロリストを生んだのは、示唆的であろう。

革命とは被支配階級が起こすはずだ、と信じ込む必要はない。一家を構える町人の生活は、多くの下級武士よりも豊かで、しかも気楽だったのではないか。彼等が、武士の騒動を傍観したのは当然であろう。一方、多くの武士は、経済的に苦しいだけでなく、自己肯定が困難だった。戦国武士の理想からすれば彼等は堕落していた。儒教的君子の理想からすれば、世襲の「武」の「士」であることはひけめだった。そして「皇国」の歴史意識からすれば、存在自体が道徳的に疑わしかった。(6)

ペリー以降の動揺と瓦解の主な駆動力は、既存の体制内で鬱屈を募らせていた武士たち、とりわけ下級武士たちの、自己と他者の改革と破壊への衝迫であろう。彼等が、「攘夷」や「尊王」を旗印として、「横議」し、下克上し、戦い、同盟したのである。新政府の構成が示すように、これは、主に下級武士による革命だった。

「御威光」でいかめしく輝いていた「幕府」を「尊王」を掲げて罵れば、溜飲が下がったであろう。「攘夷」のできない臆病で「不忠」な「幕吏」を脅迫し、「天誅」を下すのは、快感だったであろう。「公論」に従えと叫んで、家中の（当然に保身的であるが故に保守的な）「門閥」をやりこめ、さらには

「藩主」までをも操作するのは、小気味よかったことであろう。「志士」たちの居丈高な姿勢と往々サディスティックな暴力の背後には、ルサンチマンと「正義」の結合があったのであろう。

五箇条の御誓文第三条は、「官武一途庶民ニ至ル迄、各其志ヲ遂ゲ、人心ヲシテ倦マザラシメンコトヲ要ス」という。それまで、「志」が「遂」げられず「人心」が「倦」んでいたことを認め、もうあのような世は止めよう、と言っているのである。それは、被支配身分だった町人・百姓からの要求（確かにそれもあったが、しかし強いものではなかった）へのやむを得ぬ譲歩ではなかった。何よりも、二世紀以上の間、悩み、鬱屈していた武士自身の解放宣言だった。

（1）「攘夷」論者たちは、別に、条約内容が不平等だから憤慨したわけではない（三谷博『ペリー来航』吉川弘文館、二〇〇三年、二六六―二六八頁）。明治になってから、無知な「幕府」による不利な条約だったことになったのである。元来、通商条約は、日本人が国外に出ることを想定していない。したがって、日本人を被告・被告人とする事件は日本の裁判所が、外国人を被告・被告人とする事件は当該国の領事が裁くというのは不平等ではない。また、日本人が外国に出るようになれば、日本人は外国で自由に行動できるが、外国人は日本で居留地から一〇里までしか内地に入れないという逆不平等があり、これは外国資本の日本国内進出にとって重い足枷になった。杉山伸也「国際環境と外国貿易」（『開港と維新（日本経済史三）』岩波書店、一九八九年、二一七頁）。

（2）『文恭院殿御実紀』附録巻一、松平慶永『逸事史補』。

（3）ちなみに、老中松平定信への建言書『草茅危言』（寛政元年）に「関東賢治、委任ヲ専ラニセサセラレ」と書いた中井竹山は、それ以前みずから『大日本史』を筆写したことがある。『奠陰集』巻之七「大日本史附議」。彼による徳川家康の一代記『逸史』も、基本的に水戸学的な歴史解釈によっている。彼は、その「危険性」を意識せず、「無邪気」に、それが徳川家自身の歴史観・正統性観だと信じていたのであろう。

（4）「冒頭で、近世は由緒の時代ではないかと述べたが、十八世紀後半以降、十九世紀にかけて由緒の時代に入ると言い換えた方が正確であろう。他の諸社会集団が由緒を発見し、盛んに語り始めるのも、この時期であった」（久留島浩「村が「由緒」を語るとき」、久留島浩・吉田伸之（編）『近世の社会集団：由緒と言説』山川出版社、一九九五年、三二頁）。

（5）文久二年（一八六二）頃の京における「浮浪の徒」たちの多くが「軽士」であるのは、「戦争の機会に乗じ、立身をもなさんとする者」だからだという理解が多いという、同時代の指摘もある（馬場文英『元治夢物語』元治元／一八六四年成）。

（6）これに対し、「儒仏の道は、日本の道ではなく、神道は今の世の道ではない。今の風俗に従い、今の掟を守ればそれでよい。それが誠の（「真の」という意味）道だ」という最も現状肯定的な「道」を説いた富永仲基が、武士ではなく、豊かな大坂の町人だったのは、偶然ではあるまい（『翁の文』延享三／一七四六年刊）。

参考文献

園田英弘『西洋化の構造：黒船・武士・国家』（思文閣出版、一九九三年）
三谷博『明治維新を考える』（有志舎、二〇〇六年）
高橋秀直『幕末維新の政治と天皇』（吉川弘文館、二〇〇七年）

第二十章　「文明開化」

一　「風」

明治六年（一八七三）頃を回顧して、もと長州の奇兵隊員で、戊辰戦争でも戦った鳥尾小彌太（当時、陸軍少将）は、こう嘆いている（「述懐論」）。

顧みるに余は元来軍人を以て出身せし者なり。故に王政維新已来専ら軍事にのみ尽力して、此帝国の軍事を統一するに至らば、始めて王政維新の実効を見るべしと信じ、危険を犯し、誹謗の衝に方り、只管《ひたすら》軍事の改正に従事せり。以為《おもへら》く此軍事統一の後は、武道を以て国民を教育し、天下の人民をして悉《ことごと》く封建時代の武士の如き性質を具へしめ、以て外国の難に当り、我国家の独立を全くすべしと。然るに何ぞ計らん、文明開化てふ風の吹廻はしにより、天下一般に騒ぎ立て、無二無三に西洋流と称し、一時に俗を破り風を変じ、人心転《うた》た浮薄に流れ…

彼は、西洋諸国に対抗する武士たちの統一政権が成立したならば、「天下の人民」が「武士の如き性質」を持つ排外的軍事国家ができるはずだと信じていた。にもかかわらず、突如「文明開化」という「風」が吹いて「天下一般」が浮かれ立った。「攘夷」から一転して「文明開化」という「風」「俗」の激変に至ったのである。何が起きたのだろうか。

福沢諭吉は、『西洋事情』（慶応二年刊。それは、当時の日本人の西洋像の重要な基礎となった）冒頭で「文明の政治」を説いた。さらに『西洋事情外編』（慶応三年ないし四年刊。*Chambers' Educational Course, Political Economy for Use in Schools, and for Private Instruction*, 1852の訳）では、そのCivilisationの章を「世の文明開化」と訳した。それ以来、「文明開化」「文明」「開化」の語は、急速に通用を広めた。

福沢自身が、その西洋紹介書や『学問のすゝめ』（明治五年―九年）で用いただけではない。例えば、慶応四年、『中外新聞』は、「欧羅巴洲中文明開化の邦に於ては…」（四月二九日）、「文明開化を助くるの功少なからず」（五月九日）、「日本国を文明に進め今よりも数等強盛ならしめん事は…」（五月一七日）等と書いた。明治二年、「公論」の調達機関として新政府が各藩の代表者等によって構成した「公議所」では、「是等之事、文明開化之国ニテハ無之義ト伝聞仕候」、「開化進歩ヲ得ント欲セバ、世禄ヲ廃スルニアル可シ」等の議論がなされた（『官版議案録』）。そして、明治四年一〇月の「太政官布告」は、廃藩置県によって東京に集めた旧藩主に、「中外開化ノ進歩ヲ察シ、聞見ヲ広メ智識ヲ研キ国家ノ御用」に立つよう激励した。当時の堅い流行語を集めた『童蒙必読　維新御布告往来』（明治五年九月刊）は、冒頭、「抑《そもそも》皇政復古、綱紀御維新、御大政、万機御更張、公明正大、言路洞開、方今、奎運隆盛、文明

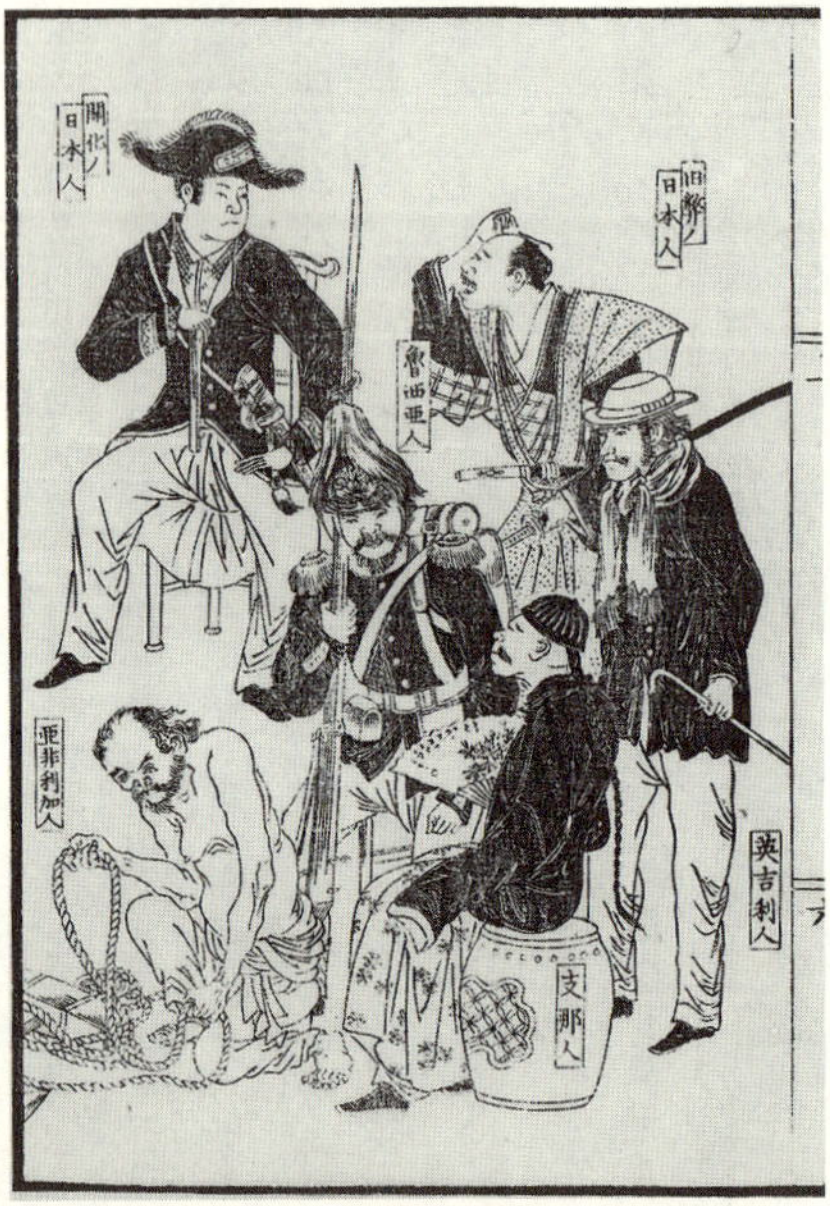

加藤祐一『文明開化』（明治 6 年刊）の挿絵．「開化」「旧弊」，そして「未開」を視覚化している．

開化之盛時」と並べている。さらに、明治七年三月以来、月に数冊ずつ刊行された『明六雑誌』には、「開化第一話」「開化ヲ進ル方法ヲ論ズ」「開化ノ進ムハ政府ニ因ラズ人民ノ衆論ニ因ルノ説」等の論説が並んだ（「明六」は、明治六年に発行元の明六社が結成されたからだとされるが、当時の読者の目には「明六」は「明け六つ」の意味に映ったであろう[1]。夜明けのことである）。

そして、これらに呼応して、「開化物」と総称される「文明開化」を説明し、煽り、謳歌する通俗的な読み物も次々に刊行された。『開化進歩の目的』『文明開化往来』『開化の入口』『文明千字文』『開化千字文』（以上、明治六年）、『東京開化繁昌誌』『開化問答』『開化自慢』『開化之本』『開化新説』（以上、明治七年）等である。そして例えば加藤祐一『文明開化』（明治六年）は、「散髪にはなるべき道理」「帽子はかならず着べき道理」「沓はかならずはくべき道理」「肉食は穢るべきものに非る道理」などと、「道理」として西洋風俗の摂取を勧めた。

そして実際に、「牛鍋食はねば開化不進奴《ひらけぬやつ》」（仮名垣魯文『安愚楽鍋』明治四年）ということになり、丁髷はにわかに古臭くなった。都会では馬車・人力車が走り、洋館・擬洋館が次々に建ち、ガス灯が光り、電信・汽車・郵便・新聞・懐中時計が急速に普及し、太陽暦になり、マッチが使われ、僧侶が一斉に妻帯した。「文明開化」は政府の方針になっただけでなく、衣食住・生活様式にまで及ぶ社会的流行現象となって、都会から田舎へ波及した。ほんの一〇年前には想像もつかなかった激変が毎月のように生じた。そして、「因循姑息」「旧弊陋習」を圧倒して人心は沸き立ち、（海保青陵の構想が実現したかのように）「ウカ」されて、新しい機会に飛びついていった。

このような同時代人さえ理解に窮する急転回が起きたのは、何故だろうか。

日本人は、西洋に学んで近代化する必要を察知して速やかに方向転換するほどに明敏（あるいは軽薄）だったからだ、というのは、説明にならない。彼は何故あの時大嘘をついたのか、それは元来嘘つきだからだ、というのと同じである。同義反復である。では、何故か。

第一に、徳川末期に進行していた「攘夷」論の空洞化（第十九章）があった。第二に、それを埋めるような、かねてからの西洋観（第十七章）の再浮上と拡大があった。それには、西洋理解の通路をほとんど独占した福沢諭吉等、洋学者の影響が大きい。そして、第三に、後述する「ひらけ」と理解され誤解された流行としての文明開化現象の発生があった。

二　「礼義」と「人柄」

まず、知的な指導者たちは、「文明開化」をどう理解したのだろうか。

上記の『西洋事情外編』「世の文明開化」の章は、こう説明している。

歴史を察するに、人生の始は莽昧にして、次第に文明開化に赴くものなり。莽昧不文の世に在ては、礼義の道未だ行はれずして、人々自から血気を制し情欲を抑ゆること能はず。大は小を犯し強は弱を虐し、配偶の婦人を視ること奴婢の如く、父の子を御するに無道を以てするも之を制する者なし。且世間相信ずるの意薄くして、交際の道甚だ狭きが故に、制度を設て一般のために利益を謀ること能はず。世の文明に赴くに従て此風俗次第に止み、礼義を重んじて情欲を制し、小は大に助けられ弱は強に護られ、人々相信じて独其私を顧みず、世間一般の為めに便利を謀る者多し。

つまり、「礼義」が無く、「情欲」の赴くままに強者が弱者を虐げ、「一般」の「利益」が謀られない状態から、その逆の状態への移行である。しかも、これは「人生天稟の至性なり。之を人為と云ふ可らず」という。

これは、いかにも儒学的である。「文明」の語は『書経』『易経』に由来し、洗練された徳の光輝く様をいう。この伝統的な（足利の世の年号にもなっている）「文明」と、福沢の説明はほぼ合致する。しかも、それこそが、西洋の繁栄の内実だというのである。つまり、あの「道」の実現の先達としての西洋像である（第十七章）。道徳と繁栄とが一致するとき、それを敵視することができるだろうか。

福沢は、別に原文を曲げ、強いて儒学的に翻訳しているわけではない。実際に原文は、barbarous state においては、the lower passions of mankind があまり regulation の下になく、the higher moral qualities of our nature が展開せず、confidence between men が乏しいために great combinations for the general benefit がありえない、と述べている。そして、human nature only gets fair play in a civilized state. としている。「情欲」が制せられ、「礼義」が発達し、道徳化する、それは人の「性」の実現であり、civilisation だと、原文も確かに説いているのである。

中村正直訳『西国立志編　原名自助論』第一編（明治三年刊）も、「所謂開化文明ト云フモノハ他ナシ、ソノ国ノ人民男女老少各自ニ品行ヲ正クシ職業ヲ勉メ業事ヲ修メ善スルモノ合集シテ開化文明トナルコトナリ」と述べる。その原文は、civilization itself is but a question of the personal improvement of the men, women, and children of whom society is composed. (Samuel Smiles, *Self-Help; with Illustrations of Conduct and Perseverance,* 1859) である。個々人の improvement の集合が civilization なのである。西洋の隆盛の秘密がそれであるなら、品行の優れた西洋人の伝記集に興味をそそられるのは当然である（同書は、異本を含め、実に一〇〇万部以上売れたという[2]）。

明治初年によく読まれた、フランソワ・ギゾー François Guizot の『ヨーロッパ文明史』*Histoire de la civilisation en Europe* (1828) の英訳（一八六七年刊）や、J・S・ミル John Stuart Mill の "Civilization"（もと一八三六年刊の雑誌論文だが、一八六七年刊の論文集に収録）の説明も、ほぼ同様である。彼等は、「物質文明」を「精神文化」に対置してさげすんだりしない。世界にさまざまな「文明」が並立し、「衝突」しているとも言わない。Civilization は野蛮・蛮行の克服であり、人々が洗練され、向上して、より優れたものになっていくこと一般を、当時は意味したのである。

したがって、「文明開化トハ英国ノ語ニテシヴヰリゼーショント云ヘル語ノ訳ナリ。支那人ハ此語ヲ訳シテ礼儀ニ進ムト為ス。我邦ノ俗語ニ訳スレバ人柄ノヨクナルト云コトナリ」（西村茂樹「文明開化ノ解」、『明六雑誌』第三六号、明治八年）というのも誤解ではない（明治五年以降、政府が、「違式詿違条例」で入墨・混浴の湯屋・裸体の露出・「奇怪ノ扮飾」等まで規制を試みたのも、それ故であろう。それは、儒教的にして文明的である）。

しかも、既述のように（第十八章）当時は、欧米人の多くも、(3) 日本人の多分誰も、価値相対主義者ではない。そして、人には善き本性が内在していると信じている。だとすれば、「文明」すなわち人としての向上（とそれに直結した繁栄）に、反対し、抵抗する理由はありえないのである。

しかも、繁栄において現在最先端にあるのが西洋であることは自明だった。福沢は、挿絵入りの世界地理書、『世界国尽《せかいくにづくし》』（明治二年刊）で、「欧羅巴洲」をこう説明している。覚えやすい七五調である。

　土地の広袤《ヒロサ》を較れば五大洲の末なれど、狭き国土に空地なく、人民恒の産を得て、富国強兵天下一、文明開化の中心と名のみにあらず、其実は、人の教の行届き、徳宜を修め知を開き、文学技芸美を尽し、都鄙《ミヤコキナカ》の差別なく諸方に建る学問所、幾千万の数知らず。彼《カ》の産業《スギハヒ》の安くして、彼商売の繁昌し、兵備整ひ武器足りて、世界に誇る太平のその源を尋るに、本を務る学問の枝に咲きたる花ならん。花見て花を羨むな。本なき枝に花はなし。一身《ヒトリ》の学に急ぐこそ、進歩《アユミ》はかどる紆路《マハリミチ》、共に辿りて西洋の道に栄る花をみん。

ヨーロッパとは、「学問」によって「徳」と「知」の「進歩」の先達となり、それ故に「富国強兵」を実現した地域だった。(4) 口惜しかったら、自分もそれをめざせばよいのである。否、それをめざさなければならないのである。

しかも、「開化」を、(おそらく福沢が「文明開化」という訳語を作った時にも意識していた)「開ける」という俗語の意味で理解した人々も多かったようである。「開化」も「文明」とほぼ同義の古い漢語だが(『日本書紀』に「開化天皇」の名がある)、従来ほとんど使われなかった語だからである。「開ける」とは、人為によって繁華に、都会的になっていくことをいう。土地が「拓け」、町も「開け」る。したがって、「開けた人」とは世情・人情に通じた人をいう。「蝦夷の果《はて》さへ開拓するに　なぜにおまへはひらけない」という都々逸も作られ(『漢語都々逸』明治三年)、「文明開化」に「すいなうきよ」(粋な浮世)と振り仮名した本さえあった(『童戯百人一首』明治六年)。

松本万年『文明余誌　田舎繁昌記』(明治八年)は、村芝居の盛況・芸者の繁昌をも「開化」の例として挙げている。宿場に「娼家」の増えたことを「開化」と思い(津田真道「廃娼論」、『明六雑誌』第四二号、明治八年)、「妾」を持つことを注意すれば「迂闊不開化」と笑う(阪谷素「妾説ノ疑」、『明六雑誌』第三二号、明治八年)男もいたという。(5)

このような「開化」を政府も勧めていると理解し、人心が浮かれたことも、「文明開化」に多数が同調し、便乗した一因であろう。

「御武威」と身分制度からの解放感の中で、西洋渡来の新奇で華やかな都会的流行が、「道」と富強の追求と、賑やかに融合したのである。

三　「欧漢一致」「百教一致」

五箇条の誓文は「智識ヲ世界ニ求メ」、「旧来ノ陋習ヲ破リ、天地ノ公道ニ基ク」べきだという。あの、みずからが信じる普遍的な「道」に照らして、正しいものを外国から摂取するという態度（第十七章）の表明である。「文明開化」とは、本来、「天地ノ公道」に基づいて西洋に学びつつ、人と世の向上をめざすことだった。それ故、西洋に学ぶのは、屈辱ではなかった。それは、ニュートン力学を確かに正しいと認め、それを学び、応用することが、恥辱でも自虐でもないのと同じである。むしろ学ばないのが愚劣である。「道理」は人類共通なのだから。(6) 人である以上、正々堂々と、道理を道理として認めるべきなのである。その時、「文明」化は西洋化でも「欧化」でもない。外見上は西洋化でも、それは、ただ人と世とを普遍の道理に照らして向上させることなのである。

実際、『明六雑誌』の代表的執筆者にして（朱熹の「白鹿洞書院掲示」を毎朝朗唱する）熱心な朱子学者、阪谷素《しろし》（朗盧）は「欧漢一致」（「質疑一則」、『明六雑誌』第一〇号、明治七年）を信じていた。彼は西洋語を学ばなかったが、「近来当社（明六社）ノ末ニ加ハリ高論ヲ聞テ感悟スル所鮮ナカラズ。益々正理公道ノ之ヲ以テ推セバ中ラザルモ遠カラザルヲ知」ったという（「尊王攘夷説」、『明六雑誌』第四三号、明治八年）。つまり、彼は朱子学者だったにもかかわらずではなく、朱子学者だったが故に、「文明開化」のために論陣を張ったのである。

西周《にしあまね》も、「大率《おほよそ》孔孟の道、西洲の哲学に比して大同小異、東西相因襲せずして符節をあはせたるが如し。是元《これもと》人理に本《もとづ》き立てたるにより、四海古今同じからざることなきなり」と述べた。しかも、彼によれば、「天津神といひ、上帝といひ、ごっとといひ、ヂウといひ、神といふの類《たぐ》ヒ皆其主宰たるより云ふのミ。此言程子形体より天といひ、主宰より帝といふの言（程頤『易伝』「乾」）、略々《ほぼ》当れりとす」（「復某氏書」明治三年）という。人間性が同一である以上、説かれる道理も古今東西ほぼ同一である。その根源である「天」「ごっと（「ヂウ」Dieu＝フランス語）」「天津神」も概ね同じものを指している。つまり、「百教一致」である（『百一新論』明治七年）（いわば「三教一致」論の拡大である[7]）。

津田真道も、釈迦の「慈悲」、孔子の「仁」、基督の「愛」について、「所謂人道ノ大本ニ至テハ三聖ノ説ク所、確然不抜、天壌ト共ニ湮滅スベカラズ」という。いずれも「造物主ノ徳」「造化生々愛育ノ徳」なのである（「三聖論」、『明六雑誌』第二一号、明治七年）。

さらに中村正直は、「それ西国の強は、人民篤く天道を信ずるに由り、人民に自主の権あるに由り、政寛に法公なるに由る」と指摘している（『西国立志編』第一編序）。西洋人も「天道」を信じており、それがその富強の一因なのである。現に、清国に長く滞在した米国人宣教師ウィリアム・マーティン William Martin（中国名は丁韙良。ヘンリー・フィートン Henry Wheaton の国際法の体系書を翻訳し、一八六四年、『万国公法』と題して刊行した）も、キリスト教の布教書を『天道溯原』（一八五八年序）と題して刊行していた。その冒頭には、「ソレ道ノ大原、天ヨリ出ヅ。斯ノ言、最モ確論タリ。其ノ謂フ所ノ天ハ、蒼蒼ノ天ニアラズ。乃チ宇宙ノ大主宰ナリ」とある。宣教師にも、「主宰」としての「天」と「ゴッド」とを同一であるかのように説く人がいたのである。マーティンも、人道に東西の違いなど無い以上、その根源も結局は同一のはずだと信じたのかもしれない。少なくとも中村正直は、そう信じ、この『天道溯原』に訓点を付して刊行した（明治一四年）。彼はメソディストの洗礼も受けていた（明治七年）。それは、彼が基本的には儒学者であることと、矛盾しなかった。

ところで、そうであれば、「文明国」の「天道」信仰であるキリスト教を広めれば、「文明開化」に役立つのではないだろうか。中村正直は、実際にそう考えた。現に彼は、「西国ハ教法ヲ以テ精神ト為シ、以テ治化ノ源ト為」しているとして、それに倣うため、天皇が「先ヅ自ラ洗礼ヲ受ケ、自ラ教会ノ主ト為」るべきだと説いた（「擬泰西人上書」明治五年）。かつて彼が訪れた英国の国教会がモデルであろう。津田真道も、「開化ヲ進ル方法ヲ論ス」と題して、次のように主張した（『明六雑誌』第三号、明治七年）。

今ヤ宇内人民一般ノ開化ヲ賛クル者、基教（キリスト教）ニ如《し》ク者ナシ。然レドモ、中ニ就テ小大異同利害得失アルヲ免レズ。サレバ、其尤新尤善尤自由尤文明ノ説ニ近キ者ヲ取テ、我開化ノ進歩ヲ助クルヲ以テ、我邦今日ノ上策トスベシ。目今諸省ニ於テ許多ノ洋人ヲ雇テ其学術ヲ伝取スル如ク、彼尤善尤新ノ法教師（「法教」は religion の訳語）ヲ雇テ、公然我人民ヲ教導セシメバ奈何《いかん》。

「開化」のために、政府が、御雇い宣教師によって最新最善のキリスト教を広めよ、というのである。津田からすれば、「法教」も、普遍的な「道」（すなわち「開化」）に人民を導くための手段である。したがって、その目的達成への有効性から「教」の優劣は量れるのである。

ちなみに晩年の福沢諭吉は、今後してみたい事として、「全国男女の気品を次第々々に高尚に導いて真実文明の名に愧かしくないやうにする事と、仏法にても耶蘇教にても孰れにても宜しい、之を引立てゝ多数の民心を和らげるやうにする事」等を挙げた（『福翁自伝』明治三二年）。何が「高尚」で「文明」的かは、福沢においても自明だった。

四　方法

（一）「宗教」

「文明」の基礎はキリスト教だとは、当時の欧米人の通念である。全「文明国」がキリスト教国であった以上、それは強い説得力を持っていた。では、やはり日本も「文明開化」実現の方法としてキリスト教を採用すべきなのか。

しかし、キリスト教は、単に「天道」への崇敬を説き、善行を勧める「教」ではない。「怪・力・乱・神」を語らない（『論語』述而）儒学的教養人にとって、例えば全能である宇宙の主宰者が人間として生まれ、人間に殺され、三日後に蘇生して昇天したという話を信じるのは、（新井白石の例のように）容易ではなかった（それ故、信者にも、キリストは天帝自身ではなく、模範とすべき人なのだと解する人もいた）。明治四年から二年間、米欧を回覧した岩倉使節団の公式の報告書（久米邦武（編）、明治一一年）は、こう述べている。

西洋ノ人民、各文明ヲ以テ相競フ。而テ其貴重スル所ノ新旧約書ナルモノ、我輩ニテ之ヲ閲スレバ、一部荒唐ノ談ナルノミ。天ヨリ声ヲ発シ、死囚復活ク、以テ瘋癲ノ譫言トナスモ可ナリ。彼ノ異端ヲ唱ヘテ磔刑ニ罹リシモノヲ以テ、天帝ノ真子トナシ、慟哭シテ拝跪ス。我其涙ノ何ニ由テ生スルヤヲ怪ム。欧米ノ各都、到ル処ニ紅血淋漓トシテ死囚十字架ヨリ下ルヲ図絵シ、堂壁屋隅ニ揚グ。人ヲシテ墓地ヲ過ギ、刑場ニ宿スル思ヒヲナサシム。是ニテ奇怪ナラズンバ、何ヲ以テ奇怪トセン。（『特命全権大使米欧回覧実記』第一九巻）

しかし、現に「文明国」では、その「奇怪」が常態であった。いかなることか。どう理解すればよいのか。

そこで、有力になったのは、かつての会沢正志斎や中島広足（第十七章）と同様の解釈だった。

抑《そもそ》モ人民敬神ノ心ハ勉励ノ本根ニテ、品行ノ良ハ治安ノ原素ナリ。国ノ富強ノ因テ生スル所モ此ニアリ。（同、第一九巻）

人ノ意識ヲ誘キテ其品行ヲ善ニ赴カシメ、生命利欲ヲ後ニシテ守所アリ犯サザル所アラシメルハ、之ヲ教門ノ維持ニヨラザルヲ得ズ。（同、第二一巻）

「宗教」「教門」「法教」（いずれも religion の訳語）は人民を導く手段である。但し、「文明国」の統治者たちが、その奇怪な教義を信じているはずはない。だとすれば彼等は、統治のために信仰を装っているのである。

欧洲上等社会ノ人人ニ於テ、甚ダ法教ヲ崇重スル外面ヲミレドモ、其深意ヲ揣《はか》レバ、蓋シ人気ヲ収メ規律ニ就シメル器具トナシテ、ソノ権謀ヲ用フルニ似タリ。…各国ノ君相、内ヲ治メ外ニ交リ、詭譎百端ニテ、権謀ヲ用フル実跡ヲミルニ、法教ハ全ク器具ニ弄シテ、此仮面ヲ以テ愚民ヲ役使スルヲミル。（同、第六三巻）

統治者の信仰は「外面」「仮面」であり、「法教」を「器具」として用いる「権謀」なのである。それが、岩倉使節団の正式な報告書の記述である。

使節団一行の佐々木高行も、ワシントン滞在中、日記にこう記した（『保古飛呂比』一八七二年一月二一日）。

合衆国人民各ソノ処ヲ得テ、日々開化進歩…且又教法盛ニ行ハレ、其教法ニテ風俗ヲ維持シタルコト又妙ナリ。「ソンデイ」ニハ、必ズ大統領・副統領初メ重立タル役人迠、寺ヘ参リ、説教ヲ謹ンデ聴聞スル事ナリ。究理学者抔ハ宗教ハ信ゼヌ事ナレ共、一体ノ人民ヲ維持スル道具ナレバ、重立タル役人モ真面目ニテ説教ヲ聞クコト、日本ニテ真宗ナドノ説法ヲ婦女共ノ信仰スルニ異ルコトナシ。

やはり、「道具」である。彼等にとって、これこそが「文明国」における「奇怪」な「教法」の隆盛という逆説の、最も納得のいく解釈だったのであろう。

では、日本ではどうすればよいのか。

やはりキリスト教か。それとも、「固有ノ神道ヲ基礎トシ、之ヲ助クルニ又孔孟ノ道ヲ以テ」（佐々木高行『保古飛呂比』上記と同日）すればよいのか。あるいは、仏教か（「宗旨ヲ以テ治安之具トセントナラバ、国民多数ノ信仰アル宗旨ヲ用フベシ。宗旨ヲ以テ政略ト和合セシメントナラバ、可成《なるべく》外国ヲ以テ中心点トスルノ教ヲ用ヒズシテ、内国慣熟ノ教ヲ用フベシ」、井上毅「教導職廃止意見案」明治一七年）。

模索は続いた。その中で浮上したのが、例えば、明六社の一員でもあった西村茂樹の次の説だった（『日本道徳論』明治一九年）。

夫れ民心の向ふ所一定すれば其国堅固にして、民心の向ふ所一定せざれば其国堅固ならず。西洋諸国の政府に於て宗教を尊崇するは、蓋し民心をして其向ふ所を一定せしむるに在り。本邦の如きは、既に至貴至尊の皇室あり。民心をして悉く此皇室に帰向せしめば、国の鞏固安全求めずして自ら得べし。何ぞ宗教の力を仮ることを須《もち》ひん。

キリスト教の代替物としての「皇室」というアイディアである。

政府は結局この案を採用した。明治二一年六月、憲法草案審議のために開催された枢密院会議の冒頭、起草者、伊藤博文は、こう演説した（『枢密院会議議事録』）。

抑《そもそ》モ欧洲ニ於テハ、憲法政治ノ萌芽セルコト千余年、独リ人民ノ此制度ニ習熟セルノミナラズ、又タ宗教ナル者アリテ之ガ機軸ヲ為シ、深ク人心ニ浸潤シテ、人心此ニ帰一セリ。然ルニ我国ニ在テハ、宗教ナル者其力微弱ニシテ、一モ国家ノ機軸タルベキモノナシ。仏教ハ一タビ隆盛ノ勢ヲ張リ上下ノ人心ヲ繋ギタルモ、今日ニ至リテハ已ニ衰替ニ傾キタリ。神道ハ祖宗ノ遺訓ニ基キ之ヲ祖述ストハ雖、宗教トシテ人心ヲ帰向セシムルノ力ニ乏シ。我国ニ在テ機軸トスベキハ、独リ皇室アルノミ。是ヲ以テ、此憲法草案ニ於テハ、専ラ意ヲ此点ニ用ヰ、君権ヲ尊重シテ、成ルベク之ヲ束縛セザランコトヲ勉メタリ。

民選議院による遠心力に、「皇室」の求心力で対抗する。「皇室」を「人心」を「繫」ぐ「機軸」とする。かつて岩倉使節団の一員でもあった伊藤は、彼の理解した欧州の「宗教」、すなわちキリスト教の正確な代替物として、意識的に「皇室」崇拝を企画したのである。(8)

こうして構築された明治国家は、往々誤解されているような、議会という西洋的なものと、天皇制という日本的なものとの単純な総合などではない。議会は、一面で古い「公議」「公論」思想の実現である。そして、天皇制は一面で現代欧州の模倣なのである。「大日本帝国憲法」「告文」の引く「天壌無窮ノ宏謨」を、伊藤博文が本居宣長のように（第十三章）信じていたか否かは、大いに疑わしい。しかし、太陽の女神のお告げといっても、耶蘇の話ほど荒唐無稽でもあるまい。「文明国」にはそういうものも必要なのだ。おそらく彼は、心中、そう思っていたのである。

(二)「自由」

「文明開化」は、上からの「教」のみによっては実現しない。現にある「文明国」との格差はいかにして生じたのか。

その探求は、西洋人の自己理解をも参照しつつ多方面に及んだ。例えば、風土によるという説もあった(例えば、Henry Thomas Buckle, *History of Civilization in England*, 1857, 1861)。しかし、それでは現にある格差は宿命となってしまう。人種によるという説もあった(十九世紀半ばからの一世紀は、疑似科学としての人種主義の時代である)。そこで西洋人との婚姻を勧める「人種改良」論も登場し、娘たちは「欧洲ノ人種ヲ得サシメン為」に欧州へ送られるという噂さえ流れた(『新聞雑誌』第八四号、明治六年三月)。

一方、外国人と接して誰もが気付く相違は、言語である。そこで、英米が世界を制覇しているのだから英語がよさそうだ、日本も英語国になればよいという説もあった(森有礼 *Education in Japan*, 1873)。表記をローマ字にしようという説もあった(西周「洋字ヲ以テ国語ヲ書スルノ論」、『明六雑誌』第一号巻頭論文)。アルファベットに比べて余りに複雑な漢字が「進歩」の障害と思われたからである(現代でも、日本中でローマ字入力を漢字変換するために費やしている労力と時間はどれほどだろうか)。ベトナムやモンゴルの実例も現にある。あり得ない説ではなかった。また、せめて平仮名のみで表記せよという説もあった(明治六年、前島密「まいにちひらかなしんぶんし」創刊。清水卯三郎「平仮名ノ説」『明六雑誌』第七号、明治七年。明治一六年、「かなのくゎい」結成)。ハングルだけで韓国語を表記するのと同じである。

しかし、キリスト教と並べて、西洋人自身が「文明」の基礎として強調していたのは、何よりもliberty, freedomだった。先に引いた中村正直の『西洋立志編』第一編序も「西国の強」の一因を、「人民、自主の権有るに由る」としていた。彼による、J・S・ミルの *On Liberty* (1859) の翻訳、『自由之理』(明治四年刊)も大評判だった。彼は、訳注で、「百軒ノ家」が「互ニ持チ合ヒテ一村トナリタル」

ように、「檀那ノ権《カブ》」すなわち「自由ノ権」(right とは、「株仲間」の「カブ」にあたるというわけである)を持つ人が集まって「国」をなすのだと説明した。そして、「村中守護ノ役目ヲ持」つ「政府」の「権ガアマリニ強クナルトキハ一箇ニテ自由ニ事ヲ行フコトノ妨トナル」が故に、その「権勢ノ限界ヲ論定スル」ことが重要だと説いた。ミルの、(奇人変人も含む)各人の individuality の発揮自体を尊ばねばならないという主張が、どれだけ理解されたかは疑わしい。おそらく、「リボルチー訳シテ自由ト云フ。其義ハ人民ヲシテ他ノ束縛ヲ受ケズ、自由ニ己レノ権利ヲ行ハシムルニ在リ。而シテ方今欧亜ノ各国、其政治ノ善美ヲ尽クシ国力ノ強盛ナルハ畢竟人民ノ自由アルニ原《もとづ》キ、若シ其詳ヲ知ラント欲セバ、中村先生所訳刊行ノミル氏自由ノ理ニ就キ以テ之ヲ看ル可ク…」(箕作麟祥「リボルチーノ説」『明六雑誌』第九号、明治七年)といった程度の理解が、「自由民権」論者を含めて、多かったことであろう。

さらに、戯作者、仮名垣魯文は、「目今、御新政の有がたいことにやア、四民同一、自主自由の権を給はり、苗字帯劒、袴でも洋服でも、馬でも馬車でも、勝手次第。たとへ、空乏困迫の我輩たりとも、往時の我輩にあらず。こゝが即ち、自主自由の権だ」(『安愚楽鍋』三編、明治五年)と書いた。身分制度からの解放としての「自由」(第十九章)に、思い通りにすること(なること)という旧来の日本語の「自由」(第九章)が重複しているのである。流行としての「文明開化」には、「今や何でも新しいことをしていいのだ、お上がそれを許してくれたのだ、自由だ自由だ」という浮かれた気分も、確かにあった(それ故に、それに反撥する人々もいた)。

しかし、西洋政治思想の根幹をなす「自由」の理念は、無論、それとは大きく異なる。そして、実際に、「自由」や政治についてより深く、真剣に思索した人々もいた。例えば、福沢諭吉と中江兆民である。

(1) 中野目徹「解説 明六社と『明六雑誌』」(『明六雑誌』岩波文庫、上、一九九九年)四四一頁。

(2) 高橋昌郎『中村敬宇』(吉川弘文館、一九六六年)七八頁。

(3) 当時一般的だった「進歩」信仰は、絶対的価値基準を前提にする。時代と場所で人の向上の基準が変わりうるというのでは、「人類の進歩」は語りえない。

(4) ちなみに、蘭学者、前野良沢は、つとにこう書いている。「和蘭都《おらんだ》に諸学校有り。其の中に別に窮理学校と名づくるもの有り。其の教を立つるや、三才(天・地・人)万物に即きて其の本原固有の理を窮む。名づけて本然学と曰ふ。是を以て天を敬し神を尊び、政を乗り行を修め、事理を明かにし術芸を精くし、物品を正し器用を利す。而して帝王徳教を布き、公侯社稷を保ち、四民業に安んじ、百工巧を尽くす。蓋し其の教化の至る所、実に遠大なり」(『管蠡秘言』序、安永六年)。福沢の議論も、蘭学の分厚い伝統を背景に持つのである。

(5) また、日本語も解した英国の外交官は、伝統的な礼儀正しさの放棄が、「civilization すなわち彼等自身の言葉でいうヒラケタ」の証拠であると解する日本人がいたことを指摘している。Ernest Satow, *A Diplomat in Japan* (1921), Stone Bridge Press, 2006, p. 368.

(6) ちなみに、明治前半によく読まれた Francis Wayland, *The Elements of Moral Science* (Revised and Improved Edition, 1868, pp. 3-5) は、ニュートンの laws、数学の axioms、化学の laws と、Moral Philos-

ophy すなわち Ethics にいう moral law は、基本的に同質のものだとしている。

（7）それを、素朴あるいは杜撰と簡単に片付けるわけにもいくまい。あの聡明なレッシング Gotthold E. Lessing（一七二九－一七八一年）によれば、「賢者」ナータンも、ユダヤ教・キリスト教・イスラームの「三教」の根元的「一致」を説いたのである（戯曲『賢者ナータン』）。

（8）三谷太一郎「日本近代化と天皇制」（『近代日本の戦争と政治』岩波書店、一九九七年）。

参考文献

松沢弘陽『近代日本の形成と西洋経験』（岩波書店、一九九三年）
山口輝臣『明治国家と宗教』（東京大学出版会、一九九九年）
土屋博政『ユニテリアンと福沢諭吉』（慶應義塾大学出版会、二〇〇四年）

第二十一章　福沢諭吉の「誓願」

一　人と著作

福沢諭吉は、天保五年一二月一二日（一八三五年一月一〇日）、大坂で生まれた。父は、豊前中津の大名の大坂蔵屋敷に勤務していた軽輩の武士である。諭吉誕生後一年半で父は他界し、遺族は小さな城下町、中津に移る（大塩平八郎の乱の前年である）。大都会大坂の勤務が長かったため、いわば帰国子女の母子家庭だった。貧しいながら、周囲に対して誇りと孤立の気分を持っていたようである。

諭吉は身体壮健で、塾でも上級武士の子弟より優秀だった。ところが「其交際、朋友互に交つて遊ぶ小供遊の間にも、ちやんと門閥と云ふものを持て横風至極だから、小供心に腹が立て堪らぬ」日々だったという（『福翁自伝』）。しかし、ペリー来航の翌年、安政元年二月（満で一九歳）、長崎に蘭学修業に出る機会を得る。解放感があったようである。翌安政二年（一八五五）には、誕生の地、大坂に移り、緒方洪庵（文化七／一八一〇年－文久三／一八六三年）の蘭学塾に入り、本格的にオランダ語を学ぶ。各地から集まった門人たちが競い合って学ぶ寄宿制の学生生活である。その猛勉強ぶりと楽しさを彼は自伝で活き活きと語っている。三年後（安政五年）、藩に命ぜられて江戸に移り、教え始める。洋学の効用が急速に上昇した時期である。しかも、彼は英語の学習も始めた。幸い、オランダ語と英語は近縁である。十八世紀以来の蘭学の伝統を受けてオランダ語をしっかりと学んだ上で、より大きな実用性の生じてきた英語に案外容易に転じたのである。

安政七年（万延元年、一八六〇）には、あの咸臨丸に乗り組むことに成功し、サンフランシスコまで行く（早速、ウェブスターの英語辞書を購入したという。英和辞典など無い時代である。彼は、現代の日本人と異なり、英英辞典を引きつつ英語の諸概念を理解したのである）。翌年には、公儀の欧州使節団に加わる。生粋の洋学者が直接に欧米を体験した珍しい例だった。元治元年（一八六四）、旗本格の「外国奉行支配翻訳御用」に取り立てられ、外交文書の翻訳にあたる（小大名の下級武士の次男としては、大いなる出世である）。そして、慶応二年（一八六六）、『西洋事情』初編を刊行する。当時の日本人の西洋への知的渇望はすさまじく、少なくとも一五万部（海賊版を含めると二〇万乃至二五万部）を売り上げたという。結果として本書は、福沢自身が認めるように（「福沢全集緒言」）、明治初年までの日本人の西洋理解を深く規定した。

しかも彼は、『西洋旅案内』（慶応三年）、『訓蒙窮理図解』（慶応四年）、『英国議事院談』（明治二年）、『世界国尽』（同）等を次々と刊行し、西洋紹介に努めた。後に「福沢本」「福沢物」と呼ばれるに至った、西洋モデルの「文明開化」に導く一連の著作の開始である。

彼は、少なくとも徳川の世の最末期には、徳川も薩長も所詮攘夷派だから期待しない、という心境だったようである。しかし、洋学・英学を教えて「文明」を広めたいと考え、江戸城明け渡し直後の慶応四年四月（その九月に明治と変わる）、自分の塾を「慶應義塾」と名付ける。寺の名に年号を冠するのは、延暦寺・寛永寺等、特別な由緒のある場合に限るのが伝統である。まして個人の塾に年号を冠するなど、おそらく前例が無い。しかも、「義塾」とは広く人々に開かれ、人々によって支えられる学校をいう。意気の高い名称だった。しかも、攘夷論のはずの新政府指導者が、開港・開国を追認し、むしろ積極的に西洋から学ぼうとしていることが明らかになっていく。さぞかし嬉しかったことであろう。

明治五年（一八七二）、『学問のすゝめ』初編を刊行し、以後、明治九年の一七編まで次々に刊行する。大評判であった（各々約二〇万部は売れたという）。同時に、政府の太陽暦への変更を解説し応援する『改暦弁』（明治六年）、西洋式簿記を説明する『張合之法』（同）、西洋式の会議進行・議決等の手続きを説く『会議弁』（同）等を刊行する。その文体は、衒学性のまったく無い、ひたすら分かり易さを追求した、未曾有の「雅俗めちゃめちゃ」「混合」体（「福沢全集緒言」）だった。新しい日本語を意識的に創造したのである。

例えば、明治五年、伊予松山で小学校が創設された時にも、「この頃出来ていた福沢物の、究理図解、地学事始、世界国尽し、とかその他文部省出版の単語篇連語篇とかを間に合せに用いた」という（内藤鳴雪『鳴雪自叙伝』）。福沢本の影響は大きい。

明治八年、『文明論之概略』を刊行する。「文明」について思索をこらした、彼には珍しい理論的考察である。

その後は、慶應義塾で教え、それを経営するかたわら、交詢社憲法草案で有名な交詢社を創設する（明治一三年）など、社会的活動も行う。さらに、政党系でも政府系でもない「独立不羈」の新聞を創刊して（『時事新報』、明治一五年）軌道に乗せ、時事を論じ、「文明」を説き、それを本にまとめて次々と刊行し続ける。そして、明治三一年に脳出血で倒れ、三年後、死去する。六六年余りの生涯だった。衆議院は彼のために「哀悼」を決議した。

『福翁自伝』（明治三一年）で、彼は、人生を省みれば夢のようだとよく言うが、「私の夢は至極変化の多い賑かな夢でした」と回顧している。「旧小藩の小士族、窮窟な小さい箱の中に詰込まれて、藩政の楊枝を以て重箱の隅をほじくる其楊枝の先きに掛かつた少年が、ヒョイト外に飛出して故郷を見捨るのみか、生来教育された漢学流の教をも打遣つて西洋学の門に入り、以前に変つた書を読み、以前に変つた人に交はり、自由自在に運動し」た。しかも、「洋学」で「衣食さへ出来れば大願成就」と思っていたのが、突然の維新変革に出会った。

ソコデ私も亦以前の大願成就に安んじて居られない。コリャ面白い、此勢に乗じて更らに大に西洋文明の空気を吹込み、全国の人心を根底から転覆して、絶遠の東洋に一新文明国を開き、東に日本、西に英国と、相対して後れを取らぬやうになられまいものでもないと、茲に第二の誓願を起こして……身体の健康を頼みにして専ら塾務を務め、又筆を弄び、種々様々の事を書き散らしたのが、西洋事情以後の著訳です。

以下、本章では、この福沢の「第二の誓願」の基本的内容を紹介する。

二　独立と文明

(一)　精神の独立

『学問のすゝめ』五編で、福沢は、こう述べている。

> 国の文明は形を以て評す可らず。学校と云ひ、工業と云ひ、陸軍と云ひ、海軍と云ふも、皆是れ文明の形のみ。この形を作るは難きに非ず、唯銭を以て買ふ可しと雖ども、こゝに又無形の一物あり、この物たるや、目見る可らず、耳聞く可らず、売買す可らず、貸借す可らず、普《あまね》く国人の間に位して其作用甚だ強く、この物あらざれば彼の学校以下の諸件も実の用を為さず、真にこれを文明の精神と云ふ可き至大至重のものなり。蓋し其物とは何ぞや。云く、人民独立の気力、即是なり。

福沢は、「文明」の中核を、有形物ではなく、キリスト教でもなく、「人民独立の気力」、「精神独立」「独立の精神」（『学問のすゝめ』一六編）に見出した。「独立とは自分にて自分の身を支配し他に依りすがる心なきを云ふ」（『学問のすゝめ』三編）。

何故、「独立」なのか。それは、当時の欧米人の自画像と、福沢の幼時からの深い不満や密かな思いとが、響き合ったからであろう。

例えば第一に、前章で紹介した、チェンバース社の *Political Economy for Use in Schools, and for Private Instruction* は、こう説いている。Individual Rights and Duties と題する節である。

> Accordingly, every human being, of whatever colour or country, has, by a law of nature, the property of his own person. He belongs to himself. In ordinary language, *man is born free*. This freedom he is not at liberty to sell or assign. ……We are, nevertheless, to bear fully in view the GRAND PRINCIPLE, that a society is only equitably constituted, and only can be successfully conducted, when each works diligently and honestly for the general benefit, and lives independently upon the remuneration which his industry or private resources afford him.

これを、福沢は『西洋事情外編』（慶応四年）で、こう訳した。

> 世界中何等の国たるを論ぜず何等の人種たるを問はず、人々自から其身体を自由にするは天道の法則なり。即ち人は其人の人にして猶天下は天下の天下なりと云ふが如し。其生るゝや束縛せらるゝことなく、天より附与せられたる自主自由の通義は、売る可らず亦買ふ可らず。……本来人間の大義を論ずれば、人々互に其便利を謀て一般の為めに勤労し、義気を守り廉節を知り、労すれば従て其報を得、不羈独立、以て世に処し、始て交際の道を全す可きなり。

世襲の禄によりすがる門閥制度ではなく、「自主自由」な「不羈独立」の人が自分の働きで生活しつつ「交際」して、この世を成り立たしめるのだというのである。それが、東西の差の原因だと考えた時、下級武士の不満は、日本の「文明」のための大義となる。明治二年八月、中津藩からの、禄を与えて取り立ててつかわすという申し出を、彼が次のように峻拒したのは、その発見の結果であろう。

大凡天下の喰ひつぶしニ而、近くハ大名の家の邪魔ものたるハ世禄の臣を最とす。一人ニ而も減少するこそ天下の幸福、大名家の為筋ニ御座候。…利禄ハ人の欲する所、小生と雖とも其禄ハほしく思ひ候。独り如何せん一片の天理。仮令ひ君公一万石の禄を半ニして、五千石を給せらるゝとも、理を棄て禄を取ること能はす。（服部五郎兵衛宛書簡、明治二年八月二四日）

「天理」によって、世禄は許されない。彼が、まず経済的独立（「有形の独立」「品物に就ての独立」、『学問のすゝめ』）を説いた所以である。それは、世襲身分による統治の否定である。しかも、第二章で紹介した「武士は独立する心有るべし」（『武士としては』）という誇り高い武士の気概（の記憶）には響くものがあったであろう。

第二に、福沢において、例えばペリーの『日本遠征記』での日本の身分差別への嘲笑的叙述は、西洋を基準とした日本社会批判となり、フランソワ・ギゾーの欧州文明論は、ひるがえって日本史への反省となった。欧州では、多様な勢力が拮抗したために自由が確保され、結果として文明が進歩した、とギゾーは説明する。それにひきかえ日本では、至る所で「上下の名分判然として、其名分と共に権義をも異にし、一人として無理を蒙らざる者なく、一人として無理を行はざる者なし。無理に抑圧せられ、又無理に抑圧し、此に向て屈すれば、彼に向て矜る可し」、「甲は乙に圧せられ乙は丙に制せられ、強圧抑制の循環、窮極あることなし」という上下の抑圧関係の連鎖があった（『文明論之概略』）。だとすれば、この遍在する横柄と卑屈の組み合わせを破壊し、一人一人が「独立」すれば、（乱に陥るのではなく）繁栄が実現するはずだ、ということになった。

第三に、ジョン・スチュアート・ミルの *On Liberty*（一八五九年）も、福沢を刺戟し、精神的独立の重要性を教えた。

斯の如く古を信じ古を慕ふて毫も自己の工夫を交へず、所謂精神の奴隷（メンタルスレーヴ）とて、己が精神をば挙て之を古の道に捧げ、今の世に居て古人の支配を受け、其支配を又伝へて今の世の中を支配し、洽《あま》ねく人間の交際に停滞不流の元素を吸入せしめたるものは、之を儒学の罪と云ふ可きなり。（『文明論之概略』）

「メンタルスレーヴ」とは、福沢自身の注記である。これは、正統とされた説への無反省な寄りかかりとしての mental slavery（*On Liberty*, Chapter II）の叙述に、おそらく由来する。自由と進歩の結合を信じるミルが、ヴィクトリア時代の英国において社会的抑圧に対して思想・言論の自由を確保するために展開した議論が、ここで、経書に永遠の真理があるという儒学の基本信条の否定に転化しているのである。

さらに福沢は、一般に漫然と伝統や通説によりかかり、それに縛られ、しかも縛られていることをすら自覚しない心の態度をも否定する。「信の世界に偽詐多く、疑の世界に真理多し。…文明の進歩は、天地の間にある有形の物にても無形の人事にても、其働の趣を詮索して真実を発明するに在り」（『学問のすゝめ』一五編）と、彼はいう。これはミルの説のようである。しかし同時に、「古書ニモタレテ己ガ智ヲ働」かさない儒者を批判して「疑ハ美徳也」と述べた海保青陵のようでもある。おそらく福沢以外の人々の心中にもかねて伏在していた思いが、欧州の最先端知識人の思想と共振したのである。

（二）　人間交際

独立は孤立ではない。福沢の理解では、人は「独歩孤立」では生きられない。

人の性は群居を好み決して独歩孤立するを得ず。夫婦親子にては未だ此性情を満足せしむるに足らず、必ずしも広く他人に交り、其交愈《いよいよ》広ければ一身の幸福愈大なるを覚るものにて、即是れ人間交際の起る由縁なり。（『学問のすゝめ』九編）

「人間交際」とは society の訳である。(1) つまり、人間は社会的動物なのである。そして独立の精神を持つ人々が相互の独立を尊重しつつ協働することが、文明の基礎である。「元来文明とは、人の智徳を進め人々身躬から其身を支配して世間相交り、相害することもなく害せらるゝこともなく、各其権義（right の訳である）を達して一般の安全繁昌を致すを云ふ」（同、七編）。

そして独立している以上、「都《すべ》て人間の交際と名《なづく》るものは皆大人と大人との仲間なり、他人と他人との附合なり」（同、一一編）。大人の他人同士を親子に擬制し、「民の父母」などとして、泰平をもたらそうなどとは無理である。「他人と他人との附合」にふさわしい方式が必要なのである。

それは、第一に、規則と約束である。

他人と他人との附合には情実を用ゆ可らず、必ず規則約束なる者を作り、互に之を守て厘毛の差を争ひ、双方共に却て円く治るものにて、此乃ち国法の起りし由縁なり。（同）

情愛や徳義のみで、この世はやっていけない。悪人もいる。「悪人の数は仮令《たと》ひ万人に一人たりとも、必ず其なきを保す可らざれば、万人中に行はるゝ規則は悪人を御するの趣意に従はざる可らず。…故に人間の交際に於て、其規則は日に繁多なるも規則の外形は無情なるが如くなるも、万々之を賤しむの理なし」ということになる（『文明論之概略』）。公事訴訟も多かった徳川の世に育てば、奇矯な説ではないであろう。

第二に、「権義」の平等と「有様」の不平等との両立である。

人と人との釣合を問へばこれを同等と云はざるを得ず。但し其同等とは有様の等しきを云ふに非ず、権理通義の等しきを云ふなり。（『学問のすゝめ』二編）

有様の不平等を造るのは、第一に学問である。「天は人の上に人を造らず人の下に人を造ら」ないが、「唯学問を勤て物事をよく知る者は貴人となり富人となり、無学なる者は貧人となり下人となる」（『学問のすゝめ』初編）。だから「学問」が「すゝめ」られる。彼の考えでは、家柄で貧富貴賤が決まるのは不正だが、学問で決まるのは公正なのである（儒学的な考えである）。

第三に、自由な競争である。それは、万人のためになる。チェンバースの *Political Economy* の Society as a competitive system の一節を、福沢はこう訳している。

…人生は互に害を為さずして各々其富貴青雲の志を達すべく、加之互に相励み相競て却て世間の利益を致す可し。故に家族の間、親愛慈情を主として相競ふの心なきは、老幼小弱を助けしめんが為なり。世上の交際に於て互に先を争ひ互に利達を求て其弊なきは、世界一般の利益を為さしめんが為めなり。（『西洋事情外編』「世人相励み相競ふ事」）

各人が自己利益を求めて競えば、結局「世界一般の利益」になる。それでは話がうますぎないか、などとは福沢は考えない。

私利は公益の基にして、公益は能く私利を営むものあるに依て起る可きものなり。…試に見よ、人の為にもなり兼て又己の為にもなる事は其利永続す可きも、人の為には甚だ害ありて己れ独り利せんとするも、到底其利は一時の事に過ぎずして、一時は何程に利益ありとも終に永続する能はざる可し。（「私の利を営む可き事」明治一〇年）

これは、あの市場道徳論（第四章四）と同じである。汚い商売は続かない。取引相手も満足する商売でこそ長期的な大きな利益が上がる。自己利益の賢明な追求は、結果として公共の利益になる。自由競争というメカニズムが、それを可能にする。かくして、「文明開化は即ち競争の間に進歩する」（『国会論』、明治一二年）（この考えは、間違いだろうか）。

「他人と他人との附合」に必要な方式の第四は、議論である。人は、黙々と規則に従い、黙って競争しているだけではやっていけない。独立し、疑う精神を持っているなら、自分の意見を述べあい、議論するはずであり、そうすべきである（「演説の法を勧るの説」、『学問のすゝめ』十二編。また、『会議弁』）。彼はみずから三田演説会を設立し、さらに三田演説館を建設した（明治八年。現存する）。今見れば可愛らしい擬洋風建築だが、当時としては画期的である。

唯日本人が無議の習慣に制せられて、安んず可らざるの穏便に安んじ、開くべきの口を開かず、発す可きの議論を発せざるに驚くのみ。利を争ふは古人の禁句なれども、利を争ふは即ち理を争ふことなり。（『文明論之概略』）

単一の説を守れば、其説の性質は仮令ひ純精善良なるも、之に由て決して自由の気を生ず可らず。自由の気風は唯多事争論の間に在て存するものと知る可し。（同）

議論とは、他人同士の交際における、真理のための自由で公正な競争であり、ひるがえってそれが自由の保障になるのである。「講習討論」（朱熹『大学章句』）が学問の重要な方法であるとは常識だが、ジョン・スチュアート・ミルに学んだ「多事争論」の主張は新鮮だったであろう。

三田演説館．慶應義塾大学三田キャンパスに現存する．慶應義塾図書館蔵．

（三）　自業自得

規則と約束にしたがって行動し、競争し、議論する独立した個人たち――彼等にはそれにふさわしい交際の態度がある。

例えば第一に、積極的な交際である。独立とは引きこもりではない。「活潑なる境界に入り、多くの事物に接し博く世人に交り、人をも知り己をも知られ、一身に持前正味の働を逞しふして自分の為にし、兼て世の為にせんと」活動すべきである。福沢は『学問のすゝめ』の最終編すべてを、この問題に費やしている。そのために具体的には第一に「言語を学ばざる可らず」という。「言葉は成る丈け流暢にして活潑ならざる可らず」である。「何はさてをき今の日本人は今の日本語を巧に用ひて弁舌の上達せんことを勉む可き」である。言語コミュニケーション能力の向上は、よき社会人の責務なのである。第二に、「顔色容貌を快くして、一見、直に人に厭はるゝこと無きを要す」。「顔色容貌の活潑愉快なるは人の徳義の一箇条にして、人間交際に於て最も大切なるもの」である。第三に、「人に交らんとするには啻に旧友を忘れざるのみならず、兼て又新友を求めざる可らず。…人類多しと雖ども鬼にも非ず蛇にも非ず、殊更に我を害せんとする悪敵はなきものなり。恐れ憚る所なく、心事を丸出にして颯々と応接す可し」。開けっぴろげに、爽やかに、交際を拡げ、意を通じ合おう、というのである。そして、「天は人の上に人を造らず、人の下に人を造らずといへり」と書き起こされた『学問のすゝめ』は、「人にして人を毛嫌ひする勿《なか》れ」と結ばれる。

これは、例えばトクヴィルが描いた当時の米国人の交際さながらである（『アメリカのデモクラシー』第二冊、一八四〇年刊。第三部第二章）。(2)

アメリカには、生まれによる特権は全く存在しない。また、財産はそれを持つ者に何の特権も与えない。そこで、知らない者同士が同じ場所に喜んで集合し、そこで自分の考えを自由に伝えあうことに何の優越感も感じないし、危険も感じない。偶然に出会っても、近づきもしないが、避けもしない。そのため、彼等の物腰は自然で、率直で、開放的である。彼等は、お互いに殆ど何も期待しないし、何も疑わない。また、自分の地位を強いて見せびらかそうともしないし、隠そうともしない。

福沢は、おそらく米国訪問で類似の観察をし、その読書経験と総合した。そして、「生まれによる特権」と、地位の顕示とその卑屈な尊重とが続いてきた日本において、米国流あるいは「デモクラシー」的な交際の実現を願ったのである。

第二に、「怨望」の滅却である。『学問のすゝめ』十三編は、特にそれを論じている。福沢によれば、人間交際上の諸不徳の中でも、最も忌まわしい、常に有害なものがある。それは、利己主義などではない(賢い利己主義はかえって公益となる)。「怨望」である。

怨望は働の陰なるものにて、進で取ることなく、他の有様に由て我に不平を抱き、我を顧みずして他人に多を求め、其不平を満足せしむるの術は、我を益するに非ずして他人を損ずるに在り。

この主張は、指摘のある通り、ミル『代議政治論』John Stuart Mill, *Considerations on Representative Government* (1861) 第三章の envy 論に啓発されたものであろう(3)。ミルによれば、人生の成功が運命や偶然の結果だと信じられている時、envy が国民性にさえなる。そして人類で最も envious なのは、the Orientals である、という。負けた時に一層努力するのではなく、ただ羨み、恨み、勝者を害しようとするのは、本人はおろか誰のためにもならない。だから汚い手段で人の足をひっぱらないのが競争の基本的規則である。東洋人こそ envious だという指摘に出会った時、福沢の頭にはかっと血が上ったのではないか。「怨望に易るに活動を以てし、嫉妬の念を絶て相競ふの勇気を励まし、禍福毀誉悉く皆自力を以て之を取り、満天下の人をして自業自得ならしめんと」しなければならない。羨望と嫉妬の渦巻く、崩れかけた身分社会で、彼はつくづくとそう思ったのであろう。

「自業自得」といえば、聞こえは悪い。しかし言い換えれば、自己決定・自己努力・自己責任である。「独立の精神」を持つ主体が交際しつつ堂々と競い、その結果を受け入れる。勝って驕らず、負けて怨まず、毅然として生きていこう、というのである。

以上のようなきっぱりと独立した個人による社会像には、いくつもの疑問がありうる。第一に、「規則」と「競争」と「議論」、そして、爽やかな愛想の好さ――所詮表面的な交際しかありえないその状態で、人々の内面は寂しく、空疎ではないだろうか。この世は、やはり暖かな触れあい・ぬくもり・義理人情でやっていくべきではないだろうか。強い人は別かもしれない。しかし、大多数の弱い人間が福沢のいうように生きられるだろうか。第二に、このような交際とは、つまりは自己利益追求者たちの相互利用であろう。「私利を営む」ことを信条とする個人同士は、見返りを求めない好意・友情・愛情をもはや信じることができない。常に、背後に短期的・長期的な算盤勘定があると疑わざるをえない。地獄のようではないか。第三に、全員が勝者たりえないのが競争である。「自業自得」とは、強者の言い分であり、敗者には残酷である。生涯負け続けても、怨望せずに、ただ自分を責めろというのだろうか。しかも、それでいて爽やかに生きていけというのだろうか。しかし、出発点からして公平でないのが、この世の現実の競争というものではないか。

明治の世において、福沢が不人情で背徳的な「拝金宗」の祖だとしばしば反撥されるようになったのは、単に誤解ではあるまい。彼の著作の読者の心中にも、このような疑念や不満が徐々にわだかまったのであろう。

（四）　自尊・蛆虫・家族

福沢も、おそらくそのような問題には気付いていた。そして、彼なりの答えを出していった。

第一に、独立した精神を内側から支える支柱の必要を、彼は認めた。答えは、自尊心である。誰も見ていなくても、卑劣なことはしない、人間として恥ずかしいことはしない。そのような自分の人格への誇りの意識である。それは、名誉欲・功名心ではない。武士たちの身分的名誉感や、プロとしての誇りという職分的名誉感とも違う。動物でなく独立した人間という品位ある存在であること自体への誇りである。つまり、慶應義塾の標語となった「独立自尊」である。それが、道徳的秩序を可能にする。

> 在昔は社会の秩序、都て相依るの風にして、君臣父子夫婦長幼互に相依り相依られ、互に相敬愛し相敬愛せられ、両者相対して然る後に教を立てたることなれども、今日自主独立の教に於ては、先づ我一身を独立せしめ、我一身を重んじて、自から其身を金玉視し、以て他の関係を維持して人事の秩序を保つ可し。（『徳育如何』、明治一五年）

福沢はこれを「洋語に云ふヂグニチーなるもの」とも説明している（『日本男子論』明治二一年）。直接には、ジョン・スチュアート・ミルの、a sense of dignity を人類は持つという指摘に啓発されたのであろう（*Utilitarianism*, 1861)[4]。それは、例えばイマヌエル・カントのいう dignitas interna（内的尊厳）[5]の意識にもつながり、キリスト教の教理にも繫がる。一方でそれは、「禽獣」と「万物の霊」たる人とを分かち、存在の大いなる連鎖の最頂点にある人であること自体を重んずる儒学的伝統とも合致する。

第二に、福沢は、自尊と逆に、自分を含めた一切を相対化することによって独立の精神を保つという心の技術も説いた。晩年の随想集『福翁百話』でくりかえし語られる、いわゆる人間蛆虫論である。例えば「人間の安心」と題して、彼は、まず「宇宙無辺の考を以て独り自から観ずれば、日月も小なり地球も微なり。況して人間の如き、無智無力見る影もなき蛆虫同様の小動物にして、石火電光の瞬間、偶然この世に呼吸眠食し、喜怒哀楽の一夢中、忽ち消えて痕なきのみ」である、という。人生も浅ましい戯れのようなものである。しかし、「既に世界に生れ出たる上は蛆虫ながらも相応の覚悟なきを得ず。即ち其覚悟とは何ぞや。人生本来戯と知りながら、此一場の戯を戯とせずして恰も真面目に勤め、貧苦を去て富楽に志し、同類の邪魔せずして自から安楽を求め、五十七十の寿命も永きものと思ふて、父母に事へ夫婦相親しみ、子孫の計を為し又戸外の公益を謀り、生涯一点の過失なからんことに心掛るこそ蛆虫の本分なれ」というのである。彼によれば、「唯戯と知りつゝ戯るれば心安くして戯の極端に走ることなきのみか、時に或は俗界百戯の中に雑居して独り戯れざるも亦可なり。人間の安心法は凡そ此辺に在て大なる過《あやまち》なかる可し」である。人生を所詮はかなく無意味な戯れと思えば、動揺することなく、かえってしっかりと、今、ここに生きられるというのである。

これは、深い伝統のある議論であり、技術である。『荘子』「逍遥遊篇」だけではない。司馬江漢も、「喰ふてひる、つるんて迷ふ世界虫、上天子より下庶人まて」（『無言道人筆記』）と歌った。また、織田信長が大軍を攻める前に、みずから「人間五十年夢幻の如くなり」と謡ったように、武士にも、人生を幻と見ることによって現世の恐怖を超越する工夫がある（『葉隠』にもある）。さらに、既述のように海保青陵には、心を二重に組んで、離れた目を天にあげて、自分自身をも見下ろす、そして自由に心を動かす、という説があった。実際、福沢は、『福翁百話』で、こう述べている（「事物を軽く視て始めて活潑なるを得べし」）。

> 人間の心掛けは兎角浮世を軽く視て熱心に過ぎざるに在り。斯く申せば天下の人心を冷淡に導き万事に力を尽す者なかる可きやに思はるれども、決して然らず。浮世を軽く視るは心の本体なり。軽く視る其浮世を渡るに活潑なるは心の働きなり。内心の底に之を軽く視るが故に、能く決断して能く活潑なるを得べし。

「心の本体」と「心の働き」とで、心を二重に組むのである。それができないと、「事物の一方に凝り固まりて念々忘るゝこと能はず、遂には其事柄の軽重を視るの明を失ふて、唯一筋に我重んずる所を重んじ、果して意の如くならざれば則ち人を怨み世を憤り、怨恨憤怒の気、内に熱して顔色に現はれ言行に発し、大事に臨んで方向を誤る者多し。独り本人の為めのみならず、天下の為めに不幸なりと云ふ可し」ということになる。自己自身に距離のとれない生真面目さは、ルサンチマンと憤怒を招く。
おそらく欧米では、人格の尊厳の意識も現世の超越も、共にキリスト教が最終的には支えるのであろう。そしてキリスト者、植村正久からすれば、蛆虫論のような「福沢先生の福音」と、このような「預言者に導かれて真個の楽地に達する」ことはできない（「福沢先生の諸行無常」、明治二五年）。しかし、キリスト教を信じない福沢は、霊魂の代わりに（朱子学者が「本然の性」を信じるように）心中の黄金の玉を信じる。そして、全能の創造主の代わりに広大無辺の「天」に思いを致し、「心」を「活潑」にする。それは、個人主義の内面的支柱を日本思想史の手持ちの材料から創出しようという試みであった。

第三に、独立した個人の孤独、独立した他人と他人との爽やかにして索漠たる交際を補償するものが他にある。それは、家族である。福沢によれば、家族だけは、冷静な利益集団ではなく、「情愛」の共同体なのである。

> 夫婦親子一家に居るものを家族と云ふ。家族の間は情を以て交を結び、物に常主なく與奪に規則なし、失ふも惜むに足らず、得るも悦ぶに足らず、無礼を咎めず拙劣を恥ぢず、婦子の満足は夫親の悦と為り、夫親の苦は婦子の患と為り、或は自から薄くして他を厚くし、他の満足を見て却て心に慊きを覚るものなり。…概して云へば家族の間には私有を保護するの心なく、面目を全ふするの心なく、生命を重んずるの心も亦あらざるなり。故に家族の交には、規則を要せず、約束を要せず、況や智術策略をや。（『文明論之概略』）

これは、現実の家族の描写ではない。しかし、家族だけは、福沢において、独立した個人が心の鎧を脱いで甘えることのできる情愛の関係なのである。そして多分それ故に、一歩外に出れば、きりっとして他人と他人との附合いができるのである。

夫婦についていえば、「家は其時に当る夫婦の家として、相互に親愛し相互に尊敬するこそ人間の本分」である（『日本婦人論後編』）。イエではなく、「夫婦の家」である。福沢は、結婚後の苗字も、一方のそれを名乗るのは適当でないとして、例えば畠山と梶原が結婚したら山原という苗字にしたらいいと提案している。そうすれば、イエとイエとの結婚でなく、「真実の出会ひ夫婦」になるからである（『日本婦人論』）。親子についていえば、「両親は己が身にも易へられぬ愛子なれば、之を教へ之を諭し、之を誉るも之を叱るも、皆真の愛情より出ざるはなく、親子の間一体の如くして、其快きこと譬へん方なし」（『学問のすゝめ』十一編）である。「一体の如くして、其快きこと譬へん方なし」！　同時代の英国人のスウィート・ホーム崇拝を思わせる、家族の甘美な一体性の夢である。[6]

三　ネーション

（一）　一身独立・一国独立

以上のような個人と人間交際において、政治とはいかなるものか。

無論、徳川日本のような御武威・御威光の支配はありえない。『学問のすゝめ』初編で、福沢は、これまで政府が「威光を張り人を畏《おど》して人の自由を妨げんと」したことを批判し、「かりそめにも政府に対して不平を抱くことあらば、これを包みかくして暗に上を怨むることなく、其路を求め其筋に由り、静にこれを訴て遠慮なく議論すべし」と説いている。「議論」が、御威光への畏怖に代わる。

当然、政治的支配は被治者の納得ずくのものでしかありえない。同等者の合意による支配である。それ故、官員だからといって威張ってはならず、それに卑屈になってもならない。有能な人々が皆な政府に入って指導するというのも好ましくない。断乎として「私立の地位」を占める人々がいなくてはならない（『学問のすゝめ』四編「学者の職分を論ず」）。

それは、国事への無関心の勧めではない。福沢は、一面で強烈なナショナリストである。彼は、常に全人類のためではなく、日本人のために書く。そして、「日本には政府ありて国民（ネーション）なし」と述べ、「日本は古来未だ国を成さず」と嘆く（『文明論之概略』。括弧内も福沢）。それは、従来日本には武士同士の戦いはあっても人民と人民との戦いはなく、人民は常に傍観者だったことをいう。同様に、今後外国と日本が敵対したならば、「我々は客分のことなるゆゑ一命を棄るは過分なりとて逃げ走る者多かる可し」（『学問のすゝめ』三編）と、彼は危惧する。「国」の運命と自分の生との一体視がなければ、「国民（ネーション）」ではなく、日本にもそれが実現しなければならないのである。

福沢の考えでは、独立した個人たちが自分たちのために政府を建て、そのための費用を税金として納得して負担する、だからこそ、いざという時にも国の問題を自分たちの問題として考える。それ故、独立も維持できる。その意味で、「一身独立して一国独立する」（同）。

平等化と民主化がネーションの意識を高揚させ、強大な国民軍を出現させることは、フランス革命が証明したことである。福沢も、個人の独立と、「ネーション」の成立と、国民軍（さらには総力戦）の可能を説いたのである。典型的な「国民国家」論であった。

（二） 立国の大本

しかし、「自由な主体」が国家のために「進んで」自己を犠牲にするという構想には難がある。自己利益と自己犠牲は、所詮矛盾するからである。自分のための政府によって軍に駆り出され、命を落としては割に合わないはずである。この問題は、契約論的に政治社会を解釈すれば、否応無しにつきまとう（ホッブズ『リヴァイアサン』第二一章、ルソー『社会契約論』第二編第五章）。一方、明治六年一月には、早くも徴兵令が定められていた。

明哲なる福沢は、この難問にも気付いた。そして、独特の方法で国民の自己犠牲を確保しようとした。すなわち、一般に、始めから優勢な戦いなら人々は勇み立つかもしれない。問題は勝ち目の薄い時である。合理的計算からは、早々と白旗を揚げる方が得だということにもなろう。しかし、それではネーションは維持できない。そこで合理性を超えたものが必要となる。福沢の出した解答は、「瘠我慢」である（「瘠我慢の説」明治二四年）。彼によれば、「強弱相対して苟も弱者の地位を保つものは、単《ひとえ》に此瘠我慢に依らざるはな」い。

瘠我慢の一主義は固より人の私情に出ることにして、冷淡なる数理より論ずるときは殆んど児戯に等しと云はるゝも弁解に辞なきが如くなれども、世界古今の実際に於て、所謂国家なるものを目的に定めて之を維持保存せんとする者は、此主義に由らざるはなし。我封建の時代に諸藩の相互に競争して士気を養ふたるも此主義に由り、封建既に廃して一統の大日本帝国と為り、更に眼界を広くして文明世界に独立の体面を張らんとするも此主義に由らざる可らず。故に人間社会の事物今日の風にてあらん限りは、外面の体裁に文野の変遷こそある可けれ、百千年の後に至るまでも一片の瘠我慢は立国の大本として之を重んじ、いよいよますます之を培養して其原素の発達を助くること緊要なる可し。

瘠我慢とは、自尊心に支えられた不合理な意地である。しかし、実はそもそも同じ人類が国に分かれて競い合うこと自体が不合理である（「立国は私なり、公に非ざるなり」。この「公」「私」は無論漢語の意味である）。しかも、文明の現段階ではそれが不可欠なのである。それ故、ネーション成立には、その不合理性に正確に対応した合理性を超えたものが必要なのである。

福沢によれば、その模範は、主家の悲運に耐えたかつての「三河武士」である。「立国の大本」は、天皇崇拝ではない（まして「忍恋」ではない）。靖国神社でもない。単に郷土愛の拡大でもない。「一分」を守る武士の精神の一面の再生によって「ネーション」を維持することを、世界的帝国主義の時代に福沢は構想したのである。

(三)　抵抗の精神

ただし、対外的瘠我慢だけでは、国はうまくいかない。福沢によれば、対内的には「抵抗の精神」が必要である。政府は際限なく「専制」になりがちだからである。

彼は、西南戦争の際、政府に追従して西郷隆盛を「賊」「国賊」と呼び、付和雷同して罵る風潮を嘆き、密かに文章をしたため、「日本国民抵抗の精神を保存して、其気脈を絶つことなからしめん」とした（『明治十年丁丑公論』、発表は明治三四年）。その中で彼は、「実は人民の気力の一点に就て論ずれば、第二の西郷を生ずるこそ国の為めに祝す可きことなれども、其これを生ぜざるを如何せん。余輩は却て之を悲しむのみ」とさえ言う。反乱軍の指導者をそれほどに評価するのである。

何故なら、政府は「事物の秩序を保護して人民の幸福を進むる」ためにある。それをしない「有名無実と認む可き政府は之を顚覆するも義に於て妨げなき」はずである。既成の政府に反対し、抵抗したからといって、「国賊」であるわけではない。現に、「今の政府の顕官も十年以前西郷と共に日本国の政府たる旧幕府を顚覆した」ではないか。――つまり福沢は、彼の国家論の基本から、抵抗権、さらにはほとんど革命権さえも、主張しているのである。

そうだとすれば、西郷による一度目の政府転覆は義である。では、二度目の試みが義か否か。それは「今の政府の官員に日本国の事務を任すれば、必ずよく社会を整理して失錯あることなく、人民の智徳は次第に進歩して、自由自治の精神は漸く発達して、富強繁盛の幸福を致す可し、之に反して、西郷をして志を得せしめなば、反対の災害を醸す可し、今の官員にして必ず然る可し、西郷にして必ず然る可らずと、今日を視察し今後を推量し」て、判断すべきである。

公議輿論によって成るはずの政府が、なお国会を開設せず、政府を批判する自由を抑圧し、それでいて圧迫の結果として反乱が起きたら「国賊」呼ばわりする。さらに民間までがそれに追随してこぞって抵抗者を叩く。それではだめだ、政府の存在目的に照らして政府を批判し、政府に抵抗する「日本国民抵抗の精神」が必要だ、というのである。

福沢からすれば、自尊心に支えられた、外に対する「瘠我慢」の精神と共に、内における毅然とした「抵抗」の精神があってこそ、本当のネーションなのである。

四　高尚

『文明論之概略』第三章で、福沢はこう述べている。

文明とは人の身を安楽にして心を高尚にするを云ふなり、衣食を饒《ゆたか》にして人品を貴くするを云ふなり。…故に人の身心両《ふたつ》ながら其所を得るに非ざれば文明の名を下だす可らざるなり。然り而して、人の安楽には限ある可らず、人心の品位にも亦極度ある可らず。其安楽と云ひ高尚と云ふものは、正に其進歩する時の有様を指して名けたるものなれば、文明とは人の安楽と品位との進歩を云ふなり。又この人の安楽と品位とを得せしむるものは人の智徳なるが故に、文明とは結局、人の智徳の進歩と云て可なり。

「高尚」は、「活潑」等と並ぶ福沢の愛用語である。『福翁自伝』の末尾で挙げた、残る生涯でしてみたい三ヶ条の内の二条も、「全国男女の気品を次第々々に高尚に導いて真実文明の名に愧かしくないやうにする事」と、「大に金を投じて有形無形、高尚なる学理を研究させるやうにする事」である。つまり、文明の進歩とは、徳と智、道徳性と知的能力との両面で、人々が「高尚」になっていくことなのである。

したがって、人たるもの、常に文明の進歩をめざすべきは当然であり、それへの寄与の度合いで物事の善し悪しも計られる。「制度と云ひ文学と云ひ、商売と云ひ工業と云ひ、戦争と云ひ政法と云ふも、…唯其よく文明を進るものを以て利と為し得と為し、其これを却歩せしむるものを以て害と為し失と為すのみ」である（『文明論之概略』）。

しかし、何が「高尚」なのか。それを一概に言えるのだろうか。「文明」が進歩しているかどうかを一義的に計測する基準があるのだろうか。しばしば誤解されているが、福沢は、二十世紀半ば以降の多くの知識人と違い、価値相対主義者ではない。福沢は、その基準の存在を疑っていない（それが信じられなければ、そもそも「進歩」の概念は成立しない）。福沢からすれば、「其徳は耶蘇孔子の如く、其智は「ニウトン」の如く、体格は力士の如く、寿命は彭祖の如く」（「教育論」）であるのは、当然、善である。そして、極限的には次のようになるべきであり、なるはずである。

戦争も止む可し、刑法も廃す可し。政府は世の悪を止るの具に非ず、事物の順序を保て時を省き無益の労を少くするがために設るのみ。世に約束を違る者あらざれば貸借の証文も唯備忘のために記すのみ、他日訴訟の証拠に用るに非ず。世に盗賊あらざれば窓戸は唯風雨を庇ひ犬猫の入るを防ぐのみにて錠前を用るに及ばず。…大砲の代に望遠鏡を作り、獄屋の代に学校を建て、兵士罪人の有様は僅に古画に存する歟、或は芝居を見るに非ざれば想像す可らず。家内の礼義厚ければ又教化師の説法を聞くに及ばず、全国一家の如く、毎戸寺院の如し。父母は教主の如く、子供は宗徒の如し。世界の人民は恰も礼譲の大気に擁せられて徳義の海に浴するものと云ふ可し。之を文明の太平と名く。(『文明論之概略』)

これが、文明の極致、人類の最高の状態である。福沢は、宇宙の広大さによって人間を相対化したように、これによって人類史をも相対化する。その観点からすれば、日本一国への思いも矮小な「偏頗心」にすぎない(同)。しかし、そう知った上で、あるいは知っているからこそ、各国割拠の、まだまだ低い文明の現段階においてなすべきことを、なすほかは無い(例えば、現時点でコスモポリタンとして発言するのは、まだ、無責任だということになる)。最善ではないと自覚しつつ、現在にふさわしいことをするほかは無い。彼は、生涯、その立場から具体的な時論を変幻自在に展開した。それは、シニカルな現実主義にも見え、微温的な妥協論にも見え、そして抑制の効いた理想主義にも見えた。

一九〇一年、福沢は世を去った。門人が考案し、今も彼の墓に刻まれているその戒名は、「大観院独立自尊居士」である。

(1)　Society の訳語としては、「社中」「連中」「仲間」「仲間連中」「社交」「交際ノ社中」「交際仲間」「世道」「同社」「会社」等もある。当時のウェブスターの英語辞書等の説明を読んで考えれば、いずれも理由のある訳だが、結局、それまでほとんど用いられなかった「社会」の語が、訳語の生存競争に勝利したわけである。

（2）Alexis de Tocqueville, *De la démocratie en Amérique* II (1840), 3me Partie, Chap. II, Comment la démocratie rend les rapports habituels des Américains plus simples et plus aisés.

（3）ちなみに、envy は、キリスト教にいう七つの大罪の一つでもある。参照、Joseph Epstein, *Envy: The Seven Deadly Sins*, Oxford University Press, 2003.

（4）この点は、安西敏三氏の教示を得た。

（5）イマヌエル・カント Immanuel Kant『道徳形而上学』*Metaphysik der Sitten*（1797）第一篇第一部第一巻第二章。

（6）但し、福沢の場合、英国のスウィート・ホームに比べ、特に親の子への愛情が重視されている。福沢自身が、その「天然」にして「純精無雑の至情」（「忠孝論」『修業立志編』）によって心理的なバランスをとっていたのだと思われる。参照、岡義武「福沢諭吉：その人間的一側面について」（『日本学士院紀要』特別号、一九七九年三月）。

参考文献

丸山眞男『「文明論之概略」を読む』（三冊）（岩波書店、一九八六年）
坂本多加雄『市場・道徳・秩序』（創文社、一九九一年）
安西敏三『福沢諭吉と自由主義：個人・自治・国体』（慶應義塾大学出版会、二〇〇七年）
平山洋『福沢諭吉：文明の政治には六つの要訣あり』（ミネルヴァ書房、二〇〇八年）

第二十二章　ルソーと理義
――中江兆民の思想

一　人と著作

中江兆民（名は篤助／篤介）は、弘化四年（一八四七）、土佐の高知で、足軽のイエに生まれた。最下級の武士である。一六歳で藩校に入学し、主に儒学を学んだ。優秀だったのであろう、三年後（慶応元／一八六五年）には命ぜられて開港地、長崎へ行き、フランス語を学ぶ。英国と並んで対日外交を主導していた（ナポレオン三世治下の）フランスの言語を学んだのである。翌年江戸へ赴き、学習を続け、維新を迎える。

その後、フランス帰りの箕作麟祥（後に明六社同人の一人）の塾でも学ぶが、さらに明治四年（二五歳）、大久保利通に直訴して司法省派遣としてのフランス留学が認められ、渡欧する。場所はリヨンとパリ、滞在は二年四ヶ月ほどだった。当時のフランスは、普仏戦争の敗北でナポレオン三世が失脚し、久しぶりに共和政が復活した直後である。さぞかし興味深かったことであろう。彼は、まず「小学校」に入ってフランス語を学び直そうとし、さらに「哲学、史学、文学」を学び、一方、『孟子』を仏訳したこともあったという（幸徳秋水『兆民先生』）。

明治七年（一八七四）に帰国し、東京の自宅で「仏文学」の塾を開業する。フランス語を教え、フランスの歴史書、モンテスキュー、そして、ルソーの『開化論』『民約論』『教育論』等を教えることが予定されていた（「家塾開業願」）。一方、翌年、元老院権少書記官となり、調査掛に配属される。政府も、憲法と法律の制定のために、フランス語の読める人材を必要としていた。しかし、西南戦争直前、元老院の「国憲草稿案」がほぼ成ったところで辞職する（明治一〇年、三一歳）。その後も司法省の依頼でフランス語の法律書翻訳も行うが、主な活動は自宅の「仏学塾」での教育である。

同時に、三二歳頃から、漢文の能力を改めて真剣に磨く。日本の文章語は「漢文崩し」である以上、漢字・漢語・漢文に通じていなければ名文は書けないというのが彼の信念だった。師は、元昌平黌教授、岡松甕谷《おうこく》（文政三／一八二〇年―明治二八／一八九五年）等である。そして、明治一四年（一八八一。三五歳）三月に創刊された『東洋自由新聞』の主筆となり、次々と論説を発表する。その社長は、フランス留学の際の友人、西園寺公望（若く有能な公家出身者として注目されていた）である。しかし、西園寺に政府の圧力がかかり、三四号で廃刊する。そして翌年から、今度は、自分の塾から雑誌を刊行する（『欧米）政理叢談』約二年間で全五五号）。一〇年後に民選議院を開くと政府が約束したところで、「欧米諸大家ノ政法倫理ニ関スル論説ヲ訳出シ自由ノ真理公私ノ大権ヲ簡約ニ解説スルヲ旨トス」る雑誌（合本

『民約訳解』奥付の宣伝文）を刊行したのである。

この雑誌の第二号から連載し、後に（明治一五年一〇月）巻一を合本で刊行したのが『民約訳解』である。ジャン＝ジャック・ルソーの *Du Contrat social*（現代では普通『社会契約論』と訳す）の二編六章までを漢文に翻訳し、漢文で解説したものである。すでに明治一〇年には服部徳による日本語の全訳が刊行されているが、それは内容を理解しない機械的な訳であり、読者を納得させるものではない。それに対し、『民約訳解』は概して極めて正確な訳であり、その解は内容をよく咀嚼している。もっとも、『解体新書』の時と異なり、明治一五年となれば、漢文訳は異例である。しかし、おそらく彼は、「政法倫理」の古典をそれにふさわしい（「崩し」でない）古典語に格調高く訳したかったのであろう。そして、後述するように「東洋」の伝統との根本的一致を示そうとしたのであろう。

同じ明治一五年、前年に結成された自由党の機関紙『自由新聞』の「社説掛」の一人となる。徳川政権の崩壊後一五年、「自由」を掲げる政党が結成され、そこにルソーの翻訳者が関与するに至ったのである。もっとも、彼はなお基本的に自分を「学者」と意識している。哲学者・フィロゾーフ・知識人である。実際、その後も、『理学沿革史』（翻訳書）、『理学鉤玄』（西洋哲学史概説）等を刊行する（明治一九年。「理学」は philosophie の訳である）。さらにみずから「理学」体系を構築する夢も持っていた。明治一九年から二〇年にかけては、日本最初の仏和辞典も刊行する（『仏和辞林』）。

明治二〇年（四一歳）、『三酔人経綸問答』を刊行する。三人の登場人物が政体・歴史・対外政策等について、酒を飲みつつ夜を徹して議論するという体裁である。自由民権論者たちの抱いていたさまざまな志向を論理的に極端化し、活き活きと造形し、相互批判させたのである。いわば思想的実験である。特定の結論に導くというより、読者を思想的に反省させ、根本に遡った思索を迫るねらいであったろう。また、同年、『平民の目さまし　一名国会の心得』を刊行する。憲法制定・議会設置を目前にして、「平民」に、政治とは何か、国会とは何かを知らしめ、関与していくべきことを訴えたものである。文章は平易であり、著者名は「兆民」である。桁が違うが、意味は「万民」と同じである。このそれまでの儒者や文人には無い破格の号は、藩閥政府ではなく、「民」の側に立つことの断乎たる宣言であった(1)。

このような人物を政府は危険とみなしたらしい。同年一二月、政府が突如公布した保安条例によって、彼は、皇居から三里（一二キロ）以上離れた地への退去を命ぜられる。当時、皇居から一二キロ離れるとは、東京には住めないということである。結局、彼は大阪に移る。その旅程にも、終始尾行がついたという。

翌明治二一年、大阪で創刊された『東雲新聞《しののめ》』の主筆に迎えられる。その論説は評判になり、同紙の同年の平均発行部数は二万三〇〇〇部、翌二二年には三万三〇〇〇部に昇ったという(2)。支持者が増え、彼は気乗りのしないままに推され、何の運動もしないままに、大阪選出として衆議院第一回選挙に当選する（明治二三年、四四歳）。そして、一一月から第一回議会に出席する。著名な「学者」だけに注目の議員だった。しかし、「民党」の政府との妥協に憤激し、翌年二月には辞職してしまう。辞職願には、アルコール中毒になったため歩行困難となり、票決に加われないという理由が記されていた。そして、新聞論説では、妥協した議員たちを「無血虫」（無脊椎動物(3)）と罵った。議員と議会に深く絶望したのであろう。彼の人生の大きな転機だった。

同年、北海道に渡ってその地の新聞にかかわるが、それも一年余りで辞める。その後は雑多な営利事業に携わる（その時、大好きだった酒も止めたという）。生活に追われては大文章は書けず、政府にも妥協していくことになる。大金を得て財産で生活しつつ、じっくりと書き、独立して政府に対抗していく――それを夢見たらしい。根本からの立て直しの試みだった。しかし、商売は悉く失敗し、借金で蔵書も失う。

そして、明治三四年（一九〇一）四月、喉のガンとの診断を受け、余命はせいぜい一年半と宣告される。翌月には気管切開の手術により声を出せなくなり、石板に書いて意思を伝えるという状態となる。しかし、彼は、人には生きている限り「為す可き事」「楽む可き事」があると信じていた。そして、病床でなしうる唯一の「事」として久しぶりに筆を執り、随想集『一年有半』を刊行した（有は又の意味）。政治家評・世相評・（彼の愛好した）義太夫論等の内容である。九月の発売後一年で、二〇万部を超える売れ行きだったという。さらに、永年暖めてきた哲学体系の基本を世に遺したいとして、一〇月には『続一年有半　一名無神無霊魂』を刊行する。自分の死を目前にして、霊魂と神の存在を徹底的に否定する内容であった。

その間、病状は悪化し苦痛は増した。しかし、ある僧侶が強引に病室に入って加持祈禱を試みた時、彼は憤って枕を投げつけようとし、さらに錫の痰壺に手をかけた。その一五日後、死去する。門人の幸徳秋水は、その遺体にすがって激しく泣いたという。五五歳だった。

遺言によって、「学理研究の材料」として遺体は解剖に付され、さらに宗教的葬儀は行わず、「告別式」が開催された（前例の無い方式だった。つまり無宗教の「告別式」は、兆民の遺志の結果、創始されたものなのである）。さらに、遺骨は東京の青山墓地に埋められたが、墓碑も建てなかった。但し、そのままではいつか埋葬場所も不明になってしまうとして、一九一五年に旧友たちによって「兆民中江先生瘞骨之標」（骨を埋めた場所のしるし）と記した細い石碑が置かれた。それは、本居宣長の墓とも福沢諭吉の墓とも異なる意味で、思想家の強烈な信念を今なお沈黙の内に示している(4)。

中江兆民の「瘞骨之標」．青山霊園（東京都港区）内．

洋行帰りの知識人として、彼は、いくらでもハイカラに気取ることもできたはずだった。しかし、彼は、断乎として藩閥や華族の対極に身を置くことを選んだ。それは号だけでなく、身なりにも及び、股引き・腹掛け・印半纏で演説会に登壇したりもした。それ自体が、権威主義の批判である。家族で食事の際には、（当時としては異例にも）「ねえや」まで一つの食卓を囲み、娘には「チビ（千美）」と、息子には「丑吉」と名付けた。丑年生まれで、

「大きくなって車夫馬丁になってもおかしくないように」ということだったという。さらに、弟の子には、顔が猿に似ているとして「猿吉」と命名した。しかも、その子は女の子だった（以上、竹内千美「父兆民の思い出」）。奇行のようであり、彼を奇人とする世評もあった。しかし、転換や失敗も含め、彼の言行にはある一貫した意思が感じられる。実際、死の床にあって、「操守ある理想家」と評された時にこそ、彼は「真に愉快を感じ」たのである（幸徳秋水『兆民先生』）。

二　理義

兆民の愛用語の一つは、「真面目《まじめ》」である。

彼は、「遣放《やりはなし》、横着、搔廻、誤魔化《ごまかし》、肝腐敗《ふてくされ》」などの「区部郡部市町村が追々に広がり天下を挙げて極々不真面目の社会」となることを危惧した。つまりシニシズムが蔓延すれば、「真面目な人物は馬鹿にされ、木衣《こけ》にされ、且つ現在暮し向きに困るよりソロソロと不真面目人の仲間に入りて、政治経済文芸等極々真面目な科目の事も皆不真面目と成る」からである（「旧世界を出でゝ新世界に入るの時…」）。そして「大政事家は真面目」である。「古今東西の歴史を看よ、興国の人は皆真面目也、衰国の人、亡国の人は皆不真面目也」と彼はいう（『一年有半』）。

「真面目」を愛する彼の思考の根幹にあったのが、「理義」である。「道理」「真理」「理論」、また単に「理」ともいう。彼によれば、「天下万事一モ道理ヲ包容セザル」ものはない。火の炎上、水の流下にもそうなる「所以ノ道理」があり、「事々物々皆然リ」（「自由新聞発行ノ旨意」）、「『理』なる者は事物の由りて立つ所」（「理論は邦家に必要なり」）であり、学術とはこの「真理」を求めるものである（「政党ノ論」）。しかも、この「理」は「之を分てば万種なる可きも、総合し来れば恐らくは円々たる単一箇の無形物に帰着す可き筈」であり、「斯の世界の事物細大尽く一理の包含する所に非ざる無」い（「理論は邦家に必要なり」）。

すべてに理があり、しかも根本においては一理だとは、朱子学の基本である。兆民もそう信じるのである。したがって、彼によれば、人はまず理を発見し、その理に循って行為しなければならない。そうでなければ正しくなく、しかも事は成らない。「大凡天下ノ事ハ理論ニ始マリテ実行ニ終ハラザル莫」（「我自由党諸君ニ告グ」）く、「苟モ至理ニ逢着スルコトヲ得バ、復タ何ゾ事業ニ施スコトヲ得ザルヲ恤ヘン」（「吾輩今月十八日第一号ノ紙上ニ於テ…」）。

それ故、農業も「第十九世紀の学術に頼」ることが必要であり（「農族諸君に告ぐ」）、工業も「学術と資本との婚姻」を行えばよい（「工族諸君に告ぐ」）。「物良にして価廉なるは科学に依るの外無」い（『一年有半』）。すなわち、彼において歴史とは、理・理義を人間が発見し、実現していく努力の過程である。しかも、実際に理が徐々に明らかになり、実現してきた過程である。

> 我十九世紀ノ社会ハ純然タル哲学的ノ玻璃鏡ニテ照ラストキハ猶ホ甚ダ罪障ノ翳影ヲ発現スルヲ免レザルモ、要スルニ前代ニ比スレバ漸次ニ道理ノ勝利ニ向ヒ非義ノ敗北ニ赴ク…（「又同志社私立大学ノ設」）

法律や道徳や経済や諸種の学科や工商の業や、希臘羅馬の昔より今日に至る迄、学士輩出して各々其所見を貼して滴々相伝へ、前なる者後なる者皆其獲る所を合して、漸次に其員数を増し其量目を殖やし、暗黒の区域茲に減じて光明の領分茲に博まらんとする者は、取も直さず彼の「理」の全部を得んとする吾人々類の希望心実に然るが故なり。（「理論は邦家に必要なり」）累積的な人類の共同作業としての理の探求、その結果としての道理の勝利。それが人類史の基調である。「進歩は世道の大理なれば二六時中行駛して已むこと無し」（「俗論」）。朱子学的な理の観念が、進歩観と結合しているのである。

そして兆民の考えでは、一切の宗教は、理に反する。

宗旨的の害毒を医するは唯理学の一剤あるのみ。天下の宗旨に熱心する人物は閑暇の時に於て理学の一書を繙きて時々瞑目反観の労を取るこそ佳けれ。（「暗殺専門家に告ぐ」）

彼は宗教を信じない。理を信じる。そして、その理は、宗教的なものは含まないが、倫理的なものは大いに含む。それは彼の朱子学的発想からしても当然であり、同時に、既述のように、当時「進歩」が知識のみならず道徳的進歩だと信じられていたこととも対応している。したがって、彼は、権勢や貨財のために「己れの良心を圧制」する（「吾等が永徳の様なる応挙の様なる…」）こと、「時々刻々自己の良心を圧殺し…むさくろしき利益を探して社会の路次を駆け歩るく」こと（「東京の輿論新誌は今回…」）を憎む。「良心」とは孟子のいう「良智」（『孟子』尽心上）であり、「苟モ良心無キトキハ人ニシテ人ニ非」ず、「古今人ノ最モ哀シム可キ者ハ、良心無キ人ヨリ甚キハ莫」いからである（「良心ノ論」）。「およそ己れが為したる事の正か不正かを皆自知する」「自省の能」の有無が「殆ど人獣の別」だからである（『続一年有半』）。

ちなみに、朱熹はこの「良智」を「本然之善」、つまり人の本然の性としての理と説明している（『孟子集注』）。そのような人間性の一面を兆民も信じているのである。

したがって兆民は、「快楽ヲ以テ人生ノ目的ト為ス」ことを否定する（「井上参議ノ演舌ハ一時ノ謬伝ニ過ギズ」）。功利主義も誤りである。利害を考えて、つまり打算で行動することを原理とすることなど、あってはならない。「およそ善のために善を為し、悪のために悪を避け、一切身外の利害を眼底に措かず、即ちいささかの為めにする所ろなくしてこそ、善称すべくして悪罰すべきである」（『続一年有半』）。彼によれば、立憲自由党の創立（明治二四年）も、「利害界の中央に向ふて、洋々たる理義の一大邦を墾闢する」ものだった（「筆猶ほ在り舌猶ほ在り」）。

これまた、あの朱子学における義と利の峻別さながらである。彼は、ほとんど朱子学者であった進歩主義者であり自由民権論者なのである。

三　政治と理義

兆民において、政治とは「我々人民の総体に係る用事」（『平民の目さまし』）である。人民総体のために理義を見出し、それを実現すればよいのである。したがって、政治家とは、政治における理義の探求者である。

何故に我邦政治家には主張無き乎、其脳髄空洞として物無きが故也。考へるてふ事無きが故也。勢利に急にし前後を思ふの暇無きが故也。政治的良心魯鈍にして恥無きが故也。（「我邦の政治家」）

逆に、優れた政治家は「考ふることを知れり」（『一年有半』）ということになる。

したがって、政党とは政治の「理義」の理解の一致する人々の学派である。

…互ニ相競フテ自ラソノ真理トスル所ヲ主張スルニ当リ、我レト意見ヲ同クスル者相聚リテ一党ヲ成ス、是レ即チ学術ノ党派ナリ。政治ノ党派モ亦猶ホカクノ如キナリ。即チ帝王大統領宰相百僚ノ職務権限ヨリ、以テ国会府県郡区会ノ制度並ビニ海陸軍制教育等一切邦国ノ経営ニ係ル者ハ皆政治ノ区域中ノ事ニシテ、ソノ間必ズ真理有リテ存ス。是ヲ以テ夫ノ政治家ノ輩、名々其智ヲ竭シ其慮ヲ罄《つく》シ、以テ真理ヲ捜索シ、苟モ自ラ信ジテ真理ヲ得タリト以為《おも》フトキハ之ヲ言論ニ騰ゲ、以テ他人ノ同意ヲ求索ス。是ニ於テ乎、政治ノ党派起ル。（「政党ノ論」）

この政治家たちが合意して、「理義の極致」をめざすのが「法律」（「又治外法権の撤去」）であり、「理義の一変して実務と成り、輿論の一変して公法と成る」はず（「土著兵論」）である。「法とは主権者の命令である」などと理解するならば、これは奇論である。また、諸利益集団が圧力の均衡点で妥協して法律ができるのだ、などと信じるならば、これは愚論である。しかし、欧州の伝統的主流からすれば、権利とは right、正しさであり、その right の体系が法である。法とは正義の具体化であるはずである。それ故に司法とは英語で justice 正義である。そうだとすれば、兆民はむしろ正統的である。彼においては、朱子学的思考と西洋の伝統的思考とが一体化しているのである。

彼の『民約訳解』は、そのような東西の幸運な出会いのさらなる証明である。例えば、ルソーによれば la raison（英語の reason）のみから出てくる une justice universelle というものがある。兆民はこれを、「人の良智」から「出」る、「凡そ事の正に得るもの」で、どこでも「一理」であると訳す（Liv. II, Chap. VI De la loi）。そしてルソーによれば、この justice universelle に善人のみが従うことによって損をするなどということがなく、droits（権利）と devoir（義務）を一致させるために、loi 法が必要である。兆民はそれを、「道徳」が行われるために、「義」と「利」とを「相合」させる「例規」を立てる、と訳す。「良智」「理」「義」「利」といった概念装置によって、ルソーがしっかりと受け止められ、表現されているのである。

また、ルソーによれば、法は volonté générale（一般意思）によって定められる。逆に言えば、一般意思とは、全員（実は成人男性だけだが）の集会において、全員に同等に適用される一般的な法への賛意として表現される人民の意思である。公平な法だから、それによって自己利益を図ろうとしても、全員の利益になる。正義と利益がここに一致する。したがって一般意思は常に正しい。つまりは人の内なる良心が、一般意思に表現されて法となる。この volonté générale を、兆民は「公志」「衆志」と訳す。そして、「衆意之所同然」、「衆志者、衆人之所共然也」と説明する。これは、孟子の「心の同じく然りとする所」という句を踏まえている。「心の同じく然りとする所」とは、孟子によればまさしく「理義」にほかならない（『孟子』告子上）。

兆民は、ルソーと孟子の根本的一致を堅く信じていた。同一の普遍的な「理義」の別の表現だと考え

たのである。それをまったくの誤解だといえるだろうか。(5)

四　政治の理義

政治において実現されるべき理義のより具体的な内容は何か。それは、仁政ではない。五倫でもない。ここで、兆民は普通の朱子学者と袖を分かつ。

平等は天地の公道なり。人事の正理なり。（「新民世界」）

民権是れ至理也、自由平等是れ大義也、此等理義に反する者は竟に之れが罰を受けざる能はず、百の帝国主義有りと雖も此理義を滅没することは終に得可らず、帝王尊しと雖も、此理義を敬重して玆に以て其尊を保つを得可し、（『一年有半』）

民権・自由・平等、それが理義である。

そして兆民の理解では、この内容もまた、東アジアでも古くから見出されていたものだった。

此理や漢土に在ても孟軻（孟子）、柳宗元早く之を覰破《しょは》（見破る）せり、欧米の専有に非ざる也、（同）

柳宗元（七七三—八一九年）は、例えば、「吏」は「民」が「傭」って自分たちのために「職」をさせるものだと主張した（「送薛存義之任序」）（兆民も、「政府は云はゞ傭人の様な物にて、我々人民は傭主の様な物なり」（『平民の目さまし』）という）。

「自由」についても、兆民は、「リベルテーモラルトハ、我ガ精神心思ノ絶ヱテ他物ノ束縛ヲ受ケズ、完然発達シテ余力無キヲ得ルヲ謂フ、是レナリ。古人所謂義ト道トニ配スル浩然ノ一気ハ、即チ此物ナリ」（「吾儕ノ此新聞紙ヲ発兌スルヤ…」）と説明したことがある。彼の理解では、他の束縛を受けず（欲望の奴隷にもならず）、毅然として正しいことをする気力、「浩然の気」（『孟子』公孫丑上）[6]とは、ルソーのいう liberté morale (*Du Contrat social*, Liv. I, Chap. 8 De l'État civil) そのものなのである。[7]

しかし、孟子や柳宗元が、近代民主政の原理を説いたといえるだろうか。孟子は本当に自由の愛好者だろうか。当然の疑問である。しかし、兆民は普遍的「理」を信じる。したがって、いかに相違があろうとも、彼等の主張の正しい部分は、政治に関する大真理の一部をそれぞれに捉え、示したものなのである。「天地の内にも外にも二つと無き一顆《つぶ》の道理より割出し、羅克《ロック》、婁騒《ルーソー》、広篤《カント》の諸子が培養せし以来年々歳々増長して止まざる一旨義を愛し、信じ、頼みとし…」（「天地の内にも外にも二つと無き…」）というわけである。

より具体的には、兆民によれば、第一に、国家とは次のようなものである。

> 割出すもの是れ個人、割出されたるもの是れ国家、政府の設けは、個人を安んずるが為めなり、兵馬の設けは個人を護るが為めなり、鉄道の布設は個人を運ぶが為めなり、官立学校は個人を教ゆるが為めなり。…個人是れ目的なり、国家是れ手段なり、（「国家の夢、個人の鐘」）

「邦国ハ一大会社」（「国会問答」）、個人のための個人の集合にすぎない。

では第二に、憲法とは何か。

憲法は取も直さず日本と号する一会社の規約なり（「又大宴会」）

夫レ憲法トハ民ノ相ヒ倚リ相聚リテ一邦ヲ成シ、共ニ条約ヲ立テ、以テ福祉ノ基ヲ固ムルト曰フト云フ爾（「国会問答」）

つまり、憲法とは社会契約の契約書である。そこに政治社会設立の内容と条件が記載されている。したがって、憲法が無ければ、国ではない。民も民ではない。

民ノ民タル所以ノ者ハ、正サニ自ラ其憲法ヲ造ルコトヲ得ルニ在リ。夫レ憲法ヲ造ルコトハ独民ノ自主自由ノ大権以テ是ニ與カルニ足ル。二三臣肆（ママ。「臣隷」の誤植であろう）何ヲ以テ之ヲ恣ニスルコトヲ得ン哉。（同）

したがって、「吾儕三千五百万ノ同産モ亦相議シテ憲法ヲ造定シ、以テ政ニ與カルコトヲ図ランノミ」（「心思ノ自由」明治一四年）である。

しかし、自由民権運動の後、結局、君主の名において、少数の官僚が憲法を定めるに至った。国家と憲法の「理義」に反する事態だった。そこで彼は、帝国憲法が発布された翌年、第一回総選挙の行われる前に、新聞に「衆議院議員の一大義務」と題する論説を掲げた（明治二三年一月二九日）。

衆議院議員の一大義務とは何ぞや。憲法に就て意見を陳述すること是れなり。憲法なる者は国家の根幹なり。基礎なり。唯此根幹有り基礎あるが為めに国家始て国家と称す可く、人民始て人民と称す可し…而して憲法なる者は必ず君上と人民若くは人民の代表者と相共に図謀参画して後、之を定む可きものなり。故に若し国会にして憲法を点閲（一条毎に点検すること）し、意見を上奏するの権なきときは、是れ国会にして基礎無きなり。…議員其人々にして相共に議決して、先づ国会に於て点閲す可きの意を上奏し、謹で其裁可を待ち、然後実地修正の事に着手するの手続を取るときは、糸毫も違憲の罪有るに非ずして、国会の悃誠は必ず九重の上に達し、聖慮を啓発し奉るを得可きこと殆ど疑を容れず。

天皇の名によって憲法が制定されてしまったのはもはややむを得ない。しかし、第一議会において議員が憲法を子細に点検し、修正すべきだと判断したものは修正を願い出る。そうすることによって、実質的に憲法を人民の社会契約とする、そして国家を本来の国家、すなわち人民の国家にしよう——彼はそう訴えたのである。

これは、帝国憲法上、不可能ではない。第七三条は、「将来此ノ憲法ノ条項ヲ改正スルノ必要アルトキハ勅命ヲ以テ議案ヲ帝国議会ノ議ニ付スヘシ」と定めているからである。民選の憲法制定議会などによらない、いわゆる欽定憲法だが、改正は議会の議決を経るのである。だとすれば、議会から願い出て勅命として帝国議会に改めて提案する形をとれば、合法的に、かつ実質的に人民の代表が決めた憲法とすることができる。兆民は、そう考えたのである。

そして、同年二月一七日、自由党役員会は政策綱領を定める。兆民はこれに参加し、そこには「国会に於て上請して憲法を点閲すること」が含まれていた。しかし、この項目を警視庁が許さず（！）、削除するのやむなきに至る。無論、第一議会でも憲法点閲などはされず、兆民も途中で議員辞職するに至ったわけである。

では第三に、国会とは何か。国会は、「一国の株主総会」（「起てよ国民」）、「我日本国民意志の集合所」（「官吏の議員候補者」）、「国民の了簡の預り場所」（『平民の目さまし』）である。議員に即して言えば、「各政党の人々が智慧と良心とを資本として勝敗を賭にする輿論の競買場」（「政党論」）である。しかし、それは単なる支持獲得競争ではない。真理発見の過程である。

立憲政治の妙用は、衆利己心の音響を聚めて、其中に隠々然潜伏する公共心の音響をして発越せしむるに在り、（「地価修正非修正に就て」）

何事に就ても道理は唯一箇なれども、それが中々急に見出し難きが故に、甲乙丙丁と種々の党派が競ふて張り合ひ言ひ合ふて互に穿鑿するときは、其の中央から彼の道理が追々と頭を昂げて人々の目に留まる様に成る事も有る可し、（『平民の目さまし』）

あの唯一の理義を発見し、実現する為に議論をする場が国会である。その理義の具体化としての法に従う時、人は自由であり、かつ正しい。「新に何かの法律が出来るか又は新に租税を取立るとかにてお触が廻りて来る時は、取も直さず人民が自身に作りたる法律や自身に定めたる租税も同様の訳故、少も腹立たしき筈は無きことにて、役人から勝手に引廻はされるとは大違ひなり」（同）ということになる。

なお、真理が一つなら、学派としての政党も絶対に複数である必要は無いことになる。各政党の間に「政治的細大の旨義既に明にして、これに加ふるに意気の投合を以てし道徳の信用を以てするにおいては、他日我日本国において厖然たる一大日本党なる者を擁立するに至るもいまだ知るべからず」（「政党論」）である。

すなわち、中江兆民はジョン・スチュアート・ミルではない。福沢諭吉でもない。理義への強烈な信念は、必ずしも「多事争論」や多元性の愛好とは結合しない。時には、真理を体現する一派の支配を理想とするような言さえ彼に吐かせたのである。

五　考へざるべからず

中江兆民は、政治的には失敗続きだった（しかも、特に外交にかかわる実際の政策論はかなり揺れた。理義の信念と力の支配する国際情勢の狭間で一貫した立場がとりにくかったのであろう）。

彼は、繰り返しその論説で、フランス革命におけるテロルと混乱の恐ろしさを指摘し、歴史の進行の強引な阻止は革命を生むと政府に警告し、彼等の譲歩を迫った。しかし、政府は譲らず、彼の思うような憲法はできなかった。その憲法点閲論も潰された。「吏党」に対する「民党」という語を造語し、「民党」の団結をねばり強く呼びかけたが、「民党」は相互に激しい対立を続けた。そして、藩閥政府と「民党」とは徐々に妥協し、相互に利用しつつ融合していった。そして、明治三三年、旧自由党は伊藤博文を総裁に仰いで立憲政友会となった。兆民からすれば、それは政党政治の実現などではなかった。権勢と利欲の追求に走った政党の堕落でしかなかった（『一年有半』）。

失敗続きでも、そのような現実に直面しても、兆民は自分が間違っていたとは考えなかった。理義に照らせば、間違っていたのは現実の方だった。

吾人がかくいへば世の通人的政治家は必ず得々として言はん、それは十五年以前の陳腐なる民権論なりと。欧米強国には盛に帝国主義の行はれつつある今日、なほ民権論を担ぎ出すとは世界の風潮に通ぜざる流行後れの理論なりと。然り是れ民権論なり。然り是れ理論としては陳腐なるも、実行としては新鮮なり。箇程の明瞭なる理論は欧米強国には数十百年の昔よりすでに実行せられて、乃ち彼国に於ては陳腐となり了はりたるも、我国に於ては僅に理論として民間に萌出せしも、藩閥元老と利己的政党家とに揉み潰されて、理論のまゝに消滅せしが故に、言辞としては極めて陳腐なるも、実行としては新鮮なり。（「考へざるべからず」、『一年有半附録』）

では、なぜ日本ではこの明々白々の理義が通用しないのか。それは「藩閥元老と利己的政党家」だけの所為ではない。国民がみずから徹底的に考えるということをせず、所詮世の中はこんなものだと安易にシニカルな悟りをひらき、結果として既成事実に追随する、その「国民たるものの無気力」の結果だった。問題は、日本の人民自身に投げ返されるのである。

我邦人は利害に明にして理義に暗らし、事に従ふことを好みて考ふることを好まず、夫れ唯考ふることを好まず、故に天下の最明白なる道理にして、之を放置して曽て怪まず、永年封建制度を甘受し士人の跋扈に任じ、所謂切棄御免の暴に遭ふも曽て抗争することを為さざりし所以の者、正に考ふること無きに坐するのみ、夫れ唯考ふることを好まず、故に凡そ其為す所浅薄にして、十二分の処所に透徹すること能はず、今後に要する所は、豪傑的偉人よりも哲学的偉人を得るにあり、（『一年有半』）

それ故に、彼は、理学・哲学を追求し続けた。絶筆『続一年有半』も哲学構築の試みだった。これは彼の悲痛な言葉、「わが日本古より今に至るまで哲学なし」（『一年有半』）と対応している。無論、本書をここまで読まれた方なら同意されるであろうように、「日本」に古来「哲学なし」とは正当な評価ではない。しかし、よい政治社会の実現のためには、時々の「利害」の判断を超えた深い思索が必須だという兆民の判断自体は、おそらく正しい。

福沢諭吉と同じく、中江兆民は一九〇一年に世を去った（関ヶ原の合戦から三〇一年めだった）。その年から始まった二十世紀は、この兆民の課題を果したのか。二十一世紀はどうか。それは、別の書の主題とすべきであろう。

（1）「平民」の側に立つのであれば、何故、兆民は福沢のような通俗平易な文章を常には書かず、（『平民のめさまし』等を除非して）珍しい漢語を頻用した難解な文章を書いたのか。よく疑問とされる。おそらく彼は、どうせ「民」には通俗的に書かなければわからないだろう、といった態度を嫌ったのであろう。民主的にして民衆的であることと、文化的に洗練し高踏的であることとの両立（フランスにおけるような？）を身をもって示したかったのであろう。

（2）松永昌三『中江兆民評伝』（岩波書店、一九九三年）二三〇頁。

（3）参照、高野長英『西説医原枢要』巻の一「活物区別第一」。

（4）以上は、『中江兆民全集』別巻（岩波書店、一九八六年）所収の諸史料および「年譜」、松永、前掲書、並びに飛鳥井雅道『中江兆民』（吉川弘文館、一九九九年）による。

（5）ちなみに、現代フランスのある共和主義者は、こう述べている。「市民とは、自分の願望によって行動を決めない人間、自分は税金を払いたいかどうかと考えるのではなく、自分が払わないのは公正かどうかと考える人間のことだ。そして、警察がほかの人たちだけでなく彼にも風船に息を吹き込ませるのは、結局はいいことなのだと考えられる人だ。本能を理性で抑えつけるのは困難な戦いなんだ。誰でも自分の中に二つの存在がある。利己的な動物と理性的な人間だ。…共和国は、各個人（黒人、イスラム教徒、大佐、掃除人、ワインの好きな人、弁護士、無神論者、熱心なカトリック教徒などなど）の心の中には、普遍的な考えがあるということを信じ、市民はその普遍的な考えを自分の欲望や衝動に優先させることができるということに賭けているんだ。」レジス・ドゥブレ Régis Debray『娘と話す　国家のしくみってなに？』（現代企画室、二〇〇二年）五七―五八頁。括弧内もドゥブレ氏。また、特に朱子学における、人の心に内在する「天理之公」「仁」の概念と volonté générale の概念との類似性については、中国思想の専門家によっても指摘されている。溝口雄三『中国前近代思想の屈折と展開』（東京大学出版会、一九八〇年）、三五五、三六一頁。

（6）朱熹の『孟子集注』は、「浩然、盛大流行之貌。気、即所謂体之充者」「配者、合而有助之意。義者、人心之裁制。道者、天理之自然。餒、飢乏而気不充体也。言人能養成此気、則其気合乎道義而為之助、使其行之勇決、無所疑憚、若無此気、則其一時所為雖未必不出於道義、然其体有所不充、則亦不免於疑懼、而不足以有為矣」と説明している。

（7）なお、いわゆる現代新儒家の一人、徐復観氏も、孟子が「至大至剛」（「浩然之気」の孟子による形容）なる「自由精神的最高表現」を提出したと、主張している。『儒家政治思想與民主自由人権』（台湾学生書局、一九七九年）二九三頁。

参考文献

米原謙『日本近代思想と中江兆民』（新評論、一九八六年）
井田進也『中江兆民のフランス』（岩波書店、一九八七年）
宮村治雄『理学者兆民：ある開国経験の思想史』（みすず書房、一九八九年）

あとがき

本書は、この主題に関心はあるがその専門の研究者ではない、その意味で「一般」の読者のために、十七・十八・十九世紀の簡略な通史を提供することをめざして書いた。この三世紀は、儒学を機軸として政治思想史がかなり自律的に展開した、特に興味深く、しかもあるまとまりをもった時期だと考えたからである。したがって――

（一）専門的な知識を前提しないでも読め、理解できるように書いたつもりである。「日本」を対象としながら、儒学・朱子学の説明にそれぞれ一章を設けたのも、そのためである。それらが、この時期の「日本」思想史の展開の基礎だからである。そして、それらが、愚かしい観念とひからびたお説教の集積などではなく、それなりに筋の通った興味深い思想体系であることを示そうと努めたつもりである。

（二）重厚な大冊にならないようしたつもりである。しかし、すべてに浅く満遍なく触れた、退屈な教科書もどきにもしたくなかった。その結果、扱うべくして扱えなかった主題も多い。例えば平田篤胤と彼の門流、自由民権運動、明治期におけるジェンダー・セクシュアリティ秩序の再編、明治期の国際秩序観等である。それらの欠落は望んだのではなく、やむを得なかったのである。御寛恕を乞いたい。

（三）　既発表の拙稿を遠慮無く再利用した。本書の内容について、著者の見解や参照文献をより詳しくお知りになりたい読者は――もしもいらしたら――それらに当たっていただきたい。主に、以下の著作である。

①『近世日本社会と宋学』（東京大学出版会、一九八五年）
②『近世日本政治思想』（日本放送出版協会、一九八五年）
③『東アジアの王権と思想』（東京大学出版会、一九九七年）
④「『道』と『雅び』：宣長学と『歌学』派国学の政治思想史的研究」（『国家学会雑誌』第八七巻九・一〇号、同一一・一二号、第八八巻三・四号、五・六号、一九七四年―一九七五年）
⑤「『夫婦有別』と『夫婦相和シ』」（中国社会文化学会編『中国―社会と文化』第一五号、二〇〇〇年）
⑥「思想問題としての『開国』：日本の場合」（朴忠錫ほか編『国家理念と対外認識：十七―十九世紀』慶應義塾大学出版会、二〇〇一年）
⑦「徳川日本における『性』と権力」（政治思想学会編『政治思想研究』第一号、二〇〇一年）
⑧「『おほやけ』『わたくし』の語義：『公』『私』“Public”“Private”との比較において」（佐々木毅ほか編『公と私の思想史（公共哲学一）』東京大学出版会、二〇〇一年）
⑨「序論　なぜ『性』か。なぜ今か。」（日本政治学会編『年報政治学二〇〇三』（岩波書店、二〇〇三年）
⑩「『教』と陰謀：『国体』の一起源」（渡辺浩ほか編『韓国・日本・「西洋」：その交錯と思想変容』慶應義塾大学出版会、二〇〇五年）

⑪「『礼』『御武威』『雅び』：徳川政権の儀礼と儒学」（笠谷和比古編『公家と武家の比較文明史』（思文閣出版、二〇〇五年）

⑫「競争と『文明』：日本の場合」（朴忠錫ほか編『「文明」「開化」「平和」：日本と韓国』慶應義塾大学出版会、二〇〇六年）

⑬「『明治維新』論と福沢諭吉」（慶應義塾福沢研究センター編『近代日本研究』二四、二〇〇七年）

本書の内容の多くは、東京大学法学部における「日本政治思想史」の講義で述べた。広く国内外から集まった極めて優秀な学生たちは、いつも熱心に授業に参加し、鋭い質問をし、そして私の質問に答えてくれた（実際、私は、学生たちに何の不満もない。長年、あのような学生たちと接することができたのは私の人生の幸運である）。それ故に、まず直接にはこの人たちに、政治・「日本」等について深く考えるためのできるだけよい刺戟と材料とを提供したいという意欲が、毎年、私には湧いた。つまり、鋭敏で真摯な皆さんの存在故に、このような書物もなんとか完成できたのである。心から感謝申し上げる。

編集については、東京大学出版会編集部の斉藤美潮さんに大変お世話になった。執筆期間における彼女の忍耐と寛容、原稿完成後のその御配慮と御尽力に深く感謝する。

二〇〇九年一二月

渡辺　浩

主要人名索引

＊ 本文中に現れた主要な人名（伝説上のそれを含む）を並べた.
＊ 現代の研究者は省略した.

さ　行

た　行

な　行

は　行

ま　行

や　行

図版出典一覧

第一章　「中華」の政治思想――儒学
故宮博物院編『紫禁城帝后生活』(中国旅游出版社，1983年)，112頁.
第二章　武士たちの悩み
『児童教訓　伊呂波歌絵抄』(下河辺拾水画，山城屋，天保7／1836年，復刻).
第三章　「御威光」の構造――徳川政治体制
「泥絵　琉球使節江戸城西の丸登城図」 江戸東京博物館蔵.
第四章　「家職国家」と「立身出世」
小西四郎ほか監修『甦る幕末：オランダに保存されていた800枚の写真から』(朝日新聞社，1986年)，116頁.
第五章　魅力的な危険思想――儒学の摂取と軋轢
『閑谷学校』(山陽新聞社，1990年)，1頁.
第六章　隣国の正統――朱子学の体系
『大学章句』冒頭（呉志忠刊，清代） 東京大学東洋文化研究所蔵.
第七章　「愛」の逆説――伊藤仁斎（東涯）の思想
『孟子古義』(文泉堂，享保5／1720年).
第八章　「日本国王」のために――新井白石の思想と政策
新井白石肖像画　個人蔵　(写真提供：君津市立久留里城址資料館).
第九章　反「近代」の構想――荻生徂徠の思想
『論語徴集覧』(崇文堂，宝暦10／1760年刊，文化9／1812年再版).
第十章　無頼と放伐――徂徠学の崩壊
吾嬬森碑．東京都墨田区立花．斉藤美潮撮影.
第十一章　反都市のユートピア――安藤昌益の思想
安藤昌益「統道真伝三　人倫巻」『安藤昌益全集二十　復刻四』(農山漁村文化協会，1983年)，315頁.

第十二章　「御百姓」たちと強訴

『女大学宝箱』(須原屋茂兵衛ほか，文政 12／1829 年刊).

第十三章　奇妙な「真心」——本居宣長の思想

本居宣長遺言書　『本居宣長全集』第二十巻（筑摩書房，1975 年），230, 232 頁.

第十四章　民ヲウカス——海保青陵の思想

「商家図」葛飾北斎画　ライデン国立民俗学博物館蔵(『シーボルトと日本』朝日新聞社，1988 年)，170 頁.

第十五章　「日本」とは何か——構造と変化

日本全図　鍬形蕙斎（北尾政美）画，天保 11 年刊.

第十六章　「性」の不思議

『絵入日用　女重宝記』(和泉屋，弘化 4／1847 年刊．江戸時代女性文庫 58，大空社（影印），1996 年).

第十七章　「西洋」とは何か——構造と変化

森島中良『紅毛雑話』挿図　早稲田大学図書館蔵.

第十八章　思想問題としての「開国」

「横浜交易西洋人荷物運送之図」五雲亭貞秀画，文久元年／1861 年刊　横浜開港資料館蔵.

第十九章　「瓦解」と「一新」

渡辺義雄・小西四郎監修／小沢健志編『幕末・写真の時代』(筑摩書房，1994 年)，90 頁.

第二十章　「文明開化」

加藤祐一『文明開化』(明治 6 年刊).

第二十一章　福沢諭吉の「誓願」

三田演説館　慶應義塾図書館蔵.

第二十二章　ルソーと理義——中江兆民の思想

中江兆民「瘞骨之標」 斉藤美潮撮影.

著者略歴
1946 年　横浜市に生れる
1969 年　東京大学法学部卒業
　　　　東京大学教授，法政大学教授を経て，
現　在　東京大学名誉教授，法政大学名誉教授，日本学士院会員

主要著書
『近世日本社会と宋学　増補新装版』（東京大学出版会，2010 年）
『東アジアの王権と思想　増補新装版』（東京大学出版会，2016 年）
『明治革命・性・文明——政治思想史の冒険』（東京大学出版会，2021 年）

日本政治思想史——十七～十九世紀

2010 年 2 月 25 日　初　版
2022 年 8 月 5 日　第 11 刷
〔検印廃止〕

著　者　渡辺《わたなべ》　浩《ひろし》

発行所　一般財団法人　東京大学出版会
代　表　者　吉見俊哉
153-0041 東京都目黒区駒場 4-5-29
電話 03-6407-1069・振替 00160-6-59964

印刷所　大日本法令印刷株式会社
製本所　牧製本印刷株式会社

ISBN 978-4-13-033100-5　Printed in Japan